3대가 쓴 한국의 전통음식

황혜성/한복려 · 한복진/정라나

3대가 쓴

한국의 전통음식

교문사

머리말

전통음식은 옛 모습을 그대로 지키는 의미도 있으나 식재료, 만드는 법, 음식 먹는 법, 담는 법 또 접대하는 방법 등이 달라지는 문화에 맞추어 변형되는 것도 전통의 흐름이라고 하겠습니다. 시대가 변하면 식생활방식이 변하지만 항상 원형 속에서 새로운 것이 태어나고 만들어진다는 이치이니 우리문화를 제대로 이해해야 합니다.

이 책과 같은 제목의 책이 출간된 지 20년이 지났습니다. 그 이후 시대가 많이 달라졌음에도 변치 않고 많은 분들이 애독하여 아직 꾸준히 사랑을 받고 있었습니다. 그런데 몇 해 전부터 지금 시대에 맞추어 내용을 바꾸고 싶은 생각은 있었으나 실천으로 옮기지 못하다가 올해는 3세대인 정라나 교수와 합세하여 젊어진 '전통의 한국음식'을 내게 되었습니다.

이 책의 시작은 1990년 황혜성 교수님이 전통음식을 공부하는 이들에게 지침서가 되도록, 한국음식의 이론적 배경과 실기교재로 만드셨습니다. 그 책으로 공부한 분들은 이미 식문화 전문분야인 학계나 외식업 등에서 이미 장년의 나이가 되어 지도자 역할을 하며 학생들을 지도하고 있습니다.

황혜성 교수(국가 중요무형문화재 제38호 '조선왕조궁중음식' 2대 기능보유자)의 가장 가까운 제자이면서 딸인 세 자매가 이제 장년의 어른이 되어 전통음식을 다음 세대에 가르치는 선배가 되었습니다. 그래서 이번에 어머니와 할머니로부터 전수받은 궁중음식과 전통음식을 3대가 힘을 합하여 다시 꾸몄습니다. 지난 2006년에 대표저자이셨던 황혜성 교수는 고인이 되셨습니다. 지금은 대를 이어 그의 세 딸과 제자들이 (사)궁중음식연구원과 대학에서 궁중음식과 전통음식을 연구하고, 교육하고 있습니다.

지금은 세계화시대라 합니다. 그래서 우리 것을 잘 간직하면서 모든 세계인이 함께 나눌 수 있는 전통음식을 많이 알려 각광을 받고 결국은 국가 경쟁력이 있는 문화사업으로 이어져 한국의 브랜드가치가 올라가야 합니다. 우리 것의 훌륭함을 알리려면 우리음식에 대한 이해를 기본으로 조리기능을 초보자의 입장에서 하나씩 차근차근 배워가야 합니다.

아무리 외국에서 외국요리를 잘 배웠다고 해도 한국인이라면 한국요리를 바탕으로 퓨전요리나 창작요리도 만들어지기 때문입니다. 무엇을 하든 기본기를 튼튼히 하는 것이 자기발전을 위해 가장 큰 힘이 된다는 것을 알아야 합니다.

이 책은 한국음식을 전공하는 이들에게 음식문화와 조리의 기본을 충실히 익힐 수 있는 교본이 되리라 여기면서 전체를 새로 구성하여 세상에 내놓게 되었습니다. 아직도 미진한 부분이 있으리라 여기며 지도편달을 해주시기 부탁합니다.

한국음식 책 중에 정통성이 있는 가장 좋은 책으로 만들려고 온갖 정성을 기울이신 (주)교문사 사장님과 편집부 여러분께 깊이 감사드리며, 새로운 도판을 위하여 사진촬영에 애쓴 (사)궁중음식연구원 직원분들에게 고마움을 전합니다.

2010년 8월

저자를 대표하여 한복려

차 례

1부 한국의 식생활 문화

2부 한국음식의 재료와 조리법

3부 한국음식 조리의 실제

조림 · 조리개 · 초

편육 · 족편 · 순대

쌈

부각 · 튀각 · 자반

장아찌

포

김치

젓갈

셋, 병과류와 음료 338

1부 한국의 식생활 문화

우리나라의 음식문화를 알려면 우선 우리나라의 자연 환경을 알아야 한다. 우리나라는 삼천리 금수강산이라고 불리는 한반도로 아시아 대륙의 북동부에 위치하고 삼면이 바다로 둘러싸여 있다. 지리적 위치는 중국 대륙과 일본 열도 사이에 있어 문화적으로는 두 나라와 공통점이 있으면서 기후나 지형의 자연 조건이 다르므로 상이한 점도 많이 있다.

하나,

한국의 풍토

우리나라의 지형

우리나라는 아시아대륙 동쪽 끝에서 일본 열도와 동지나해를 향해 남쪽으로 길게 뻗은 반도국으로 압록강과 두만강을 경계로 중국의 만주 및 러시아의 연해주와 접해 있으며, 나머지 3면은 서해, 동해, 남해로 둘러싸여 있다. 경위도상으로는 대략 동경 124~132°, 북위 33~43°에 걸쳐 자리 잡고 있다. 국토는 남북이 길고 동서가 좁은 반도로 우리는 한반도라고 부르며, 북한과 일본, 중국은 조선반도라고 부른다. 지리적으로 중국 대륙과 일본 열도 사이에 있어 문화적으로 두 나라와 공통점이 있으면서 기후나 지형의 자연 조건이 다르므로 상이한 점도 많이 있다.

한반도는 고려시대 이후 1000년 이상 단일 국가였으나 1948년 한반도의 남쪽과 북쪽에 이념을 달리한 별개의 정부가 세워져서 휴전선 남쪽에는 대한민국이, 북쪽에는 조선민주주의 인민공화국이 있다.

한반도의 지형을 살펴보면, 북쪽의 함경도와 평안도 북쪽에 위치하는 개마고원을 중심으로 부전령산맥, 묘향산맥, 마천령산맥, 낭림산맥 등으로 최고봉인 백두산(2,744m)을 비롯하여 2,000m 이상의 고산이 집중되어 있고, 이 지역은 산림 자원이 풍부하다. 낭림산맥에 이어서 남쪽으로 가면서 고도가 약해지고, 태백산맥의 줄기로 소백산맥이 있고 그 주봉이 지리산이다. 이처럼 산맥을 기준으로

그림 1-1 한반도 지도

그림 1-2 한반도의 강

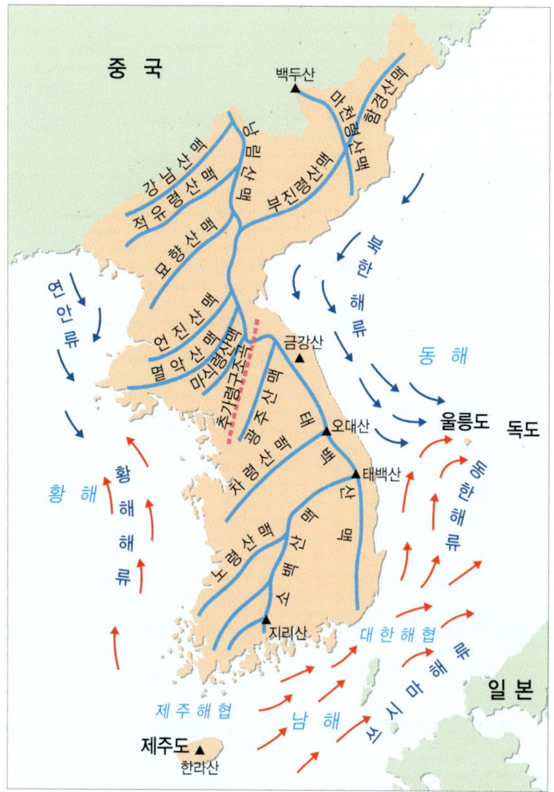

그림 1-3 한반도의 지형과 해류

하여 관동(강원도)·관서(평안도)·관북(함경도)·영동(태백산맥 동쪽의 강원도)·영남(경상도)·호남(전라도) 등으로 나누는 명칭도 있다.

한반도의 동서 거리는 약 300km이고, 남북 거리는 최북단 은성에서 최남단의 해남 반도로 약 950km이다. 전체의 면적은 제주도와 울릉도를 비롯한 3,300여 개 섬을 합하여 22만 1,336km^{2}이고, 남한의 면적은 10만 32km^{2}로 한반도 면적의 45%에 해당된다.

전 국토의 약 70% 이상이 산지를 이루고 있으며, 우리나라의 평균 고도는 482m이고, 1,000m 이상의 고지대는 대부분 북부 지방에 위치한 반면, 남부 지방에는 대부분 500m 이하의 산지로 구성되어 있다. 아주 험악한 산악지대는 비교적 적고, 산지의 대부분은 낮은 구릉성 지형이다. 높은 산맥은 북부와 동부에 많고, 남부와 서부는 낮은 평지로 되어 있다.

주요한 하천으로는 가장 긴 압록강(약 800km)과 낙동강, 두만강, 한강, 대동강, 금강 등을 들 수 있다. 두만강을 제외하고는 거의 황해나 남해 쪽으로 흐르고, 지형이 낮은 황해 쪽에 넓은 평야를 이룬다. 동해안에서는 함흥·원산 주위의 평야를 제외하고는 거의 없다.

삼면의 바다 중에서 동해는 해안선이 단조롭고, 남해와 서해는 침융성 해안으로 해안선의 굴곡이 풍부하며, 주위에 섬들이 많이 있어 바다를 이용하기에 좋은 입지 조건을 이루고 있다. 한반도의 서부와 남부 지방에는 논이 많아 주로 쌀농사를 많이 하고, 북부와 동부에서는 밭농사를 많이 한다.

우리나라의 기후

우리나라는 지리적으로 중위도 온대성 기후대에 위치하여 봄, 여름, 가을, 겨울의 사계절이 뚜렷하게 나타난다. 겨울에는 한랭건조한 대륙성 고기압의 영향을 받아 춥고 건조하며, 여름에는 고온다습한 북태평양 고기압의 영향으로 무더운 날씨를 보이고, 봄과 가을에는 이동성 고기압의 영향으로 맑고 건조한 날이 많다.

한국의 기후대를 보면 경상도, 전라도의 남부를 제외하고는 산동 반도와 요하 유역과 마찬가지로 겨울에 추운 동냉대(冬冷帶)기후이고, 식생의 분포는 남해안의 아열대림을 제외하고는 혼합림대이다. 북쪽 지방은 아한대기후이고, 남쪽 지방은 온대기후라 할 수 있다. 여름과 겨울에 한란의 차가 크고, 연간 강수량이 적은 것은 대륙성 기후의 특징을 나타낸다. 겨울철의 심한 추위는 겨울의 농업 경영에 커다란 제약이 되는데, 전라도, 경상도와 충청도 일부 지역에서만 이모작이 가능하고 그 외의 지역에서는 극히 드물다.

우리나라의 기온은 중부 산간 지방을 제외하고, 대체로 연평균기온은 10~16℃이며, 가장 무더운 달인 8월은 23~27℃, 5월은 16~19℃, 10월은 11~19℃, 가장 추운 달인 1월은 −6~7℃이다.

강수량은 중부 지방은 1,100~1,400mm, 남부 지방은 1,000~1,800mm, 경북 지역은 1,000~1,200mm이며, 경남 해안 일부 지역은 1,800mm 정도이고 제주도 지방은 1,450~1,850mm이다. 계절적으로는 연 강수량의 50~60%가 여름에 내린다.

특히, 여름철은 더운 기온과 강우량이 많아서 쌀농사에 적합한 천혜의 조건이다. 겨울철 3개월 동안의 강수량은 4~15% 정도에 지나지 않는 건기이고 기온도 영하로 내려가므로 노지(露地)에서 농작물의 재배는 거의 불가능하다.

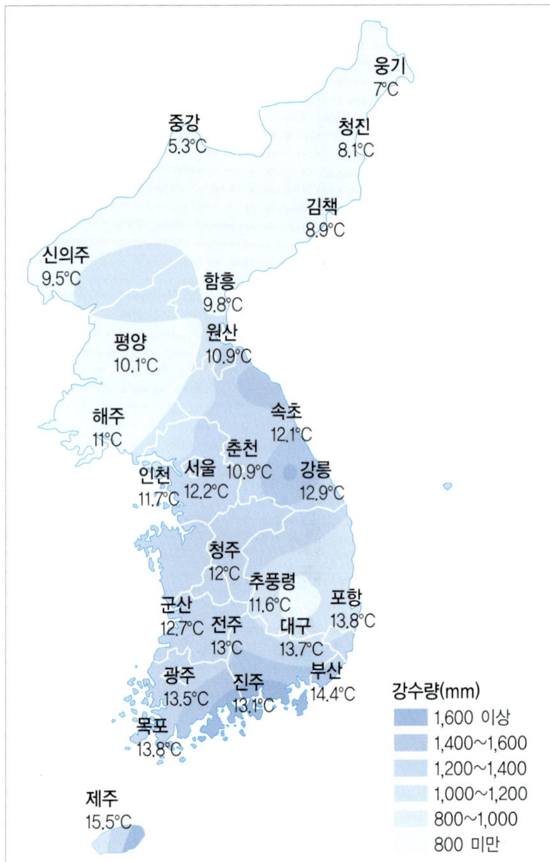

그림 1-4 연평균기온과 강수량

둘,

한국 식생활의 역사

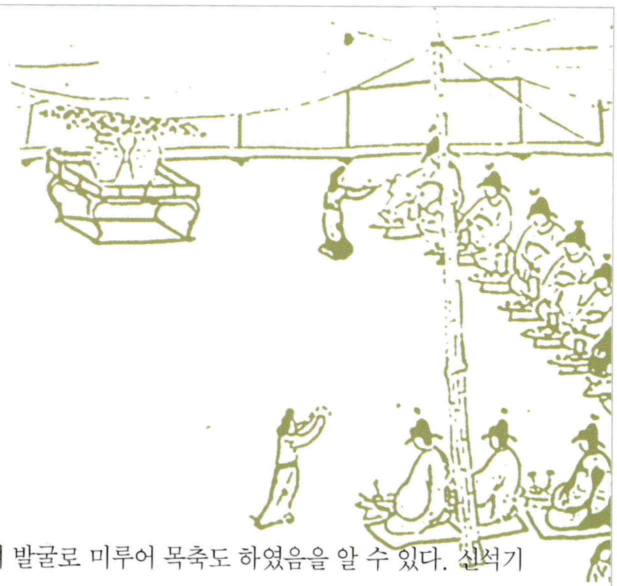

원시시대의 식생활

우리나라에 약 60만년 전으로 추정되는 구석기시대 유적지로 평양시 상원군 검은 모루 동굴과 경기도 연천군 전곡리, 충북 청원군 두루봉, 강원도 명주군 심곡리 등의 전기 구석기 유적과 도처에 중기 · 후기 구석기 유적이 발굴되고 있다. 구석기인들은 동굴에서 살면서 돌을 두들겨 주먹도끼, 찍개, 긁개, 돌망치, 돌칼들을 만들어 사냥에 이용하였고, 또 이것들은 조리하는 데 사용하였다. 당시의 인류는 불을 이용할 줄 알았고 굽는 조리법이 있었다.

구석기인이 한반도에서 사라지고 기원전 5000년경에 고(古)아시아 족의 일파가 한반도에 빗살무늬토기를 가지고 들어와서 신석기문화를 이루며 살게 되었으며, 신석기 후기에 이르러 간석기를 갖고 농경을 시작하였다. 강원도 오산리, 함북 서포항 등의 유적지에서 괭이, 뒤지개, 돌보습, 곰배 모양의 농기구가 나오고 피와 조의 유물이 나오는 것으로 보아 신석기 말기에는 농경이 상당히 발달한 것으로 보인다. 그리고 도토리 등 나무열매나 뿌리 등 야생식물을 채집하여 식용하였다. 개와 돼지, 물소뼈 등의 발굴로 미루어 목축도 하였음을 알 수 있다. 신석기인들의 유물 중 그들은 돌도끼, 화살촉, 돌창 등을 이용하여 사냥을 하였고, 낚시바늘, 작살, 그물추 등으로 물고기를 잡고, 조개를 주워 동물성 식품을 섭취하였음을 알 수 있다.

신석기인들이 살던 움집에는 화덕터와 저장혈이 남아 있다. 이는 화덕에서 조리를 하고, 불은 조리도 하지만 추위를 막는 난방과 어둠을 밝혀 주는 조명의 역할을 하였다. 어류나 육류는 칼로 썰어 날로 먹기도 하고 불에 굽거나 연기에 그을리는 조리법도 있었다고 추측된다. 굽는 조리를 하다가 토기가 생기면서 삶는 조리가 시작되었다. 고기나 조개를 삶으면 연해지고 국물도 맛있게 먹을 수 있게 되었으며 아린 맛이나 떫은맛이 있어 날로 먹기 어려운 것도 먹을 수 있게 되었다.

그림 2-1 움집(암사동 선사유적지)

그림 2-2 신석기 빗살무늬토기

상고시대의 식생활

빗살무늬 토기인에 이어 북방 유목민들이 청동기를 갖고 이 땅에 들어와 선(先)주민들과 어울려서 우리 민족의 원형인 맥족(貊族)을 형성하였고, 이들이 세운 나라가 고조선이다. 이들의 청동기는 무기나 제기를 만들었고 돌이나 나무로 만든 농구를 써서 농경을 크게 발달시켰으며, 민무늬토기를 사용하였다. 철기시대에 이르러 철제 농구가 일반화되고 골각제 농구도 생겼다.

우리나라에서 벼의 재배가 시작된 것은 기원전 2000년경부터이며, 이외에 조, 기장, 보리, 콩, 수수, 팥 등의 곡물을 재배하였다. 채소로 박, 아욱, 외, 순무, 무, 토란 등과 단군신화에 나오는 산마늘 등이 있었다고 추측된다. 과일로는 밤, 대추, 복숭아, 오얏, 오디, 잣 등이 문헌에 나온다.

북방에서는 사냥이 활발하였는데, 대상물로는 여우, 너구리, 흰곰, 담비, 멧돼지, 고라니, 사슴, 노루 등이었다. 부여(夫餘)에서는 벼슬 이름으로 마가(馬加), 우가(牛加), 저가(猪加), 구가(狗加), 견사(犬使) 등이 있었음으로 미루어 그들의 생활에서 가축의 중요성을 알 수 있다.

중국 진(晉)나라의 《수신기(搜神記)》에 "맥적(貊炙)이란 다른 민족의 먹이인데도 태시 이래로 중국 사람이 이것을 즐겨, 귀인이나 귀족의 잔치에 반드시 내놓고 있으니 이것은 그들이 이 땅을 침범할 징조라 하겠다" 라는 구절이 나온다. 여기의 맥적은 고기를 미리 장(醬)과 마늘로 조미하여 직화에 굽는 맥족의 음식으로 당시 중국에 이름을 널리 알린 우리 음식이다. 이를 통해 우리 조상이 당시 이미 육류의 조리에 능숙하였음을 알 수 있으며 오늘날 불고기의 원형이라 할 수 있다.

농경은 차츰 더욱 발달하였고, 가을철에는 추수를 감사하는 뜻으로 하늘에 제사를 올리는 영고(迎鼓), 동맹(東盟), 무천(舞天) 등의 제천의식이 있었는데, 이때는 주야음주가무(晝夜飮酒歌舞 ; 밤새도록 먹고 마시고 춤을 춘다) 하는 풍습이 있었다고 한다. 이 즈음에는 곡물을 쪄서 밥과 떡을 만들며, 술을 빚는 기술이 뛰어나 중국에까지 알려졌다. 경남 웅천의 조개무지에서 시루가 출토되었고, 고구려 안악 고분벽화에 시루의 모습이 있는 것으로 미루어 곡물을 찌는 조리법이 있었음을 알 수 있다.

그림 2-3 접객도(고구려 무용총 벽화, 5세기 말)

그림 2-4 부엌과 육고간, 우물가(고구려 안악3호 고분 벽화, 4세기)

한편, 우리 조상들은 야생 콩을 처음으로 재배하기 시작하였고, 이것으로 장을 담는 법을 개발하였다. 콩의 원산지는 지금의 만주 지역으로 옛고구려의 터이므로 우리 조상인 고구려인들이 재배하였다고 볼 수 있다.

삼국 및 통일신라시대의 식생활

삼국시대는 고구려, 백제, 신라의 세 나라가 정립하던 시대로 4세기경 국가 체제를 형성하였다. 완숙된 철기 문화의 흡수로 생산 기술에 혁신을 가져오고, 중국문화와 불교문화가 들어왔으며 7세기경에 삼국이 통일되었다. 농경에 철제 낫이 쓰이고 소를 이용하여 땅을 갈고, 수리의 정비로 농산물의 생산이 늘어나면서 강력한 국가 체제가 성립되었다.

벼농사가 크게 보급되었고 고구려는 조, 신라는 보리, 백제는 벼가 많이 생산되었으며, 기장, 수수, 밀, 보리, 콩, 팥, 녹두 등이 재배되었다. 쌀을 비롯한 곡물로 죽과 밥을 짓고 떡을 만들었다. 채소로는 중국에 상추가 알려졌고, 문헌에는 아욱, 순무, 배추, 무, 동아, 시금치, 쑥갓, 근대, 토란, 가지, 외, 박, 마, 버섯 등이 나오며, 과일 중 좋은 밤과 잣이 나오고, 감귤, 유자, 개암, 복숭아, 오얏, 배, 살구 등도 문헌이나 유물에서 나타나고 있다.

가축으로 소, 돼지, 닭, 양, 염소, 오리 등을 기른 기록이 있고, 달걀을 식용하였으며, 일본으로 건너간 백제인이 일본의 천왕에게 우유를 바친 기록이 남아 있다. 3~4세기에는 배를 만드는 기술이 향상되어 큰 배를 만들어 이를 타고 먼 바다까지 나가서 고기잡이를 할 수 있게 되어 다양한 물고기를 잡고 해초를 뜯어서 식용하였다. 식품의 조리법과 가공법이 점차 발달하여 술, 장, 김치, 젓갈 등을 만들어 오래 저장할 수 있게 되었으며, 엿, 꿀, 기름을 써서 음식의 맛을 내게 되어 식생활이 다양화되었다.

삼국시대에는 불교가 들어와서 살생을 금하고 육식을 못하게 되니 자연히 식생활에 커다란 영향을 끼쳤다. 고구려와 백제에서는 살생 금지령이 내려졌고, 사냥과 고기잡이 도구를 불태워 없애기까지 하였다. 그러나 신라의 원광법사는 세속오계의 규범에서 '살생유택'이라 하여 살생을 무조건 엄금하는 것이 아니라 살생을 때를 가려서 하라고 일렀다. 그러므로 신라에서는 어느 정도 육식을 허용한 셈이다.

우리 조상들은 삼국시대 무렵에 곡물로 만든 주식과 채소, 육류, 어패류로 만든 찬물을 부식으로 하는 주·부식의 구조가 확립되었다. 왕권 사회이므로 지배계급과 서민의 생활 정도의 차이가 많이 있어 식생활에서도 빈부의 차이가 많았다. 지배 계급은 불교와 함께 들어온 음차의 습관이 생기고, 다기와 식기가 발달하였다. 민무늬토기에 이어 가마에 굽는 김해식 토기와 신라토기가 나타났다. 그릇의 용도에 따라 종지, 보시기, 사발, 바리, 깊은 바리, 접시, 잔, 병 등의 원형이 나타나고 굽다리 그릇도 많이 생겨났다. 숟가락, 젓가락, 독, 항아리, 절구, 맷돌, 식칼, 국자, 솥, 시루 등이 나오는 것으로 보아 당시 조리 기술이 상당히 향상되었음을 알 수 있다.

조상들은 콩으로 가공한 두장(豆醬)으로 시(豉)와 말장(末醬)을 만들어 냈다. '시' 는 콩을 발효시켜 소금을 섞은 것으로 일종의 낱알의 메주이고, '말장' 은 삶은 콩을 찧어서 메주로 만든 것으로 중국과 일본에 전파되어 지금은 세계적으로 콩으로 만든 장을 먹는 공통된 두장(豆醬)문화권을 형성하게 되었다.

고려시대의 식생활

고려시대 전반기에는 토지제도를 재편성하고, 세를 줄이고, 제방 수리와 개간 사업, 농서 발행 등으로 농사를 권장하여 농산물의 생산이 늘어났고, 곡물을 비축하는 제도가 실시되었다. 주식으로 쌀을 먹었지만 산촌에는 보리와 피 등을 섞은 잡곡밥이 더 일반적이었다고 한다. 찹쌀로 만든 약밥에 대한 기록이 《삼국유사》, 《목은집》에 나오고, 팥죽과 두부에 대한 기록도 나온다. 국수와 떡, 약과, 다식 등 다양한 음식이 생기고, 간장, 된장, 술, 김치 등의 저장음식도 더 많이 만들게 되었으며, 두부와 콩나물도 만들어 식품의 종류가 더욱 다양화되었다. 그러나 때로는 재앙이 들어 도토리 등 각종 야생식물을 찾아 먹은 기록이 있다.

신라시대에 이어서 관설 시장이 생기고 화폐가 통용되어 식품의 매매가 이루어졌다. 개경에는 주점이 생기고, 외국과의 교류가 빈번해지면서 객관(客館)도 생겨났다. 절에서 술, 차, 국수 등을 만들고, 소금, 기름, 꿀 등을 판매하여 상당히 경제적으로 영향력을 갖게 되었으나 병폐도 심하였다.

고려시대의 축산물로 쇠고기, 돼지고기, 양고기, 닭고기, 개고기 등과 때로 말고기를 식용한 기록이 있고, 수산물로 미꾸라지, 전복, 방합, 진주조개, 왕새우, 문합, 게, 굴, 소라 등과 거북, 각종 해초를 먹은 기록이 남아 있다. 그런데 불교가 더욱 융성해짐에 따라 육식의 습관은 점점 쇠퇴하게 되었다. 송나라의 사신이 고려를 다녀가서 쓴 《고려도경》(1123년)에는 "고려에서는 중국의 사신을 대접하기 위하여 양과 돼지를 도살하는데, 네 다리를 묶고 내던진다. 만일 살아나면 몽둥이로 때려 죽이니 배 속의 창자가 온통 갈라져서 오물이 흘러나와, 이것

그림 2-5 《고려도경》(대만 고궁박물관 소장)

그림 2-6 고려청자 잔과 주전자(경기도박물관 소장)

으로 만든 고기음식은 고약한 냄새가 나서 도저히 먹을 수 없다" 라고 쓰여 있다. 이처럼 도살이 서투르니 육류의 조리법 또한 변변하지 못하였음을 알 수 있다. 동물성 식품인 육류의 조리가 쇠퇴하니 오히려 식물성 식품을 더욱 맛있게 먹는 법이 발달하였다. 기름과 향신료의 이용을 많이 하였고, 사찰음식도 더욱 발달하였다. 불교가 융성함에 따라 부처님께 차를 올리는 헌다의 예와 풍류로 차를 즐기게 되어 음차의 습관이 널리 성행하게 되었으며 다기도 매우 발달하여 세계에 자랑하는 고려청자도 만들어 내고 다도의 예절이 생겨났다.

고려시대 중기 이후에는 승려보다 무관의 세력이 강해져 사회 풍조가 변화되고 육식의 습관이 다시 대두되었다. 그리고 몽고족의 침입과 원나라와의 교류가 빈번해지면서 설탕, 후추, 포도주 등이 교역품으로 들어왔다. 후기에는 몽고의 지배를 받아서 동물의 도살법을 배우고 여러 가지 육식의 조리법도 알게 되니 식생활의 모습이 많이 바뀌었다. 원나라 초기에 나온 《거가필용(居家必用)》에는 고기의 조리법이 많이 나오는데, 조선시대의 《산림경제(山林經濟)》(1715년)에 나오는 육류요리 거의가 이 책을 참조한 것으로 우리나라의 육류 조리법이 원나라의 영향을 크게 받았음을 알 수 있다. 예를 들면, 고기를 물에 넣어 끓이는 곰탕이나 편육, 순대 등이 중국 책에는 양고기로 되어 있지만 우리나라에서는 쇠고기로 바뀐 것뿐으로 조리법은 거의 같다. 지금의 곰탕이나 설렁탕의 원조가 되는 공탕(空湯)과 찐빵의 일종인 상화(霜花)와 소주가 들어왔다. 당시 몽고군들이 주둔하였던 개성, 안동, 제주 등이 지금까지도 소주의 명산지로 꼽히고 있다.

고려시대의 수도인 개경(지금의 개성)은 경제 · 문화의 중심지였고, 특히 왕조의 영향으로 화려하고 정성이 많이 가는 음식이 전통적으로 전해져서 현재에도 개성음식은 솜씨가 빼어난 곳으로 꼽히고 있다. 고려시대의 문헌에는 두부, 김치, 장아찌, 술, 차, 유밀과, 다식에 대한 기록이 많이 나오는 것으로 미루어 상류 계층의 식생활은 상당히 높은 수준이었음을 알 수 있다. 따라서 고려시대는 식품과 조미료가 다양해져서 '한국음식 조리의 완성기' 라고 할 수 있다.

조선시대의 식생활

조선시대 초기에는 곡물 생산, 사대주의, 숭유배불을 삼대 국시로 삼았다. 특히, 권농정책으로 토지 제도와 세제를 정비하고 개간 사업 장려, 영농 기술의 개발, 농서 발간에 힘을 썼다. 모내기법이 보급되고 보리와 벼의 이모작도 하게 되었으며, 원예작물의 재배에도 힘썼다. 영농 기술 보급을 위하여 《농사직설(農事直說)》, 《금양잡록(衿陽雜錄)》, 《사시찬요(四時簒要)》, 《농사집성(農事集成)》 등의 농서가 나왔다. 조선시대 전반기의 식생활은 고려시대와 비교하여 커다란 변화는 없었으나 16세기 이후에는 숭유주의의 사림파가 양반 문벌 사회를 형성하여 식생활에 큰 영향을 받게 되었다. 한편, 계급사회로 빈부의 차이가 격심하여 식생활에도 심한 차이가 생겨났다. 농민들은 흉년에는 굶기가 예사였고, 더구나 인위적인 수탈도 심하여 만성적인 굶주림에 시달리게 되니 산야의 풀이나 열매, 나무껍질 등 구황식물을 찾아내기에 이르렀고, 《구황촬요(救荒撮要)》, 《신간 구황촬요》 등의 책도 나왔다.

조선시대 중기 이후에 들어와서 식생활에 커다란 변화를 가져오게 되었다. 남방으로부터 고추, 감자, 고구마, 호박, 옥수수, 땅콩 등이 전래되었는데, 이들 식품의 원산지는 거의가 아메리카 신대륙이었다.

특히, 고추가 들어오면서 우리의 음식에 커다란 변화를 가져왔다. 《지봉유설(芝峰類說)》(1613년)에는 "고추는 일본에서 건너온 것이니 왜개자(倭芥子)라 하는데, 요즘 간혹 재배하고 있다." 고 하였으니 고추가 우리음식에 널리 쓰인 것은 17세기 이후의 일이다. 고추는 여러 가지 음식에 양념으로 쓰여 매운맛을 내게 되었고, 고추장과 김치에도 쓰이게 되어서 오늘날 한국음식의 특징으로 꼽히는 매운맛과 붉은 빛깔을 내는 역할을 하였다. 특히, 고추가 김치에 쓰이게 되고 또한 어패류의 젓갈도 한데 넣게 되면서 영양적으로 훌륭하고 독특한 맛을 내는 발효식품으로 발달하게 되었다.

유교의 영향으로 가부장제 사회가 성립되어 외상 차림으로 대접하는 법이 고수되었고, 상물림의 풍습이 생겼다. 그리고 의례를 중요시하여 주자가 가르친 가례를 모범으로 삼아 혼례, 상례, 제례의 규범으로 엄격하게 지키게 되었다.

유교 가르침의 근본은 부모에 대한 효행이다. 부모님이 오래 사실 수 있도록 모시는 것을 가장 중요시하여 한의학을 연구하고 신선술을 배웠다. 우리나라의 한의서나 가정 백과서에 노인에 관한 분야를 따로 마련하여 자세히 설명하고 있다.

동양의 삼국 중에 지금은 우리나라만이 숟가락과 젓가락을 함께 사용하는 전통을 지키고 있다. 이는 공자 시대에 숟가락을 사용하였으므로 조선시대의 숭유주의자들이 끝까지 숟가락을 버리지 않았기 때문이다.

식생활이 다양해지면서 반가에서 음식을 만드는 조리서와 술 만드는 법을 적은 책들이 나오게 되었고, 명절이나 때에 따른 시식과 절식도 즐기게 되었으며 지방에 따라 특색 있는 향토음식이 등장하였다.

조선시대 가장 오래된 한문 음식책인 《산가요록(山家要錄)》(1450년경) 그리고 《수운잡방(需雲雜方)》(1550년대)과 가장 오래된 한글 조리서인 《음식디미방》(1670년경)의 내용을 살펴보면 당시의 음식과 다양한 조리법을 잘 알 수 있다.

조선시대 후기에는 미대륙 원산 식품의 전래로 종류가 다양해지고 조리법도 발달하여 17세기 즈음하여 더욱 다듬어져서 상차림의 형식이 세워지게 되었다. 상차림은 주식과 부식을 분리하고, 신분이나 형편에 따

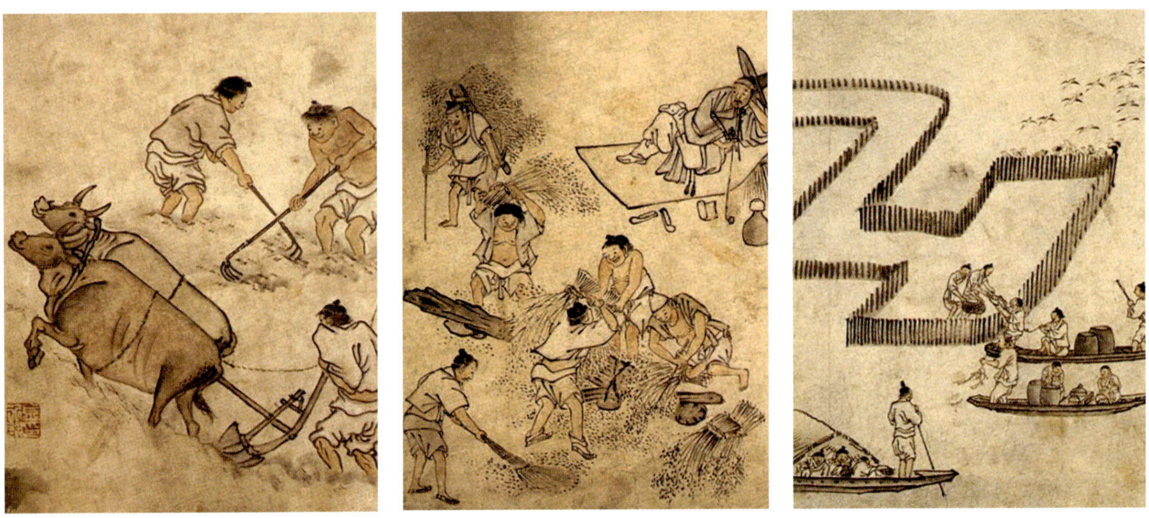

그림 2-7 김홍도의 논갈이, 벼타작, 고기잡이(1700년대 후반)

그림 2-8 부엌(조선시대 말)

그림 2-9 김치 광(조선시대 말)

라 찬물을 갖추어 반상 차림을 갖추게 되었고, 목적에 따라 반상, 죽상, 면상, 주안상, 다과상 등을 마련하였다. 특별히 의례적인 상차림으로 아기가 태어날 때 차리는 삼신상부터 혼례상, 회갑상, 제상 등 일정한 원칙에 따라 음식을 고이는 관습이 생겼다. 명절이나 계절에 따라 시식이나 절식을 즐기는 풍류도 있었으며, 지방에 따라 독특한 산물을 바탕으로 향토음식이 발달하게 되었다.

한양에는 식품을 거래하는 시장과 육의전이 생기고, 인구가 늘어나니 곳곳에 난전이 생겼는데, 식품과 그릇가게들이 분화되어 싸전, 잡곡전, 생선전, 유기전, 염전, 시저전, 과일전, 닭전, 육전, 좌반전, 젓갈전, 꿩전 등으로 아주 다채로웠다.

조선시대 궁중에서는 전국에서 진상하는 다양한 진귀한 재료들을 이용해 고도의 조리 기술을 지닌 주방상궁과 숙수(熟手)들의 솜씨로 최고 수준의 한국음식을 이루어 냈다. 조선시대 말기는 한국음식의 절정기로 한국음식이 가장 발달된 시기라고 할 수 있다.

1800년대 말 중국, 일본, 서양과의 교류가 활발하게 이루어지던 때를 개화기라고 한다. 외국의 문물이 들어오면서 식생활에도 영향을 받아 우리나라 음식문화의 고유성을 차츰 잃게 되었다.

서양음식은 우리나라 개화기에 찾아온 서양 사람들과 외국을 다녀온 이들에 의해 소개되었다. 특히, 궁중에는 러시아의 공사 부인과 손탁이 고종께 서양음식과 과자를 만들어 올려서 전파되었다. 1920년에 조선호텔이 생기고 시중에 서양요리집이 생겨났으며, 커피가 양탕국으로 퍼지게 되었고, 철도 식당도 생겨났다.

임오군란 이후에 중국 군인과 많은 민간인들이 들어왔는데, 대부분은 호떡집을 내거나 채소 재배를 하여 생활을 영위하였다. 1900년대 초기에 호떡, 만두, 교자 등을 파는 중국집이 서울 태평로, 명동, 소공동 등에 많이 생겼고, 이어서 중국 국수와 고급 요리를 파는 중국음식점도 생겨났다. 일본음식은 일제의 식민지가 되고 나니 자연스럽게 들어와서 우동, 단팥죽, 어묵, 단무지, 초밥, 청주 등이 아주 널리 퍼지게 되었다.

조선왕조가 망하면서 궁중에서 음식을 담당했던 이들이 시중에 명월관, 식도원 등 고급식당을 열면서 일반인들이 궁중음식을 접하게 되었다.

1900년대의 식생활

우리나라는 조선시대 말기부터 일제강점기를 거쳐, 한국전쟁 이후 1960년대까지 경제적으로 매우 궁핍하여서 어느 집이나 어려운 살림이었다. 주부들은 고기 찬을 자주 상에 올릴 수 없어도 철마다 나는 푸성귀로 나물과 국을 끓이고, 철에 흔한 채소나 어물로 김치와 젓갈, 장아찌 등 저장발효음식을 만들어서 밑반찬으로 삼았다. 그리고 두부를 만들거나 콩나물을 길러서 찬물의 재료로 삼았다.

제철에 흔한 채소는 겨울을 대비하여 무, 가지, 호박, 시래기 등을 말리고, 김, 다시마, 깻잎 등으로 부각을 만들었다. 그리고 장 담그기와 김장 담그기는 가정의 연중 2대 행사로 꼽을 정도로 중요하게 여겼다. 잔치나 명절, 제사 등 큰 행사 때는 집에서 술을 빚고 떡을 만들고, 강정, 약과, 정과 등의 한과와 엿을 만들었다.

1900년 초기 서민들의 밥상은 잡곡밥과 채소로 만든 찬이 대부분으로 섭취 영양의 98%를 식물성 식품으로부터 얻었다. 고기는 1년에 한두 차례 제사나 명절 때나 먹을 수 있는 정도였다. 구한말에서 일제강점기에 이르는 근 50년은 쌀을 전혀 섞지 않고 잡곡만 주식으로 하는 경우가 27.5%, 동물성 단백질을 전혀 섭취 못하는 경우도 30%에 이르렀다. 동물성 식품으로 섭취한 것은 쇠고기가 49%였고 마른 명태와 멸치, 그리고 새우젓, 조개젓 같은 젓갈류로 섭취하는 경우가 많았다. 일제 강점기에는 곡물이 일본에 유출되면서 우리의 식생활 수준은 아주 나빠졌다.

1945년 광복은 '배고픔으로부터 해방' 까지 가져다주지는 못하여 정부 수립 당시 극심한 식량란에 허덕였으며, 쌀이 워낙 부족했기 때문에 시커먼 보리밥을 먹어야 했다. 해방 후의 혼란과 한국전쟁은 우리 민족에 극심한 가난과 굶주림을 강요하여 취사 선택의 여지가 없이 UN의 구호물자와 미국의 잉여농산물로 주린 배를 채우기에 급급하였다. 미군 부대에서 흘러나온 하찮은 음식으로 끓인 죽을 '꿀꿀이죽' 이란 자조 섞인 이름으로 부르면서도 살기 위해 먹었다. 이 상황에서는 먹을 것만 있으면 다행이지 영양의 충족 여부를 따질 겨를이 없었다.

전통적으로는 개인마다 한 상씩 차린 독상(또는 외상) 차림이었으나 조선조 멸망 이후 차츰 사라지고 1920년대부터 가족이 두레반(원반)이나 교자상에서 함께 먹는 것이 일반적인 것이 되었다. 특히, 한국전쟁(1950년)과 정치적 혼란기를 겪으면서 가정에서 전통적인 반상차림은 거의 사라졌다.

1960년대에는 한국 사회가 경제성장기로 들어가면서 산업화가 시작되었지만 60년대 중반까지 '보릿고개' 는 여전하여 대부분의 농촌에서는 6월이 되면 양식이 다 떨어져서 풋보리를 베어 알갱이를 쪄서 먹곤 하였다. 1960년대 초반은 일제의 수탈과 한국전쟁의 후유증으로 인하여 정치 · 사회적 혼란이 심하였고, GNP 100달러의 가난한 경제와 극심한 식량란으로 절대빈곤에 시달릴 수밖에 없었다. 건국 직후부터 미국의 원조 밀가루가 들어오면서 '밀이 건강에 좋다' 는 구호와 함께 '혼분식장려운동' 을 전개하였다. 당시는 쌀의 부족으로 혼식을 강조하여 학교에서 도시락의 보리혼합비율을 검사하고, 식당에서도 잡곡밥만을 팔도록 강요하였다. 당시의 식량란은 국제기구와 미국의 원조로 많이 타개되었고, 식량정책으로 쌀의 이중 가격정책, 가격안정을 위한 기금 조성, 다수확품종 개량, 밀가루, 보리, 콩 등의 소비 촉진 캠페인 등을 실시하였다. 그 결과 우리의 식습관에 많은 영향을 끼쳐서 쌀 위주의 식습관에서 분식과 빵과 우유를 먹는 서구식 식습관이 보편화되었고, 국민 식품으로 꼽히는 라면이 등장하였다.

1970년대는 급속한 경제 성장과 식량증산정책에 힘입어 절대 빈곤에서 벗어나 식량사정이 안정되기 시작하였다. 70년대 후반기에는 급속한 경제 성장과 국민소득의 증가, 핵가족화 등의 사회 · 경제적인 변화에 따라 식생활에 있어서도 양적인 충족에서 벗어나 질적인 향상을 추구하기 시작함으로써 식품 소비 면에서 많은 변화가 나타나기 시작하였다.

1980년대는 경제성장이 가속화되어 1인당 GNP가 6,000달러로 소득이 증가하여 식생활 수준도 급격히 향상되었다. 그리고 핵가족화, 여성의 취업 증대와 더불어 편의식품 및 가공식품 이용, 외식의 증가 등으로 식품산업과 외식산업이 급격하게 성장하였다. 그리고 80년대 후반기에 해외여행의 자유화와 함께 외래음식 문화의 경험이 많아지면서 국내의 외식산업과 식생활은 점차 서구화 · 국제화가 촉진되었다.

특히, 1980년대 이후는 간장, 된장, 고추장 등의 장류와 젓갈, 김치 등의 품질이 향상되면서 시판 제품을 많이 이용하게 되었다. 일상식사로 바로 이용할 수 있는 밥, 만두, 국수, 수제비 등과 탕류, 찌개, 밑반찬 등의 조리제품들이 맛과 위생적 안전성이 확인되면서 대부분의 가정에서도 조리가공식품의 사용이 점차 증가되고 있다.

1990년대는 경제 성장이 고조되면서 이에 따른 부작용이 각 분야에 미쳤는데, 특히 식생활 분야는 과거에 비하여 질적인 성장을 이루었으나, 한편 지역 및 소득계층 간의 편중된 분포로 전반적으로 균형을 이루지는 못했다. 1990년도 후반기에는 풍족한 식생활로 지나친 과소비와 과다한 음식물 쓰레기의 처리가 환경문제로 등장하게 되었다. 1997년 말의 IMF 경제 위기는 그동안 급신장하던 외식산업의 침체를 불러왔다.

한편, 100년간 우리나라 사람의 체격과 수명에 많은 변화가 생겼다. 평균키는 1900~1920년대 남자가 161cm, 여자가 147cm 안팎이었는데, 1990년대는 남자가 172cm, 여자가 160cm로 무려 10cm 이상 성장하였고, 평균 수명은 1900~1920년대 남자가 22.6세, 여자가 24.4세이었는데, 1999년은 남자 71.7세, 여자 79.2세로 무려 50년이나 연장되었다. 인구 증가율은 점차 감소하여 1993년부터 정체현상을 보이고 있는 반면에 인구의 도시화율은 꾸준히 증가하고, 65세 이상 노인 인구의 증가로 새로운 인구 구조를 형성하게 되었다.

1970년대 들어서는 풍요로운 식생활로 오히려 당뇨, 심장질환, 순환기 계통, 암질환 등 성인병이 심각하게 대두되었다. 1980년대 들어서서 하루 필요 영양의 30%를 동물성 식품으로 먹게 되어 오히려 육류 과잉 섭취가 문제가 되었고, 성인병과 비만, 다이어트에 대한 관심이 높아졌다.

셋,

한국음식의 특징과 분류

한국음식의 특징

우리나라는 지형적으로 남북으로 길게 뻗은 반도로 평야와 산과 바다로 이루어져 있으며 삼면이 바다이어서 농산물, 수산물, 축산물이 고루 생산된다. 전통적으로 곡물을 주식으로 하고, 채소류, 육류, 어패류로 만든 찬을 부식으로 하는 한국인의 식사 양식은 삼국시대부터 정착되었다.

밥이 주식, 다양한 재료로 만든 찬물이 부식이다

밥과 찬을 한데 차린 상을 밥상 또는 반상이라 하고, 받는 이의 위상에 따라 진짓상, 수라상이라 한다. 일상의 식사는 곡물로 지은 밥이 주식이고, 채소, 육류, 어류 등의 다양한 재료로 만든 찬물을 부식으로 먹는다. 아침 · 저녁의 식사는 보통 흰쌀밥이 주식이고, 찬물로 국 또는 찌개와 김치는 기본으로 차리며 반찬은 형편에 따라 몇 가지를 마련하는데, 계절에 따라 맞는 제철 식품을 선택하여 재료와 조리법이 중복되지 않도록 구성한다. 대개 고깃국, 고기구이, 편육 등 육류찬과 전유어, 생선조림, 젓갈 등의 어류찬, 또 나물, 생채, 장아찌, 김치 등의 채소찬을 고루 마련한다.

음식의 종류와 조리법이 매우 다양하다

한국음식의 주식은 밥, 죽, 국수, 만두, 떡국, 수제비 등이 있고, 찬물은 육류, 어류, 채소류, 해조류 등의 재료로 국, 찌개, 찜, 전골, 구이, 전, 조림, 볶음, 편육, 나물, 생채, 젓갈, 포, 장아찌, 김치 등 다양한 조리법을 이용하여 만든다. 일상음식 이외에 후식과 기호식품으로 떡, 과자, 엿, 화채, 차, 술 등이 있다. 그리고 연중 각 계절에 맞추어 장 담그기, 김장 담그기, 채소 말리기, 젓갈 담그기, 포 만들기 등 저장발효식품과 건조저장식품을 만든다.

주식과 발효음식은 곡물이 주재료이다

농경이 주업인 우리 민족은 곡물을 중히 여기고, 그 중 쌀이 으뜸이다. 주식으로 흰쌀밥과 보리, 팥, 콩 등을 섞어 지은 잡곡밥을 먹고, 때로는 밀이나 메밀로 만든 죽, 국수, 만두, 수제비 등을 먹는다. 떡과 과자는 쌀과 찹쌀이 주재료이고 콩, 팥, 깨 등이 고물이나 부재료로 쓰인다.

전통술은 대개 밀누룩과 쌀, 찹쌀을 쪄서 빚는다. 콩으로 만든 간장, 된장은 한국음식의 맛을 내는 기본 조미료이다.

조미료와 향신료를 풍부하게 사용하여 맛이 다양하다 　한국음식에는 '갖은 양념'이라 하여 간장, 설탕, 파, 마늘, 깨소금, 참기름, 후춧가루, 고춧가루 등 다양한 종류의 조미료를 사용하는데, 식품이 지닌 고유한 맛보다 양념의 맛이 강한 편이다. 특히, 다른 나라 음식과 비교하여 파, 마늘, 깨소금, 참기름, 고춧가루, 설탕 등을 많이 사용하므로 맵고, 달고, 고소하고, 자극적이며 맛이 강한 편이다.

정성과 시간을 많이 들이는 친절한 음식이다 　한국음식은 재료를 통째로 쓰지 않고, 대개는 재료를 얇게 썰거나 채로 썰고, 곱게 다져서 조미하는 경우가 대부분으로 완성음식은 부드럽고, 먹기에 쉬운 편이다. 특히, 채소를 다듬고, 데치고, 무치는 나물과 채소를 절여서 양념하여 숙성시키는 김치 등은 수고가 많이 들고, 시간이 오래 걸리는 음식들이다. 서양요리나 중국요리처럼 육류나 어물을 통째로 조리하는 음식은 거의 없어 수저로 식사가 가능하다.

음식의 바탕에 '의식동원'과 '음양오행설'의 기본 철학이 있다 　한국음식문화에는 의식동원(醫食同源)과 음양오행설(陰陽五行說)의 기본철학이 담겨 있다. '의식동원'은 질병 치료와 식사는 인간의 건강을 유지하기 위한 것으로, 그 근원이 동일하다는 뜻이고, '음양오행설'은 목(木)·화(火)·토(土)·금(金)·수(水) 다섯 요소인 오행에 만물을 배합시켜 상생(相生)과 상극(相剋)관계가 성립되고, 이 원칙과 음양조화가 결합되어 무한한 유전을 거듭한다는 이론이다. 그래서 신체의 오장, 오부, 계절, 방위, 맛, 색, 냄새 등과 식품재료가 되는 곡물, 채소, 가축 등을 오행으로 구분하고 있다.

한국음식에는 신맛, 쓴맛, 매운맛, 단맛, 짠맛의 오미는 원재료에 맞는 양념을 써서 맛을 나타내고, 오방색(청색, 백색, 적색, 흑색, 황색)은 천연의 식품의 색을 고려하여 한 가지 음식에 배합하거나 오색 고명을 음식에 장식하고 있다.

상차림과 식사예법은 유교의 영향을 많이 받았다 　한국음식에 유교사상의 영향을 받아서, 특히 가부장적인 반상차림과 의례상차림을 중하게 여긴다. 통과의례의 돌, 혼례, 회갑, 상례, 제례 때 차리는 음식과 병과 품목이 정해져 있고, 각각 고유의 의미를 갖고 있다. 반상은 외상차림이 원칙이고, 반드시 어른이 먼저 들고 나서 아랫사람이 먹는다. 상차림에는 원칙이 있고, 수저의 사용법과 식사예법이 정중하며 품격이.있다.

명절식(名節食)과 시식(時食)을 즐기는 풍습이 있다 　설날, 삼짇날, 단오날, 추석 등 연중 큰 명절과 다달이 그리고 사계절에 제철에 나오는 식품으로 일상식의 찬물을 만들고, 다달이 시식을 즐기는 풍습이 있었다. 시·절식으로 설에 떡국, 정월대보름에 오곡밥, 묵은 나물과 부름, 삼짇날에 진달래화전과 화채, 오월에 수리취떡, 삼복에 삼계탕과 과일, 추석에 송편과 닭찜, 동지에 팥죽, 섣달에 전골 등 매달과 명절에 정해진 별미음식이 있다. 그리고 집안의 생일이나 혼인, 환갑 등의 잔칫날과 제사 때에는 음식을 풍성하게 장만하여 이웃, 친척과 두루 나누어 먹는 미풍이 있다.

음식 담는 식기와 상이 기능적이고 아름답다 　전통적으로 밥상에 올라가는 식기를 반상기라 하는데, 사기나 유기, 은기 등 동일한 재질의 원형

그릇으로 용도에 따라 크기는 다르나 모두 뚜껑이 있는 동일한 디자인으로 한 벌로 구성된다.

반상기는 개인별 1인의 식기로 밥은 주발, 국은 탕기, 찜은 합이나 조반기, 찌개는 조치보, 김치는 보시기, 장류는 종지로 기명이 정해져 있고, 찬물들은 쟁첩에 담는다. 반상기를 소반상에 배선한 반상차림은 기능적이며, 단정하고 아름답다. 반상기 외에 신선로, 전골 틀, 구절판 등 특수기명이 있다. 왕가와 반가에서는 식기를 여름철에는 사기, 겨울철에는 은기나 유기반상기로 철에 따라 구별하고, 수저는 연중 은이나 유기의 금속 제품을 사용하였다.

집안의 잔치와 제사 때는 떡, 과자, 과일, 찬물 등을 높이 쌓아서 고임상을 차리고, 음식 위에 사지나 상화로 장식하여 품위가 있으면서 화려한 모습이다.

한국음식의 우수성

한국인의 일상식사는 균형 잡힌 식품 섭취의 영양식이고, 채소·해조류 중심의 습열조리법을 이용한 저지방식이며, 한약재와 향신료가 적절하게 혼합된 약선음식, 스태미나 음식이다. 콩으로 만든 장류와 김치 등은 기능성 발효식품으로 세계적으로 인정을 받고 있다.

일상식은 곡류·어패·채소·해조·과일류를 고루 섭취하는 균형 잡힌 영양식이다

한국인의 밥, 죽, 국수 등의 주식은 탄수화물 급원이 되고, 찬물재료인 육류, 어류, 채소류, 해조류, 과실 등을 통하여 단백질, 지방, 각종 비타민과 미네랄, 식물성 섬유 등을 섭취하여 균형 잡힌 식사가 된다. 예를 들어, 한국형 식단으로 잡곡밥, 국 또는 찌개, 김치, 찬물 세가지로 구성한 3첩 반상을 일상식으로 하면 균형식사로 권장하는 다양한 식품의 섭취가 가능하다.

제철식품을 섭취하고, 시절식을 즐기는 자연식, 저지방식이다

한국은 사계절이 있어 철따라 식품재료가 매우 다양하다. 계절에 따라 평야에서 나는 곡물과 각종 채소가 풍부한 농산물, 또 반도국으로 삼면 바다에서 철따라 잡히는 다양한 어패류의 수산물과 자연에서 방목한 소와 돼지, 닭 등의 축산물, 산간에서 나오는 버섯이나 산채 등이 자연스럽게 섭취가 이루어진다. 최근에는 시설에서 재배한 다양한 버섯과 산채와 양식한 수산물이 있으나 자연산 식재의 유통이 많은 편이다. 그리고 전통적으로 제철식품을 활용한 시절식의 풍습은 철에 따라 몸에서 부족한 영양 성분이 자연스럽게 보충이 된다.

한국음식에는 동물성 지방은 거의 쓰이지 않고, 깨와 잣, 호두, 은행 등의 종실류의 섭취로 채식 위주의 식사에서 부족한 식물성 지방과 비타민, 무기질을 보충한다. 그리고 한국의 찬물 조리법 중 기름에 튀기는 조리법은 없고, 국, 찌개, 편육 등 삶거나 끓이는 습열조리법이 많고, 특히 육류는 물에 오래 삶고 끓여서 지방이 제거되어 전체적으로 열량이 낮은 저지방음식이다.

흰깨, 흑임자, 들깨는 볶아서 빻거나 기름을 짜서 이용하고, 죽과 떡고물, 과자 등에 많이 쓰인다. 한국음식 중 나물에는 기름과 깨소금이 꼭 들어가고, 생채, 조림, 볶음, 전골 등에 소량씩 넣어 향미를 좋게 하는 역할을 한다. 깨는 지방이 약 50%, 단백질이 40% 정도 함유된 우수한 영양식품이다. 깨의 지방산은 콜레스테롤을 없애고, 칼슘, 철이 많으며, 비타민 B_1·B_2·E의 함량이 많고, 섬유질이 많아 변비 치유에 효과가 있다.

콩과 채소, 해조류로 만든 음식을 많이 섭취하는 채식 위주의 건강식이다 한국음식에는 채소, 버섯, 종실, 해조류 등의 식물성 재료가 많이 쓰인다. 1970년대 경제성장기 이후에 육류의 섭취가 급증하였지만 그 이전에는 찬물의 대부분은 채소와 해조류로 만든 국, 나물, 쌈, 장아찌 등이 주된 찬물로 이루어진 채식 위주의 식단이었다.

콩은 상고시대에 우리 조상들이 재배화한 작물로 조상의 건강을 지탱해 준 중요한 식품이다. 콩은 메주를 쑤어 간장, 된장을 담그고, 고추장, 청국장, 담북장 등을 만들어 국, 찌개, 나물 등의 조미에 쓰며, 두부, 콩나물로 가공하여 일상식품으로 많이 이용한다.

콩은 식물성 단백질이 풍부할 뿐 아니라 레시틴, 사포닌, 비타민 E 등 생리활성물질이 충분하고, 콜레스테롤 강하효과를 지닌 섬유소, 항암성분, 항산화 비타민 등을 함유하고 있어 최근에 서구사회에서도 우수한 영양식품으로 꼽고 있다. 콩나물은 콩보다 비타민 B와 C군이 증가되고, 나이신과 비타민 K, 칼륨과 칼슘, 섬유소를 많이 함유하고 있다.

그리고 산과 들에서 나는 산야초와 나물들은 섬유질과 항산화작용, 생물학적 활성이 높은 카로티노이드 등이 풍부하고, 김, 미역, 다시마는 미네랄과 식이섬유소의 급원이 되어 왔다. 식용으로 흔히 먹는 버섯은 표고·석이·느타리·목이버섯 등 10여 종이며, 일반적으로 균생육 억제 작용, 혈당 저하 작용 등의 약리 효과가 있고, 특히 표고버섯에는 콜레스테롤 강하기능 효과와 항암 및 항바이러스 성분이 다량 함유되어 있는 건강식품이다.

'약식동원'의 철학이 바탕에 있는 보양음식이다 한국인은 누구나 "음식과 약의 근본이 같다"는 약식동원(藥食同源)의 개념을 갖고 있어, 식품의 선택에서 몸에 약이 되는 식품을 고르고, 조리과정에서 약을 짓듯이 정성을 기울인다. 그리고 몸에 좋다는 식품이나 음식을 유난히 찾아서 먹고, 매일의 식사를 통해 보양과 양생에 노력한다. 평소 건강할 때는 보양과 체력증진에 효과가 있는 식품을 찾고, 병약할 때는 증상에 효험이 있는 식품을 찾아서 자연치유에 노력한다.

저장식품인 김치·장류는 인체에 유익한 기능성 식품이다 우리 조상은 오래전부터 김치, 장류, 젓갈, 술, 초 등의 발효저장식품을 발달시켰다.

김치는 발효 중에 생긴 독특한 맛과 산미와 향 등과 질감으로 매끼의 찬으로 빠지지 않는다. 특히, 고추에 함유된 매운맛과 특유의 풍미는 식욕증진 효과도 있고, 당과 지방 함량이 낮아 저칼로리 식품이다.

배추, 무, 오이 등 채소에 젓갈류, 양념 및 향신료 등을 가미하여 만든 발효식품인 김치는 식이섬유소, 칼슘 등 무기질 성분과 젓갈에서 아미노산과 칼슘 그리고 카로틴, 비타민 B 복합체, 비타민 C 등 각종 비타민이 풍부한 음식이다. 식이섬유소는 변비를 예방하고, 발효 중에 생긴 젖산균은 장내 균총의 개선을 하며 일부 세포성분들은 항암 및 면역증진에 도움이 되고, 비타민 C, 카로틴과 고추 및 마늘의 특수성분들은 인체 내에서 여러 가지 발암 및 변이 물질의 생성을 방지와 억제한다. 미국의 건강잡지 〈헬스 매거진(Health Magazine)〉(2006. 3)에 김치가 섬유질이 많고(high-fiber), 저지방 다이어트(low-fat diet)식품으로 세계 5대 건강음식으로 선정되었다.

콩으로 만든 된장은 식물성 단백질의 급원이 되고, 기능성 성분으로 펩타이드, 아미노산, 올리고당, 식이

섬유소, 지방산(올레인산, 리놀레산, 리놀렌산), 비타민 E, 레시틴과 인, 칼슘, 마그네슘과 그 외 피틴산, 사포닌, 스쿠알렌, 스테롤, 이소플라본, 페놀화합물, 카로티노이드 등이 들어 있어 섭취하면 항암 및 예방효과, 항돌연변이, 항노화, 항산화, 항동맥경화, 콜레스테롤 감소 등에 효과가 있다고 알려졌다.

청국장은 콩 발효식품으로 소화가 잘 되고, 독특한 풍미가 있으며, 암, 당뇨병, 골다공증의 예방과 항암, 항동맥경화, 혈중 콜레스테롤 감소, 고혈압 예방, 혈전용해, 정장작용에 효과가 있다고 알려졌다.

고추장은 콩과 전분질, 고춧가루, 소금을 주원료로 콩단백질의 아미노산의 감칠맛, 곡류의 단맛, 고춧가루의 매운맛, 소금의 짠맛이 복합된 독특한 맛으로 향신료와 조미료의 역할을 동시에 한다. 고추장은 암예방과 항암, 항돌연변이, 항비만, 항산화에 효과가 있는 기능성 건강식품으로 세계적으로 인정받았다.

산채와 한약재를 적절히 사용하는 약선음식이다

한국에서는 자생야생식물인 80여 종을 산채로 일상적으로 식용하고 있다. 산채는 재배채소에 비하여 당분 외에 기능성 성분을 많이 지니고 있고, 특히 무기질과 비티민이 풍부하며 아미노산 조성이 우수하다. 과거에는 흉년에 구황식품으로 이용하였고, 현대에는 섬유소와 무기질, 비타민 급원식품으로 평가받고 있다.

가정에서 흔히 쓰이는 산채소로 고비, 고사리, 고수, 곰취, 냉이, 달래, 당귀, 더덕, 두릅, 둥글레, 도라지, 마타리, 머우, 물방기, 민들레, 방아, 삽주, 솔잎, 쑥, 씀바귀, 원추리, 잔대, 죽순, 질경이, 참나리, 취, 칡 등이 있어 나물로 많이 이용한다. 진달래, 국화꽃, 옥잠화 등의 꽃과 오미자, 오디, 복분자, 산딸기, 두충 등의 열매도 음식의 병과와 음료에 쓰인다. 한약재로 쓰이는 인삼, 감초, 계피, 대추, 황률, 구기, 결명자, 두충, 오가피 등도 음식과 병과, 한과에 널리 쓰이고 있다.

최근에는 한방약재를 활용한 약선음식과 한방음식에 대한 관심이 날로 높아지고 있다.

고추 · 산초 · 마늘 · 생강 등 향신료 사용이 적절한 스태미나 음식이다

우리나라 음식의 양념으로 파, 마늘, 생강, 고추 등의 신선한 재료를 다지거나 채 썰어 각종 음식에 넣으므로 음식의 향이 자극적이고 강한 편이다. 매운맛의 향신료는 고추, 후추, 산초, 겨자 등을 가루로 하여 많이 쓰인다.

고추는 음식에 맛과 향을 더하고 식욕을 증진시키는 향신료로 국민 1인당 하루 5.1g, 연간 2~4kg을 소비하는 나라로 세계에서 고추 최대 소비국 중 하나이다.

특히, 고추의 매운맛 성분인 캅사이신(capsaicin)은 체지방 분해로 체중감소 효과와 지구력 증진 효과가 있다. 단순히 미각을 돋우는 기능 외에도 고추는 한방에서 발한, 건위제, 구충제로 이용되며, 신경통, 류마티즘, 기관지염을 완화시키는 효과가 있고, 고추가 위암 발생률을 높인다고 인식되어 왔으나 최근에는 위궤양의 발생을 억제하는 효과가 있다는 연구보고가 있다.

고추는 풋고추 또는 성숙한 다홍 고추로서 생식 외에 볶음, 절임 등으로 이용한다. 건고추는 가루를 내어, 특히 김치류와 고추장에 쓰이고 양념으로 이용하며, 비타민 C와 비타민 A 함량이 특히 많다.

산초는 잎도 먹고, 덜 익은 파란 열매는 장아찌를 하며, 열매 껍질을 가루 내어 향신료로 쓴다. 그리고 건위, 정장, 구충, 해독작용이 있어 소화불량, 식체, 위하수, 구토, 이질, 설사, 기침, 구충제로 쓰인다.

마늘은 미숙한 연한 것은 장아찌를 만들고, 생마늘은

생식이나 다져서 양념에 많이 쓰인다. 마늘에는 탄수화물, 인, 나트륨, 티아민, 비타민 C 등 영양소가 있고, 질병 예방과 치료에 필요한 유효성분을 함유하고 있으며, 강한 살균 · 항균 · 해독 작용이 있다.

파는 김치나 산적 등의 주재료로 쓰이고, 다지거나 채 썰어 양념으로 많이 쓰인다. 파의 자극성분인 알리신은 체내 비타민 B_1의 이용률을 높이고 살균작용이 있으며, 가열에 의해 단맛이 증가한다. 생강의 매운맛 성분은 진제론, 진제롤, 쇼가올 등으로 위점막을 자극하여 위액 분비를 증가시키고 소화를 촉진시키는 작용을 한다.

한국음식의 분류

한국음식은 시대와 지역과 계층에 따라 특색 있게 발달하였다. 조선시대에는 신분을 엄격히 구분하여서 사회계층에 따라 식생활의 모습이 달랐으므로 궁중의 왕족들이 누리던 궁중음식, 반가음식, 서민음식으로 나눌 수 있다. 한편, 지역적 특성이 담긴 향토음식과 불교에서의 사찰음식이 있다. 그리고 출생부터 결혼, 상례, 제례 등의 통과의례에 따른 의례음식과 1년 사계절에 따른 시식음식, 설날이나 추석 때의 명절음식 등이 있다.

음식을 '요리'라고도 하는데, '요리'의 원래 뜻은 일의 앞뒤의 모든 상황을 잘 판단하여 처리한다는 의미인데, 1900년대 들어서 일본에서 음식을 만드는 일을 요리(料理)라 하였고, 우리나라에서도 음식을 뜻하는 말이 되었다.

1) 반가음식

반가(班家)음식은 양반 집안의 음식을 말한다. 조선시대 양반(兩班)은 최상급의 사회계급으로 사(士) · 농(農) · 공(工) · 상(商) 중 사족(士族)에 해당한다. 이는 또한 조선에서 정치에 참여할 수 있는 관료와 관료가 될 수 있는 잠재적 자격을 가진 가문, 그리고 사림(士林)이라 불렸던 학자 계층까지 포함하는 조선왕조 특유의 사회계급이다. 사대부(士大夫)가는 민간으로는 가장 세도를 부리는 계층이니 보통 양반집보다는 권력과 부가 있는 왕족이나 종친가들, 궁중을 출입하는 대관 고작 등이나 궁과 인척관계에 있는 계층들은 그 생활풍속이 궁중과 닮은 점이 많이 있다.

조선시대 궁중에서 큰 잔치를 하면 차렸던 음식들을 종친이나 척신 집에 하사하여 궁중음식이 대궐 밖에 전해졌고, 한편 왕가에 경사가 있을 때는 반가에서 만든 음식을 궁중에 진상하는 등 궁중과 반가와의 음식 교류가 빈번하여 서로 영향을 미쳐서 유사한 음식도 있다.

반가음식의 특징은 선조 때부터 전수되는 음식이 집집마다 있고, 그 향리마다 큰 차이가 나타난다. 이는 향리에 분가가 있고 서울에서 벼슬을 하게 되면 한양살림을 차리게 되는 것이 보통이라, 고향의 음식법을 잊지 않고 만들므로 양반집마다 특별히 잘하는 음식과 규범이 있었다. 그리고 한편 궁중음식을 본받으면서 향토음식을 병행하여 매우 특이한 맛과 멋을 가지고 있었다.

반가의 음식법은 매우 다양하고 집집마다 또 지방마다 독특한 미각을 풍기는 자랑스러운 음식들로 주로 가정에서 부인들의 손으로 전수되고 있었다. 이것이 지금의 한국음식의 본이 되었으며 종가나 명문가에서는 수백년 동안 집안 대대로 내려오는 음식이 있고, 유교적 이념 아래 전통음식의 원형이 보존되고 있는 경우도 많이 있다. 특히, 제례상은 지방이나 가문마다 특색이 있다.

반가에서는 자기 집안의 음식 만드는 법을 필사본을 만들어 가족이나 이웃과 돌려보는 음식책을 만들기도 하였다. 현재 1500년 이후 반가에서 나온 음식책으로 안동 광산김씨 문중의 《수운잡방》, 영양의 재령이씨 문중의 《음식디미방》, 대구서씨 문중의 《규합총서》, 그리고 작자미상의 《시의전서》, 《음식법》, 《김승지댁 주방문》 등이 있다.

이 책들에는 밥, 국수 등과 찬물이 되는 음식은 물론 떡이나 과자, 장 담그기가 실려 있고, 특히 술 담그는 법과 안주음식도 상세히 실려 있다. 이로서 반가의 부인들이 여러 식솔과 빈객에서 음식 대접을 잘하는 것이 중요 임무였음을 알 수 있다. 그리고 반가에서는 부인들이 주도적으로 음식을 만들었지만 천민에 속하는 비복이 있어 이들이 떡 만들기, 장 담그기, 술 담그기 등 손이 많이 가고 힘든 일을 도와주었다.

2) 궁중음식

궁중음식은 궁궐에서 장만하던 음식으로 조선시대 왕가의 음식과 그 제도가 우리 민족의 최고 수준의 음식을 대표하고 있다. 궁중음식은 왕족의 일상적인 일상식과 의례와 연회에 따르는 특별한 음식과 상차림이 차려졌다. 조정이나 왕가 및 개인적인 의례에 차리는 음식이 구분되었고, 음식을 만드는 법과 또 음식을 진설(陳設)하는 법도 제도화되어 있었다. 조선시대 궁중의 연회식에 대해서는 《진연의궤(進宴儀軌)》, 《진찬의궤(進饌儀軌)》 등 연회기록 및 각종 문헌에 의하여 그 내용을 알 수가 있다.

《영조실록》에는 왕의 식사횟수에 대하여 '대궐에서 왕족의 식사는 예부터 하루 다섯 번이다' 라고 했다. 그러나 영조는 하루에 세 번만 상을 받았다. 평상시의 일상식에 관련된 유일한 문헌은 《원행을묘정리의궤》(1795)로 혜경궁 홍씨와 왕족과 일행들이 화성행궁에 다녀오는 8일간의 식단이 자세히 실려 있다.

고종과 순종 당시 수라상궁을 담당한 한희순 상궁이 전수한 일상식은 초조반상, 아침과 저녁의 수라상, 점심의 낮것상의 네 차례 식사로 나뉘며, 야참이 포함되기도 한다. 아침과 저녁의 수라상은 12가지 반찬이 올라가는 12첩반상 차림으로, 대원반과 곁반, 모반의 3상으로 구성되어 있다.

국가에서는 '조선왕조 궁중음식' 을 1970년 12월 30일 중요무형문화재 제38호로 지정하였고, 1대 기능보유자는 한희순 상궁이었고, 2대 기능보유자는 황혜성, 현재 3대 기능보유자는 한복려와 정길자이다.

3) 사찰음식

우리나라 사찰음식은 고려 왕조 이후로 전해진 불교의 교리에 따른 음식이다.

사찰음식은 불교의 기본 정신을 바탕으로 하여 간단하고 소박한 재료로 자연의 풍미가 살아 있는 독특한 맛의 경지를 이루었다.

사찰음식은 산 짐승을 먹지 않고, 양념에 오신채(五辛菜 ; 마늘, 파, 달래, 부추, 홍거)를 넣지 않아 맛이 담백하고 정갈하다. 주로 산채, 들나물, 나무 뿌리, 나무 열매, 나무 껍질, 해초류, 곡류만을 가지고 음식을 만들되 음식의 조리방법이 간단하여 주재료의 맛과 향을 살리도록 양념을 제한하고 인위적 조미료를 넣지 않는 음식이다.

식욕이라는 인간의 본능을 최소로 줄이려는 불교 정신이 오히려 음식의 맛을 최대 경지로 이끌었다는 이율배반적인 결과를 낳았다. 이러한 맛의 문화는 세속과

격리된 절에서 구전으로 전해져 왔으며, 이제는 특별히 사찰음식 전문 식당을 통하여 종교를 떠나 대중이 접할 수 있는 범위로 확대되었다.

사찰음식이 종교적 상황과 그 종교의 근본 정신에 맞추어 드러나지 못하고 구전으로 전해진 까닭에 그 맛과 조리방법이 한 가지로 묶여지지 않았다. 같은 명칭의 음식도 각 지방의 절에 따라 만드는 방법의 차이가 있게 되고 당연히 맛의 차이가 두드러지자, 각 절마다 독특하고 유명한 사찰음식으로 발달하게 되었다.

사찰음식은 대개 채소와 버섯으로 만든 나물이나 잡채, 두부, 묵, 부각 그리고 김치, 장아찌류가 많다. 떡이나 한과류도 잘 만들고, 신자들의 공양에는 비빔밥이 가장 대표적이다.

현대에는 사찰음식이 건강한 채식음식으로 인기가 높고, 차를 마시는 다도도 사찰에서 중요시한다.

4) 향토음식

한반도는 남북으로 길게 뻗어 있고 중앙에는 척추와 같은 산맥이 남북으로 뻗으며, 동 · 서 · 남 삼면이 바다를 면하고, 큰 산맥에서 흘러내리는 크고 작은 강이 바다로 흘러 그 사이사이에 평야가 펼쳐져 있다. 각 고을마다 자연환경이 다르고 남북 사이의 기후도 다르므로 고을마다 서식하는 생물이 다양하고 풍부하다. 특히, 교통이 발달하지 못했던 19세기 후반까지는 각 고을의 특산물로 만드는 향토색 짙은 음식법이 많았다. 고을마다 토착된 이러한 음식법을 향토음식 또는 향토요리라고 한다.

향토음식의 형태에는, 첫째 그 지방에서만 생산되는 식료품을 그 지방 사람들만이 전승하고 있는 조리법으로 요리하는 순수한 향토음식이 있고, 둘째 타 지방에서 특산되는 식료품을 도입하여 조리법을 특별히 마련해서 만드는 향토음식이 있으며, 셋째 각 지방마다 만드는 음식이지만 그 조리법에 특색이 있어 별미를 자랑하는 향토음식이 있다.

교통의 발달, 산업의 발달은 세시풍속에 많은 상호교류를 가져왔다. 특히, 1950년 한국전쟁으로 인하여 북쪽으로부터 민족의 대이동이 일어나면서 북쪽의 여러 문화가 함께 전파되었는데, 그 중에서도 북쪽의 음식법이 많이 전파되어 대중화되었다.

최근 지방의 음식법을 도시로 진출시키는 경향이 활발하여 전문음식점이 많이 생기고 있는가 하면 반대로 서울 도시풍의 음식이 시골로 전파되어 똑같은 이름의 음식을 파는 음식점이 많아졌다. 따라서 경향 간의 교류가 빈번해질수록 향토음식은 그 특색을 잃어간다고 보아야 할 것이다. 이같이 향토음식은 그 생성과정이 자연발생적인 것과 문화의 교류에 따라 전파 또는 재현되는 두 가지 방법이 있다. 음식법은 완전히 고정적인 것이 아니고 시대에 따라, 또 사람의 손에 따라 그 조리법이 변하고 음식의 맛도 달라진다.

넷,
한국음식의 상차림

여러 가지 음식을 한 상에 모아서 차리는 것을 상차림이라 한다. 우리의 상차림은 크게 평상의 생활에서 차려지는 일상식의 상차림과 통과의례와 특별한 행사 때에 차려지는 의례식 상차림으로 나눌 수 있다.

일상식의 상차림은 평소의 아침, 저녁의 밥을 주식으로 하는 반상과 점심 때나 간단한 손님상으로 내는 장국상 그리고 죽상, 약주를 대접하기 위한 주안상, 다과상 등이 있다.

의례식의 상차림은 인간이 일생을 지내는 동안에 기념할 만한 여러 고비를 맞이하였을 때에 차린다. 의례음식으로 출생 때의 삼신상부터 백일상, 돌상, 혼례상, 회갑 때의 수연상과 돌아가신 조상께 차리는 제상, 차례상 등이 있다.

한 상에 차리는 음식의 내용을 적은 것을 음식발기(飮食件記) 또는 찬품단자(饌品單子)라고 한다. 요즈음은 흔히 식단(食單)이라고 하며 서양식에서의 메뉴(menu)에 해당된다. 이는 식당에서 음식의 종류와 가격이 적혀 있는 메뉴와는 다르다. 이는 한 상에 차려지거나 또는 한 끼 식사에 나오는 음식을 모두 적은 것이다.

반 상

밥, 국 그리고 김치와 찬을 한데 차리는 밥상은 먹는 사람에 따라 부르는 명칭이 다르다. 나이 어린 사람에게는 밥상이라고 하고 어른에게는 진짓상, 임금님의 밥상을 수라상이라고 부른다. 조선시대 후기에 사대부 집안의 음식을 상세히 적은 조리서인 《시의전서(是議全書)》(1800년대 말)의 뒤표지 안쪽에는 상차림 반배도가 그려져 있는데, 1800년대의 상차림을 알 수 있는 귀중한 자료이다.

1) 반상의 구성법

밥을 주식으로 하고 찬품을 부식으로 차린다. 반상의 첩수는 밥, 국, 김치, 장류, 찌개, 찜, 전골 등의 기본이 되는 음식을 제외하고, 뚜껑이 있는 찬을 담는 작은 그릇인 쟁첩에 담겨진 찬품의 수를 가리킨다.

반상은 쟁첩에 담는 찬품의 가짓수에 따라 3첩반상, 5첩반상, 7첩반상, 9첩반상으로 나뉜다.

궁중에서만 12첩반상을 차리고 민가에서는 9첩까지로 제한하였다.

기본으로 놓는 것은 밥, 국, 김치, 간장이고, 5첩반상

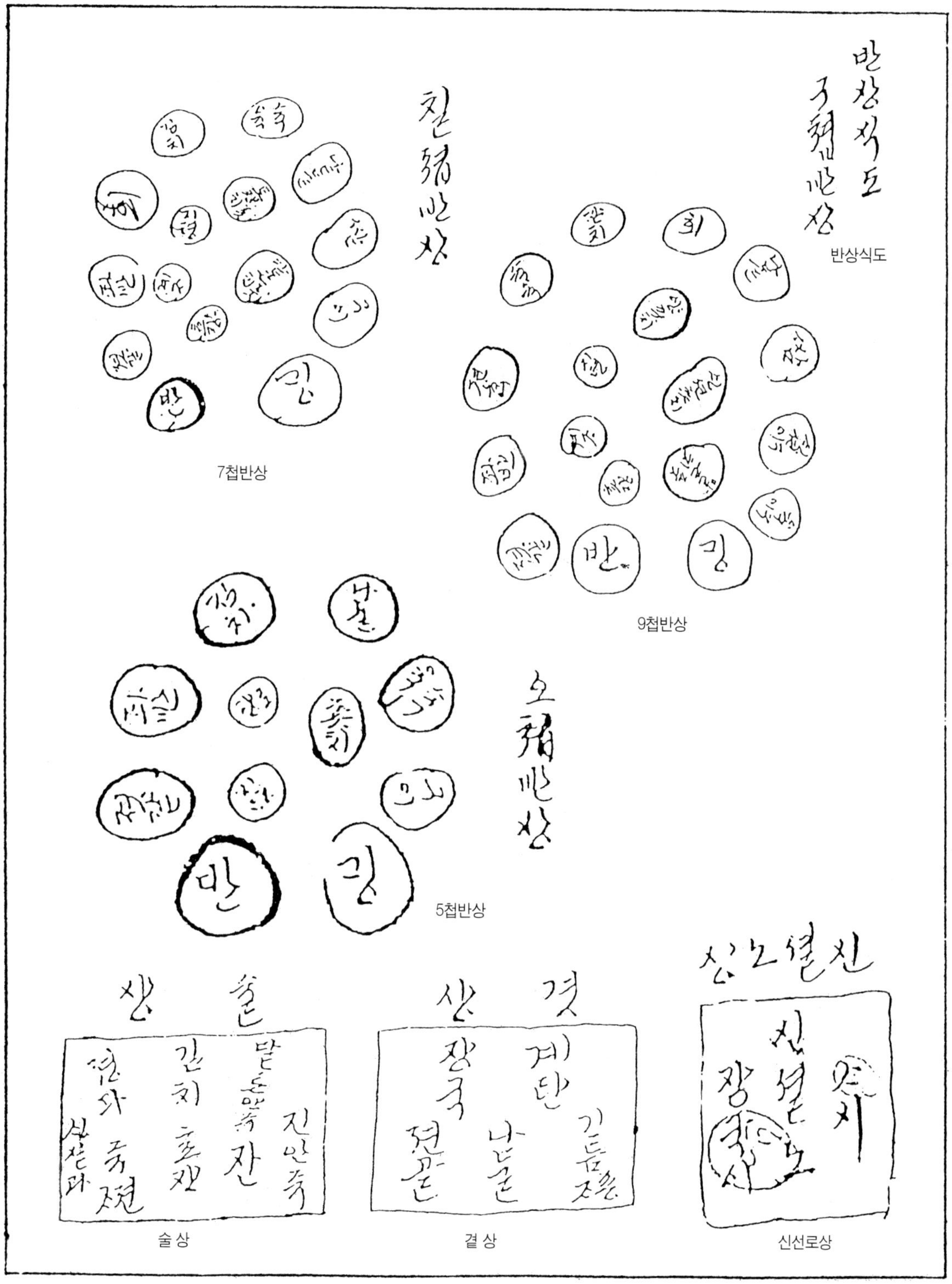

그림 4-1 《시의전서》의 반배도

이 되면 찌개를 놓고, 7첩반상에는 찜을 놓는다. 전, 회, 편육을 찬으로 놓을 때에는 찍어 먹을 초간장, 초고추장, 겨자즙 등의 조미품도 함께 곁들인다.

김치도 반찬 수가 늘어남에 따라 두세 가지를 놓는다. 찬품을 마련할 때에는 음식의 재료와 조리법이 중복되지 않도록 하고 계절에 따라 식품을 선택하여 계절감을 살리면 훌륭한 식단이 구성된다.

원래 우리의 반상차림은 한 사람 앞에 한 상씩을 차리는 외상차림이 원칙이었으나 차츰 겸상 또는 두레반 형식을 취하게 되었다. 현대의 대부분 가정에서는 입식의 식탁에서 가족이 함께 모여 앉아서 먹는 두레반 형식으로 식사를 한다.

현대에는 외국과의 교류가 많아서 식생활에도 많은 변화를 가져왔다. 외국 조리법도 들어오고, 음식에 대한 기호도 다양해져서 반드시 한국음식만으로 상차림을 고집할 수 없게 되었다.

그러나 우리의 상차림 중 반상차림의 원칙에 맞게 3첩 또는 5첩의 반상을 차린다면, 고른 조리법과 다양한 식품의 활용으로 기호도 만족되고 영양적으로 충족된 훌륭한 한국형 식사의 표본이 될 것이다.

우선 반상차림의 일반적인 원칙은 표 4-1과 같다. 반상에 기본적으로 차리는 음식은 밥, 국, 김치, 장류, 찜, 찌개로 첩수에 포함시키지 않는다. 첩수에 들어가는 찬품으로는 생채, 숙채, 구이, 조림, 전, 장과, 마른찬, 젓갈, 회, 편육 등으로 쟁첩에 담는다.

표 4-2, 3은 위의 반상차림의 원칙에 따라서 현대에

표 4-1 반상차림의 구성법

구분	기본 음식							쟁첩에 담는 찬품									
	밥	국	김치	장류	찌개	찜	전골	생채	나물	구이	조림	전	장과	마른찬	젓갈	회	편육
3첩	1	1	1	1	×	×	×	택 1		택 1			택 1			×	×
5첩	1	1	2	2	1	×	×	택 1		1	1	1	택 1			×	×
7첩	1	1	2	3	1	택 1		1	1	1	1	1	택 1			택 1	
9첩	1	1	3	3	2	1	1	1	1	1	1	1	1	1	1	택 1	

표 4-2 3첩반상 식단의 예

조리법 \ 계절		봄	여름	가을	겨울
기본 음식	1. 밥	콩밥	완두콩밥	팥밥	흰밥
	2. 국	조개시금치국	감자국	곰국	갈비탕
	3. 장류	청장	청장	청장	청장
	4. 김치	연배추김치	열무김치	깍두기	총각김치
찬품	1. 생채 또는 숙채	햇취나물	가지나물	노각생채	느타리버섯나물
	2. 구이 또는 조림	더덕구이	섭산적	생선조림	김구이
	3. 장과 또는 젓갈	쇠고기장조림	깻잎장과	미나리장과	무숙장과

표 4-3 5첩반상 식단의 예

조리법 \ 계절		봄	여름	가을	겨울
기본음식	1. 밥	보리밥	완두콩밥	흰밥	팥밥
	2. 국	애탕	조기맑은국	미역국	무국
	3. 장류	청장, 초장	청장, 초장	청장, 초장	청장, 초장
	4. 김치	배추김치, 나박김치	오이소박이, 열무물김치	깍두기, 나박김치	배추김치, 동치미
	5. 찌개	달래된장찌개	호박젓국찌개	순두부찌개	된장찌개
찬 품	1. 생채 또는 숙채	두릅나물	도라지생채	쑥갓나물	삼색나물
	2. 구이 또는 조림	병어조림	너비아니구이	제육구이	쇠고기산적
	3. 전유어	고기완자전	감자전	풋고추전	표고버섯전
	4. 장과	달래장과	풋고추장과	마늘장과	무말랭이장과
	5. 마른찬 또는 젓갈	김자반	조개젓	북어무침	명란젓

응용할 수 있는 일상의 반상차림을 계절에 맞는 식단으로 작성하였다. 아침식사와 저녁식사를 밥을 주식으로 하는 반상으로 하여 아침은 3첩, 저녁은 5첩을 기준으로 하였다.

그림 4-2 3첩반상 반배도

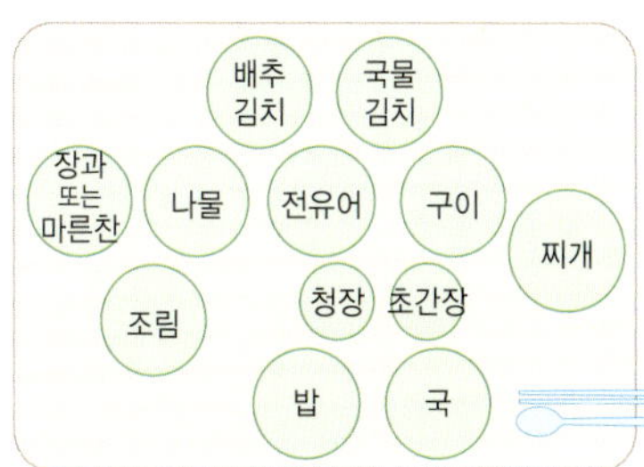

그림 4-3 5첩반상 반배도

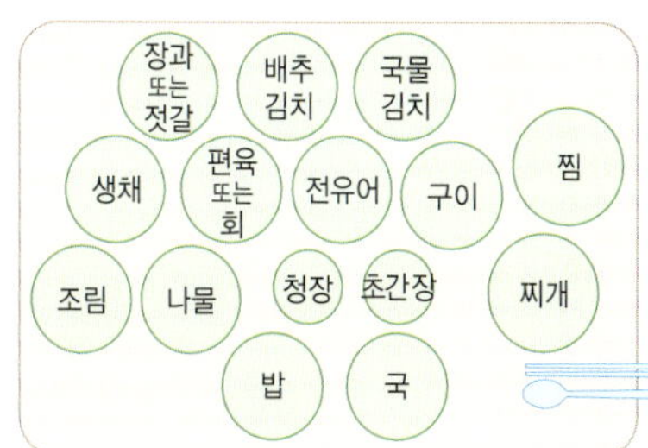

그림 4-4 7첩반상 반배도

그림 4-5 3첩반상

그림 4-6 5첩반상

그림 4-7 7첩반상

외상 차리기

- 상에 수저 한 벌을 오른쪽에 놓는데, 숟가락이 앞쪽, 젓가락이 뒤쪽으로 가도록 나란히 하여 상끝에서 3cm 정도 나가게 놓는다.
- 맨 앞줄에는 밥을 왼쪽, 국을 오른쪽, 찌개를 국 뒤쪽으로 놓는다.
- 종지는 왼쪽에서부터 간장, 초장, 초고추장, 초젓국 등의 순서로 늘어놓는다.
- 김치 보시기는 상 맨 뒷줄에 왼쪽부터 깍두기, 배추김치, 동치미의 순으로 놓는다. 가장 오른쪽에 국물김치가 오도록 한다.
- 반찬 그릇(쟁첩)은 중간 왼쪽으로 밑반찬류(자반, 장아찌, 젓갈 등)와 나물, 생채 등의 찬 반찬을 놓고, 오른쪽에는 더운 반찬인 전, 구이와 회, 편육, 수란, 김구이 등을 먹기 쉽게 놓는다.
- 찜그릇은 합 또는 조반기에 담아서 찌개 뒤에 놓는다.

겸상 차리기

겸상의 경우는 손님이나 손윗사람이 편하게 들 수 있도록 찬의 위치나 앉는 위치를 고려해야 한다.

- 외상과 다른 점은 마주앉기 때문에 수저를 각각 한 벌씩 놓고 밥과 국 그릇은 따로 차린다.
- 찌개와 찜그릇은 손님에 가까운 오른쪽에 놓고 종지들도 손님의 가까운 곳에 놓는다. 그리고 김치 보시기는 찌개와 찜그릇 뒤쪽으로 놓는다.
- 반찬류 중에서 더운 음식과 고기음식은 어른이나 손님 가까이에 놓고 밑반찬은 어린 사람이나 주인 쪽에 놓는다.

2) 반상의 배선법

음식을 상에 배열하는 법을 배선법이라 하며 원칙은 혼자 먹게 차리는 독상 또는 외상 차림이 정식이다. 그러나 사정에 따라 겸상도 하고 두레반 형식으로 차리는데, 먹는 사람의 수에 따라서 배선법이 다르고 음식의 종류와 가짓수에 따라 달라진다. 약식으로 노부부, 미혼의 형제나 동서, 친구들 사이는 친밀하다는 뜻으로 한 상에 수저 두 벌과 진지와 탕을 두 그릇씩 놓아 겸상을 차린다. 찌개나 찜, 김치, 그 밖의 반찬은 한 그릇씩 놓는다. 예전에는 부친과 장성한 아들과는 겸상을 하지 않았으나, 어린아이와 성년이 되기 전에는 겸상을 하며, 할아버지는 손자와 함께 겸상을 하는 예가 많이 있었다.

죽 상

이른 아침에 초조반으로 내거나 간단히 차리는 죽상으

표 4-4 죽상 차리기

상의 종류	음식명
응이상	응이, 동치미, 꿀, 소금
미음상	미음, 동치미 또는 나박김치, 마른찬, 간장 또는 소금, 꿀
죽 상	잣죽, 동치미 또는 나박김치, 마른찬, 자반, 맑은 찌개, 간장 또는 소금, 꿀

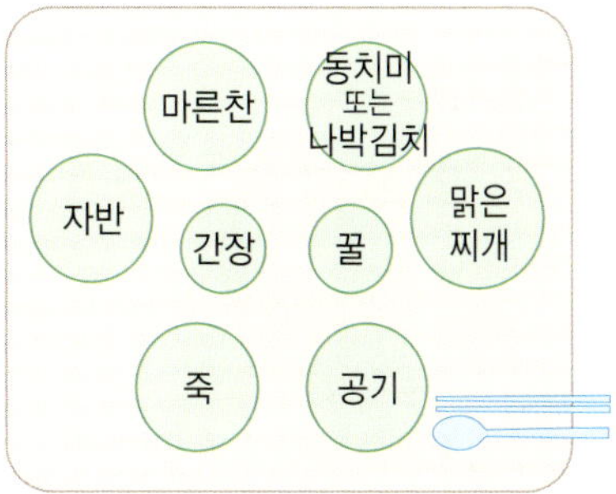

그림 4-8 죽상 반배도

그림 4-9 죽상

그림 4-10 미음상

로 죽, 응이, 미음 등의 유동식을 주식으로 하고 간단한 찬을 차린다. 죽상에 올리는 김치류는 국물이 있는 나박김치나 동치미로 하고, 찌개는 젓국이나 소금으로 간을 한 맑은 찌개이다. 그 외의 찬으로는 육포나 북어무침, 매듭자반 등의 마른 찬을 두 가지 정도 함께 차린다.

장국상(면상 · 만두상 · 떡국상)

조석의 식사 때보다는 평상시의 점심식사로 또는 잔치 때 손님에게 밥 대신 대접했던 것으로 국수, 만두, 떡국 등을 주식으로 하고 찬품으로 전유어, 잡채, 배추김치, 나박김치 등을 놓는다.

떡이나 조과, 생과, 화채 등은 식사 후에 내거나 상에 함께 차리기도 한다.

그리고 회갑, 혼례 등의 경사 때에는 큰상(고임상)을 차리고, 경사를 맞는 당사자 앞에는 면과 간단한 찬품을 차린 임매상(면상)을 놓는다.

표 4-5 장국상 차림의 예(9품)

조리법 \ 계절		봄	여름	가을	겨울
기본 음식	1. 주식류	온면	냉면	온면	떡국
	2. 장류	청장, 초간장	청장, 초간장	청장, 초간장	청장, 초간장
	3. 김치	배추김치, 장김치	오이소박이, 나박김치	배추김치, 동치미	보김치, 배추동치미
	4. 찜	사태찜	갈비찜	닭찜	떡찜
찬품	1. 회 또는 강회	어회	미나리강회	어채	갑회
	2. 산적 또는 누름적	두릅적	어산적	버섯산적	쇠고기산적
	3. 전유어	처녑 · 연근전	애호박 · 민어전	풋고추 · 간전	표고버섯 · 굴전
	4. 편육	양지머리편육	제육편육	사태편육	양숙편
	5. 채	탕평채	죽순채	겨자채	잡채

그림 4-11 장국상 반배도

그림 4-12 장국상

주안상

주안상은 술을 대접하기 위해 술안주가 되는 음식을 고루 차린 상이다. 술에 따라 안주음식을 달리하는데, 흔히는 전골이나 찌개 같은 국물이 있는 뜨거운 음식과 전유어, 회, 편육, 김치를 술안주로 낸다. 내는 술의 종류에 따라 음식의 조미를 고려한다.

주안상은 혼자 드는 외상보다는 둘 이상이 겸상을 하게 된다. 음식을 상에 낼 때는 먼저 술과 포, 마른 안주를 내어 술잔이 고루 돌려지면 찬 음식과 더운 음식을 때에 맞추어 바로바로 내도록 한다. 술을 거의 들면 주식으로 면이나 떡국 등으로 마련한다. 식사 후에는 후식으로 조과, 생과, 화채 등을 한 가지 정도씩 내도록 한다.

교자상

우리의 전통적 접대법은 외상차림이었으나 집안의 잔

교자상 차릴 때 유의할 점

- 모임의 목적, 손님의 부류, 연령, 성별 등을 고려하여 식단을 작성한다.
- 계절과 예산에 맞게, 조리법을 고르게 택하여 식단을 작성한다.
- 식단이 정해지면 담을 그릇과 수저, 휘건, 식탁보 등을 미리 점검한다.
- 상에는 초장, 초고추장 등의 조미품과 김치, 국물이 있는 국, 죽, 국수 등은 1인분씩 따로 담는다. 그리고 공통의 음식을 덜어먹을 개인용 앞접시를 상에 미리 놓는다.
- 음식을 한꺼번에 상에 차리지 말고 처음에는 술과 식욕을 돋울 수 있는 전채음식을 낸 다음 순차적으로 2~3가지씩 내도록 한다.
- 더운 음식은 그릇을 미리 덥혀서 상에 내갈 때에 바로 담아서 뜨겁게 먹을 수 있도록 하고, 찬 음식은 그릇에 담아 냉장고에 차게 식혔다가 바로 내어 음식에 맞는 온도에 대접할 수 있도록 세심한 배려가 필요하다.
- 주된 음식을 거의 들면 주식으로 국수, 만두, 떡국 등을 낸다. 후식은 주식을 들고 나서 상 위에 남은 그릇을 치운 후 내거나, 다른 장소에 옮겨서 대접하도록 한다.

표 4-6 교자상에 차리는 찬품들

조리법			음식명
기본 음식	1. 주식류		온면, 냉면, 떡국, 만둣국, 규아상, 편수
	2. 조미품		청장, 초간장, 초고추장, 겨자집, 꿀 등
	3. 김치		배추김치, 오이소박이, 보김치, 장김치, 나박김치, 동치미 등
찬 품	1. 포·마른안주		어포, 육포, 잣솔, 은행볶음, 호두튀김, 어란, 대추포
	2. 탕		애탕, 어알탕, 송이탕, 완자탕
	3. 회 또는 강회		육회, 간회, 처녑회, 생선회, 생굴회, 어채, 미나리강회, 파강회
	4. 찜		소갈비찜, 사태찜, 쇠꼬리찜, 돼지갈비찜, 닭찜, 도미찜, 대하찜
	5. 신선로 또는 전골		신선로, 낙지전골, 쇠고기전골, 내장전골, 송이전골
	6. 구이		쇠갈비구이, 너비아니구이, 대합구이, 대하구이, 생선구이
	7. 적		화양적, 송이산적, 떡산적, 파산적, 사슬적, 두릅적, 누름적, 김치적
	8. 전유어		생선전, 새우전, 굴전, 알쌈, 간전, 처녑전, 연근전, 고추전, 표고버섯전
	9. 편육 또는 족편		족편, 양지머리편육, 우설편육, 사태편육, 제육편육, 돼지머리편육, 쇠머리편육
	10. 채		탕평채, 구절판, 월과채, 잡채, 죽순채
후 식	떡		각색편(꿀편, 백편, 승검초편), 절편, 개피떡, 인절미, 각색단자(대추, 석이, 쑥구리, 유자, 은행, 밤), 주악, 화전, 경단, 송편, 증편, 두텁떡, 약식 등
	조 과	유밀과	약과, 매작과, 모약과, 만두과, 다식과 등
		강정	매화강정, 세반강정, 산자, 연사과, 빙사과 등
		다식	송화, 흑임자, 깨, 진말, 녹말, 청태, 오미자, 밤 등의 다식
		숙실과	밤초, 대추초, 율란, 조란, 생강란 등
		정과	도라지, 연근, 생강, 모과, 유자, 박고지 등의 정과
	생실과		사과, 배, 감, 귤, 참외, 수박, 딸기, 포도, 복숭아 등
	화채		앵두, 딸기, 복분자, 복숭아, 배, 오미자, 유자, 귤 등의 화채, 화면, 떡수단, 보리수단, 원소병, 식혜, 수정과, 배숙, 제호탕 등
	차		녹차, 생강차, 인삼차, 칡차, 모과차, 유자차, 대추차, 계피차 등

치나 경사가 있을 때 여러 사람 몫을 한데 모아 간소화시켜서 차린 상차림이 교자상이다.

주된 음식들은 상의 중심에 놓고, 국물 있는 음식은 1인분씩 따로 그릇에 담아내도록 한다.

원래 교자상의 주식은 장국상과 마찬가지로 국수나 만두 · 떡국으로 하고, 찬품은 장국상이나 주안상에 차리는 음식들과 같으며, 음식을 들고 나서 다과를 내도록 한다.

밥을 주식으로 하는 교자상을 얼교자상이라고 하는데, 주된 찬품을 들고 나서 진지를 들 때는 다시 밥반찬이 되는 찬품과 탕을 준비하여야 되므로 매우 번거롭다.

다과상

다과상은 평상시에 식사 이외의 시간에 다과만을 대접하는 경우와 주안상이나 장국상의 후식으로 내는 경우가 있다. 음식의 종류나 가짓수에는 차이가 있으나 떡류, 조과류, 생과류와 음료로는 차가운 음청류와 더운

그림 4-13 교자상

그림 4-14 다과상

차를 마련한다. 특히, 각 계절에 잘 어울리는 떡, 생과, 음청류를 잘 고려하여 정성껏 마련하여 계절감을 살리도록 한다.

다과상만을 대접할 때는 떡과 조과류를 많이 준비하고, 후식상인 경우는 여러 품목 중에 각각 한두 가지씩만을 마련하도록 한다.

표 4-7 다과상에 차리는 음식의 종류

분류		음식명
떡	증병류(찌는 떡)	각색편(백편, 승검초, 꿀, 석이), 녹두편, 깨편, 백설기, 밀설기 등
	도병류(친떡)	절편, 개피떡, 인절미, 각색단자(대추, 석이, 쑥구리, 유자, 은행, 밤), 주악 등
	기타 떡류	화전, 경단, 송편, 증편, 두텁떡, 약식 등
조 과	유밀과	약과, 매작과, 모약과, 만두과, 다식과 등
	강정	매화강정, 세반강정, 산자, 연사과, 빙사과 등
	다식	송화, 흑임자, 깨, 진말, 녹말, 청태, 강분, 오미자, 밤 등의 다식
	숙실과	밤초, 대추초, 율란, 조란, 생강란 등
	정과	도라지, 연근, 생강, 모과, 유자, 박고지 등의 정과
생 과		사과, 배, 감, 귤, 참외, 수박, 딸기, 포도, 복숭아 등
화 채		앵두, 딸기, 복분자, 복숭아, 배, 오미자, 유자, 귤 등의 화채 화면(책면), 떡수단, 보리수단, 원소병, 식혜, 수정과, 배숙, 제호탕 등
차		녹차, 생강차, 인삼차, 칡차, 모과차, 유자차, 대추차, 계피차 등
김 치		배추김치, 오이소박이, 보김치, 장김치, 나박김치, 동치미 등
꿀		꿀

다섯,

명절음식과 시식

조상들은 농경을 하고 살아왔기에 명절풍속은 대부분 농사와 관련이 있다. 그리고 명절음식과 놀이 풍습에는 우리 민족의 자연숭배사상과 효의 정신이 깊이 스며 있으며, 갖가지 염원과 풍류 그리고 액을 예방하거나 몸을 보하기 위한 마음이 담겨 있다.

세시풍속이란 일상생활에 있어서 계절에 맞추어 관습적으로 되풀이 되는 민족을 말하며, 이는 향토문화 현상으로 나타나거나 민족, 국민을 단위로 나타나는 현상이다.

춘하추동의 절기마다 시식을 차리는 풍습은 궁이나 서울이나 시골이나 마찬가지이다. 대개는 농사의 월령에 관계되는 세시풍속이 많다. 우리나라의 연중행사와 풍속과 시절식에 대해서는 유득공의 《경도잡지(京都雜志)》와 《한양세시기(漢陽歲時記)》, 김매순의 《열양세시기(洌陽歲時記)》, 홍석모의 《동국세시기(東國歲時記)》에 나온다.

예부터 홀수이면서 달과 날이 같은 날은 큰 명절로 여겼는데, 단일(端一), 단삼(端三), 단오(端午), 칠석(七夕), 중구(重九)가 있다. 우리 조상들은 태음력을 기준으로 1년을 24절기로 나누고, 15일마다 한 절기가 돌아온다. 절기와 생활이 결부되어 여러 명절이 정해지고 그날은 맛있는 음식으로 조상에게 제사를 올리고 가족과 이웃이 서로 나누어 먹으니 이를 절식(節食)이라 하며, 계절에 산출되는 식품으로 만든 음식을 시식(時食)이라 한다.

우리 조상들은 계절에 따라 좋은 날을 택하여 명절이라 정하고 갖가지 음식을 차려 조상에게 제사를 올리고 가족과 이웃 간의 정을 나누어 왔다. 설, 추석, 단오, 동지 등 큰 명절에는 음식을 푸짐히 마련한다. 농촌에서 바쁠 때는 협동을 다지고, 한가할 때는 생산물의 풍성한 수확, 액막이 및 건강 등을 염원하였고, 또 풍류를 즐기기도 하였다. 농번기인 여름철에는 일손이 바쁘기에 농한기에 명절을 즐긴다.

명절이나 속절에는 그날의 뜻을 새기기 위하여 제사를 지내거나 민속 전통의 행사를 벌이고 즐기는데, 이때 반드시 만드는 뜻있는 음식이 전통적으로 전수되고 있다. 이것을 절식이라 한다. 현대에 일반적으로 지키는 명절은 설날과 한식, 단오, 추석이고, 이 날은 조상께 차례를 드린다.

차례음식으로는 설날에 떡국을 올리고 추석날에는 송편을 제수로 만들어 올린다. 차례를 모시지 않는 속절은 정월 3일, 정월 대보름, 2월 초하루의 중화절, 3월 3일의 삼짇날, 4월 초파일의 석가탄신일, 5월 5일의 단오절, 6월 보름의 유두절, 7월 7일의 칠석, 9월 9일의 중구절, 10월 상달의 고사, 11월의 동지절, 12월 납일의 납향 및 그믐날의 제석 등이다.

표 5-1 절기의 의미와 시기

계 절	절 기	우리말 이름	음력달	양력달
봄	입춘(立春)	봄설	정월	2월 4, 5일
	우수(雨水)	비내림	정월	2월 19, 20일
	경칩(驚蟄)	잠깸	이월	3월 5, 6일
	춘분(春分)	봄나눔	이월	3월 20, 21일
	청명(淸明)	맑고 밝음	삼월	4월 5, 6일
	곡우(穀雨)	단비	삼월	4월 20, 21일
여름	입하(立夏)	여름설	사월	5월 6, 7일
	소만(小滿)	조금참	사월	5월 21, 22일
	망종(亡種)	씨여뭄	오월	6월 6, 7일
	하지(夏至)	여름이름	오월	6월 21, 22일
	소서(小暑)	조금더위	유월	7월 7, 8일
	대서(大暑)	한더위	유월	7월 23, 24일
가을	입추(立秋)	가을설	칠월	8월 8, 9일
	처서(處暑)	더위머뭄	칠월	8월 23, 24일
	백로(白露)	이슬맺힘	팔월	9월 8, 9일
	추분(秋分)	가을나눔	팔월	9월 23, 24일
	한로(寒露)	찬이슬	구월	10월 8, 9일
	상강(霜降)	서리내림	구월	10월 23, 24일
겨울	입동(立冬)	겨울설	시월 상달	11월 7, 8일
	소설(小雪)	조금눈	시월 상달	11월 22, 23일
	대설(大雪)	한눈	십일월 동짓달	12월 7, 8일
	동지(冬至)	겨울이름	십일월 동짓달	12월 22, 23일
	소한(小寒)	조금추위	십이월 섣달	1월 7, 8일
	대한(大寒)	많이추위	십이월 섣달	1월 20, 21일

정 월

설은 원단(元旦), 세수(歲首)라 하여 1년의 시작이라는 뜻이다. 설의 참뜻은 확실하진 않으나 '삼가다', '설다', '선다' 등으로 해석하니, 묵은 해에서 분리되어 새해에 통합되어가는 과정에서 근신하여 경거망동을 삼가야 한다는 뜻이 있다.

정조차례(正朝茶禮) 차례는 원래 차(茶)를 올리는 예로서 정월의 조상숭배를 뜻하는 중요한 행사이다. 본래는 조상의 생일 또는 매월 초하루, 보름에 지내던 간단한 아침제사를 의미하던 것인데, 지금은 설날과 추석에만 지낸다. 정월차례를 떡국차례라 하는 것은 메 대신에 떡국을 올리기 때문이다.

설음식

설에 차례와 명절을 지내기 위해 만드는 음식을 세찬(歲饌)이라 한다. 설날 아침에 흰색의 음식으로 새해를 시작함으로써 천지만물의 신생을 의미하는 종교적인 뜻이 담겨 있다고 하고, 떡국을 먹는 것이 한 살을 더 먹는다는 상징으로 첨세병(添歲餠)이라고 한다.

세찬 중에는 흰떡으로 만든 음식으로 떡국, 떡만둣국, 떡볶음, 떡찜, 떡산적, 떡잡채 등이 있다. 고기음식으로 갈비찜, 사태찜, 생선찜, 편육, 족편 그리고 지짐으로 녹두빈대떡, 각색전, 채소음식으로 삼색나물, 겨자채, 잡채 등이 있다. 신선로와 떡과 함께 먹는 장김치가 있고, 후식류로 약과, 다식, 정과, 엿강정, 강정, 산자, 식혜, 절편, 인절미, 수정과 등이 있다.

그림 5-1 떡국

그림 5-2 겨울철 시식

대보름(上元) 1년 명절 중에 세시행사가 가장 많은 달이 정월이며, 이 중 대보름날 행사가 가장 많다. 대보름 풍속 중에 사람의 건강과 음식에 관한 것으로는 귀밝이술, 부럼 깨기, 더위 팔기, 묵은 나물, 복쌈, 백가반 등이 있다.

대보름 절식에는 오곡밥, 묵은 나물과 더불어 약식, 부럼, 귀밝이술, 복쌈, 원소병, 팥죽, 김구이 등인데, 상원절식의 으뜸은 약식이다.

상원채는 지난해 말려 둔 묵은 나물들을 삶아서 나물을 만드는데, 오곡밥과 같이 먹으면 여름에 더위를 안 탄다고 한다. 아홉 가지 나물은 호박오가리, 가지고지, 시래기, 묵나물, 취나물, 박나물, 표고버섯 등이다. 《동국세시기》에는 이를 진채(陳菜)라 하였다. 이날 배춧잎, 취, 김으로 쌈을 싸서 먹는데, 이를 복쌈 또는 오래 산다고 하여 명쌈이라고 한다.

또 이른 새벽에 밤, 호두, 은행, 잣, 무 등을 깨물며 1년 동안 무사태평하고 종기나 부스럼이 나지 않게 해달라고 축수한다. 이를 부럼 또는 작절(嚼癤)이라고 한다. 치아를 튼튼하게 하기 위한 목적도 있다.

정월 보름 무렵 씨를 뿌리기 전의 풍년을 기원하는 행사로 화적(禾積)이 있다. 시골 민가에서는 보름 전날 짚을 묶어 깃대 모양을 만드는데, 그 안에 벼, 기장, 피, 조의 이삭을 집어넣어 싸고 목화를 그 장대 위에 매단다. 벼가릿대를 집 앞에 세우고 새끼를 늘어뜨려 고정하는데, 이를 화적이라 한다.

입춘(立春) 입춘이 되면 산수가 좋은 경기도 육읍(六邑 : 양근, 지평, 포천, 가평, 삭녕, 연천)에서 움파, 메갓, 당귀싹(辛甘草), 미나리싹, 무싹 등의 오신반(五辛盤)을 궁중에 진상하는데, 이를 진산채(進山菜)라 하여, 민가에서도 서로 선물을 주고받았다. 메갓은 이른 봄에 눈이 녹을 때 산속에서 자라는 겨자이고, 당귀싹은 움에서 키운 것으로 깨끗하기가 은비녀의 다리 같은데, 꿀을 찍어 먹으면 맛이 좋다고 하였다. 이날은 매운 생채요리를 만들어 새봄의 미각을 돋게 하는데, 대표적인 음식으로는 탕평채, 승검초산적(신감초), 죽순나물, 죽순찜, 달래나물, 달래장, 냉이나물, 산갓김치 등이 있다.

이월

중화절(中和節) 농사철의 시작을 기념하는 음력 2월 초하루를 일컬어 노비일, 머슴날 등으로 불렀다. 조선조 정조 때 당나라 중화절을 본 따서 정한 이날은 임금이 재상과 시종들에게 잔치를 베풀고, 중화척(中和尺)이라는 자를 나누어 주면서 비롯되었다. 이날 농가에서는 그 해의 풍년을 빈다는 뜻으로 정월대보름날 세워 두었던 벼가릿대를 내려서 큰 송편을 만들어 노비에게 나누어 주어 농사일을 격려하였고, 노비들에게 나이 수만큼 송편을 만들어 주며 하루 쉬게 하던 풍습이 있었다.

그림 5-3 묵은 나물

그림 5-4 노비송편

노비송편은 김장철에 말려두었던 시래기를 양념하여 송편의 소로 넣거나, 콩, 팥, 대추 등을 많이 넣어 만들어 먹으면 1년 내 고약한 병과 액운을 면할 수 있다고 하여 액막이로 먹기도 했다.

그리고 여러 곡식을 한 솥에 볶으면서 그 중에 먼저 볶아지는 곡식이 새해에 풍년이 든다고 곡식 점을 치기도 하였다.

화전(花煎)놀이

화전은 찹쌀가루를 반죽하여 번철에 지질 때 진달래꽃(참꽃)을 따서 꽃술은 빼고 붙인다. 이를 먼저 가묘에 천신하고 모두 함께 먹는다. 《동국세시기》에는 당시 서울에서는 필운대의 살구꽃, 북둔의 복사꽃, 흥인문 밖의 버들이 아름다워서 이곳에 모여서 꽃놀이도 하고 하루를 즐겼다고 한다. 조선 말기 궁중에서는 창덕궁 후원의 옥류천에 나가서 궁녀들이 진달래꽃을 따서 그 자리에서 화전을 부치면서 즐겼고, 가을에는 국화전을 부치며 꽃놀이를 했다고 한다.

삼 월

삼짇날 삼월 삼일을 상사(上巳), 중삼(重三) 또는 답청절(踏靑節)이라고 하여 초봄의 가장 큰 명절로 삼는다. 삼동을 꼭 갇혀 살다가 화창한 봄을 맞은 기쁨을 만끽하는 날로 이날은 강남에서 제비가 돌아오고, 뱀이 나오기 시작하는 날이다. 이 날은 동으로 흐르는 내에 나가 불계(佛戒)를 행하여, 모든 묵은 때를 없애 버린다는 뜻으로 제액을 제거하는 의식을 행한다. 들판에 나가 무성한 풀을 밟고 새로운 생명을 반기고 풍류를 즐기는 인사들은 냇가에 모여서 유상곡수연(流觴曲水宴)을 벌였다.

삼짇날 절식으로는 찹쌀 반죽에 진달래꽃을 붙여서 지지는 화전, 두견화주, 청주, 육포, 절편, 녹말편, 탕평채, 조기면, 화면 등이 있다. 화면은 마른 오미자를 찬물에 담가서 우려낸 신맛이 나는 오미자국에 꿀을 타서 녹말국수를 띄운 화채인데, 제철에는 진달래꽃을 띄우기도 한다.

곡우(穀雨) 농사에서 모판을 만들기 시작할 무렵으로 이때 한강에는 공미리가 한창이고, 연평도 조기는 가장 기름이 많이 오른 때로 맛이 좋았다. 음력 3, 4월이면 밴댕이(蘇魚)와 웅어(葦魚)가 많이 잡혔다. 한말 궁중에서는 이즈음 웅어를 한강 하류인 고양군 양주 근처의 사옹원의 관망으로 잡아서 진공하면 이를 고추장을 넣은 감정을 만들어 올렸다. 밴댕이는 안산 군자만에서 많이 잡았고, 회, 구이, 전, 찌개 등을 해먹었다.

곡우 시식은 증편, 개피떡, 화전, 어채, 어만두, 복어, 도미, 조기 등이 있다.

그림 5-5 진달래화전, 화채

그림 5-6 탕평채

한식(寒食) 한식은 동지에서 105일째 되는 날로 청명절이라고도 하고 조상의 묘소에 성묘를 한다. 민가에서는 설날, 한식, 단오, 추석의 네 명절에 제사를 올리고, 궁중에서는 동지를 보태어 오절사(五節祀)를 지낸다. 제물로 술, 과일, 포, 식혜, 떡, 국수, 탕, 적 등을 차린다. 민가에서는 닭싸움, 그네 등의 유희를 즐기며, 미리 장만해 둔 찬 음식과 쑥탕과 쑥떡을 먹는다.

사 월

초파일 석가모니 탄생일을 욕불(浴佛)일이라 하고, 신라 때부터의 풍습으로 이날 절에 찾아서 재(齋)를 올리고, 가족의 평안을 축원하는 뜻으로 가족 수대로 등을 만들어 바치고 밝히면서 큰 불공을 올린다. 연등의 풍습은 고려 때 성행하여 절은 물론 가가호호 등을 달고 거리에도 달아 관등(觀燈)을 밝혔다. 민가에서는 등간(燈竿)을 세우고 위쪽에 꿩의 꼬리를 장식하고, 깃발을 만들어 자녀의 수대로 등을 달아 올렸다.

초파일에는 고기를 먹지 않는 소연(素宴)을 베푼다. 소찬(素饌)으로 삶은 콩, 미나리강회, 느티떡 등이 있다. 느티떡은 유엽병(楡葉餠)이라 하는데, 느티나무의 연한 잎을 따서 멥쌀가루에 섞어 찐 시루떡이다.

그림 5-7 느티떡

그림 5-8 봄철 시식

오 월

단오(端午) 5월 초닷새를 단오 수릿날, 중오절(重五節), 단양(端陽)이라 하고, 여름을 알리는 시작으로 여겼다. 이 무렵 더위가 시작되므로 부채를 사용하기 시작한다. 그래서 조선시대는 공조에서 왕에게 진상한 부채를 재상이나 시종들에게 하사하는데, 이를 단오선이라고 하였다. 그리고 이날은 쑥을 뜯어 말려 1년 내내 약용으로 쓰고, 부녀자들은 창포 삶은 물로 머리를 감고, 창포 뿌리를 깎아 비녀를 만들어 수복(壽福) 글자를 새겨 꽂기도 하고, 그네뛰기를 하였다. 단오날 오시(낮 12시)에는 쑥과 익모초를 뜯어서 응달에 말려 1년 내 약용으로 쓰고, 대추나무의 두 가지 사이에 돌을 끼워 놓으면 대추가 많이 열린다 하여 대추나무 시집보내기라 하였다.

단오 절식은 수리취떡, 앵두화채, 준치국, 붕어찜, 제호탕, 앵두편, 도행병, 준치만두 등이 있다.

수리취떡은 절편 찧을 때 삶은 수리취를 함께 쳐서 수레바퀴 문양 떡살을 박아 만들어서 차륜병(車輪餠)이라고도 한다. 때로는 쑥을 넣은 쑥떡도 만든다.

제호탕(醍醐湯)은 약이면서 청량음료에 속한다. 재료는 꿀, 오매, 백단향, 축사, 초과 등인데, 먼저 꿀을 끓이다가 가루로 빻은 약재들을 넣어 되직하게 될 때까지 달여서 백항아리에 담아둔다. 단오부터 여름 동안 냉수에 타서 마시면 더위를 타지 않고 건강하게 지낼 수 있다고 한다. 속이 시원하고 향기가 오래도록 가시지 않는다.

앵두편은 앵두를 살짝 삶아 체

그림 5-9 수리취떡

그림 5-10 준치만두

에 걸러 살만 발라서 설탕을 넣고 졸이다가 녹두녹말을 넣어 굳힌 과편이다. 앵두화채도 이때 만들다.

유 월

유두(流頭) 유월 보름에 동으로 흐르는 냇물에 머리를 감아 모든 부정을 다 떠내려 보내고, 액막이를 한다. 산골짜기나 물가 등 경치 좋은 곳에 모여 마시는 술자리를 유두연이라 하여 시를 짓고, 자연을 즐기는 풍류놀이를 하였다.

천신(薦新)은 철에 새로 나온 식품을 조상이나 신에게 올리는 일을 뜻하는데, 유두 무렵에는 햇과일인 참외, 오이, 수박과 피, 기장, 조, 벼나 보리단술, 수단, 건단, 유두면 등을 천신하였다.

유두 절식으로 편수, 준치만두, 화전(봉선화, 색비름, 맨드라미), 밀쌈, 구절판, 깻국탕, 어채, 복분자화채, 떡수단, 보리수단, 참외, 기주떡 등이 있다. 유두면은 밀가루로 만든 국수를 닭국에 만 것으로 이것을 먹으면 더위를 안탄다고 하였다. 떡수단은 멥쌀가루로 가래떡을 만들어 구슬처럼 빚어서 오미자국에 띄워낸 것이고, 건단은 국물에 넣지 않은 것이다.

기주떡은 증편 또는 상화병이라고도 하는데, 쌀가루에 막걸리를 넣어 반죽하여 부풀려서 쪄낸 떡으로 여름철에도 쉬지 않고 새콤한 맛이 여름철 입맛을 돋운다.

삼복(三伏) 하지 후 셋째 경일 초복, 넷째 경일을 중복, 입추 후 첫 경일을 말복이라 하여 합하여 삼복이라 하며 더위의 극치를 이루는 때이다. 복날은 양기(陽氣)에 눌려 음기(陰氣)가 엎드려 있는 날이라고 한다.

더위를 대처한다는 뜻으로 조선조에는 복중에 높은 벼슬아치들에게 얼음표를 나누어 주고 장빙고에서 얼음을 타가게 하였다.

더위에 지친 몸과 마음을 보양하는데, 복 음식으로 계삼탕, 개장국(보신탕), 닭죽, 육개장, 임자수탕, 민어국, 팥죽 등이 있다.

보신탕은 더위를 견디고 기를 돋우며 몸을 보하는 음식으로 《동국세시기》에는 삼복에 "개를 삶아 파를 넣고, 푹 끓인 것은 개장이라 한다. 닭이나 죽순을 넣으면 더욱

그림 5-11 민어탕

그림 5-12 여름 시식

좋다. 또 개국에 고춧가루를 타고 밥을 말아서 시절음식으로 먹는다. 그렇게 하여 땀을 흘리면 더위를 물리치고 허한 것을 보충할 수가 있다." 고 하였다. 육개장은 쇠고기로 개장국처럼 파를 많이 넣고 매운맛으로 끓인 국이다.

복중 음식으로 즐기는 계삼탕(鷄蔘湯)은 어린 닭은 내장을 빼고, 배 속에 인삼, 찹쌀, 마늘, 대추 등을 넣어 푹 고운 보양식으로 지금은 삼계탕이라고 한다. 임자수탕은 닭 국물에 볶은 깨를 갈아서 밭친 국물을 합하고 미나리, 오이, 버섯, 달걀지단 등을 건지로 넣은 냉국이다. 민어국은 여름 제철인 민어와 애호박을 고추장으로 간을 한 매운 국이다.

칠 월

칠석(七夕) 칠월 칠일은 견우와 직녀가 오작교에서 1년에 한 번 만나는 날이다. 부녀자들은 마당에 바느질 차비를 하고, 음식을 차려놓고, 길쌈과 바느질을 잘 하게 해달라고 직녀에게 빈다. 이 날은 집집마다 책을 볕에 쬐는 쇄서포의(曬書曝衣) 풍습도 있고, 집집마다 우물을 퍼 정갈히 한 다음 시루떡으로 칠성제를 지낸다.

칠석 절식에는 밀전병, 증편, 육개장, 게전, 잉어구이, 잉어회, 오이김치 등이 있고, 복숭아나 수박으로 과일화채를 만들어 먹는다.

백중(百中) 칠월 보름은 중원이라 하고 백종(百種)일 또는 망혼일이라고 한다. 불가에서는 먼저 세상을 떠난 망혼을 천도하는 우란불공(盂蘭佛供)을 드린다. 도가(道家)에서는 천상의 선관이 1년에 세 번씩 인간의 선악을 기록하는 때를 원이라 하고, 정월 보름이 상원(上元), 칠월보름은 중원(中元), 시월 보름을 하원(下元)이라 하여 이 삼원에 제사를 지낸다. 민가에서는 이른 벼(올벼, 早稻)를 가묘에 천신하고, 술자리를 마련하고 팔씨름 내기를 즐긴다. 또한 백중놀이는 머슴들이 1년에 단 하루 자유를 누릴 수 있던 축제이다. 머슴들이 세 벌 논매기를 끝내고, 백중을 전후해 지주들이 마련해 준 술과 음식으로 하루를 즐겁게 노는 데서 유래한 두레굿이다.

팔 월

추석(秋夕) 한가위 또는 가배일(嘉俳日)이라 설과 더불어 가장 큰 명절이다. 오곡이 여물고, 모든 과일이 다 익고 풍성한 추수절이므로 햇곡식으로 신곡주(新穀酒)를 빚고 햇과일을 따고 제물을 차려 조상께 제사를 올리는 추석차례를 지낸다. 계절이 살기에 알맞으니 '더도 말고 덜도 말고 한가위만큼만' 이라는 말이 생긴 것이다. 추석 차례에는 철 이르게 익는 벼인 올벼로 만든

그림 5-13 증편(기주떡)

그림 5-14 편 수

오려 송편과 햅쌀로 만든 술과 햇과일, 햇곡식으로 만든 음식과 토란국 등을 올린다.

추석 때면 농사도 한가하고 인심이 풍부한 때이므로 며느리에게 말미를 주어 친정에 근친(覲親)을 가게 했는데, 떡을 하고 술병을 들고 달걀꾸러미를 들고 간다. 근친을 갈 수 없을 때에는 반보기라 하여 딸과 친정어머니가 중간 지점에서 만나서 맛있는 음식을 나누면서 그리운 정을 나누는 풍습이 있다.

그림 5-15 추석 절식

그림 5-16 토란탕

추석 시식으로 오려 송편, 토란탕, 송이구이, 화양적, 누르미적, 배숙 등이 있다. 햇과일은 밤, 대추, 사과, 배, 감 등이 있다.

구 월

중양절(重陽節) 양(陽)수가 겹치고 구(九)가 겹친 날로 삼짇날 돌아온 제비가 다시 강남으로 떠나는 날로, 제삿날을 모르는 사람과 연고자 없이 떠돌다 죽은 주인 없는 귀신의 제사를 지냈다. 이 날은 향기가 좋은 국화꽃이나 잎으로 화전을 지지고, 산과 들로 나가 단풍을 감상하고 국화주를 마시면서 시를 읊었다. 황국전을 지져서 가묘에 천신하고, 이달 절식으로는 감국전, 국화전, 국화화채, 밤단자, 유자화채, 생실과 등이 있다. 국화주는 초가을에 찹쌀로 술을 빚어 다 익어 갈 때쯤에 국화 꽃잎을 따서 깨끗이 씻은 후에 함께 섞어 넣었다가 며칠 후에 걸러 뜬다. 또는 국화 꽃잎을 말려서 주머니에 넣어 담가서 밀봉하여 두었다가 건지면 술에 국화향이 가득히 서린다.

그림 5-17 국화전

그림 5-18 물호박떡

시월(上月)

무오일(戊午日) 성주신은 가내의 안녕을 관장하는 신으로 생각하므로 시월 중 말일(午日)이나 길일을 택해서 성주에게 제사를 지내왔다. 대개는 주부가 고사떡을 해서 지내지만 때로 크게 하려면 무당을 데려다가 성주(안택)굿을 한다. 햇곡식으로 술을 빚고 붉은팥시루떡을 만들어 마굿간에 갖다 놓고 무병하기를 빈다.

시제는 시월 보름을 전후하여 문중에서 한데 모여서 제사를 지

그림 5-19 팥시루떡

그림 5-20 유자화채

내는데, 시사(時祀) 또는 시향(時享)이라고 한다.

이날 절식으로는 무시루떡, 만둣국, 신선로(열구자탕), 연포탕, 쑥단자, 밀단고, 강정 등을 먹으며 김장을 담근다.

연포탕은 두부를 가늘게 잘라 꼬챙이에 꿰어 기름에 부친 것에 꿩고기나 닭고기를 섞어 국을 끓인 것이다. 김장은 겨우내 먹을 김치를 담그는 가정의 중요한 행사로 '겨울의 반양식'이라 하였다.

동짓달

동지(冬至) 1년 중 밤이 가장 길고 낮이 가장 짧은 날로 아세(亞歲) 또는 작은 설이라 부른다. 하지 때 가장 짧았던 해가 동지를 지나면서 조금씩 길어지는 현상을 고대인은 태양이 죽었다가 부활하는 것으로 생각하여 생명과 광명의 주인인 태양신에 대한 축제를 열었다.

붉은색은 액을 막고, 잡귀를 없애 준다는 뜻이 있어, 동짓날은 온갖 귀신과 잡신을 쫓는다는 벽사의 뜻으로 팥죽을 쑤어 사당에 올려 차례를 지내고, 다음에 방, 마루, 광에 한 그릇씩 떠놓고, 대문이나 벽에다 팥죽을 뿌리고, 동네의 고목에도 뿌린다. 동지팥죽은 팥을 삶아 거르고, 찹쌀가루를 반죽하여 새알 모양의 단자를 만들어 함께 끓인다. 동지팥죽에는 반드시 나이 수만큼 새알심을 넣어 먹는 풍습이 있다.

조선조 궁중 내의원에서는 타락죽과 전약을 만들어 진상하였는데, 타락죽은 쌀을 갈아서 우유를 넣고 끓인 죽으로 궁중의 내의원에서 10월 초부터 정월까지 왕에게 진상하였고, 전약(煎藥)을 겨울의 보양식으로 올렸다.

전약은 쇠족, 쇠머리, 쇠가죽, 대추고, 계피, 후춧가루, 꿀을 넣고 고아서 굳힌 겨울철 보양음식이다.

섣달

납일(臘日) 동지로부터 세 번째 미일(未日)을 납일이라 했고, 그 해 지은 농사 형편에 여러 가지 일에 대하여 신에게 고하는 제사를 납향(臘享)이라 했

그림 5-21 팥죽

그림 5-22 전약

그림 5-23 각색전골

그림 5-24 꿩만두

다. 제물로 쓰는 납육은 산짐승 고기로 산돼지와 산토끼를 말한다. 또 민가에서는 참새고기를 먹으면 무병하다고 해서 참새를 잡는다.

그믐날(除夕) 섣달 그믐날은 새해 준비와 한 해의 마무리로 분주한 날로서 조상의 산소에 성묘를 하고, 집안 어른과 일가를 찾아 묵은 세배를 한다. 또한 집안 구석구석 밤새도록 불을 밝히고 자지 않는 것은 잡귀의 출입을 막고 복을 받는다는 도교적 풍속인 수세(守歲)에서 비롯된다. 한편, 먹던 음식과 바느질하던 것은 해를 넘기지 않는다고 한다.

그믐에는 비빔밥(골동반), 인절미, 족편, 돼지고기찜, 내장전, 설렁탕 등을 즐긴다.

여섯,

통과의례와 음식

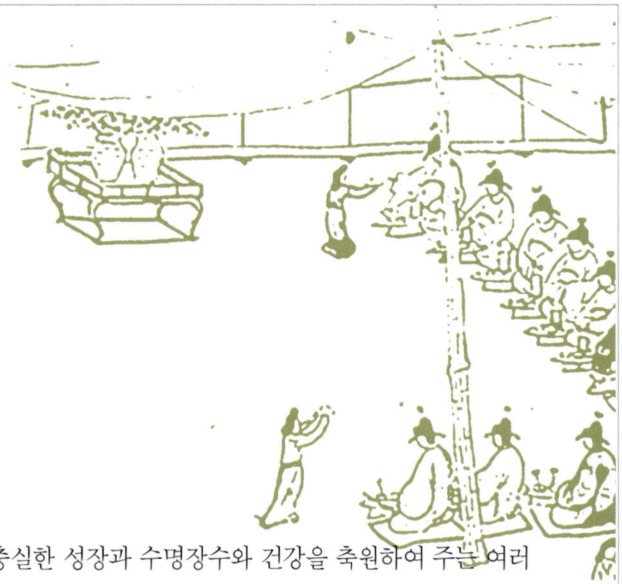

인간이 태어나서 저승 갈 때까지 넘기는 여러 기념할 만한 일들을 통과의례(通過儀禮)라고 하며 이때에는 의례음식을 마련하게 된다. 우리나라에서는 일찍이 중국 유교문화의 유입에 따라 생활 대부분의 영역에서 유교적 의례가 지배적인 생활기준이 되어 왔다. 동양 문화권에서는 인륜지대사라 하여 사례(四禮)를 치르는 일을 매우 중요하게 여긴다. 사례란 곧 관례·혼례·상례·제례를 말하는데, 그 중에서 상례와 제례는 그 자손이 치르게 되는 의례이다.

통과의례 상차림은 태어나기 전에 순산을 비는 삼신상부터 백일상, 돌상, 관례상, 혼례상, 큰상, 회갑상 등의 경사스러운 때의 상차림과 조상께 올리는 제상과 차례상 등이 있다. 조선시대에는 유교의 기본 사상인 효를 중시하여 조상의 제례를 엄격히 지키고 제상 차리는 일을 매우 중요하게 여겼다. 모든 의식 절차는 의례법으로 정해져 있고, 모든 의식에는 빠짐없이 특별한 식품이나 음식을 반드시 차리는데, 여기에는 기원, 복원, 외경, 존대의 뜻이 따른다.

백일, 돌, 생일에 대한 습속은 산아에 대한 육아의 과정에서 해당된다. 영아가 그날에 이르기까지 무사히 성장하였음에 대한 축의 있는 행사인 동시에 장래 더욱 충실한 성장과 수명장수와 건강을 축원하여 주는 여러 가지 행사의 습속을 말한다.

출생(出生)

아기를 갖게 되면 태아를 위하여 행동을 조심하고 태교를 시작한다. 임부는 먹는 것도 가려서 먹고 태아에게 나쁘다고 일컬어지는 일은 극히 꺼리게 마련이다. 산월 전에 시부모나 남편이 산모를 위하여 산미(産米)와 산곽(産藿)을 마련한다. 장에 가서 길이가 긴 미역을 골라 사서, 꺾지 않고 둘둘 말아 어깨에 메고 와서 시렁이나 선반에 매달아 놓는다. 미역을 꺾는다는 것은 '사람이 꺾인다' 고 하여 꺼리는 것이다. 쌀은 특상미로 골라서 소반에 놓고 일일이 돌과 뉘를 가려 정한 자루에 담아서 정한 곳에 마련해 둔다. 산기가 있으면 산실 윗목을 정히 하여 소반에 백미를 소복이 담아 놓고 정화수 한 그릇과 미역을 올려놓은 삼신상(三神床, 産神床)을 차린다. 산곽을 쌀 위에 걸쳐놓고 산간을 하는 어머니가 순산을 빈다. 아기가 태어나면 그 쌀로 밥을 지어서 사발에 세 그릇을 가득 담고, 미역국도 세 그

그림 6-1 삼신상(출산 전)

그림 6-2 삼신상(출산 후)

그림 6-3 백일상

릇을 떠서 다시 삼신상을 차린다.

아기 출생 후 처음 산모가 먹는 미역국과 흰밥을 첫국밥이라 한다. 첫국밥은 산모를 위해 흰밥을 따로 짓고, 미역국의 간은 장독에서 새로 떠 온 간장으로 한다.

삼칠일과 백일(百日)

아기의 삼칠일이 되는 날에도 흰쌀밥과 미역국이 주된 음식이며, 백일에는 쌀밥과 미역국 외에 흰쌀로 백설기를 찐다. 백설기는 흰쌀가루로 깨끗하게 찐 설기떡으로 백색무구(白色無垢)를 뜻하여 출생의 신성함을 경건한 마음으로 축하하는 뜻을 갖는다. 백일날의 백설기는 100집에 나누어 먹어야 아기의 장래가 좋다고 하였다.

출생 후 삼칠일이 지나면 가족들이 산실에 들어가 축수하고, 이 날 금줄은 떼어 살라 버리고, 축하의 뜻에서 음식은 흰밥, 고기를 넣지 않은 미역국에 삼색나물 정도로 차린다.

아기 백일에는 친척과 친지를 불러 축하한다. 백설기, 수수경단, 오색송편을 만들어 이웃에 고루 돌리는데, 백일떡은 100사람에게 나누어 주어야 수명이 장수한다고 믿는다. 손님에게는 흰밥에 미역국과 찬물은 삼색나물, 김구이, 고기구이, 생선전, 마른 찬으로 반상을 마련하여 대접한다.

첫 돌

만 1년을 첫돌이라 하여 아기에게 새옷을 마련하여 입히고 돌상을 차린다. 남아는 색동저고리에 풍차바지를 입히고 복건을 씌우며, 여아는 색동저고리에 다홍치마를 입히고 조바위를 씌운다. 돌상은 둥근 원반이나 12각반에 음식과 각종 물건을 차린다. 아기 밥그릇에는 백미를 담고, 대접에 국수를 담으며 과일과 송편, 백설기, 수수경단 등의 떡을 목판에 담는다.

백설기는 순수 무구함을 뜻하는데, 큰 덩어리를 소담스럽게 그대로 담는다. 붉은색은 역귀를 물리친다고 하여 수수팥떡을 놓고, 송편은 소를 꽉 채워 빚는데, 이는 머리에 학문을 꽉 채운다는 뜻이 있다. 과일은 자손 번창의 뜻을 담고 있다. 그밖에 남아의 돌상에는 무예와 학문을 닦으라는 뜻으로 활, 붓, 두루마리 종이, 천자책 등은 놓고 여아의 돌상에는 바느질을 잘 하라는 뜻으로 청홍비단실과 자를 놓는다. 또 수저와 밥그릇을 마련하는데, 이는 아기가 일생 먹고 살아가

그림 6-4 남아 돌상(1980년)

그림 6-5 여아 돌상(1980년)

는 일을 대비한다는 뜻이 있다. 돌날 손님상은 백일과 마찬가지로 흰밥에 미역국과 찬물을 반상으로 차려 대접한다.

돌상에는 백설기와 수수팥떡 외에 5색으로 물들인 송편을 빚어놓고 사과, 배, 감 등 제철의 과일을 놓고, 그 앞으로 쌀, 실, 붓, 책, 활, 돈 등을 놓아준다. 이렇게 차린 돌상 앞에 돌맞이의 어린이가 서서 '돌잡이'로 재롱을 부리고, 어른들은 이것을 지켜보면서 장수를 빌고 문무(文武)의 발달과 부귀를 기원하여 준다.

생일(生日)

아이들 생일은 보통 10살까지 백설기와 수수팥떡을 만들어 축하한다. 생일날은 흰밥에 미역국 그리고 찬물은 김구이, 고기구이, 나물, 김치 등을 차려서 식구가 한데 모여서 먹는 풍습이 일반적이다. 어린 사람은 생일이라 하여 어른이 차려서 먹인다. 생일상에는 삼칠일 때처럼 미역국과 흰밥을 빼지 않고 차린다.

어른의 생일은 생신이라 하여 아랫사람이 축하를 드리고 잔칫상을 차려드린다.

관례(冠禮)

남자는 관례, 여자는 계례(笄禮)인 성년식이 갑오경장 이후 없어졌지만 남아는 15~20세에 정월 중에 택일하여 장가를 가지 않았어도 관례를 행하였다. 관례날을 택일하고 이삼일 전에 사당에 고유(告由)하는데, 제수는 주(酒), 과(果), 포(脯) 또는 해(醢) 등 간소하게 차린다. 현재는 민법상으로 20세를 성년으로 하며, 성년식은 5월 셋째주 월요일을 성년의 날로 정하고 있다.

혼례(婚禮)

통과의례 가운데 가장 중요한 의식이 혼례이다. 모든 의례가 사회, 경제, 정치 등의 영향으로 그 형식이 달라지고 있듯이 혼례에도 많은 변화가 있었다. 최근에는 다시 전통혼례식을 찾아하기도 한다.

혼례는 사례의 하나로 의혼(議婚), 납채(納采), 납폐(納幣), 친영(親迎)의 절차를 밟아야 한다. 납채는 신랑집에서 신부집에 청혼에 대하여 허혼을 하여 감사하다는 회신을 보내는 것이다. 지금은 사주단자를 신부집에 보내고 신부집에서는 택일하여 보내는 것이 납채의 절차이다.

납폐는 친영 전에 신랑집에서 신부집으로 함에 채단과 혼서지를 넣어 함진아비에게 지워 보내는 것이 통례이다. 신부집은 대청에 상을 놓고 홍보를 펴서 떡을 시루째 쪄서 올려놓고 기다렸다가 함이 도착하면 시루

그림 6-6 김준근의 초례청(1800년대 말)

그림 6-7 김준근의 신부상(1800년대 말)

위에 향을 올린다. 친영은 신랑이 신부를 맞이해 온다는 뜻으로 혼례에서 가장 중요한 절차이다.

혼례날이 되면 신랑은 안부(雁父)의 안내를 받으며 신부집으로 향한다. 신랑이 신부집에 도달하면 신부 어머니에게 기러기를 바치고 신부 어머니는 기러기를 치마에 싸서 안방에 들어가 안치한다. 이 자리를 전안청(奠雁廳)이라 하고 예를 전안례(奠雁禮)라고 한다.

전안이 끝나면 신랑이 장인께 재배하고 초례청에서 초례를 지낸다. 먼저 신랑, 신부가 상견례(相見禮)를 하는데, 절을 하는 순서나 횟수는 지방에 따라 다르다. 다리가 높은 붉은 상에 곡물과 과실 등을 차리고 절을 하므로 이를 교배상(交拜床)이라 한다. 절을 한 후에 둥근 박을 반으로 갈라서 만든 잔에 술을 담아 세 번씩 교환하는 합근례(合巹禮)를 행한다. 교배상 차림은 지방이나 가정에 따라 다른데, 사철나무와 대나무, 청홍색 초를 양쪽에 꽂는다. 살아 있는 닭 암수 한 쌍을 보자기에 싸서 놓거나 숭어를 쪄서 놓기도 한다.

대례가 끝나면 신부집에서는 신랑에게 큰상을 차려서 축하한다. 큰상은 음식을 높이 고이므로 고배상(高排床), 또는 바라보는 상이라 하여 망상(望床)이라고도 한다. 큰상에는 각색편과 강정, 약과, 산자, 다식, 숙실과, 생실과, 당속류, 정과 등의 조과류와 전유어, 편육, 적, 포 등의 찬품을 차린다. 신랑과 신부 앞에는 찬과 국수를 차린 장국상을 따로 차려 주는데, 이를 입매상이라 한다. 큰상에 차렸던 음식들을 채롱이나 석작에 담아 신랑집에 봉송으로 보낸다. 신랑집에서도 신부에게 큰상을 차려서 대접한다. 당일 행사의 주인공이 되는 이의 앞에는 실제로 먹을 임매상은 장국상으로 온면, 전유어, 편육, 적, 신선로 등을 차린다.

그림 6-8 초례청

그림 6-9 임매상

1) 고임상(큰상)

큰상은 신랑 · 신부, 회갑이나 희년 또는 회혼을 맞이하는 어른께 축하의 뜻으로 차려드리는 가장 경사스럽고 화려한 상차림으로 조선시대에는 민가에서 가정의례 규범의 상징적인 표상의 하나가 되었다.

큰 상을 연이어 놓고 앞줄에는 주로 약과, 강정, 연사과 등의 조과류와 생과일과 건과일을 1자 이상 높이 고이고, 양쪽에 각색편을 소래기에 담아 높이 쌓아놓고, 뒷줄에는 숙실과 · 정과, 포, 숙육, 전, 적 등을 높이 고여 담아서 색깔을 맞추어 늘어놓는다. 큰상 양 옆에는 색떡과 화수(花樹)로 장식한다. 큰상의 고임은 약 20~30여 종을 상 2, 3개에 이어서 높게 차리므로 화려하며 경건한 상차림이다.

고임상을 차릴 때는 생과, 조과 등을 원통형으로 높이 고이는 솜씨가 특별하여 예전에는 전문가인 숙수를 불러다가 고이는 일이 많았다. 차릴 음식의 가짓수대로 둥근 모양의 접시를 준비하여 윗면을 평평하게 하기 위하여 접시에 쌀을 담아 윗면이 평평하고 백지(白紙)에 풀칠을 하여 접시 주변을 싸서 붙인다. 그리고 과자나 음식을 고일 때 안전하게 고정되도록 한 층마다 둥글게 오린 백지를 각층의 주변에 붙이면서 쌓아올린다. 음식은 쌓아올리기에 편하도록 손질하고, 대추와 곶감에는 실백을 박아 장식하고, 곶감은 동글납작한 모양으로 손질한다. 실백은 솔잎에 꿰어서 준비하는데, 실백의 일부를 붉은색으로 물들여 수(壽), 복(福)자 등이 새겨지도록 고이는 섬세한 기교를 쓰기도 한다.

- 생과류 : 사과, 배, 감 등 제철과일
- 건과류 : 밤, 대추, 곶감, 실백, 호두, 은행 등
- 조과류 : 유과, 다식, 당속, 숙실, 정과 등
  - 유밀과 : 약과, 다식과, 만두과, 매작과, 타래과 등
  - 유과류 : 산자, 강정, 빈사과, 세반연사 등
  - 다식류 : 송화다식, 녹말다식, 밤다식, 흑임자다식 등
  - 당속류 : 옥춘, 팔보당, 원당, 귤병 등
  - 숙실과 : 밤초, 대추초, 율란, 조란, 생강란 등
  - 정과류 : 모과, 동아, 생강, 연근, 산사, 문동, 청매 등의 전과
- 절육류 : 여러 가지 육포와 어포, 건문어, 건전복 등
- 진음식
  - 숙육류 : 양지머리편육, 제육편육, 족편 등
  - 전유어류 : 생선전, 육전, 간전, 천엽전, 채소전, 갈랍 등
  - 구이 : 쇠고기, 닭고기, 돼지고기구이 등

고임떡 떡을 고일 때는 편 틀에 높이 고이는데, 가장 아래층은 메편과 찰편의 시루떡을 고이고, 다음은 크게 만든 절편, 인절미를 올리고, 그 위에 주악, 화전, 단자 등의 웃기떡으로 장식한다. 고이는 떡은 계절의 떡으로 백편, 꿀편, 승검초편, 잡과편, 경단, 단자, 주악, 인절미, 절편, 증편 등이다.

문어 오림 문어를 끊어지지 않도록 주의하면서 다리 하나씩 양가에 칼집을 내어 오므려 꽃 모양을 만든다. 이렇게 오린 다리를 여러 개로 마치 꽃이 핀 나무 모양을 구성하여 큰상에 올린다. 마른 전복이나 마른 문어로 꽃 모양이 나게 오리는 솜씨는 옛날부터 있던 풍습으로 현재는 전라도에서 오징어 오림을 폐백이나 제사 때 장식음식으로 이용하면서 솜씨가 전수되고 있다.

그림 6-10 색떡

색 떡 절편으로 꽃이나 새를 만들어 나뭇가지에 꾸민 색떡을 큰상 양옆에 장식한다. 색떡은 흰쌀로 만든 절편에 여러 가지 색을 들여 꽃잎, 나뭇잎의 모양을 빚어서 나뭇가지에 꽃이 핀 모양으로 전체 구성을 하면서 붙여서 만든다. 색떡은 지름 25~30cm 정도 크기의 고배형 놋그릇에 담는데, 아래는 큰 덩어리의 절편으로 가득히 채우고 그 위에 색떡을 놓는다.

2) 폐백과 이바지음식

폐백은 원래 혼인 전에 신랑이 신부 집에 보내는 예물이었다. 요즈음은 신부가 처음으로 시부모를 뵐 때 큰절을 하고 이때 드리는 음식으로 지방에 따라 다르지만 고기와 대추는 반드시 들어간다. 서울 지방은 육포나 편포를 마련하지만 대신 통째로 찐 닭이나 색지로 닭을 올리기도 하고, 대추에 밤과 함께 고이기도 한다. 시아버지께는 대추를 올리고, 시어머니께는 고기를 올린다. 이때 대추는 일명 백익홍(百益紅)이라 하여 장수를 뜻하고, 득남을 기원하는 뜻이 있어 신부가 절을 하면 대추를 신부 치마에 던져 주고 축복과 훈계를 한다.

신부가 시댁에 음식을 해가는 것을 '이바지음식'이라 하는데, 지방마다 풍습이 다르다. 이바지는 원뜻이 잔치인 '이바디'에서 음이 변한 것이기도 하고, 또한 힘들여서 음식 같은 것을 보내 주는 일과 그 음식을 나타내는 말이기도 하다.

- 폐백대추 : 굵은 대추로 깨끗이 씻어 양푼에 담고 술과 꿀을 훌훌 뿌려서 따뜻하게 두면 대추가 검붉은 색으로 부풀게 된다. 이렇게 손질한 대추를 다홍실에 한 줄로 꿰어서 원형의 쟁반에 소복하게 담는다. 대추에 잣을 한 알씩 박기도 한다.
- 폐백육포 : 쇠고기편포는 쇠고기 2~4kg을 곱게 다져서 여러 가지 조미를 하고 갸름한 반대기를 만들어 햇볕에서 꾸덕꾸덕하게 반쯤 말려서 잣가루를 고루 뿌린다. 육포는 우둔을 결대로 얇게 떠서 간장, 꿀, 후추 등으로 양념하여 햇빛에 잘 말린다. 말린 육포를 반듯하게 손질하여 여러 장 포개어 청홍실로

그림 6-11 폐백례

그림 6-12 폐백음식

그림 6-13 회갑 고임상

묶는다.

- 폐백닭 : 닭을 머리를 붙인 채로 잡아서 배의 내장을 빼고, 목을 세우고 앉아 있는 모양으로 손질하여 간을 하여 찐다. 쪄낸 닭에 오색 채고명과 잣으로 장식한다. 폐백에 육류로 육포 또는 닭 둘 중에 한 가지만 한다.

이렇게 만든 폐백음식은 네 구석에 금전지를 단 홍색의 겹보자기로 싸는데, 이때 잡아매지 않고 중심으로 쥔 다음 근봉(謹封)이라 쓴 간지로 허리를 매듯이 돌려 모아 붙인다. 축하의 뜻과 결연의 뜻이 담긴 음식이므로 얽매지 않고 풀기 쉽게 하려는 뜻에서 생긴 풍속이다.

회갑례(回甲禮)

부모가 육순이 되면 자손들이 모여 연회를 베풀고 축하드린다. 혼례 때의 큰상과 같이 떡, 과자, 생과, 숙실과와 찬물들을 높이 고이는 고배상을 마련한다. 고배상에 차리는 음식 종류의 품수나 높이는 정해진 규정은 없으며 놓는 위치도 꼭 정해 있지는 않다. 일반적으로 유과, 조과, 생과 등을 앞줄에 놓고 상을 받는 편에 찬물과 떡 등을 차린다. 잘 사는 집에서는 며칠 전부터 방을 치우고 과물전, 건어물전에서 사들인 재료를 숙수를 데려다 큰상을 차리는 준비를 한다. 행사가 끝나면 고임상 중에 국물이 없는 것들은 이웃이나 손님들에게 작은 목판에 고루 담아 갖고 가도록 하는데, 이를 반기라고 한다.

회혼례(回婚禮)

회혼례는 혼인하여 만 60년이 되는 해를 기념하는 예

식이다. 결혼 후 자녀가 성장하고 번성하고 부부가 장수하여 다복한 것을 기념하여 혼례식을 다시 올리는 예이다. 부부가 결혼을 할 때처럼 신랑·신부의 복장을 하고 자손들이 차례로 술잔을 올린다. 권주가와 춤도 마련하여 흥을 돋운다. 큰상은 혼례 때와 마찬가지로 높이 고배상을 차리고 손님 대접은 다른 잔치와 마찬가지로 한다.

상례(喪禮)

사람이 세상을 떠났을 때 행하는 의식으로 임종부터 소상, 대상, 고제(告祭)까지 모신다.

부모가 운명하면 자손들은 통곡하며 비탄 속에서 시신을 거두어 상례를 치른다. 마지막으로 입에 버드나무 수저로 쌀을 떠 넣어 이승의 마지막 음식을 드리고 망인을 저승까지 인도하는 사자를 위해 사잣밥을 해서 대문 밖에 차린다. 입관이 끝나면 혼백상을 차리고 초와 향을 피우고, 주, 과, 포를 차려 놓고 상주는 조상을 받는다. 출상 때는 제물을 제기에 담아 여러 절차를 치르고 봉분을 하고 돌아와서는 상청을 차린다. 예전에는 만 2년간 조석으로 상식(上食)을 차려 올린다. 특히, 초하루와 삭망은 음식을 더욱 정성껏 마련하고 곡성을 내고 제사를 지낸다. 상중에 돌아가신 분이 생신이나 회갑을 맞으면 큰 제사를 지낸다. 점차 간소화되고는 있지만 아직도 전통적인 관습으로 복식이나 의식절차가 까다롭다.

현재의 가정의례 준칙으로는 백일에 탈상을 한다. 1980년대 이후에는 도회지에서, 상례는 거의 종합병원 영안실이나 장례식장에서 치르게 되니 문상객을 맞이하는 풍습도 바뀌었다. 그리고 상례 절차는 종교에 따라 상당히 다르게 진행되고, 달리하며, 조문객을 위한 식사는 전문업체가 담당하게 되었다.

제례(祭禮)

돌아가신 분의 기일에는 제사를 지내고, 정월초하루와 추석에는 차례를 지내면서 선조에 은덕을 기리고 추모한다. 차례는 정조와 추석 두 차례만 행해지는데, 설날 아침에는 떡국으로 올리고 추석에는 햅쌀로 지은 밥과 술, 송편과 햇과일을 올린다. 차례를 한문으로 다례(茶禮)로 쓰는 것으로 보아 옛날에는 차를 올리던 의례이었음을 알 수 있다.

기제사는 조상의 돌아가신 전날 자정에 올린다. 시간이 임박하면 대청으로 위패를 모시고 나와서 교위에 안치한다. 그 앞에는 제상에 제물을 설찬하고 직계와 일가친척이 법대로 엄숙하게 제례를 행하는데, 4대조와 불천지위로 모시는 선조의 기일에 지낸다. 그보다 윗대의 선조는 시제로 10월에 묘소에서 문중에서 올렸다.

제례는 가가례(家家禮)라 하여 집안이나 고장에 따라 제물과 진설법이 다르다. 제물은 주, 과, 포가 중심이고, 떡과 메, 갱, 적, 전, 침채, 식해 등 찬물을 놓는다.

제상과 제기는 평상시에 쓰는 것과는 구별하여 마련한다. 제상은 검은 칠을 한 다리가 높은 상이고, 제기는 굽이 있는 그릇으로 나무, 유기, 백자 등으로 한 벌을 맞추어 마련한다. 신위를 모시는 독을 넣는 교의(交椅)와 향로, 모사기, 향합, 퇴주기, 수저 등도 준비한다. 신위가 없을 때는 백지에 따로 지방을 써서 병풍에 붙이고 제사 후에 소지(燒紙)한다.

그림 6-14 정월 차례상

그림 6-15 제사상

제물은 여자들이 목욕재계하고 정성을 다하여 정갈하게 마련한다. 제물의 운반, 설찬은 남자들이 담당하고, 높이 고이는 제물이나 생률 치는 일도 남자가 맡는 경우가 많다.

1) 제사상

일반적으로 차리는 제물은 주(酒 ; 술), 과(果 ; 생과, 건과), 포(脯 ; 육포, 어포)가 기본이다. 제수를 준비하는 사람들은 몸과 옷차림을 깨끗하게 하고 정성껏 차린다. 차례에는 주, 과, 포, 해를 기본으로 하고, 기제사에는 여기에다 편, 적, 나물, 전유어, 반, 면, 갱, 김치 등을 더 차린다.

차례상과 제상에 차리는 제물은 다른 것은 별로 없고 정월에는 떡국을 차리고, 추석에는 토란탕과 송편 등을 차린다. 차리는 제물과 진설의 순서가 가문이나 지방에 따라 다르다.

- 편(餠 ; 떡) : 제사에는 설기떡은 하지 않고 대개가 녹두백편, 거피팥백편, 흑임자백편 등을 하여 편 틀에다 포개어 고이고 주악, 단자 등을 웃기로 얹는다.
- 과정류 : 흑임자강정, 깨강정, 백산자, 다식, 약과
- 건과 · 생과 : 밤, 대추, 곶감, 사과, 배, 감 등을 고인다. 밤은 껍질 벗긴 생률을 쓴다.
- 적(炙 ; 구이) : 육적, 어적, 채소적을 마련한다.
- 탕(湯) : 쇠고기를 푹 고다가 다시마, 건문어, 두부 등을 함께 넣고 끓여 건더기는 각각 따로 그릇에 떠서 육탕(肉湯), 어탕(魚湯), 소탕(素湯)으로 하고, 국물은 국그릇에 따라 한 그릇만 뜬다.
- 포(脯) : 육포, 어포, 건문어, 북어포 등을 크게 만들어 포개어 담는다.

이 외에 나물, 김치, 식혜, 편청, 간장, 초간장을 갖추어 놓고 메(밥)는 흰밥으로 한다.

2) 음 복

제사 후 참례자들이 제사음식을 나누어 먹는 것을 음복(飮福)이라 한다. 각가지 제수음식과 제주를 내는데, 식사는 밥을 탕국에 말아 고기적, 나물 등을 얹은 장국밥이나 나물을 넣고 비빈 비빔밥을 내는 경우가 많다.

일곱,

향토음식

한반도는 남북으로 길게 뻗은 지형으로 동쪽 · 남쪽 · 서쪽은 바다에 둘러싸여 있고, 북쪽은 압록강, 두만강으로 중국 대륙과 경계를 이룬다. 그러므로 동서남북의 지세와 기후 여건이 매우 다르므로 그 고장의 산물이 달라서 각각 특색이 있는 향토음식이 발달하였다. 20세기에 들어오면서 교통수단이 편리해져서, 사람의 교류도 많고 물자의 운송도 용이해졌으며, 그에 따라 산물의 유통의 범위가 넓어져서 지방 생활문화 양상이 서로 닮고 있다. 그러나 아직도 도마다의 특색이 있는 고유한 음식이 많이 전승되고 있다. 지역이 달라도 같은 민족이므로 음식에 대한 기호는 같아서 조리법이 비슷한 음식도 있다.

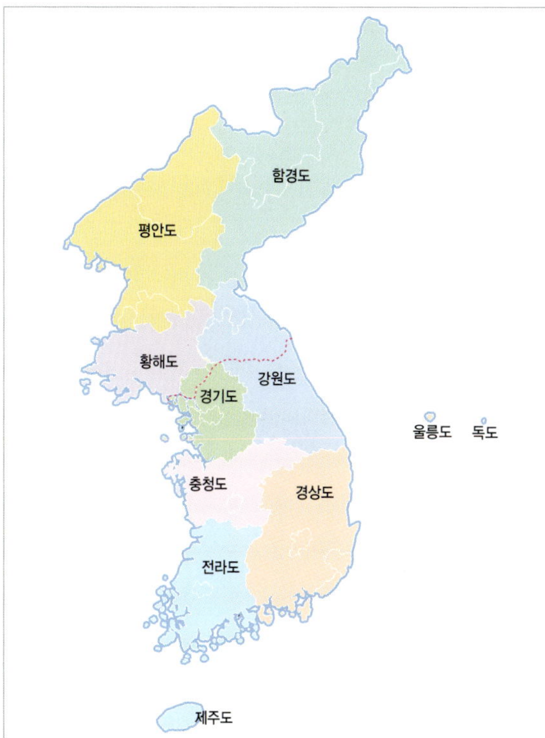

그림 7-1 우리나라 8도 지도

그림 7-2 현재의 행정지도

서울음식

서울은 자체에서 나는 산물은 별로 없으나 전국 각지에서 여러 가지 재료가 모두 모여서, 이것들을 다양하게 활용하여 사치스러운 음식을 만들었다. 우리나라에서 서울, 개성, 전주의 음식이 가장 화려하고 다양하다고 한다.

서울은 조선시대 초기부터 500년 이상 도읍지였으므로 아직도 서울음식은 조선시대 음식풍이 남아 있다. 서울음식은 짜지도 않고 맵지도 않고 대체적으로 중간의 간을 지니고 있다. 왕족과 양반 계급이 많이 살던 곳이라 격식이 까다롭고 맵시도 중히 여겼으며, 의례적인 것도 중요시하였다.

음식에 넣는 양념들은 곱게 다져서 쓰고, 음식의 분량은 적으나 가짓수를 많이 만든다. 중부 이북 지방의 음식이 푸짐하고 소박한 데 비하여 서울음식은 모양을 예쁘고 작게 만들어 멋을 많이 낸다. 궁중음식은 양반집에 많이 전해져서 서울음식은 궁중음식과 비슷한 것도 많이 있으며, 반가음식도 매우 다양하였다.

그림 7-3 서울음식

대표적인 서울음식

- 주식류 : 설렁탕, 장국밥, 비빔국수, 국수장국, 메밀만두, 떡국, 편수, 잣죽, 흑임자죽, 생치(꿩)만두 등 여러 가지가 있다.
- 찬류 : 육개장, 추어탕, 선짓국, 각색전골, 너비아니, 갑회, 어채, 신선로, 구절판, 도미찜, 장김치, 육포, 어포, 홍합초 등이 있다.
- 병과류 : 떡은 각색편, 느티떡, 약식, 상추떡, 각색단자 등이 있고, 조과는 매작과, 약과, 각색다식, 각색엿강정, 각색전과가 있다.
- 음료 : 다양하여 차가운 화채류와 한방 약재 등을 다려서 뜨겁게 마시는 차도 많다.

경기도음식

서해안은 해산물이 풍부하고, 동쪽의 산간 지방은 산채가 많으며, 밭농사와 벼농사도 활발하여 여러 가지 식품이 고루 생산되는 지역이다. 음식은 소박하면서도 다양하나 개성음식을 제외하고는 대체로 수수한 음식이 많다. 간은 세지도 약하지도 않은 서울과 비슷한 정도이고, 양념도 많이 쓰는 편이 아니다.

강원도 · 충청도 · 황해도 지방과 접해 있어 공통점이 많고, 같은 음식도 많이 있다. 농촌 지방에서는 호박, 강냉이, 밀가루, 팥 등을 섞어서 풀떼기, 수제비 등을 구수하게 잘 만든다. 주식으로 오곡밥과 찰밥을 즐

대표적인 경기도음식

- 주식류 : 개성편수, 조랭이떡국, 제물칼국수, 팥밥, 오곡밥, 수제비, 냉콩국수 등이 있다.
- 찬류 : 삼계탕, 갈비탕, 곰탕, 개성닭젓국, 아욱토장국, 민어탕, 감동젓찌개, 종갈비찜, 홍해삼, 개성무찜, 용인외지, 개성보김치, 무비늘김치, 순무김치 등이 있다.
- 병과류 : 떡은 개성경단, 우메기떡, 수수도가니, 개떡, 여주산병 등이 있고, 조과는 개성약과가 가장 유명하다.
- 음료 : 모과청화채, 오미자화채가 있다.

기고 국수는 맑은 장국보다는 제물에 끓인 칼국수나 메밀칼싹두기와 같이 국물이 걸쭉하고 구수한 음식이 많다. 충청도와 황해도 지방에서도 많이 만드는 냉콩국은 이 지방에서도 잘 하는 음식이다.

개성은 고려시대의 수도였던 까닭에 그 당시의 음식 솜씨가 남아 한성, 전주와 더불어 우리나라에서 음식이 가장 호화롭고 다양한 지역이다. 개성음식의 사치스럽기는 궁중음식에 비길 만하고, 공과 정성이 많이 들고 재료도 매우 다양하게 고루 섞어서 만든다.

그림 7-4 경기도음식

충청도음식

농업이 주가 되던 지역이므로 쌀, 보리, 고구마, 무, 배추, 목화, 모시 등이 생산되고, 서쪽 해안 지방은 해산물이 풍부하다.

삼국시대에 백제 지역으로 쌀을 많이 생산하고, 북방의 고구려 지역은 조, 경상도인 신라 지역은 보리가 주곡이었다고 추정된다. 그러므로 충청도는 쌀의 생산이 예전부터 많았다. 그리고 보리도 곱게 대껴서 짓는 보리밥 솜씨가 훌륭하다. 충청도 음식들은 그곳 사람들의 소박한 인심이 그대로 나타나 꾸밈이 별로 없다. 충북 내륙의 산간 지방에서는 산채와 버섯들이 많이 있어 그것으로 만든 음식이 유명하다. 농경이 발달한 곳이라 죽, 국수, 수제비, 범벅 등도 많이 만들고 호박떡도 많이 만든다. 서해안에 가까운 지역은 굴이나 조갯

대표적인 충청도음식

- 주식류 : 콩나물밥, 보리밥, 찰밥, 칼국수, 날떡국, 호박범벅 등이 있다.
- 찬류 : 굴냉국, 넙치아욱국, 청포묵국, 시래기국, 호박지찌개, 청국장찌개, 장떡, 말린묵볶음, 호박고지적, 웅어회, 오이지, 상어찜, 애호박나물, 참죽나물, 어리굴젓 등이 있다.
- 병과류 : 떡은 쇠머리떡, 꽃산병, 햇보리떡, 약편, 도토리떡 등이 있고, 조과는 무릇곰, 모과구이, 무엿, 수삼정과 등이 있다.
- 음료 : 찹쌀미수와 복숭아화채 등이 있다.

그림 7-5 충청도음식

그림 7-6 강원도음식

살 등으로 국물을 내어 날떡국이나 칼국수를 끓이기도 한다. 조미료 중 된장을 즐겨 사용하며, 겨울에는 청국장을 만들어 구수한 찌개를 끓인다. 충청도음식은 양념을 그리 많이 쓰지 않고 자연 그대로의 맛을 살리고 있다. 경상도음식처럼 매운맛이 없고, 전라도음식처럼 사치함도 없으나 담백하고 구수하고 소박하다.

호박꿀단지는 늙은 청둥호박의 속에 꿀을 넣어 중탕하여 만들어 고인 물을 마시면 산후 임산부의 부증에 효과가 있다.

강원도음식

강원도는 영서 지방과 영동 지방에서 나는 산물이 크게 다르고 산악 지방과 해안 지방도 크게 다르다.

산악이나 고원지대에는 옥수수, 메밀, 감자 등이 많이 생산되고, 논농사보다 밭농사가 더 많다. 산에서 나는 도토리, 상수리, 칡뿌리, 산채 등은 옛날에는 구황식물에 속했지만 지금은 널리 기호식품으로 음식에 많이 쓰이고 있다.

동해에서는 생태, 오징어와 미역 등 해초가 많이 나서 이를 가공한 황태, 건오징어, 건미역, 명란젓, 창란젓을 잘 담근다. 산악 지방은 육류를 쓰지 않고 소(素) 음식이 많으나, 해안 지방에서는 멸치나 조개 등을 넣어 음식의 맛을 낸다. 강원도음식은 서울처럼 사치스럽지 않고 극히 소박하며 먹음직스럽다. 특히, 감자, 옥수수, 메밀을 이용한 음식이 다른 지방보다 매우 많다.

대표적인 강원도음식

- 주식류 : 강냉이밥, 감자밥, 메밀막국수, 팥국수, 감자수제비, 강냉이범벅, 어죽, 방풍죽, 감자범벅 등이 있다.
- 찬류 : 삼시기탕, 쏘가리탕, 오징어순대, 오징어불고기, 동태구이, 올챙이묵, 도토리묵, 미역쌈, 취쌈, 더덕생채, 명란젓, 창란젓, 오징어회, 송이볶음, 석이나물 등이 있다.
- 병과류 : 떡은 감자송편, 감자지짐, 메밀총떡, 감자경단, 방울증편, 무소송편 등이 있고, 조과는 과즐, 약과, 송화다식, 옥수수엿 등이 있다.
- 음료 : 오미자화채, 당귀차, 강냉이차, 책면 등이 있다.

전라도음식

전라도는 풍부한 곡식과 해산물, 산채 등 재료가 다른 지방에 비해 많고 음식에 정성이 유별나며 사치스러운 편이다. 특히, 전라도의 전주, 광주, 해남 등은 각 고을마다 부유한 토반들이 대를 이어 살았으므로 좋은 음식을 가정에 대대로 전수하고 어느 지방도 따를 수 없는 풍류와 맛의 고장이라 하겠다. 경기도 개성은 고려시대의 음식을 전통적으로 지키면서 아주 보수적인데, 전라도는 조선조의 양반풍을 이어 받아서 고유한 음식법을 잘 지니고 있다. 산물들을 잘 써서 다양한 음식을 만들어 내고 있다. 특히, 전주의 콩나물은 맛있기로 유명하다.

전라도 지방의 상차림은 음식의 가짓수를 많이 하는 습관이 있어 상 위에 가득 차리므로 처음 방문한 외지 사람들은 매우 놀라게 된다. 남해와 서해안이 접해 있어 특이한 해산물, 음식과 젓갈이 많이 있다. 기후가 따뜻하여 음식은 간이 센 편이고 고춧가루도 많이 쓰므로 맵고 자극적이다.

그림 7-7 전라도음식

대표적인 전라도음식

- 주식류 : 전주비빔밥, 콩나물국밥, 깨죽, 오누이죽, 대합죽, 피문어죽, 합자죽 등이 있다.
- 찬류 : 두루치기, 붕어조림, 꼬막무침, 꼴뚜기젓, 무생채, 추탕, 광주애저, 용봉탕, 홍어어시욱, 죽순채, 천어탕, 토란탕, 홍어회, 꽃게장, 산낙지회, 장어구이, 죽순찜, 양애적, 젓갈류가 있다.
- 병과류 : 떡은 나복병, 수리치떡, 호박고지시루떡, 감인절미, 감단자, 차조기떡, 전주경단, 복령떡 등이 있고, 조과는 유과, 동아정과, 연근정과, 고구마엿 등이 있다.

경상도음식

경상도는 남해와 동해에 좋은 어장을 가지고 있어 해산물이 풍부하고, 경상남·북도를 크게 굽어 흐르는 낙동강은 풍부한 수량으로 주위에 기름진 농토를 만들어 농산물도 넉넉하다. 이곳에서는 고기라고 하면 바닷고기를 가리키며 또 담수어를 많이 먹는다.

음식의 맛은 대체로 얼얼하도록 맵고 간이 센 편이

그림 7-8 경상도음식

대표적인 경상도음식

- 주식류 : 진주비빔밥, 무밥, 갱식, 애호박죽, 건진 국수, 조개국수, 닭칼국수 등이 있다.
- 찬류 : 재첩국, 추어탕, 대구탕, 깨집국, 미역홍합국, 아귀찜, 미더덕찜, 동태구이, 파전, 해파리회, 해물잡채, 장어조림, 미나리찜, 상어구이, 조개찜, 콩잎장아찌, 우렁찜, 대합구이, 고추부각, 골곰짠지 등이 있다.
- 병과류 : 떡은 모시잎송편, 만경떡, 쑥굴레, 칡떡, 잡과편 등이 있고, 조과는 유과, 대추징조, 다시마정과, 우엉정과 등이 있다.
- 음료 : 안동식혜, 수정과, 유자화채, 유자차, 잡곡 미숫가루 등이 있다.

고, 음식에 멋을 내거나 사치스럽지는 않고 소담하게 만든다. 싱싱한 바닷고기에 소금 간을 해서 말려서 굽는 것을 즐기고 바닷고기로 국을 끓이기도 한다. 곡물 음식 중에는 국수를 즐기나, 밀가루에 날콩가루를 섞어서 반죽하여 홍두깨나 밀대로 얇게 밀어 칼로 썰어 만드는 칼국수를 제일로 친다. 장국의 국물은 멸치나 조개를 많이 쓰고, 더운 여름에 뜨거운 제물국수를 즐기는데, 범벅이나 풀대죽은 별로 즐기지 않는다.

제주도음식

제주도는 해촌, 양촌, 산촌으로 구분하여 그 생활 태도에 차이가 있다. 양촌은 평야 식물 지대로 농업을 중심으로 생활을 하였고, 해촌은 해안에서 고기를 잡거나 해녀로 잠수 어업을 하고, 산촌은 산을 개간하여 농사를 짓거나 한라산에서 버섯, 산나물, 고사리 등을 채취하여 생활하였다. 농산물은 쌀이 거의 생산되지 않고 콩, 보리, 조, 메밀, 고구마 등을 많이 생산하고, 특산물은 감귤과 전복으로 예전에는 진상품이었다.

제주도음식의 주된 재료는 어류와 해초이며, 된장으로 맛을 내는 경우가 많고, 바닷고기로 국을 많이 끓이고 죽을 잘 쑨다.

제주도 사람의 부지런하고 꾸밈없는 소박한 성품

대표적인 제주도음식

- 주식류 : 전복죽, 초기죽, 옥돔죽, 닭죽, 매역새죽, 깅이죽, 생선국수, 메밀저배기, 곤떡국 등이 있다.
- 찬류 : 고사리국, 톨냉국, 돼지고기육개장, 상어지짐, 옥도미구이, 자리회, 양애무침, 동지김치, 꿩적, 초기적, 상어산적, 두루치기, 물망회, 전복소라회, 톳나물 등이 있다.
- 병과류 : 떡은 오메기떡, 빙떡, 차좁쌀떡, 상애떡 등이 있고, 조과는 약과, 닭엿, 보리엿, 꿩엿 등의 엿이 많다.

그림 7-9 제주도음식

은 음식에도 그대로 나타나 있다. 음식을 많이 차리거나 양념을 많이 넣거나 여러 가지 재료를 섞어서 만드는 것이 별로 없고 간은 대체로 짠 편이며 회를 많이 먹는다. 재료가 가지고 있는 자연의 맛을 그대로 살리는 것이 특색이다. 제주도에서만 잡히는 자리돔과 옥돔이 있고, 전복과 꿩이 많이 잡히며, 한라산에서는 표고버섯과 산채가 많이 난다. 김장은 겨울의 기후가 따뜻하여 배추가 밭에 남아 있으므로 김장이 별로 필요치 않고, 짧은 기간 동안 먹을 것만을 조금씩 담근다.

그림 7-10 황해도음식

황해도음식

황해도 북쪽 지방의 곡창지대로 쌀 생산이 많고 잡곡의 질도 좋으며 생산량도 많다. 특히, 조는 남쪽 사람들이 보리밥을 즐기듯이 잡곡밥을 많이 해먹는다. 곡식이 많고 좋아서 가축들의 사료로 좋고, 고기의 맛도 유별하며, 밀국수나 만두에는 닭고기가 많이 쓰인다. 해안 지방은 조석 간만의 차가 크고 수심이 낮으며 간석지가 발달해 소금의 생산이 많다. 황해도는 인심이 좋고 생활이 윤택하며, 이곳의 음식은 양이 풍부하고 음식에 기교를 부리지 않고 구수하면서도 소박하다. 송편이나 만두도 큼직하게 빚고, 밀국수도 즐겨 한다. 간은 별로 짜지도 싱겁지도 않으며, 충청도음식과 비슷하다. 김치에는 독특한 맛을 내는 고수와 분디라는 향신 채소를 반드시 쓴다. 김치는 맵지 않고 시원한 맛으로 하고, 동치미국물을 넉넉히 하여 겨울에 냉면국수나 찬밥을 말아서 밤참을 즐기기도 한다.

대표적인 황해도음식

- 주식류 : 김치밥, 잡곡밥, 비지밥, 김치말이, 밀낭화 · 수수죽, 밀범벅, 호박만두 등이 있다.
- 찬류 : 되비지탕, 김칫국, 조깃국, 호박김치찌개, 행적, 고기전, 김치순두부, 잡곡전, 연안식해, 청포묵, 김치적 등이 있다.
- 병과류 : 떡은 오쟁이떡, 큰송편, 우메기, 잡곡부치기, 닭알떡, 수리취인절미 등이 있고, 조과는 무정과 등이 있다.

평안도음식

평안도의 동쪽은 산이 높아 험하나 서쪽은 서해안에 면하여 해산물도 풍부하고, 넓은 평야로 곡식도 풍부하다. 예부터 중국과의 교류가 많은 지역으로 평안도 사람의 성품은 진취적이고 대륙적이다. 따라서 음식의 솜씨도 먹음직스럽게 크게 하고 푸짐하게 많이 만든다. 서울음식은 크기를 작게 하고 기교를 많이 부리는 데 비해 평안도음식은 매우 대조적이다. 곡물음식 중

그림 7-11 평안도음식

에서는 메밀로 만든 냉면과 만두 등 가루로 만든 음식이 많다. 겨울에 추운 지방이어서 기름진 육류 음식도 즐겨하고 밭에서 많이 나는 콩과 녹두로 만드는 음식도 많다. 음식의 간은 대체로 심심하고 맵지도 짜지도 않다. 모양을 예쁘게 하기보다는 먹음직스럽고 크게 많이 만들어 먹는 것을 즐긴다. 평안도 지방에서는 평양의 음식이 가장 잘 알려져 있고, 그 중 평양냉면, 어복쟁반, 순대, 온반, 닭죽 등이 유명하다.

대표적인 평안도음식

- 주식류 : 온반, 김치말이, 냉면, 어복쟁반, 온면, 만둣국, 닭죽, 어죽, 강량국수, 굴만두 등이 있다.
- 찬류 : 내포중탕, 콩비지, 전어된장국, 무청곰, 녹두지짐, 돼지고기편육, 순대, 더풀장, 고사리국, 가지김치, 두부회, 도라지산적 등이 있다.
- 병과류 : 떡은 송기떡, 꼬장떡, 놋티, 뽕떡, 골미떡 등이 있고, 조과는 과줄, 엿, 태석 등이 있다.

함경도음식

함경도는 우리나라의 최고봉인 백두산이 있고 개마고원이 있는 험악한 산간지대가 대부분이다. 동쪽은 해안선이 길고 영흥만 부근에 평야가 조금 있어 논농사는 적고 밭농사를 많이 한다. 특히, 함경도는 밭곡식 중에서도 콩의 품질이 뛰어나고 잡곡의 생산량이 많다. 동해안은 리만 한류와 동해 난류가 만나는 바다로 주요 어장으로 명태, 청어, 대구, 연어, 정어리, 넙치 등 어종이 다양하다. 주식으로는 기장밥 · 조밥 등 잡곡밥을 잘 짓는데, 쌀, 기장, 조, 수수 등의 품질이 매우 차지며 구수하고 좋다. 감자, 고구마도 질이 우수하며, 녹말을 만들어 반죽하여 국수 틀에 넣어 눌러서 쓰는데, 냉면과 비빔국수를 잘 만든다. 음식의 모양은 큼직하여 대륙적이고 대담하며 장식이나 기교도 부리지 않고 사치스럽지 않다. 북쪽으로 올라갈수록 날씨가 추우므로 음식의 간은 싱겁고 담백하다. 그러나 고추와 마늘 등 양념을 강하게 써서 야성적인 맛을 즐기기도 한다. 근래에 아주 유명해진 회냉면은 홍어, 가자미 등의 맵게 무친 생선회를 냉면국수에 얹어서 비벼 먹는 함흥식 비빔국수이다. 다져기(다대기)라는 것도 이 고장에

그림 7-12 함경도음식

대표적인 함경도음식

- 주식류 : 잡곡밥, 닭비빔밥, 찐 조밥, 가릿국, 회냉면, 감자국수, 옥수수죽, 감자막가리만두, 얼린 콩죽 등 특수한 음식이 있다.
- 찬류 : 동태순대, 콩부침, 비웃구이, 처녑국, 북어전, 가자미식해, 도루묵식해, 원산해물잡채, 채칼김치, 순대, 닭섭산적, 다시마냉국, 이면수구이 등이 있다.
- 병과류 : 떡은 인절미, 오그랑떡, 언 감자떡, 꼬장떡, 달떡 등이 있고, 조과는 과줄, 산자, 약과, 콩엿강정, 들깨엿강정, 산자 등이 있다.
- 음료 : 단감주가 있다.

서 나온 말로 고춧가루에 갖은 양념을 넣어 만든 양념의 고유한 말이다.

여덟,

궁중음식

조선시대 궁중음식의 배경

우리나라는 단일 민족으로 단군조선 이래 조선왕조가 막을 내린 1900년 초까지 약 5000년간 왕권 중심의 국가였다. 삼국시대에 궁궐이 세워졌고 왕과 왕족은 궁궐에서 생활하므로 궁중음식의 역사는 삼국시대부터 이 땅에 있었다고 할 수 있다.

궁중음식이 본격적으로 발달된 시기는 왕권이 강화되고, 관제와 문물이 정비되고 사회적 규범과 의례도 확립된 고려시대부터이다. 그리고 고려시대에는 식품의 종류와 조리법이 다양해지고, 숭불주의로 다도와 제사나 연회식도 발달된 시기이다. 향토음식 중에 개성음식을 전국에서 좋고 맛난 음식으로 손꼽는데, 이는 바로 고려왕조의 궁중음식 전통을 이어받아 다양한 음식과 정성을 많이 들이는 개성음식으로 이어졌다고 짐작된다.

조선시대는 태조 때부터 27대 순종까지 약 500여 년간의 이씨 왕조이다. 조선시대의 법전인 《경국대전》에는 왕족의 의식주와 관련한 관청은 상의원(尙衣院), 사옹원(司饔院), 전설사(典設司), 전연사(典涓司) 등이 나와 있다. 그 중 사옹원에서 임금의 식사[御饍]와 대궐 안 음식물의 공급(供饋)에 관한 일을 담당하였고 초기에는 17명의 관원이 배치되었고, 궐 내각 차비는 16가지 직종에 390명이 정속되어 있었다. 궁중의 연회식은 《조선왕조실록》, 《진연의궤》, 《진작의궤》 등의 문헌을 통해 식사의례와 연회 규모 등을 알 수 있으나 궁중의 일상식에 관한 문헌은 거의 없는 편이다.

조선조 말기에는 사옹원의 조직이 축소되었고, 고종 때 전선사(典膳司)로 개편하였으며 주원(廚院)이라고도 하였다. 1882년 내자시(內資寺)가 폐지된 뒤 궁중에서 쓰이는 쌀, 국수, 술, 간장, 기름, 꿀, 채소, 과일 및 내연(內宴)과 직조 등의 일도 맡았다. 여러 곳에 어소(魚所)를 두고 어물을 잡아 공상(供上)하였는데, 행주, 안산 등의 위어(葦魚), 소어(蘇魚)를 궁중에서도 별미로 꼽았으며, 또한 광주(廣州)에 자기요를 설치하고 좋은 자기를 구워 궁궐에 공급하였다. 1905년에는 제례, 시사(諡事)를 맡는 봉상시(奉常寺)와 어선, 향연(饗宴), 기구 등을 맡았고, 1909년부터는 궁중의 연회, 음식 등에 관한 일을 맡아보았다.

궁중은 당대 최고의 권위와 부와 권력이 집중되어 있는 곳이지만 음식이 민가와 아주 판이하게 다른 것은 아니다. 이는 조선시대에는 동성동본이 결혼하지 않는 혼인 관습과 연유가 있다. 왕가의 혼인도 왕족끼리가 아닌 사대부가와 인연을 맺게 되므로 왕이나 왕자의 비를 민가에서 맞이하고, 공주는 궁 밖의 사대부가와 혼인을 맺게 된다. 그러므로 혼인에 의하여 궁중의 생활양식을 비롯한 모든 문화는 사대부가와의 교류가 생기므로 자연스럽게 식생활의 풍습이 궁중에서 민가로, 민가에서 궁중으로 전해지게 되었다. 궁중에서 잔치가 열린 후에는 고관이나 궁 밖의 친인척 집에 음식이 하사되고, 왕족에 축하할 일이 있을 때는 민가에서 음식물을 궁중에 진상하기도 하였다.

조선시대 궁중의 일상식(1800년대)

식생활은 지위 고하를 막론하고 매일매일 반복되고 일상적인 생활이다. 아무리 지위가 높은 왕이나 왕족일지라도 일상의 식사는 일반 사람들과 전혀 다른 모습은 아니다. 임금님의 진지를 '수라' 라 하는데, 이는 고려 말 몽고어에서 전해진 말이다.

궁중의 일상음식은 왕 자신의 인생관에 따라서 사치스럽게 산해진미를 즐기는 경우도 있고, 반대로 검박을 몸소 시범하는 현주(賢主)의 경우도 있다. 《영조실록》에는 '대궐에서 왕족의 식사는 고래로 하루에 다섯 번이다' 라고 하는데, 이른 아침의 초조반과 조석 두 차례의 수라상, 그리고 점심 때 낮것상과 밤중에 내는 야참(夜食)으로 다섯 번의 식사를 말한다. 연산군은 날고기를 좋아하여 이를 빙자하여 한 고을에서 하루에 생우를 일곱 마리씩 잡고, 광해군은 불고기만을 즐겼다고 《계축일기》에 나온다. 영조는 검박하여 점심과 야식을 줄여서 하루 3회로 하였고, 정조의 모친인 혜경궁 홍씨는 《한중록》에 정조는 "조석 수라에는 반찬 서너 그릇 외에 더하지 않으시되, 그것도 작은 접시에 많이 담지 못하게 하셨다." 고 하였다.

궁중의 연회나 가례, 영접 등의 행사식에 관한 의궤는 비교적 많이 남아 있으나 궁중의 일상식에 관한 문헌은 거의 없으며 현재 유일한 문헌으로 《원행을묘정리의궤(園幸乙卯整理儀軌)》가 남아 있다. 1795년은 정조의 모친인 자궁(慈宮) 혜경궁 홍씨의 갑년이 되고, 자전(영조계비)이 51세가 되며, 정조 즉위 20년 등 경사가 겹치는 해였다.

이 해에 자궁과 자전께 각각 존호를 올린 후 자궁을 모시고 청연군주, 청선군주와 함께 화성(華城) 현융원(顯隆園)에 행행(行幸)하였을 때 배경과 그 경위 절차를 기록한 문헌으로, 권4 찬품조에 창덕궁을 출발(음력 2월 9일)하여 다시 환궁(음력 2월 16일)하기까지 8일간 자궁, 왕, 군주께 올린 음식과 공궤(供饋) 그리고 진찬, 양로연 등의 올린 음식이 기록되어 있다. 이는 행행 도중의 이동식 소주방에서 마련한 일상식으로 반수라상과 죽수라상, 응이상, 고음상 그리고 다과상에 해당하는 다소반과(茶小盤果)가 실려 있다. 이는 약 100년 후인 1800년대 고종과 순종 재위 시 수라상의 모습과 상당히 차이가 있다.

고종과 순종이 재위하던 한말에는 초조반으로는 미음, 응이, 죽 등의 죽상을 올리고, 아침수라(朝水剌)는 10시경, 저녁수라는 5시경에 12첩반상을 올렸으며, 낮것상은 간단한 장국상이나 다과상을 올리고 야참은 면, 약식, 식혜 또는 우유죽 등을 올렸다.

그림 8-1은 고종과 순종 재위 시인 1800년대 왕의 하루 일상식 상차림을 복원하여 그림으로 나타낸 것이다.

그림 8-1 왕의 하루 일상식 상차림(순종, 고종 재위 시)의 복원

1) 죽상 : 초조반상(初早飯床)

궁중에서는 아침 수라를 10시경에 올리므로, 보약을 드시지 않는 날에는 유동식으로 보양이 되는 죽, 응이, 미음 등을 이른 아침에 낸다. 아침 일찍 먹는 조반이므로 초조반 또는 자릿조반이라고 한다.

죽은 흰죽, 잣죽, 우유죽, 깨죽, 흑임자죽, 행인죽 등을 올린다. 미음은 차조, 인삼, 대추, 황률 등을 오래 고아서 체에 밭친 차조미음이나 멥쌀만을 곤 곡정수, 찹쌀과 마른 해삼, 홍합, 우둔 고기를 한데 곤 삼합미음 등이 있다. 응이는 율무응이, 갈분응이, 녹말응이, 오미자응이 등이 있다.

초조반상은 죽이나 응이, 미음 등 유동식이 주식인 상으로 찬품이 아주 간단하다. 죽상을 차릴 때는 죽, 미음, 응이 등을 합에 담고, 따로 덜어 먹을 공기와 수저를 놓는다. 그리고 찬품으로는 어포, 육포, 암치보푸라기, 북어보푸라기, 자반 등의 마른 찬 두세 가지를 차리고, 조미에 필요한 소금, 꿀, 청장 등을 종지에 담는다. 김치는 국물김치로 나박김치나 동치미가 어울린다. 죽상에 놓는 조치는 맑은 조치로 소금이나 새우젓국으로 간을 맞춘 찌개이다.

그림 8-2 궁중의 12첩 수라상(1800년대)

2) 수라상(水剌床)

수라와 찬물 조석 수라상은 12첩반상차림으로 수라와 탕 두 가지씩과 기본 찬품, 쟁첩에 담는 12가지 찬물들로 구성된다. 수라는 백반(白飯)과 팥 삶은 물로 지은 밥인 붉은빛의 홍반(紅飯) 두 가지를 수라기에 담고, 탕은 미역국과 곰탕 두 종류를 탕기에 담아 상에 올려 그날에 따라 좋아하는 밥과 국을 골라서 들도록 준비한다. 조치는 토장조치와 젓국조치 두 종류와 찜, 전골, 침채 세 가지가 기본 음식에 속한다. 찬물 12가지는 다양한 식품 재료로 조리법도 각기 달리 만든다. 그리고 청장, 초장, 윤집(초고추장), 겨자집 등의 장류는 그날의 찬물에 맞게 종지에 담는다.

상과 반상기 수라상은 큰 원반, 곁반인 작은 원반과 책상반의 세 개 상에 차린다. 대원반은 붉은색의 주칠(朱漆)을 하고 중자개로 문양을 넣거나 다리에 용트림 장식이 조각되어 있다. 대원반은 중앙에 놓이며 왕과 왕비가 앉아서 드는 상이다. 곁반으로 소원반과 네모진 책상반이 쓰이는데, 책상반 대신 때로는 둥근 소반이 쓰이기도 한다.

수라상의 식기는 대개는 은반상기에 올렸는데, 단오부터 추석까지는 날이 더운 철에는 사기반상기를 쓰기도 하였다고 한다. 수저는 반드시 연중 은수저를 쓴다. 수라는 주발 모양의 수라기에 담고, 탕은 수라기보다 작은 크기의 갱기에 담는다. 조치는 갱기보다 한 둘레 작은 조치보에 담는데, 고종 재위 시는 토장 조치를 작은 뚝배기에 올리기도 하였다고 한다. 찜은 대개 조반기에 담고, 김치류는 쟁첩보다 큰 보시기에 담는다. 찬품은 쟁첩이라는 뚜껑이 덮인 납작한 그릇에 담고, 간장, 초장, 젓국, 초고추장 등은 종지에 담는다. 차수는 숭늉도 쓰지만 대개 곡차를 큰 대접에 담고 쟁반을 받쳐서 곁반에 올린다.

기미(氣味) 왕이 수라를 들기 직전 옆에 시좌(侍坐)하고 있던 큰방상궁이 먼저 음식 맛을 본다. 이를 '기미를 본다' 고 한다. 이는 맛을 시식하는 것이라기보다 독(毒)의 유무를 검사라는 것이 본래의 목적이었으나, 후에는 거의 의례적인 절차로 남았다. 큰방상궁이 은으로 된 빈 접시에 모든 음식을 조금씩 덜어 어전에서 자신이 먼저 먹어보고, 그 밖의 근시 나인들과 애기 나인 등에게도 나누어 주는데, 수라와 탕은 기미를 보지 않고 그대로 두었다. 기미용으로 수라상 위에 왕의 수저 외에 여별로 은 혹은 상아로 된 젓가락 한 벌과 빈 그릇이 놓여 있다. 이 여별의 젓가락은 음식을 덜 때만 쓰고, 먹을 때는 손으로 먹는다. 기미를 본 후에 큰방상궁은 이 젓가락으로 왕이 드시기 편하도록 생선 등의 뼈를 발라 앞에 놓아드린다. 기미는 음식뿐 아니라 탕제도 마찬가지였다.

3) 낮것상(點心)

평소에는 조석으로 수라상을 차리고 낮것으로 간단한

웅이, 미음, 죽 같은 것을 내는데, 특별한 탄신일이나 명절 같은 때에는 면상인 장국상을 차려서 손님들을 대접한다.

면상에는 주식으로 온면, 냉면 또는 떡국이나 만두 중 한 가지를 차리고, 찬물로 편육, 회, 전유어, 신선로 등을 차린다. 그리고 반상에 오르는 찬물인 장과, 젓갈, 마른 찬, 조리개 등은 놓이지 않으며, 김치는 국물이 많은 나박김치, 장김치, 동치미 등을 놓는다.

순종 때 낮것은 오후 2시쯤 돼서 간단한 간식으로 점심을 대신하여 그날 기분에 따라 결정하였다. "오늘 간식은 참외와 제호탕을 먹어볼까" 하는 식으로 주문하였다고 한다.

다담상은 주식으로 국수를 차리기도 하고 병과로는 떡, 약과, 강정, 다식, 당(사탕), 정과, 숙실과, 생과, 음청류, 꿀 등 후식류를 올린다.

4) 야참(夜食)

세 끼 외에 밤에는 야참이 있어 면, 약식, 식혜류 또는 우유죽을 올린다.

고종은 양위 후 덕수궁 시절에 밤참으로 냉면과 온면, 설렁탕을 즐겼으며, 음료로는 술을 전혀 못했기 때문에 식혜, 사이다를 좋아했다. 고종이 즐기던 냉면은 꾸미로는 국수 위에 가운데 십자로 편육을 얹고 나머지 빈 곳에 배와 잣을 그리고 황백지단채를 얹었다고 한다.

국물은 육수 대신에 동치미를 넣었는데, 이 동치미는 배를 많이 넣고 담아 국물이 무척 달고 시원하였다고 한다.

조선시대 궁중의 연회식

1) 궁중연회식 의궤

의궤(儀軌)란 의례(儀禮)의 궤범(軌範)이 되는 책이라는 뜻이다. 조선시대 나라의 큰일이 생기거나 경사스러운 일이 생겼을 때 후세에 참고로 삼기 위하여 그 일의 논의과정, 준비과정, 의식절차, 진행, 행사가 끝난 후 유공자의 포장에 관한 일들의 기록이다. 이러한 국가행사가 있을 때 임시관청인 도감(都監)을 설치하였다가 행사가 끝나면 없애버리는데, 각 도감에서는 행사를 치른 과정 전부를 우선 일자순으로 기록하는데, 이것을 등록(謄錄)이라 하고 이 등록에 의해 의궤를 만들었다.

조선시대 궁중에서는 경사, 이를테면 왕, 왕비, 대비 등의 회갑, 탄신, 4순, 5순, 망5(望五, 41세), 망6(51세) 등의 특별 기념일이나 이들이 존호(尊號)를 받았을 때, 또는 왕이 기로소(耆老所)에 들어갔을 때에 윤허(允許)를 받아 큰 연회를 베풀게 된다. 연회의 규모와 의식절차에 따라서 진연(進宴), 진찬(進饌), 진작(進爵), 수작(受爵) 등으로 나뉘는데, 그 중 규모가 가장 큰 것이 진연이고 그 다음이 진찬, 진작, 수작의 순서라 하였으나, 의궤의 찬품조의 내용은 진연과 진작의 차이가 거의 없다.

조선시대 궁중연향을 수록한 의궤는 인조 8년(1630)의 《풍정도감의궤》(프랑스 파리국립도서관 소장)를 비롯하여, 국내의 규장각(奎章閣)과 장서각(藏書閣)에는 숙종 45년(1719) 《진연의궤》부터 광무 6년(1902) 《진연의궤》까지 수작의궤, 진찬의궤, 진작의궤 등 여러 이름으로 편찬되어 40책이 현재 국내 · 외 여러 도서관에 소장되어 있고, 연회 건수는 19건이다. 표 8-1

표 8-1 조선시대 궁중연회의궤 목록

의궤명	연 도	설행 연유
경오 풍정도감의궤(庚午 豊呈都監儀軌) *	1630(인조 8년)	인조가 자전인 대비께 올린 수연 잔치
을해 진연의궤(己亥 進宴儀軌)	1719(숙종 45년)	숙종의 망6과 기로서 입소자가 300명에 달함을 축하한 잔치
갑자 진연의궤(甲子 進宴儀軌)	1744(영조 20년)	대왕대비인 명성왕후 김씨를 위한 잔치
을유 수작의궤(乙酉 受爵儀軌)	1765(영조 41년)	영조의 보령 망8 축하 잔치
원행을묘정리의궤(園幸乙卯整理儀軌)	1795(정조 19년)	혜경궁 갑년에 사도세자능인 현융원에 참배하고 베푼 잔치
기사 혜경궁 진찬소의궤(己巳 惠慶宮 進饌所儀軌)	1809(순조 9년)	사도세자비인 혜경궁 홍씨의 관례회갑 축하 잔치
정해 자경전진작정례의궤(丁亥 慈慶殿進爵整禮儀軌)	1827(순조 27년)	순조가 모후인 김씨(자경전)를 위해 베푼 잔치
무자 진박의궤(戊子 進爵儀軌)	1828(순조 28년)	순조의 곤전인 순원왕후의 보령4순 축하잔치
기사 진찬의궤(己丑 進饌儀軌)	1829(순조 29년)	순조의 5순과 어극 30재 축하 잔치
무신 진찬의궤(戊申 進饌儀軌)	1848(헌종 14년)	순조비 보령 6순과 익종비 보령 조씨 보령 망5 축하 잔치
무진 진찬의궤(戊辰 進饌儀軌)	1868(고종 5년)	태후인 조대비의 보령 만 60세 탄신 축하 잔치
계유 진찬의궤(癸酉 進爵儀軌)	1873(고종 10년)	화재로 소실되었던 강령전 재건 축하잔치
정축 진찬의궤(丁丑 進饌儀軌)	1877(고종 14년)	조대비 7순 축하 잔치
정해 진찬의궤(丁亥 進饌儀軌)	1887(고종 24년)	조대비 8순 축하 잔치
임진 진찬의궤(壬辰 進饌儀軌)	1892(고종 29년)	고종의 망5와 어극30년 축하 잔치
신축 진찬의궤(辛丑 進饌儀軌)	1901(광무 5년)	헌종왕후인 명헌태후 홍씨 보령 8순 축하 잔치
신축 진연의궤(辛丑 進宴儀軌)	1901(광무 5년)	고종 5순 축하 잔치
임인 함령전진연의궤(壬寅 咸寧殿 進宴儀軌)	1902(광무 6년)	고종 기사(耆社)입소 축하 잔치
임인 진연의궤(壬寅 進宴儀軌)	1902(광무 6년)	고종 망6과 어극(御極) 40년 축하 잔치

주 : * 1886년 강화도에 침입한 프랑스함대가 약탈해 간 외규장각 도서의 하나로 2011년 프랑스로부터 귀화되어 현재 국립중앙박물관에 소장되어 있다.

은 조선시대 궁중연회의궤의 목록이다.

2) 궁중연회의 차비

궁중의 잔치를 설행하려면 임시관청인 진찬도감(進饌都監), 진연도감(進宴都監), 진작도감(進爵都監) 등을 행사하기 수개월 전부터 설치하여 제반 사항을 진행하며, 그 내용을 등록과 의궤로 소상하게 남겨 놓는다. 한편, 계병(契屛)이나 연회도 등 그림 자료를 통하여 그 장려한 광경을 짐작할 수 있다. 그림 8-3은 《진작정례의궤》(1827)의 자경전 진작도이다.

진연 · 진찬 때는 도감에서 필요한 물자를 조달하고, 의식 절차와 정재(呈才 ; 궁중의 무용과 음악)는 여러 차례 습의(習儀 ; 예행연습)한다. 연회를 설행하는 전각이 정해지면 반차도(班次圖)에 의거하여 여러 가지를 차비해 배설한다. 천장에는 천막을 치고, 왕과 왕족이 처할 대차(大次)와 소차(小次) 등을 꾸민다. 연회에 필요한 각종 산선(繖扇)과 휘(麾) 등도 점검하고 전각에 주렴(珠簾 ; 발)과 황목장(黃木帳)을 치고 야간 연회

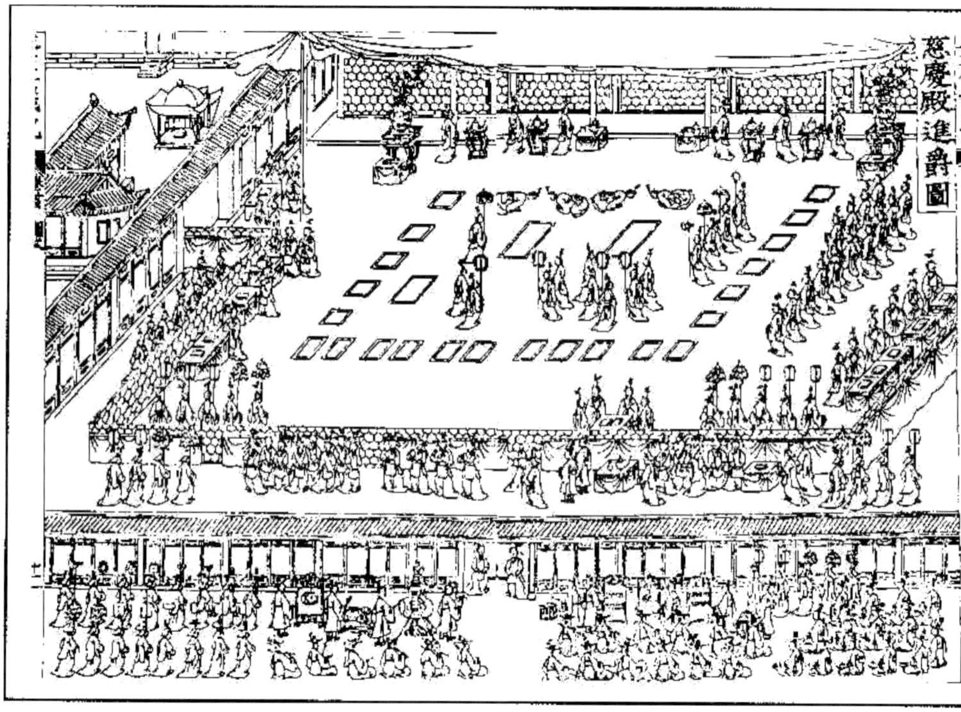

그림 8-3 《진작정례의궤》(1827)의 자경전 진작도

에 필요한 등촉(燈燭)도 준비한다.

전각의 대청 중앙에 동조어좌(東朝御座)를 남향으로 놓고, 용평상(龍平床)과 이동할 수 있는 은이나 쇠로 만든 의자인 교의(交椅)를 준비한다. 십장생(十長生) 병풍을 치고, 수방석, 표피방석, 채상, 글씨병풍, 보상(寶床), 향좌(香座), 향로(香爐) 등을 준비한다. 조화(造花)를 화려하게 장식하여 항아리에 담은 준화(樽花) 한 쌍을 연회장 양쪽에 준화대 위에 놓는다.

음식을 배선할 고족주칠찬안(高足朱漆饌案), 주칠협안(朱漆挾案)과 수주정(壽酒亭), 술항아리, 술잔, 은잔대를 배설한다. 다정(茶亭)은 아가상(阿架床)에 명주보를 덮고 유지를 깐 후 은주전자와 은찻잔을 소원반에 받쳐 올려놓는다. 그리고 축수하는 시를 쓴 두루마리를 놓는 주칠 치사전문함(致詞箋文函), 꽃을 받아놓는 진화함(進花函), 찬품단자를 담는 주칠 찬품단자함(饌品單子函) 등도 놓는다.

왕족에 올리는 고배상은 다리가 높은 고족찬안(高足饌案)을 여러 개 이어놓고, 상의 윗면은 도홍색(桃紅色) 운문단(雲紋緞)을 덮고, 상의 앞과 옆쪽은 초록색 운문단을 주름을 잡아 늘어뜨리며, 상면에는 좌면지(座面紙)를 깐다. 찬품단자에 의해 준비한 여러 가지 음식들은 치수대로 고여서 상에 배선한다. 찬품 중에 물기가 많아서 고일 수 없는 것을 제외하고는 고인 꼭대기에 종이나 비단으로 만든 상화(床花)를 꽂아 호화롭게 장식한다. 진찬에 쓰이는 상화와 가화는 미리 궁 밖에서 만들어 들여왔다.

3) 궁중 잔치음식의 준비

음식에 관해서는 연회 일자별로 차리는 찬안의 규모·종류, 차리는 음식의 이름을 적은 찬품단자(饌品單子 ; 메뉴)를 만든다. 그리고 음식을 차리는 데 필요한 상, 기명, 조리기구 등을 점검하여 부족한 것은 새로 마련한다. 필요한 식품 재료를 품의하여 잔칫날에 맞추어 미리미리 준비하며, 육순이나 설날에 차리는 진찬은 미리 한지에 차릴 음식을 쓴 찬품단자를 올려 허락을 받은 후에 마련했다.

큰 잔치의 음식 조리는 대령숙수라는 남자조리사가 만든다. 주방은 임시로 내숙설소 또는 주원숙설소라 하는 가가(假家)를 짓고 이곳에서 수십 명에서 100여 명의 숙수들이 며칠 전부터 음식을 만든다.

4) 궁중 연회상의 종류

진찬이나 진연에 참석하는 왕과 왕비, 대왕대비께 올리는 상을 찬안(饌案)이라 하는데, 그 중 왕이나 대왕대비께는 진어찬안(進御饌案)이라 하여 떡, 과자, 과일, 진 음식들을 40그릇 이상 차려서 올린다. 중전, 왕세자, 왕세자빈 등 주요 왕족에게 올리는 상은 진찬안(進饌案)이라고 하여 진어상보다 적은 그릇 수를 차린다. 그리고 잔치가 진행되는 도중에 잡수실 음식으로 미수, 소선, 대선, 탕, 만두, 차, 염수, 별찬안(別饌案), 과합 등을 마련하여 순차적으로 올린다. 잔치에 참석한 왕족이나 제신, 친척, 좌우명부 등과 수고한 악공, 정재여령, 군인들에 이르기까지 참석자 전원에게 음식을 차려서 대접하므로 궁중에서 잔치 때는 수십 가지의 상을 마련하여야 한다.

그림 8-4 화성 능행도 중 봉수당 진찬도(1795)

진어상 잔치 때 왕이 받는 상을 진어상(進御床) 또는 어상(御床)이라고 한다. 진어상에 차리는 음식의 종류, 품수, 높이 등은 뚜렷하게 정해진 규정이 없다. 현존의 진찬의궤의 찬품조를 보면 시대에 따라 음식의 종류, 품수, 고임의 높이가 약간은 차이가 있으나, 기본적인 음식은 병과류, 생과류, 찬품류, 음청류 등으로 나누어 볼 수 있다.

고임상은 음식에 따라 높이를 달리한다. 떡과 과자, 생과류는 1자 3치에서 1자 7치 정도로 가장 높이 고이고, 숙실과는 이보다 조금 낮게 고이며, 전유어, 편육, 화양적, 회 등의 찬품은 조과류보다 더 낮게 고인다. 고임음식 위에는 다양한 종류의 화려한 꽃으로 장식하는데, 이를 상화(床花)라고 한다. 그리고 화채, 찜, 탕, 열구자탕, 장류 등 물기가 많은 음식은 고일 수 없고, 국물이 있는 음식은 상화를 꽂지 못한다. 상화는 의궤의 채화도에 나오는데, 대, 중, 수파련, 홍도의 삼지화, 별건화, 별간화, 각색 절화 등 다양하다. 차린 음식이 높을수록 큰 꽃을 꽂고, 낮은 높이의 음식에는 중간 크기와 작은 상화를 꽂는다. 연회 중 고임상에 차린 음식은 먹지 않으며, 실제로 먹는 것은 별도 마련하여 올리는 별찬안(別饌案)이나 술잔을 올리면서 함께 내는 진어미수(進御味數), 진소선(進小膳), 진대선(進大膳), 진탕(進湯), 진만두(進饅頭), 진과합(進果榼) 등이다.

사찬상

잔치에 참석한 왕족이나 제신(諸臣), 종친(宗親), 척친(戚親), 좌명부(左命婦), 우명부(右命婦), 의빈(儀賓)을 비롯하여 악공, 정재여령(呈才女令), 군인들에 이르기까지 참석자 전원에게 음식을 차려서 대접한다. 사찬상은 받는 이의 지위나 직급에 따라 외상 또는 겸상이나 두레반에 음식을 차등을 두어 대접한다.

반사 상상(上床)은 공주, 옹주, 내인, 내외빈, 당상낭청에게 내리는 상으로 가장 잘 차린 상이다. 반연상(頒賜宴床)으로 문안 제신(諸臣) 중 대신은 상상(上床), 중신은 중상(中床)이 내려지고, 궐내입직관원(闕內入直官員)에게는 하상(下床)이 내려진다. 반사도상(頒賜都

그림 8-5 임인년(1902) 진연 때 대전진어 대탁찬안(大殿進御 大卓饌案)을 복원한 상차림

임인년(1902) 진연 때 고종황제께 올린 대탁찬안

중화전 진연 때 고종황제께 올린 대탁찬안(大卓饌案) 상은 황색칠의 다리가 높은 상에 떡, 과자, 과실, 음식을 25개의 유기그릇에 차렸다.

상화(床花)는 대수파련 2개, 중수파련 2개, 홍도별건화 2개, 각색절화 각 8개, 목단화 7개, 홍도삼지화 3개의 합계 24개를 꽂았다.

각색메시루떡(각색경증병) : 멥쌀 15두, 찹쌀 8두, 거피팥 8승, 흰깨 9두5승, 밤 8승, 대추 9승, 참기름 3승, 잣 3승, 신감초가루 4승, 꿀 1두6승, 계핏가루 1량

각색찰시루떡(각색점증병) : 찹쌀 15두, 거피팥 8승, 흰깨 5두, 석이가루 5승, 밤 3두, 대추 2두, 잣2승

각색주악/화전 : 찹쌀 10두, 신감초가루 5승, 대추 2두, 참기름 4두, 꿀 9승, 흰깨 5승, 잣 5합, 계핏가루 2량

각색단자/잡과병 : 찹쌀 12두, 거피팥 4두, 석이가루 5승, 밤 1두3승, 대추 1두5승, 꿀 8승, 신감초가루 7승, 잣 8승, 계핏가루 1량

만두과(400개) : 밀가루 4두, 참기름 1두6승, 꿀 1두6승, 황률 5승, 대추 6승, 잣 3합, 후춧가루 3량, 계핏가루 3량, 사탕2원

연약과(500개) : 밀가루 4두, 참기름 1두6승, 꿀 1두6승, 잣 3합, 후춧가루 5분, 계핏가루 5분, 사당 2원

양면과(500개) : 밀가루 4두, 참기름 1두6승, 꿀1두6승

황률 · 청태다식(각 1,000개) : 황률가루 1두5승, 청태가루 1두5승, 신감초가루 1승, 꿀 1두6승

강분 · 흑임자다식(각 1,000개) : 강분(생강녹말) 5승, 녹말 1두, 흑임자가루 1두5승, 꿀 1두7승, 잣백자 2합

홍매화연사과(650개) : 찹쌀 3두5승, 차조 7두, 술 9승, 꿀 9승, 참기름 9승, 백당 25근, 지초 3근, 홍취유 6승, 설면자 1량

백매화연사과(650개) : 찹쌀 3두5승, 차조7두, 술9승, 꿀 9승, 참기름 9승, 백당25근, 설면자 1량

백자연사과(1,000개) : 쌀 7두, 술 7승, 꿀 7승, 참기름 7승, 백당 27근, 잣 3두2승, 설면자 1량

홍세건반연사과(800개) : 찹쌀 3두, 세건반 3두, 술 1두, 꿀 1두, 참기름 1두, 백당 10근, 지초 2근, 홍취유 5승, 설면자 1량

백세건반연사과(800개) : 찹쌀 3두, 세건반 3두, 술 1두, 꿀 1두, 참기름 1두, 백당 10근, 지초 2근, 설면자 1량

홍백세건반요화(홍세건반요화 850개, 백세건반요화 750개) : 밀가루 4두5승, 세건반 4두3승, 참기름 1두, 백당 10근, 소금 4승, 지초 2근, 홍취유 5승, 설면자 5전

사색입모빙사과(사색입모 빙사과 각 100개) : 찹쌀 5두, 술 1두, 꿀 1두, 참기름 1두, 백당 20근, 지초1근, 갈매 1근, 치자 200개, 홍취유 2승, 설면자 2전

사색강정(사색강정 각 300개) : 찹쌀 3두5승, 술 9승, 꿀 9승, 참기름 9승, 백당 15근, 세건반 1두5승, 계핏가루 2승, 잣 2승, 지초 1근, 홍취유 2승, 설면자 5전

홍매화강정(1,200개) : 찹쌀 3두, 차조 6승, 술 5승, 꿀 5승, 참기름 5승, 백당 8근, 지초 3근, 홍취유 5승, 설면자 5전

백매화강정(1,200개) : 찹쌀 3두, 차조 6승, 술 5승, 꿀 5승, 참기름 5승, 백당 8근, 설면자 5전

사탕/귤병 : 사탕 100원, 귤병 150원

용안 : 용안 20근

여지 : 여지 20근

수정과 : 준시 10개, 꿀 5합, 잣 2석

간전유화 : 15부, 메밀가루 5승, 참기름 1두, 소금 1승

동과화양적(1,000꼬치) : 동과 5개, 우둔 반부, 저육 1각, 파 2단, 달걀 1접, 녹말 1승, 소금 1승, 간장 1승, 참기름 4승, 표고버섯 3합, 생강 5전, 후춧가루 1량, 흰깨가루 5합, 잣 5석

床)은 별시령(別侍令)에, 반사하상은 내시(內侍), 입직장관장교(入直將官將校) 이하에 내려진다.

원역(員役 ; 각 관아에 딸린 벼슬아치), 별감(別監), 악공(樂工), 여령(女伶) 등에 내리는 사찬상 이름은 상반(上盤), 중반(中盤), 소반(小盤), 대우반(大隅板), 중우반(中隅板), 소우반(小隅板), 쟁반(錚盤) 등으로 나뉜다. 각소입직군병(各所入直軍兵), 숙수(熟手)에게는 궤찬(饋饌)으로 하사한 음식은 백병(白餠) 3개, 산적 1꼬치, 청주 1잔 뿐이다. 궁중 잔치에 대접받는 사람이 수백 명에서 1,000명이 넘기도 하는데, 헌종 진찬 때는 917명이라 적혀 있다.

5) 궁중 진연상의 예

1902년 임인년 11월 고종의 망육순(51세), 즉위 40주년을 경축하고, 대한제국의 위용을 만방에 선포한 조선왕조 최후의 진연(進宴)이었고, 덕수궁 중화전(中和殿)에서 행해졌다. 이 해는 국호를 조선에서 대한제국으로 고치고, 고종임금이 스스로를 황제로 즉위하였다.

이 진연은 중화전 진연, 광명전 정일진연, 광명전 야진연, 광명전 익일회작, 광명전 익일야연 등 총 다섯 차례 베풀어졌다. 대전의 외진연(外進宴)은 덕수궁의 정전(正殿)인 중화전에서 설행되었고, 내진연(內進宴)과 야진연(夜進宴)은 관명전(觀明殿)에서 설행되었다. 또 황태자회작(皇太子會酌)과 야연도 관명전에서 설행되었다. 진연청 당상은 의정부 참정인 김성근(金聲根)이었다. 그림 8-5는 임인년(1902) 진연 중 대전께 올린 대전진어 대탁찬안(大殿進御 大卓饌案)을 복원한 상차림이다.

국가 중요무형문화재 제38호 '조선왕조 궁중음식'

조선왕조 멸망 후 일제강점기와 한국전쟁, 대한민국 정부 수립기 등의 혼란기를 겪으면서 고유한 음식문화가 급격히 변형·소멸되었으므로 국가에서는 1971년에 한국음식문화의 원형 보호와 전승을 목적으로 '조선왕조 궁중음식'을 중요무형문화재 제38호로 지정하였다. 지정 내용은 조선시대에 왕족이 평상시에 먹는 반상(수라상), 죽상, 면상, 다과상과 연회 때 진어상 등에 차려진 주식, 찬물, 병과와 음청류를 모두 포함하였다. 2007년 제3대 기능보유자를 인정하면서 세부종목 '궁중음식'은 주식 26종, 찬품 206종이고, '궁중병과'는 떡류 45종, 과정류 63종, 음청류 8종으로 총 350종이다.

제1대 기능보유자 한희순(1889~1972)은 주방내인으로 덕수궁과 경복궁, 창덕궁, 낙선재의 소주방에서 사회변동기 60여 년 세월 동안 고종, 순종, 윤비(순종비)의 수라를 담당하였다. 그는 '조선왕조 궁중음식'의 조리기능 원형을 후세에 전수한 주방상궁이다.

제2대 기능보유자 황혜성(1920~2006)은 한희순 상궁이 낙선재에 근무할 때(1944년) 제자로 입문하여 구전으로 배운 '궁중음식'을 계량화하여 궁중음식 조리법 303종을 실은 《이조궁정요리통고》(1957)를 발간하였다. 그는 일제강점기에 유학생으로 귀국 후 65세까지 40여 년간 대학 가정과 교수로 재직하면서 《진찬의궤》, 《진연의궤》와 고문헌연구로 '궁중음식'의 학문적인 체계를 정립하는 역할을 하였다.

제3대 기능보유자 한복려와 정길자는 1971년부터 2대 기능보유자 황혜성의 제자로 전수교육을 받았고,

그림 8-6 중요무형문화재 제38호 '조선왕조 궁중음식' 기능보유자. (좌로부터) 1대 한희순 상궁, 2대 황혜성, 3대 정길자, 한복려

2007년 7월 궁중음식 분야는 한복려, 궁중병과 분야는 정길자가 기능보유자로 인정되었다. 현재 한복려는 (사)궁중음식연구원 원장, 정길자는 (사)궁중병과연구원 원장으로 궁중음식의 맥을 이어가고 있다.

2부 한국음식의 재료와 조리법

우리나라 식물의 분포는 세계적으로는 아시아 광엽수림구에 속한다. 그러나 북쪽 고지대의 한대성 식물 분포에서부터 남쪽의 아열대 식물 분포에 이르기까지 국토의 넓이에 비하여 여러 종류의 식물이 다양하게 분포되어 있다. 식물의 종류는 해조류를 제외하고 약 4,200종이나 되지만 일반적으로 실제 식용으로 이용되는 것은 약 400~500종으로 알려져 있다.

하나,

한국음식의 재료

우리의 식생활은 대부분 밥을 주식으로 하고, 국과 김치 그 외의 찬을 부식으로 곁들여서 먹는 형태이다. 쌀 · 보리 · 콩 · 팥 등의 곡류로 밥을 짓고, 육류와 채소로 국을 만들고, 찬품은 육류 · 어패류 · 채소류 등을 사용하여 여러 가지 조리법을 활용한 다양한 맛의 찬물을 만들어 한데 차려서 먹는다. 한국음식에 많이 쓰이는 식품을 곡류, 채소류, 축산물, 알류, 수산물, 해조류, 과실류로 분류하고 대표적인 식품의 특성과 조리상의 특징을 알아보기로 한다.

곡 류

우리나라에서는 곡류 중 쌀 · 찹쌀을 미곡, 보리 · 밀 · 호밀 · 귀리 등을 맥(麥) 그리고 조 · 피 · 기장 · 수수 · 옥수수 · 메밀 등의 잡곡으로 구분하고 있다. 우리나라에서 중히 여기는 오곡은 쌀 · 보리 · 조 · 콩 · 기장이다.

- 쌀 : 우리나라에서는 일본형(Japonica type) 벼로 쌀알이 길이가 짧고 둥글고 굵으며 밥을 지었을 때 끈기가 많다. 멥쌀은 반투명하고, 찹쌀은 유백색을 띤다. 성분상의 차이는 별로 없으나 찹쌀은 아밀로펙틴(amylopectin)이 많고 아밀로오스(amylose)가 적어서 점성이 강하며, 멥쌀은 아밀로오스가 찹쌀보다 많아서 점성이 적다. 도정 정도에 따라 백미, 9분도미, 7분도미, 현미 등으로 나눈다. 도정도가 높을수록 쌀의 색은 희고 밥을 지었을 때 부드럽지만, 도정을 할수록 외피의 안쪽과 배아에 있는 무기질과 비타민 등이 많이 깎여나가서 영양분의 손실이 크다. 왕겨만을 벗긴 현미가 영양 면에서는 가장 우수하나 소화율이 떨어진다.
- 보리 : 겉질보리와 쌀보리가 있는데, 낱알 보리는 도정하여도 섬유소가 많이 남고 소화가 잘 안 되므로 압맥 또는 할맥으로 가공하여 판매된다. 백미에 보리나 다른 잡곡을 섞어 혼식하면 서로 부족한 비타민이나 무기질 등의 영양분이 보충이 되어 합리적이다.
- 밀 : 현재는 거의 수입밀이 쓰이는데, 밀가루의 품질은 글루텐(gluten) 함량, 분질, 회분 함량, 색에 따라 판별한다. 밀가루 반죽을 하면 밀가루 단백질 중 글리아딘(gliadin)과 글루테닌(glutenin)이 서로 엉겨서 글루텐을 형성하여 점탄성을 나타낸다.
- 조 : 차조와 메조가 있는데, 식용은 주로 차조가 쓰인다. 밥이나 죽, 그리고 엿 · 소주 원료 등에 쓰인다.

- 수수 : 차수수는 단백질, 지방이 많으며, 메수수와 고량은 단백질, 지방이 적어 식용에 부적당하여 술의 제조나 사료용으로 쓰인다. 아기의 백일이나 돌에는 수수팥단자를 만드는 풍습이 있다.
- 옥수수 : 미숙한 것은 굽거나 쪄서 간식으로 먹고, 완숙한 것은 산간 지방에서 주식으로 이용하였다. 옥수수가루는 국수, 엿, 묵, 죽, 과자, 빵 등에 이용되며, 전분의 원료로 쓰인다.
- 메밀 : 다른 곡물에 비해 단백질이 많이 들어 있고, 특히 리신, 시스틴, 트립토판 등의 필수 아미노산을 함유하고 있으며 비타민 B군도 많이 포함하고 있다. 혈관의 저항을 강하시키는 루틴(rutin)도 함유하고 있어 고혈압 환자에게 적합한 식품이다. 메밀가루는 밀가루나 전분을 섞어서 국수를 만들고, 부침개, 떡, 묵, 전병 등을 만든다.
- 콩 : 콩알의 색에 따라 백황색은 흰콩, 황색·녹황색·갈황색은 누런 콩, 담록색은 푸른 콩 또는 청태라 하고, 갈색은 밤콩, 흑색은 검은콩 또는 흑태라고 하며, 여러 색이 섞인 우렁콩, 선비제비콩, 아주까리콩 등이 있다. 콩은 두부, 두유, 콩나물, 콩가루, 된장, 간장, 청국장 등으로 가공하여 이용한다. 대두로 콩기름을 만들고, 남은 대두박은 식물성 인조육의 원료와 사료로 쓰인다.
- 팥 : 적갈색의 붉은팥이 많고, 회백색, 크림색, 담록색, 담황색, 갈색, 흑색 등도 있다. 쌀밥이나 보리밥의 혼식용이나 죽에 쓰이고, 떡의 소나 고물, 빵, 빙과, 양갱 등 과자의 재료로 많이 쓰인다.
- 녹두 : 외피가 초록색이 많지만 황색, 녹갈색, 흑갈색인 것도 있다. 주성분은 전분이고, 단백질이 함유되어 있으며 향미가 좋다. 녹두는 떡의 소나 고물, 죽, 빈대떡 등의 재료로 쓰인다. 녹말을 만들어 청포묵이나 황포묵을 만들고, 싹을 내어 숙주나물도 이용한다.
- 완두 : 열매는 미숙할 때는 초록색이고 성숙하면 담황갈색 또는 흑색, 자색이 된다. 완두는 밥의 혼식용으로 쓰이며, 떡·과자 등에 이용한다.

채소류

1) 잎채소

- 배추 : 김치의 주재료로 가장 많이 쓰이고, 그 외에 국, 겉절이, 쌈 등에 이용한다. 다른 채소에 비해 단백질이 비교적 많고 비타민 C와 무기질이 풍부하다. 손으로 들어보아 묵직하고 속이 차 있는 것을 고른다. 잎이 얇은 것이 연하고 맛이 있다.
- 시금치 : 주로 나물과 된장국으로 이용한다. 비타민 C·K·B_1·B_2, 철분, 칼슘 등의 함량이 높고, 특히 항 빈혈성 비타민의 엽산을 함유하고 있다.
- 파 : 대파, 움파, 실파, 세파 등으로 품종이 다양하고, 비타민 A·B_2가 많으며, 특히 푸른 잎에는 칼슘이 다량 함유되어 있다. 주로 다지거나 채 썰어 양념으로 이용하고, 주재료로는 파김치, 파강회, 실파장국, 육개장 등에 이용한다.
- 부추 : 생채나 데쳐서 무치고, 부추부침 등에 이용하며, 부추김치와 오이소박이의 소로 쓰인다. 부추는 구채(韮菜), 방언으로 정구지, 졸, 솔이라 한다. 비타민 A·B_2·C, 카로틴을 많이 함유하고 있으며, 향미성분인 유화 알릴은 생선이나 육류의 냄새를 제거하는 작용을 한다.

- 상추 : 재래종은 잎이 좁고 길며, 개량종은 잎이 넓고 주름이 많다. 비타민류와 무기질이 풍부하고, 사과산, 구연산 등의 유기산이 함유되어 있다. 쌈으로 가장 많이 이용하며, 생채, 겉절이를 만든다.
- 근대 : 끓는 물에 살짝 데쳐서 나물로 하거나, 조개나 마른 새우를 넣은 된장국을 끓인다. 카로틴, 칼슘, 철분 등이 많이 함유되어 있다.
- 쑥갓 : 향이 좋아 날로 상추쌈에 곁들이거나 나물로 이용한다. 전골, 매운탕이나 국에는 불에서 내리기 직전에 넣어 살짝 익힌다. 비타민 B_2, 칼슘, 철분, 카로틴 등을 함유한다.
- 쑥 : 산과 들에 널리 자생하는데, 봄철에 새잎이 연하다. 다른 채소에 비해 단백질이 많고 칼슘, 회분, 인 등 무기질이 비교적 풍부하다. 색깔과 향이 아주 좋아 주로 절편, 인절미, 송편 등 떡에 이용한다.
- 갓 : 주로 김치를 담는다. 비타민 A · C가 풍부하고, 칼슘과 철분도 많이 함유하고 있다. 열매는 빻아서 겨자가루로 하여 향신조미료로 쓰인다.
- 미나리 : 상큼한 맛과 향이 있어 살짝 데쳐서 나물을 하거나 강회를 만든다. 미나리초대를 부쳐서 고명으로 하거나 부침개도 하고, 생선국이나 찌개, 매운탕에 넣고 살짝 익히면 생선 비린내를 없애 준다. 잎사귀와 줄기를 먹을 수 있으나 우리나라에서는 관습적으로 줄기를 많이 사용한다.

2) 뿌리 채소

- 무 : 봄무나 여름무는 비교적 가늘고 연하고, 가을무는 굵고 수분이 많으며 단맛도 있다. 재래종인 조선무와 단무지를 담그는 왜무가 있다. 비타민류와 소화를 돕는 디아스타아제가 다량으로 함유되어 있으며, 모양이 좋고 색깔이 희며 싱싱한 무청이 달린 것이 좋다. 동치미용으로는 동글동글하고 작은 것이 좋고, 깍뚜기용은 밑이 둥글게 퍼지고 단단한 재래종이 좋으며, 총각무는 잎이 연하고 푸른 것이 좋다. 무는 국, 생채, 숙채, 장아찌, 찜, 조림 등 어디에나 쓰이고, 특히 배추와 더불어 김치의 중요한 재료이다.
- 토란 : 고온성 식물이어서 중부 이남 지방에서 재배되며, 9~10월인 추석 무렵에 많이 나온다. 비타민 B_1 · C를 많이 함유하고 주성분은 당질이며 단백질도 약간 함유하고 있다. 특유의 끈적끈적한 점액이 있는데, 소금으로 박박 문질러 깨끗이 씻는다. 조림이나 찜을 하고, 토란곰국은 추석 명절의 별미이다.
- 연근 : 장기간 저장이 가능하여 1년 내내 있으나 가을에서 겨울에 맛이 가장 좋다. 씹히는 감촉이 좋고, 썰어 놓은 단면이 특이하며 전분과 비타민 C가 많이 함유되어 있다. 껍질을 벗겨서 식초물에 담가서 갈변을 막는다. 주로 조림, 전유어, 튀김, 정과 등에 이용한다.
- 마늘 : 당질, 비타민 B_1이 풍부하고, 알리신은 위액 분비를 왕성하게 하며, 살균성과 항균성이 있다. 다지거나 채 썰어 여러 음식의 양념으로 쓰이고, 고기를 구울 때에 곁들여서 굽는다. 풋마늘은 껍질째로 식초에 삭혔다가 간장을 부어서 장아찌를 담는다.
- 도라지 : 다년생초로 백도라지, 약도라지, 꽃도라지 등이 있고, 식용이나 약용은 2~4년 자란 뿌리를 이용한다. 색이 희고 뿌리가 곧으며 탄력이 있는 것이 좋다. 날것은 가늘게 갈라서 생채나 숙채, 정과를 만들고, 말린 것은 불려서 산적이나 국, 잡채에도 넣는다.

3) 열매 채소

- 오이 : 상쾌한 맛, 향기, 색깔은 식욕을 돋우는 데 효과적이다. 날로 생채를 많이 하고, 오이선, 숙장과, 볶음 등의 재료로 쓰이며, 여름철에는 오이지를 담는다.
- 풋고추 : 색, 향기, 맛이 독특하고, 비타민 B_1과 카로틴이 비교적 많다. 매운맛의 정도와 크기가 여러 가지로 용도에 맞게 고른다. 꽈리고추는 조림이나 볶음, 부각에 쓰고, 중간 크기는 전이나 잡채, 국이나 찌개 등에 쓰인다.
- 호박 : 종류와 크기가 다양하다. 토종호박은 찌개나 나물에 좋고, 개량종은 전유어나 나물에 알맞다. 늦가을까지 두어 과육이 주황색이 된 청둥호박은 떡을 만들거나 호박 꿀단지나 죽을 만든다. 애호박이 흔한 철에 얇게 썰어 고지를 만들어 나물로 쓰이고, 청둥호박을 길게 타서 말린 호박고지는 떡이나 적에 쓰인다.
- 가지 : 성분 중에 체질의 산성화를 막아주고 노화방지에 효과가 있는 안토시안 색소가 많이 들어 있다. 가지나물은 쪄서 갈라서 양념으로 무치는 것이 일반적이나 기름을 쓰는 튀김, 무침, 볶음 등의 조리법이 잘 어울린다.

4) 기타 채소류

- 고사리 · 고비 : 양치과에 속하는 다년생초의 고산식물로서 산과 들의 습한 곳에서 자생한다. 말린 것을 팔기도 하나 삶아서 대개 팔고 있다. 삶아서 주로 나물을 하고 국에 넣는다.
- 죽순 : 봄철부터 초여름에 생죽순을 이용하지만 다른 철에는 통조림이 주로 쓰인다. 신선한 죽순은 껍질째 넉넉한 물에 쌀겨를 넣거나 쌀뜨물에 넣고 중불에서 약 2시간 천천히 삶는다. 뿌리 쪽에 대꼬치로 찔러서 들어갈 정도로 익으면 불을 끄고 그대로 식혀서 껍질을 벗겨서 쓴다. 죽순찜, 죽순채, 잡채 등에 넣고, 국이나 찌개에 넣는다.
- 콩나물 · 숙주 : 콩나물은 흰콩을, 숙주는 녹두를 발아시켜 재배한 것으로 철을 가리지 않고 항상 흔하게 구할 수 있다. 비타민류, 무기질, 단백질이 풍부하며, 특히 비타민 C가 많고, 섬유소가 많다. 주로 데쳐서 나물을 하거나 국에 끓인다. 숙주는 데쳐서 만두소나 빈대떡 · 묵무침 등에 넣는다.
- 두릅순 : 두릅나무나 엄나무의 어린순을 식용하는데, 연하고 굵은 것으로 잎이 피지 않은 것이 좋다. 영양분은 칼슘, 인, 철 등의 무기질과 비타민 $B_1 \cdot B_2 \cdot C$ 등이 함유되어 있다. 살짝 데쳐서 숙회로 하거나 쇠고기와 번갈아 꼬치에 꿰어서 누름적을 만든다.

5) 버섯류

- 표고버섯 : 가장 많이 쓰이는 버섯으로 자연산도 있고, 상수리나무 등의 참나무에 종균하여 재배하기도 한다. 말리면 맛과 향기가 더 좋아지며, 불린 국물은 맛이 있어 사찰음식에서 장국으로 쓴다. 마른 표고버섯은 도톰하고 갓이 피지 않고, 안쪽이 희고 깨끗한 것이 좋다. 영양분은 비타민 D, 비타민 $B_1 \cdot B_2$를 많이 함유하고 있으며, 혈액 중 콜레스테롤을 저하시키는 작용을 한다. 전골, 국, 산적, 볶음, 조림, 찜, 구이 등의 조리에 고루 쓰인다. 마른 표고버섯을 물에 담가서 맛성분이 우러난 장국을 국이나 찌개의 국물로 이용하면 좋다. 더운물에 담가 불리면 색깔도 검고 향기가 좋지 않다.

- 송이버섯 : 독특한 향기로 가을철 최고의 미각으로 꼽히는 고가 식품으로 인공 재배가 안 된다. 갓이 피지 않고 묵직하면서 통통하고 탄력 있는 것이 좋다. 수확 후 시간이 경과할수록 색이 검게 변하고 탄력이 없어지며 향기가 적어져서 맛이 없다. 향기를 즐길 수 있는 회나 구이가 좋으며, 찜, 맑은장국, 송이밥 등도 만든다.
- 목이버섯 : 귓바퀴 모양의 얇은 막이 나무에 붙어서 자라는 암갈색의 버섯으로 건조시켜 유통된다. 영양 면으로는 당분과 무기질이 풍부하다. 물에 불려서 전골, 국, 찜, 잡채 등에 이용한다.

이 밖에 싸리버섯, 느타리버섯, 석이버섯 등이 자주 이용된다. 싸리버섯과 느타리버섯은 볶음이나 전골, 찌개에 쓰이고, 검은색의 석이버섯은 주로 고명으로 쓰인다.

축산물

1) 쇠고기

우리나라에서는 육류 식품 중 쇠고기를 가장 즐겨하고 음식에도 가장 많이 쓰인다.

소의 살코기는 물론 머리, 꼬리, 족 그리고 각종 장기류를 부위의 특성에 알맞은 조리법을 이용하여 다양한 육류음식을 만든다.

쇠고기의 성분은 수분 65~75%, 단백질 20%, 무기질이 1%인데, 특히 단백질은 미오신, 알부민, 미오글로빈 등 양질의 것이어서 우수한 단백질 식품으로 꼽힌다. 지방질은 부위에 따라 함유량이 달라 5~40%로 많은 차이가 있다. 무기질은 철분이나 인·유황 등 우리의 체내에서 산성물질로 남는 원소가 많은 것이 특징이어서 쇠고기를 산성식품으로 일컫는다.

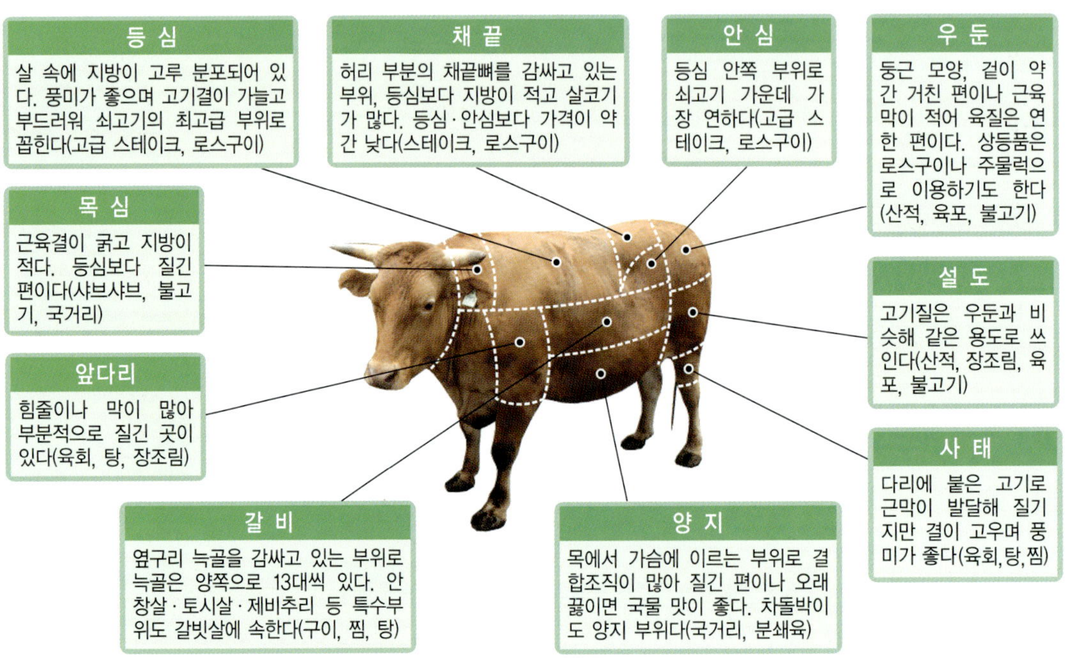

그림 1-1 쇠고기의 부위별 특징

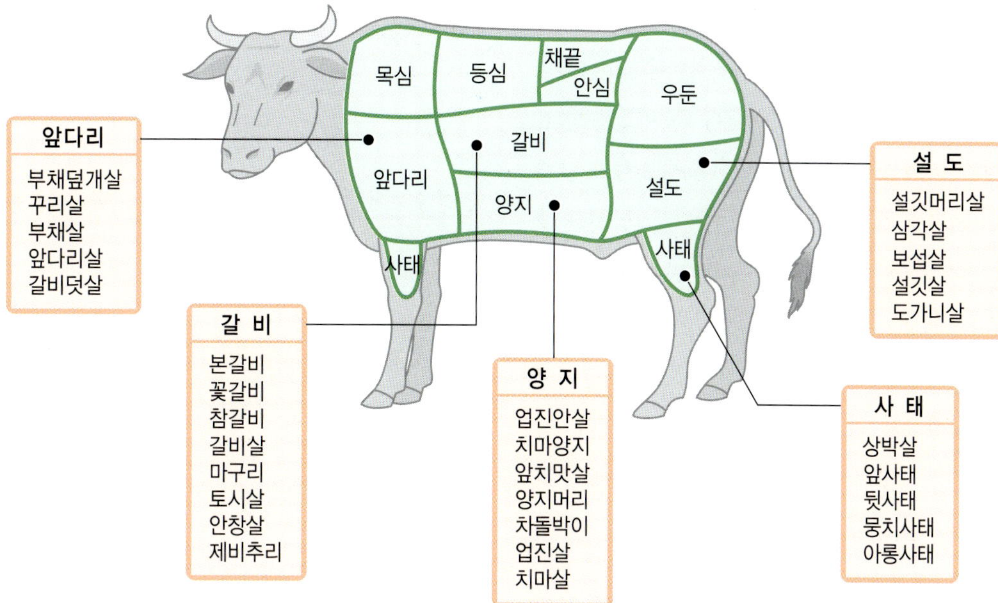

그림 1-2 쇠고기의 세부 부위별 명칭

표 1-1 쇠고기의 부위별 특징과 조리법

부위 명칭		특징	조리법
한국식	미국식		
목심	chuck	장정육이라 하는 목 부위로 결합 조직이 많아 육질은 질기고 맛이 진하다.	편육 · 탕 · 조림 · 구이
안심	tenderloin	등심 안쪽의 연한 고기로 가장 최상품이다. 고기결이 곱고 지방이 적어 담백하다.	구이 · 전골
등심	ribeye sirloin	갈비의 위쪽에 붙은 살로서 안심, 채끝살과 함께 상급 고기에 속한다. 육질이 곱고 연하며 붉은 살코기 속에 지방이 적당히 섞여 있어 맛이 좋다.	구이 · 산적 · 전골
채끝	striploin	등심과 이어진 부위로 안심을 에워싸고 있다. 육질이 연하고 지방이 많이 있다.	구이 · 산적
갈비	short ribs	갈비뼈에 붙어 있는 부위로 기름기가 많고, 육질은 질기나 맛이 매우 좋다.	구이 · 찜 · 탕
우둔 설도	rump round	엉덩이 부위의 고기로 기름기가 적고 고깃결이 곱고 부드러우며 맛이 담백하여 여러 가지 조리에 많이 쓰인다.	구이 · 조림 · 포
홍두깨	eye of round	고깃결이 곱고 부드러우며 맛이 담백하여 여러 가지 조리에 많이 쓰인다.	육회 · 산적
양지	brisket	목 밑에서 가슴에 이르는 부위로 결합 조직이 많아 육질은 질기다. 오랜 시간에 걸쳐 끓이는 조리를 하면 맛이 매우 좋다.	탕 · 찜 · 편육
업진	plate flank	배 쪽의 지방이 많고 육질이 질긴 부위로 시간을 걸려서 습열 조리하면 맛이 있다.	편육 · 찜 · 탕
사태	fore shank hind shank	오금에 붙은 고기로 결합 조직이 많아 질긴 부위이다. 장시간 물에 넣어 가열하면 기름기가 적어 담백하면서 깊은 맛이 난다. 뒷다리 사태 부위는 중치육이라고도 한다.	탕 · 찜 · 편육

쇠고기의 부위별 명칭과 조리법

쇠고기는 부위에 따라 육질이 다르므로 부위에 맞는 적절한 조리법을 활용하여야 한다. 쇠고기 부위의 분류법은 한국식 분류법과 서양식 분류법이 다르지만 대개 12~16가지로 나눌 수 있다.

소 내장 및 기타 부위 조리법

동물의 내장은 살코기보다 단백질, 비타민, 무기질 등이 풍부하여 영양이 우수하다. 내장류는 고기보다 부패하기 쉬우므로 우선 신선해야 한다. 윤기와 탄력성이 있고 빛깔이 선명한 것을 택하고, 푸르스름하게 변색되어 있거나 냄새가 강한 것, 피가 배어 있는 것은 고르지 않도록 한다.

표 1-2 소의 내장 및 기타 부위의 특징과 조리법

부위 명칭		특징	조리법
한국식	미국식		
우설	tongue	소의 혀로 껍질이 매우 질긴데, 오래 삶으면 쉽게 벗겨지고 지방이 있어 맛이 있다. 날로 껍질을 벗겨 얇게 썰어 구이도 한다.	편육·찜·구이
심장(염통)	heart	내장류 중에서 육질이 연하고 맛이 좋으며 냄새가 적다. 갈라서 혈관과 막을 없애서 얇게 썰어 조리한다.	구이·전골
신장(콩팥)	kidney	특유의 냄새가 약간 나며 육질이 연하고 맛이 있다. 갈라서 흰색 힘줄을 제거한 다음 얇게 썰어 조리한다.	구이·볶음·전골
간	liver	육질이 매우 부드럽고 영양이 풍부하나 특유의 냄새가 난다. 신선한 것은 생으로 회를 한다.	전골·산적·회·전·구이
허파, 부아	lung	씻어서 끓는 물에 삶아서 얇게 떠서 전을 지지거나 곰국에 넣어 끓인다.	탕·전
양	stomach	소의 제1위는 양이고, 제2위는 벌집양이다. 끓는 물에 넣었다가 건져서 검은 막을 긁어내고 조리한다. 벌집양은 살이 두꺼워서 양즙을 하면 좋다.	구이·찜·전·곰탕·즙
처녑	manyplies	제3위로 얇고 넓으며 검은 막이 켜켜로 되어 있다. 신선한 것은 채 썰어서 회로 하고, 한 장씩 막을 떼어 전을 부친다.	전·회·전골·볶음
곱창	small intestines	소의 소창으로 안의 내용물을 물을 흘려 넣어 깨끗이 씻어내고 겉의 기름 덩어리를 떼어낸 다음 주물러 씻어서 조리한다.	구이·곰탕·전골
곤자소니	large intestine	소 대창의 끝부분으로 기름기가 많은 부분이다.	곰탕·찜
등골 두골	spine brain	골은 매우 부드럽고 맛도 연하다. 얇은 막을 벗겨 회나 전으로 지져서 탕, 전골에 넣는다.	회·전·전골
사골	marrow bone	소의 다리뼈로 오래 곤 국물은 맛이 있고, 양질의 콜라겐 단백질과 칼슘을 많이 포함한다. 주로 곰탕 및 설렁탕과 떡국장국으로 쓰인다.	곰탕
우족	ox feet	소의 다리로 물에 넣어 오래 고면 주성분인 콜라겐이 녹았다가 식으면 응고되는 특성이 있다.	족탕·족편
쇠꼬리	ox tail	반골에 붙은 꼬리 부위로 지방을 많이 포함하고 있다. 결합조직이 많아 국물을 넉넉히 하여 꼬리곰탕을 끓이면 진한 맛이 나며 찜을 만든다.	곰탕·찜
쇠머리	head	머리 부분으로 운동량이 많은 부위여서 육질이 거칠고 질기지만 맛은 진하다.	곰탕·족편
도가니	knee bone	무릎 뼈와 발목의 연골 주변을 감싸고 있는 물렁뼈로 콜라겐을 많이 함유하고 있다. 부드럽게 되도록 오래 고아서 탕이나 찜을 만든다.	곰탕·찜

표 1-3 돼지고기의 부위별 특징과 조리법

부위 명칭		특 징	조리법
한국식	미국식		
목심	shoulder	등심보다는 육질이 질기나 근육 사이에 지방도 있어 오래 삶으면 맛이 좋다.	편육·조림·찜·구이
등심	loin	등 쪽의 지방층이 두꺼우나 살코기는 연하고 맛이 좋아 조리에 널리 쓰인다. 지방층이 많으면 미리 떼어내고 조리한다.	구이·튀김
안심	tenderloin	돼지고기 중에서 지방이 가장 적은 부위로 매우 연하고 담백하다.	구이·튀김
뒷다리	hem	뒷다리 부분의 살이 많은 부위로 지방이 적고 연하여 여러 가지 조리에 쓰인다.	구이·편육·찜·볶음
삼겹살	bacon belly	지방층과 살코기가 켜켜로 층을 이룬 부위로 고깃결이 거칠고 지방이 많으나 맛이 아주 좋다.	구이·편육·찜
갈비	spare ribs	갈비뼈에 붙은 부위로 육질은 연하고 맛이 있다.	구이·찜
돼지머리	head	깨끗이 손질하여 푹 무르게 삶아서 뼈를 발라내고 눌러서 편육을 만든다.	편육
돼지족	hock	결합 조직이 많아 육질은 질기나 오래 삶으면 질감도 좋고 깊은 맛이 난다.	편육·찜
내장류 (간·허·허파·대창)	intestine	내장류는 대개 삶아 편육처럼 썬다. 간은 썰어서 구이, 볶음을 한다. 소창과 대창은 순대도 만들고 탕도 끓인다.	편육·순대·탕·볶음·구이

2) 돼지고기

돼지고기는 육질이 연하고 감칠맛이 있어 차츰 소비량이 증가하고 있다. 지방은 부위에 따라 다르지만 삼겹살 부위에는 15%로 많고, 안심 부위는 5% 정도 함유한다. 그리고 무기질 중의 비타민 B_1이 쇠고기의 10배나 들어 있다.

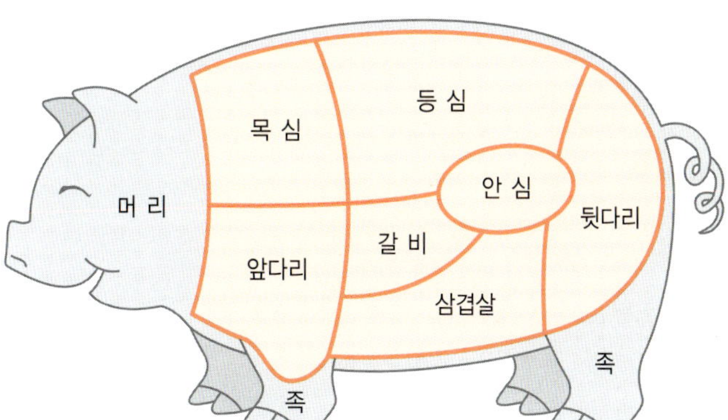

그림 1-3 돼지고기의 부위별 명칭

3) 닭고기

닭고기는 쇠고기나 돼지고기에 비해 지방이 적고 소화 흡수가 좋은 단백질 식품이다. 한국음식의 닭고기 조리법은 그리 다양하지 못한 편이고 기호도가 그리 높지 않다. 그러나 단백질의 질도 우수하고 지방산 중에 리놀레산을 많이 함유하고 있어 성인병 예방이나 노인식, 환자식에 적합한 식품이다.

그 밖에 비타민 A · B_1 · B_2, 니아신을 많이 함유하고 있다.

그림 1-4 닭고기의 부위별 명칭

표 1-4 닭고기의 부위별 특징과 조리법

부위 명칭		특 징	조리법
한국식	미국식		
통닭	whole chicken	통닭 조리에 적합한 닭은 무게가 1.3kg 이하로 4~5개월 정도의 영계가 적합하다. 오래된 진계를 일부러 고아서 백숙을 하기도 한다.	백숙·삼계탕·통닭찜·통닭구이
가슴살	breast	지방이 아주 적어 맛이 담백하고, 육질이 연한 흰색의 살코기이다.	회·구이·튀김
안심	tender meat	지방이 매우 적어 맛이 담백하고, 근육섬유로 흰색이다.	찜·조림·튀김
날개	wing	운동을 많이 하는 부분으로 결합 조직과 지방이 많고, 육질은 질기나 맛이 좋다.	찜·조림·튀김
다리	legs	육질은 약간 질기나 닭고기 중 가장 살이 많고 맛이 좋은 부위로 고기의 색이 진하고 모양이 좋다. 대개 뼈째로 조리한다.	구이·튀김·찜·조림
발	hock	살을 바르고 남은 뼈는 오래 끓여서 육수를 만든다.	육수·튀김·조림
목	neck	목은 오래 끓여서 육수를 만든다.	육수
간	liver	닭간은 담낭에 붙어 있는 부분은 떼어내고 조리한다. 맛은 쇠간보다는 떨어진다.	구이·튀김·볶음·조림
모래집(근위)	gizzard	위의 근육질 부분으로 매우 질기지만 손질을 잘 하면 아주 맛이 있다. 갈라서 뒤집어서 안쪽의 주머니를 떼어내고 만든다.	구이·튀김·볶음·조림

4) 알 류

달걀은 예전부터 가정에서 기른 닭의 부산물로 구하기는 용이하였으나 귀하게 사용하였다. 현대에도 완전한 동물성 단백질의 급원으로 가장 많이 이용되는 식품이다. 달걀 이외의 알류로는 오리알, 메추리알 등도 이용하나 수효가 달걀에 비하면 훨씬 적다.

달걀의 조리는 주재료로 하여 알찜, 수란 등을 하고, 전유어를 부칠 때 겉에 씌우는 데 재료로 쓰인다. 그리고 오색의 고명 중에 황백은 달걀의 노른자와 흰자를 나누어서 지단을 부쳐 용도에 맞게 채 썰거나 완자형으로 썰어 많이 쓰인다. 국이나 떡국 등의 국물음식에 달걀을 흘려 넣어 반숙 정도로 익히는 줄알도 많이 이용한다.

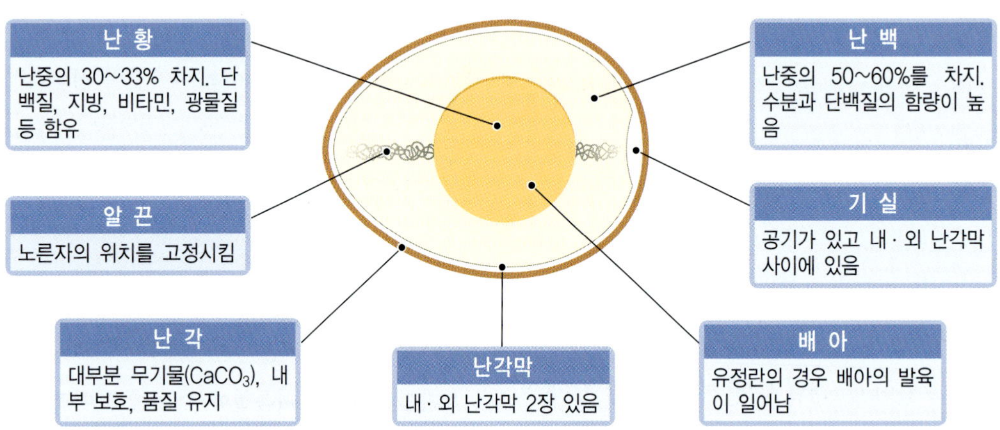

그림 1-5 달걀의 구조

수산물

우리나라는 삼면이 바다로 접해 있어 옛날부터 수산물을 식용으로 다양하게 이용해 왔다. 동해안은 해안선이 급한 산맥의 경사를 이루고 바다가 깊다. 서해안과 남해안은 평야가 바다에 연결되어 있으면서 황해는 전체가 대륙붕을 형성하고 있다. 한반도의 근해에는 한류와 난류의 상극이 현저하여 해산물의 종류가 다양하며 수중 식물과 해면류가 약 4,000~5,000종류이고, 어류가 약 520종류에 달한다.

동해는 바다의 깊이가 제일 깊고, 남쪽에서 북쪽으로 올라오는 난류와 연해주를 따라서 남하하는 리만 한류가 교차하여, 이 일대는 세계적인 유수한 좋은 어장을 이루고 있다.

여름에는 수온이 올라 꽁치, 멸치, 고등어, 오징어 등의 난류성 어류가 산란하러 모인다. 겨울에는 한류성 어류인 명태, 청어, 도루묵, 대구 등이 많다. 먼 바다의 심층에는 냉수대가 있어 명태, 가자미, 이면수 등은 1년 내내 잡힌다. 그 밖에 김, 미역, 다시마 등의 해조류와 각종 조개류가 풍부하고, 고래와 돌고래도 가끔씩 잡힌다. 명태는 최대의 어획고를 차지하며 선어(鮮魚)로는 물론 말려서 북어로 가공하고, 내장과 알도 젓갈로 가공한다.

서해는 많은 섬과 낮은 바다로 해산물의 혜택도 풍부하다. 수심이 낮고 북방에서 유입되는 한류가 없으며 조석간만의 차이가 심하다. 여름철에는 수온이 20℃ 이상의 난수가 되어 조기, 갈치, 멸치, 삼치, 민어, 농어 등의 난류성 어류가 많고, 겨울철에는 5℃ 이하의 냉수가 되어 대구, 청어 등 한류성 어류가 잡힌다. 서해안은 넓은 간석지가 있어 굴, 대합 등의 조개류가 많고, 새우도 풍부하다. 해조류는 김과 미역이 많고 양식도 활발하다. 연평도를 중심으로 경기도, 황해도에 걸쳐 조기의 어획이 특색이다.

남해는 1년 내내 난류가 흐른다. 주로 잡히는 어류는 멸치, 고등어, 대구, 전갱이, 갈치, 도미, 조기 등이 많다. 복잡하고 낮은 해안이나 만을 이용하여 김, 미역의 양식이 성하다. 간석지에서는 조개류, 새우, 게 등이 많이 잡힌다.

철마다 어류가 다양하여 좋은 식품 재료가 된다. 어패류는 어류, 연체류, 갑각류, 조개류로 나눌 수 있다.

봄철에 많이 나는 어패류는 가자미, 가오리, 넙치, 뱅어, 병어, 숭어, 조기, 준치, 잉어, 삼치, 대게, 대합조개, 피조개, 해삼 등이고, 여름철에는 갈치, 꽁치, 고등어, 민어, 뱀장어, 꽃게, 소라, 전복, 홍합, 백합, 바지락, 성게 등이며, 가을철에는 갈치, 삼치, 방어, 연어, 도루묵, 농어, 꼬막, 오징어, 소라, 전복 등이고 겨울철에는 명태, 대구, 다랑어, 농어, 정어리, 참돔, 양미리, 문어, 낙지, 굴, 꼬막 등이 많이 난다.

1) 어 류

어류의 구조

어류의 생김새는 종류에 따라 다르나 대표적인 어류의 구조는 머리, 몸통, 꼬리의 세 부분으로 체형은 방추형이다. 물속에서 지느러미로 헤엄치면서 움직여서 먹이를 구하고 아가미로 호흡을 한다. 어류의 일반적인 구조는 그림 1-6과 같다.

어류의 종류

- 가오리 · 홍어 : 홍어는 가오리과에 속한다. 모양이 마름모형으로 여름철에 맛이 좋고 여리지만 특이한

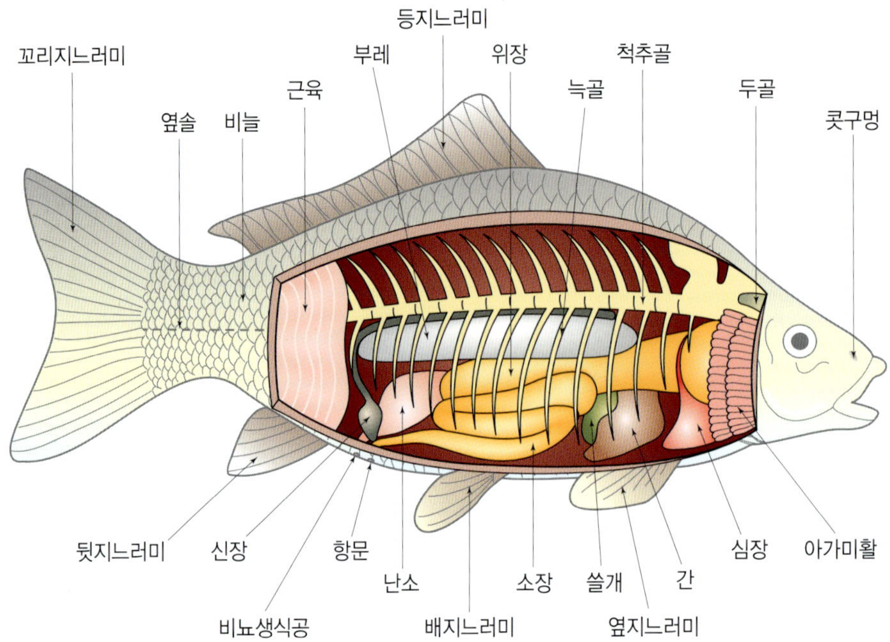

그림 1-6 어류의 구조

냄새와 질감이 있다. 일부러 삭히거나 말려서 쓰기도 한다. 신선한 홍어는 껍질을 벗겨 식초물에 담갔다가 맵게 회로 무치고, 찜, 조림, 구이 등에 쓰인다.

- 가자미 : 눈이 우측에 있는 넓적한 생선으로 참가자미, 홍가자미, 문치가자미, 돌가자미, 도다리 등이 있다. 신선한 것은 회로 하고, 구이, 조림, 찜 등에 쓰이며, 소금 간하여 말린 것을 구이로 한다.
- 갈치 : 몸의 색깔이 은백색으로 비늘이 없는 흰살생선으로 지방이 적당하여 맛이 좋다. 구이를 가장 많이 하고, 조림, 튀김 등을 한다.
- 고등어 : 등에 독특한 청흑색의 반점이 있고, 지방분이 많아 특유의 냄새가 난다. 산지에서 신선한 것은 회로 하지만 대개는 조림, 구이, 찜 등을 만든다. 소금에 절인 자반은 굽거나 지져서 밥 반찬으로 한다.
- 꽁치 : 몸이 가늘고 길며 등 쪽은 검은 청색이고 배 쪽은 흰색의 냉수성 어류로 구이, 조림 등에 적당하다.
- 넙치 : 가자미와 비슷하나 눈은 좌측에 있고, 몸체가 훨씬 크며 일명 광어라고 한다. 신선한 것은 회로 하고, 전, 조림, 구이, 찌개 등에 널리 쓰인다.
- 농어 : 겨울철에 민물과 바닷물이 섞이는 하구에서 산란하고 유어는 담수에서 살다가 다시 바다로 내려온다. 담백한 맛의 흰살생선으로, 특히 여름철에 맛이 좋다. 신선한 것은 회로 하고, 구이, 찜 등을 한다.
- 대구 : 명태와 비슷하나 입이 훨씬 크고 전체의 길이가 길다. 몸의 색깔은 담회색이고 한랭성 어류로 살이 희고 매우 담백하다. 탕, 전골, 찜, 전유어, 찌개 등의 조리에 쓰인다.
- 도루묵 : 몸의 길이가 짧은 편으로 등 쪽은 황갈색이고, 옆과 배 쪽은 은백색이며 비늘이 없다. 살의 색깔이 투명한 듯하고 맛이 담백하다. 구이, 조림, 찜 등에 쓰인다.
- 도미 : 참돔, 붉돔, 흑돔 등이 있는데, 참도미는 모양

이 훌륭하고 색깔도 좋으며 맛도 좋아 귀하게 쓰인다. 신선한 것은 회로 하고, 구이, 찜, 찌개, 전골 등에 적당하다.

- 멸치 · 정어리 : 멸치는 대부분 쪄서 말리거나 멸치젓을 담는다. 정어리도 청어과에 속한다. 말린 큰 멸치는 장국을 내고, 작은 것은 조림, 볶음 등에 쓰인다. 멸치젓은 김치나 음식의 조미에 널리 쓰인다.
- 명태 : 사철 가장 흔한 흰살생선으로 맛이 담백하다. 얼린 것은 동태, 말린 것은 북어라 부른다. 전유어, 찜, 조림, 찌개, 탕, 구이 등에 두루 쓰인다. 북어는 탕, 무침, 구이, 찜 등에 이용된다.
- 민어 : 여름철이 제철인 흰살생선으로 맛이 아주 좋다. 신선한 것은 회로 하고, 구이, 조림, 찜, 탕, 찌개 등을 한다.
- 방어 : 몸이 방추형으로 등 쪽은 청색이고 배 쪽은 은백색으로 살은 붉은색이며 특히 겨울에 맛있다. 신선한 것은 회를 하고, 구이, 조림, 찌개 등에 적당하다.
- 병어 : 마름모꼴 모양의 흰살생선으로 맛이 좋다. 신선한 것은 회로 하고, 구이, 조림, 찌개 등의 조리를 한다.
- 복어 : 검복, 자주복, 까치복 등 여러 종류가 있다. 신선한 것은 회로 하고, 탕, 찌개, 구이 등의 조리를 한다. 복어의 난소, 간장, 혈액 중에 테트로도톡신(tetrodotoxin)이라는 독소를 함유하고 있어 조리할 때 주의해야 한다.
- 삼치 : 긴 방추형으로 은회색이 나고, 살은 회백색으로 맛은 담백하다. 구이, 조림, 회 등을 한다.
- 숭어 : 난해성 어종으로 여름철에 맛이 좋다. 신선한 것은 회로 하고, 구이, 찜, 적 등을 하며, 어만두를 만든다. 숭어알을 절여서 말린 것은 어란으로 고급 술안주로 쓰인다.
- 임연수어 : 냉수 어종으로 껍질 색깔이 연한 황색종과 회색종이 있다. 구이, 조림, 튀김 등의 조리에 쓰인다.
- 전갱이 : 흔히 아지로 알려진 어류로 방추형이고 등 쪽은 암흑색이며 배 쪽은 백색이다. 구이, 조림, 튀김 등의 조리에 적당하다.
- 조기 : 참조기, 흑조기, 보구치 등의 여러 종류가 있다. 소금에 절여 말린 것을 굴비라 하며 전라도 영광산이 가장 유명하다. 대개는 구이를 하고, 찜, 조림, 찌개, 탕 등을 한다.
- 참치 : 다랑어류로 근래에 원양어업으로 소비량이 급증한 어류이다. 선어보다는 냉동품과 통조림이 많이 쓰인다. 신선한 것은 회로 하고, 구이, 조림 등의 조리에 적당하다. 통조림은 무침이나 냉채, 찌개 등에 편리하게 쓰인다.
- 청어 : 비웃이라고 하며 담흑색의 푸른빛을 띠고 배 쪽은 은백색이다. 근래 일시적으로 거의 잡히지 않다가 최근에는 다시 많이 잡힌다. 주로 구이, 조림을 한다. 염제품이나 훈제품으로 가공하기도 한다.

그밖에 우리나라에서 식품 재료로 많이 쓰이는 주요 어류로 해수의 어종으로는 상어, 아귀, 밴댕이, 맹어, 전어, 갯장어, 쥐치 등이 있고, 담수어종으로는 뱀장어, 잉어, 붕어, 미꾸라지, 메기 등이 있다.

2) 연체류

- 오징어 : 두족류 십각목에 속하고, 머리 · 몸통 · 다리의 세 부분으로 구분된다. 갑오징어, 무늬오징어, 반디오징어, 쇠오징어, 화살오징어, 창오징어, 흰오

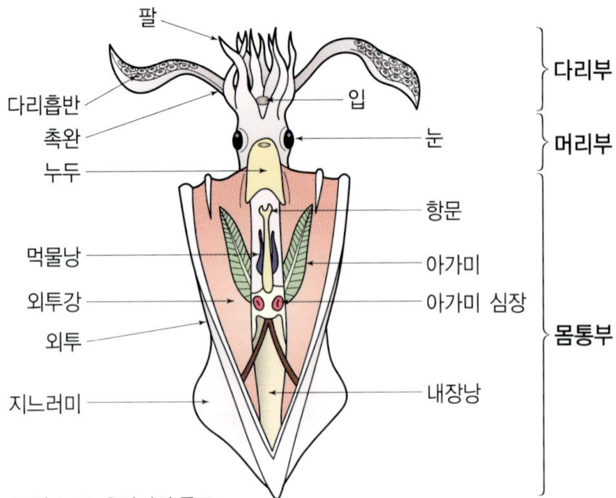

그림 1-7 오징어의 구조

징어 등 종류가 다양하다. 지방의 함유량이 적기 때문에 저칼로리 식품이며 반면에 단백질이 풍부하다. 신선한 것은 생회나 끓는 물에 잠깐 익혀 숙회를 만들어 초장을 곁들인다. 구이, 볶음, 찌개, 조림, 튀김 등을 하고, 데쳐내어 채소들과 무침을 많이 한다.

- 문어 · 낙지 : 낙지는 초여름에 산란하고 겨울에 맛이 좋다. 문어는 육질이 부드럽고 맛이 좋으나 고가의 식품이다. 오징어와 마찬가지로 단백질은 풍부하고 지방은 적어 저칼로리 식품이다. 신선한 것은 흑색으로 윤이 나며 선도가 떨어지면 회색이 돌고 더욱 시간이 경과하면 어두운 적갈색으로 탄력이 없어진다. 머리에 들어 있는 먹주머니를 터뜨리지 않도록 조심하면서 제거한 다음 소금으로 문질러 씻어 데쳐 쓴다. 회, 초무침, 조림, 숙회, 볶음 등으로 이용한다. 말린 문어는 고급 안주에 속하며 얼큰한 낙지볶음은 널리 좋아하는 음식이다.

3) 갑각류

갑각류에 새우, 게, 따개비류가 있고, 몸은 머리, 가슴, 배로 나뉘며 마디로 되어 있다.

- 새우 : 근해에서 잡히는 새우의 종류는 보리새우, 차새우, 민물새우, 젓새우 등이 있고, 크기에 따라 소하, 중하, 대하로 나누기도 한다. 몸이 투명하게 보이고 껍질이 단단하며 투명하고 윤기가 있는 것을 고른다. 조리할 때는 묽은 소금물에 껍질째 깨끗이 씻어서 등 쪽의 내장을 대꼬치로 빼내고 그대로 쓰기도 하고 머리를 떼고 껍질을 벗겨 살을 쓰기도 한다. 대하는 찜, 구이, 튀김, 전유어 등을 하고, 작은 것은 삶아서 생채나 냉채에 넣는다. 잔 새우는 말리거나 새우젓을 담는다.
- 게 : 꽃게, 영덕게, 털게, 밤게 등의 바닷게와 참게인 민물게가 있다. 게는 찜, 탕 또는 찌개를 끓이거나, 간장게장이나 양념게장을 만든다. 참게는 자연산이 귀하여 양식하여 게장이나 탕을 만든다.

4) 조개류

조개류는 수십 종에 달하지만 흔히 식품 재료로 쓰이는 것은 10여 종이다. 조개류에는 바지락, 백합, 모시조개, 피조개, 꼬막 등과 같이 껍질이 두 장인 패류와 맛살조개나 전복처럼 한 장인 것이 있고, 소라처럼 완전히 나선형의 껍질을 가진 것이 있다.

- 전복 : 자연산은 물이 깨끗한 수심이 얕은 곳에 살고 있고, 요즈음은 양식을 많이 한다. 수컷은 암컷에 비해 모양은 작지만 살이 단단하고 맛이 최고로 좋다. 살아 있는 것이 좋고, 껍질째 솔로 문질러 씻으며 살을 떼어내고 내장을 발라낸다. 신선한 것은 회로 하고,

죽, 구이, 찜, 냉채, 무침, 조림 등에 쓰인다.

- 바지락 : 얕은 바다의 모래 바닥에서 나는데, 겨울에서 이른 봄에 걸쳐 흔하다. 건드려 보아 입을 닫는 산 것을 택하고 소금물에 하룻밤 담가두어 해감을 토한 후 쓴다. 국, 찌개, 전골 등에는 껍질째 넣어 국물의 맛을 내고, 조갯살은 조림이나 전을 만들고, 데쳐서 생채나 숙채에 넣는다.
- 꼬막 · 피조개 : 돌조개과에 속하며 안에 피가 들어 있고 조갯살은 붉은색으로 맛이 매우 좋다. 겨울에서 이른 봄까지 많이 나고, 피조개는 회로 하며, 작은 것은 삶아서 껍질을 한쪽만 떼어내고 양념장으로 무친다.
- 홍합 : 쇄기 모양의 껍질은 검은색으로 두껍고, 조갯살이 붉은색으로 담채 또는 섭조개라고 한다. 작은 것은 껍질째 깨끗이 씻어 맑은 탕으로 하거나 국이나 찌개에 넣는다. 큰 것은 데쳐서 숙회로 하거나 홍합초를 만든다. 말린 홍합은 미역국에 넣거나 죽이나 조림을 한다.
- 패주 : 모든 조개에 살을 껍질에 고정시키는 패주로 특히, 가리비나 키조개는 잘 발달하였다. 이것들을 조개관자라고 한다. 단백질, 무기질 등이 풍부하고, 맛이 매우 좋으며 질감이 독특하다. 신선한 것은 회로 하고, 전, 죽, 구이, 찜 등을 만든다.
- 소라 : 껍질에서 살을 빼려면 냄비에 물을 조금 넣고 잠깐 찌면 빼내기가 쉽다. 신선한 것은 회로 하고, 구이, 무침, 볶음 등을 만든다.
- 가막조개 : 담수 또는 담수와 해수가 섞이는 곳에 사는 검은색의 작은 조개이다. 비타민과 무기질이 풍부하며, 숙취 제거에 효과가 있어 해장국으로 인기가 있다. 주로 맑은 국 또는 된장국을 끓인다.

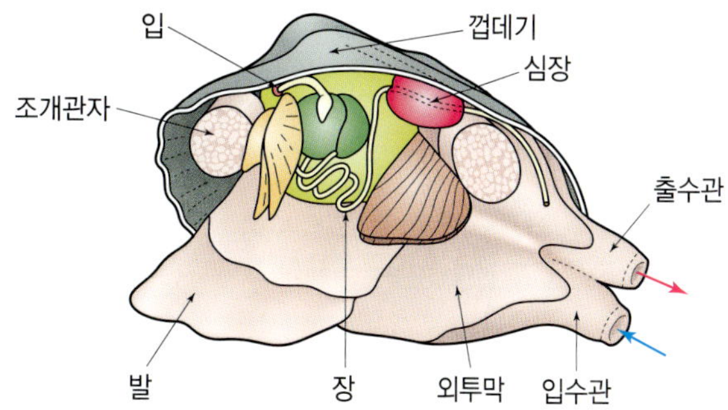

그림 1-8 조개의 구조

- 대합 : 백합 또는 무명조개라 하고, 크기에 따라 대합 · 중합 · 소합으로 나누기도 한다. 특히, 끓이면 국물이 맛있어 탕, 전골, 찌개 등에 이용하고, 구이나 전, 조림 등도 한다.
- 굴 : 겨울에 맛이 있고, 5~8월의 산란기에는 아린 맛이 나서 잘 먹지 않는다. 무기질과 비타민류가 풍부한 영양가 높은 식품이다. 신선한 것은 회가 적당하고, 전, 전골, 조림, 찌개 등에 널리 이용된다. 소금에 절인 어리굴젓이나 진석화젓을 만든다.

해조류

해초는 무기질이 풍부하면서 칼로리는 적어서 현대에는 건강식품으로 가장 주목받고 있는 식품 중의 하나이다.

- 김 : 얕은 바다의 바위에 이끼처럼 붙어 많이 나는 홍조류로 겨울철에 서남해안에서 많이 나는데, 거의 말려서 유통된다. 최근에는 기름을 바르고 조미한 군 김으로 가공된다. 마른 김은 광택이 있는 흑자색으로 빛을 향해 투시하면 파랗게 보이고 냄새가 좋은 것을 고른다. 참기름이나 들기름을 바르고 소

금을 뿌려 구운 김구이는 누구나가 좋아한다. 김무침을 하거나 구워서 떡국이나 비빔밥의 고명으로 얹는다. 김부각은 찹쌀풀을 발라 말려두었다가 기름에 튀긴다.

- 미역 : 흑갈색 또는 황갈색인 갈조류로 길이는 1~2m, 폭은 50cm쯤 되며 남해안 등에서 많이 나고, 조류가 센 곳에서 나는 것이 상품이다. 다량의 요오드, 칼슘을 함유한 알칼리성 식품으로 마른 미역은 물에 불려서 쓰고, 염장미역은 소금기를 빼서 쓴다. 미역은 국을 가장 많이 하고, 무침, 볶음, 쌈, 자반, 냉국 등의 조리에 쓰인다.
- 다시마 : 한랭수역에서 자라는 갈조류의 해초로 거제도, 흑산도, 제주도에서 많이 난다. 칼륨, 요오드, 칼슘, 비타민 A가 풍부하다. 성분 중에 감칠맛을 내는 지미 성분이 있어 국물을 내는 데 많이 쓰인다. 말린 다시마는 되도록 두껍고 광택 있고 겉에 흰가루가 고루 핀 것이 상품이다. 튀각이나 국물의 맛을 내는 재료로 이용되며 무국이나 토란국 등에 넣으면 국물이 시원하고 맛이 좋다. 기름에 튀겨서 튀각을 만들고, 찹쌀밥에 묻혀 말려 부각을 만든다.
- 파래 : 선명하고 광택이 있는 녹조류로 어린잎을 식용하며 남해안에서 난다. 단백질이 많은 편이고, 칼슘, 인, 철, 회분 등의 무기질이 풍부하다. 말린 파래도 있고 파래가 섞인 김도 있다. 날 것은 생채, 국, 전 등의 조리에 이용하고, 마른 것은 구이, 무침 등을 한다.
- 톳 : 갈조류 모자반과의 다년생 해조류로 톳나물 또는 녹미채라 하고 제주도와 서남 연해에서 많이 난다. 맛이 좋아 무침, 볶음, 냉국 등으로 이용되며, 특히 칼슘과 철분을 풍부하게 함유하고 있다.
- 청각 : 어두운 자홍색 또는 노란빛이 도는 홍색의 바닷말로, 높이는 5~15cm 정도이며, 줄기는 관상이다. 주로 김치 양념과 동치미에 넣어 싱싱한 맛을 돋우는 역할을 한다.

과실류

- 잣 : 오엽송인 잣나무의 열매로 송자(松子), 백자(柏子), 해송자(海松子)라고 한다. 향기가 좋고, 지방 함량이 높으며 무기질이 풍부한 식품으로 한방에서 자양강장제로 쓰인다. 차나 화채에 띄우거나, 떡이나 과자에 많이 쓰인다. 갈아서 쑨 잣죽은 보양식이다.
- 대추 : 붉은색은 길(吉)하고 자손 번영의 뜻이 있어 통과의례의 때에 꼭 차린다. 한방에서 강장제, 강정제, 이뇨제 등으로 많이 쓰이고, 가정에서는 인삼이나 다른 약재와 다려서 차로 마신다. 음식의 고명으로 쓰이고, 떡과 과자에 많이 이용한다.
- 밤 : 우리나라에서는 생률을 즐겨 먹는데, 외국에서는 날로 먹지 않는다. 통과의례의 음식에서는 빠지지 않고, 음식의 부재료로 많이 쓰인다. 죽이나 미음도 끓이고, 찜에도 넣고, 떡과 한과의 재료로 많이 쓰인다. 생률은 안주로 인기가 있고, 얇게 썰어 겨자채, 냉채, 김치 등에 넣는다.
- 배 : 우리 음식에 가장 많이 이용되는 과일이다. 과육이 아삭아삭한 것은 석세포 때문인데, 이 성분은 주로 탄수화물인 펜토스(pentose)로 불소화성 물질이다. 날로는 물론이고 생채, 냉채, 냉면의 웃기 등으로 쓰이고, 갈아서 고기 양념장에 넣으면 고기가 연하고 맛이 있다. 배 조각에 통후추를 박아 생강물

에 단맛을 넣어 끓여 배숙이나 향설고를 만든다. 오미자화채, 유자화채의 건지로 이용한다.

- 감 : 떫은맛은 타닌 성분에 의하므로 탈삽과정을 거쳐 떫은맛을 없애고 이용한다. 곶감은 1년 내내 두고 쓰는 과일로 명절이나 제사 때의 제물로 빠지지 않으며 수정과를 만들거나 호두를 안에 넣고 곶감쌈을 만든다.
- 모과 : 과육은 매우 시고 떫으며 단단하여 날로 먹기에는 부적당하나 향기가 훌륭하다. 소주에 넣어 모과주를 담고, 꿀이나 설탕에 재워 모과청을 만들어 차나 화채에 이용하고 과편, 정과도 만든다. 말려서 약재로 이용하는데, 기침을 멎게 하고 거담제와 주독을 푸는 데 효과가 있다고 한다.
- 유자 : 껍질이 중량의 반 정도이고, 과육은 매우 시어서 날로 먹기는 어렵다. 향기가 매우 좋고, 비타민 C의 함량이 아주 높아서 감기와 소화에 효과가 있다. 껍질은 설탕에 재워서 유자청을 만들어 차나 화채에 이용하고, 떡, 화채, 정과 등에 이용된다.
- 석류 : 석류의 꽃, 잎, 뿌리, 껍질 등은 강장제, 구충제, 천식, 설사 등에 효과가 있어 약재로 많이 쓰인다. 완숙한 과육을 열매는 신맛과 단맛이 나고, 붉은색이 고와서 식혜나 화채에 몇 알씩 띄운다.
- 살구 : 살이 약간 단단하고 주황색을 띠고 있는 것이 좋은 것이다. 살구는 날로 먹고 과육은 삶아서 과편도 만든다. 살구씨는 행인(杏仁)이라 하여 한약재로 많이 쓰이고 향이 좋아서 음료와 정과를 만든다.
- 매실 : 매화나무의 열매로 맛이 매우 시어서 날로 먹지 못하나 향기가 아주 좋다. 주로 술을 담고, 설탕에 절여서 과육은 장아찌를 만들고 청은 음료와 조미료로 쓰인다. 과실주에 적합한 매실은 미숙한 것으로 단단하고 크고 깨끗한 것이 좋다.

둘,

한국음식의 조리법

우리의 식생활은 주식과 부식의 구별이 확실하다. 주식으로는 곡물에 물을 넣고 끓여서 익힌 호화된 전분인 밥으로 하고, 부식으로는 곡물 외에 채소, 어류, 육류 등으로 찬물을 만든다. 밀이나 메밀 등 맥류를 가루로 만들어 국수나 만두를 만드는 경우도 있으나 일상의 주식은 쌀로 지은 흰밥이다.

찬물로는 채소, 육류, 어류 등을 재료로 하여 다양한 조리법을 이용하여 마련한다.

전통적으로 아침과 저녁의 식사는 반상차림으로 밥이 주식이고, 국이나 찌개와 김치를 기본으로 하며 그 외의 찬물로 채소의 나물이나 생채, 어류와 육류로 만든 구이, 조림, 전 등과 저장식품인 장아찌나 젓갈 등을 골고루 마련한다.

주식류

1) 밥(飯)

우리의 주식은 주로 쌀로 지은 흰밥이고, 보리, 조, 수수, 콩, 팥 등을 섞은 잡곡밥도 즐겨한다.

밥을 지을 때는 쌀의 종류, 분량, 건조도, 솥의 종류, 열원의 종류에 따라서 물의 분량과 시간을 달리한다. 별식으로 콩나물·버섯 등의 채소류, 어패류, 육류 등을 넣어 짓는 밥과 밥 위에 나물과 고기 등을 얹은 비벼 먹는 비빔밥이 있다.

밥짓기는 매우 특수한 조리법에 속한다. 쌀을 씻어서 물을 흡수시켜 다시 물을 부어 불에 올려 충분히 끓인다. 호화되어 밥물이 잦아들면 불을 약하게 하여 뜸을 들이는 과정을 거친다.

흰밥 짓기

① 쌀 씻기　쌀은 밥을 짓기 30분 전에 씻어 쌀알에 충분히 수분을 흡수시킨 다음 건져서 물기를 빼고 쌀과 동량의 물을 부어서 밥을 짓는다. 쌀을 씻을 때는 미리 큰 그릇에 물을 받았다가 단번에 쌀에 쏟아 부어 크게 휘저어서 바로 쏟아 버린다. 마른 쌀은 수분을 바로 흡수하므로 첫 번째 씻을 때에 서서히 씻으면 쌀겨 냄새가 나므로 재빨리 씻도록 한다.

쌀을 손바닥으로 비벼서 씻어 다시 물을 부어 뿌연 물이 없어질 때까지 3~4차례 헹군다. 지나치게 으깨어 씻으면 영양분의 손실이 많으므로 삼가도록 한다. 깨끗한 속뜨물은 영양분이 들어 있어 국이나 찌개국물로 이용하면 좋다.

② 밥물의 분량　보통 되기의 밥물의 양은 쌀의 용량, 즉 부피의 1.2배 정도가 적당하고, 중량으로는 1.5배가 적당하다. 쌀의 건조도에 따라 밥물의 분량을 조절하는데, 햅쌀의 경우는 쌀의 1.1배가 알맞고 묵은 쌀이면 1.5배가 필요하다. 쌀로 밥을 지으면 분량이 쌀의 약 2.5~2.7배가 된다.

③ 밥솥과 냄비　밥을 짓는 냄비와 솥은 재질의 두께가 두껍고 뚜껑이 꼭 맞으며 무거운 것으로, 재질은 무쇠나 돌로 만든 것이 좋다. 요즈음은 가정에서 전기밥솥이나 압력솥을 많이 이용하고 있다.

④ 연료　밥맛은 짓는 연료에 따라서도 달라진다. 예전의 재래식 부엌에 달린 가마솥에다 장작불을 때서 짓는 밥의 맛은 더없이 좋으나 요즈음은 좀처럼 맛보기가 힘들다.

⑤ 밥 짓기　가스를 연료로 4~5인분의 밥을 지을 때 화력의 세기를 조절하는 요령은 다음과 같다.

- 냄비에 쌀과 물을 한데 담아 중불에 올려서 약 10분 정도 걸려서 끓어오르도록 한다.
- 끓어 넘치지 않도록 불을 약간 줄여서 끓기를 4~5분 정도 계속한다.
- 이어서 불 세기를 줄여 중불에서 5분 끓이고, 더 약한 불에서 10분 정도 끓인다.
- 쌀알이 충분히 익었으면 마지막에 약 5초 정도 불을 세게 하여 여분의 수분을 증발시키고 불에서 내린다.
- 뚜껑을 덮은 채로 10~15분 정도 뜸을 들이고, 나무주걱으로 전체를 크게 저어 섞어서 밥통에 옮겨 담는다.

잡곡밥 짓기

- 쌀에 넣어 함께 밥을 짓는 곡식은 보리, 팥, 콩, 찹쌀, 차조, 기장, 수수, 옥수수 등이 있고, 밤, 감자, 고구마 등의 전분질 식품을 넣어서도 밥을 짓는다.
- 곡물의 종류에 따라 쌀과 함께 밥 짓는 동안에 함께 완전히 익을 수 있도록 미리 삶거나 익힐 필요가 있다. 팥은 미리 삶고, 콩은 불려서 쌀에 섞어 짓고, 조와 기장은 밥 짓는 도중에 위에 얹는다.

그 밖의 밥의 종류

- 잡곡밥 외에 쌀에 무, 송이, 콩나물, 죽순, 산나물 등의 채소를 넣거나 굴, 조개, 홍합 등의 어패류를 넣어 짓는 밥이 있다.
- 비빔밥은 밥을 지어서 위에 여러 가지 나물과 쇠고기, 묵, 달걀 등을 얹어서 그릇에 담고, 먹을 때 고루 섞어서 먹는다.
- 장국밥은 쇠고기와 내장으로 장국을 만들어서 밥을 말아 먹는 탕반으로, 주식으로 즐겨 먹는다.

2) 죽 · 미음 · 응이

우리나라는 곡물음식이 매우 발달하였는데, 특히 유동식인 죽의 종류가 매우 많다.

죽(粥)　죽은 만드는 법이나 들어가는 재료에 따라 여러 가지로 나눌 수 있다.

죽은 주재료로 쌀을 쓰는 경우가 가장 많다. 쌀알을 으깨거나 갈지 않고 통으로 쑤는 죽을 옹근죽이라 한다. 쌀알을 굵게 갈아서 쑤는 죽은 원미죽이라 하고, 완전히 곱게 갈아서 매끄럽게 쑤는 죽은 무리죽 또는 비단죽이라고 한다.

암죽이란 곡식의 마른 가루에 물을 넣어 끓인 묽은 죽으로 어린이의 이유식이나 환자나 노인의 유동식으로 많이 쓰인다. 쌀가루를 백설기로 만들어 말렸다가 물을 넣어 끓이는 떡암죽과, 쌀을 쪄서 말려 가루로 하여 쑤는 쌀암죽, 밤을 넣은 밤암죽 등이 있다.

미 음 미음은 곡물을 알맹이째 푹 무르도록 퍼질 때까지 끓여서 고운체에 밭친 것으로 쌀, 차조, 메조 등으로 쑨다.

응 이 응이는 죽보다 더욱 묽은 상태로 마실 수 있는 정도이다. 응이는 율무를 뜻하는 의이(薏苡)가 변한 말이다. 응이는 율무를 갈아서 생긴 앙금을 물에 풀어 묽게 쑨 것을 가리켰으나 지금은 녹두, 수수, 칡 등 다른 곡물의 전분으로 만든 것도 응이라고 한다.

죽의 종류 우리나라에서는 죽에는 곡물뿐 아니라 부재료로 채소, 육류, 어패류, 견과류, 종실류 등을 넣는다. 죽은 병약자의 병인식이나 어린아이의 이유식으로 적합하고 건강한 사람들도 일상의 별미식으로 좋다. 대추, 인삼, 황률, 잣, 깨 등의 한약재나 영양분이 많은 견과류를 넣어서 만들어 몸을 보해 주는 보양식으로 먹는 경우가 많다.

- 곡물류 죽 : 흰죽, 양원죽, 콩죽, 팥죽, 녹두죽, 흑임자죽, 보리죽, 조죽, 율무죽, 암죽, 들깨죽, 우유죽 등
- 견과류 죽 : 잣죽, 밤죽, 낙화생죽, 호두죽, 은행죽, 도토리죽 등
- 채소류 죽 : 아욱죽, 근대죽, 김치죽, 애호박죽, 무죽, 호박죽, 죽순죽, 콩나물죽, 버섯죽, 차조기죽, 방풍죽, 미역죽, 시래기죽, 부추죽 등
- 육류 죽 : 쇠고기죽, 장국죽, 닭죽, 양죽 등
- 어패류 죽 : 어죽, 전복죽, 옥돔죽, 북어죽, 게살죽, 낙지죽, 문어죽, 홍합죽, 대합죽, 바지락죽, 생굴죽 등
- 약이성 재료 죽 : 갈분죽, 강분죽, 복령죽, 문동죽, 산약죽, 송엽죽, 송피죽, 연자죽, 인삼대추죽, 죽엽죽, 차잎죽, 행인죽 등

죽의 조리 쌀로 밥을 지으면 부피가 약 2.7배 정도가 불어나지만 죽은 5배 이상이 된다. 보통 정도 묽기의 죽은 물의 양을 쌀의 용량, 즉 부피의 5~6배 정도가 적당하다. 예를 들어, 쌀 1컵에 물 5컵을 부어 죽을 쑤면 보통 정도 되기의 죽으로 약 5인분의 분량이 된다. 그래서 예전에 살림이 어려운 시절에는 밥 대신에 분량이 많이 나는 죽을 먹던 어려운 시절이 있었으나 지금은 오히려 특별한 별미의 죽을 별식으로 즐기게 되었다.

- 죽을 쑬 때는 주된 곡물을 미리 충분히 물에 담가서 수분을 흡수시켜야 한다.
- 죽에 넣을 물을 계량하여 처음부터 전부 넣어서 끓인다. 도중에 부족하여 물을 보충하면 죽 전체가 부드럽게 어우러지지 않는다.
- 죽을 쑤는 냄비나 솥은 두꺼운 재질의 것으로 간이 배어 있지 않은 돌이나 옹기로 된 것이 열을 부드럽게 전하므로 오래 끓이기에 적합하다.
- 죽을 쑤는 동안에는 너무 자주 젓지 않도록 하며 반드시 나무주걱으로 젓는다.
- 죽을 쑬 때 불의 세기는 중불 이하에서 서서히 오래 끓인다.
- 죽에 간을 맞출 때는 곡물이 완전히 호화되어 부드

럽게 퍼진 후에 한다. 죽의 간은 아주 약하게 하여 먹는 사람이 기호에 따라 간장, 소금, 설탕, 꿀 등으로 맞추도록 한다.

3) 국수(麵)

우리의 식생활은 일상적으로는 밥을 주식으로 하나 간단한 점심이나 한꺼번에 많은 손님을 대접할 때는 국수, 만두, 떡국, 수제비 등을 주식으로 마련한다.

국수장국은 예전에는 꿩고기를 쓰기도 하였으나 대개는 쇠고기의 양지머리나 사골 등을 삶아 쓰고, 칼국수는 닭 삶은 국물을 쓴다. 여름철 별미로는 콩국을 만들어 밀국수를 말아 먹는 콩국수도 있다.

국수의 가공방법에 따른 분류

- 절면(切麵) : 밀가루, 메밀가루 등을 물을 넣어 반죽하여 치대어 끈기를 내어 얇게 밀어서 칼로 가늘게 썬 국수이다. 반죽을 얇게 밀수록 가늘게 된다. (예 : 칼국수, 건진국수, 일본식 메밀국수, 우동 등)
- 압착면(壓搾麵) : 메밀가루와 전분을 되게 익반죽하여 치대어 끈기를 내어 국수 틀의 작은 구멍이 있는 통 속에 반죽을 넣어 압력을 가해서 눌러서 빼낸다. (예 : 냉면, 막국수)
- 납면(拉麵) 또는 타면(打麵) : 밀가루 반죽을 양손으로 들어 잡아당겨서 밀판에 치고 당기어 가늘고 길게 뽑아내는 국수이다. 이는 우리의 전통적인 국수가 아니고 중국의 국수 만드는 법이다.

국수의 조리법에 따른 분류

- 온면(溫麵) : 국수를 물에 삶아 건져서 따로 준비한 더운 장국에 마는 법과 육수나 멸치장국에 국수를 바로 넣어서 끓이는 제물국수가 있다. (예 : 국수장국, 온면, 칼국수, 면신선로, 쟁반 등)
- 냉면(冷麵) : 미리 준비한 차가운 육수와 동치미, 콩국 등에 물에 삶아 익힌 국수를 만다. (예 : 냉면, 콩국수 등)
- 비빔면 : 삶은 국수를 건져서 물기를 빼서 국물 없이 양념장과 채소, 육류 또는 생선회를 한데 넣어 무친다. (예 : 비빔국수, 비빔냉면, 회냉면, 막국수 등)

국수의 재료에 따른 분류

- 밀국수 : 밀가루를 반죽하여 얇게 밀어서 채 썰어 만든다. 경상도 지방에서는 콩가루를 섞어서 반죽한다.
- 메밀국수 : 순 메밀가루는 끈기가 없으므로 밀가루나 녹말가루를 섞어서 반죽하여 얇게 밀어 썰거나 국수 틀에 넣어 눌러 뺀다.
- 녹말국수 : 옥수수, 감자, 고구마, 마, 칡 등의 녹말로 만드나, 대개는 밀가루나 메밀가루를 섞어 익반죽을 하여 국수 틀에 넣어 눌러서 국수를 만든다. 시중의 함흥냉면은 감자녹말이나 고구마녹말로 만든다.

4) 만 두

만두는 밀가루나 메밀을 반죽하여 육류나 채소로 만든 소를 넣고 싸서 찌거나 삶아서 익힌다. 예외로 생선으로 만든 어만두와 준치만두 등이 있다. 이는 주식의 만두라기보다는 생선의 찜에 해당되는 찬품이다.

장국만두 겨울철에 더운 장국에 빚은 만두를 넣어 익힌다. 만두피는 대개 밀가루나 메밀가루로 만든다. 장국은 쇠고기나 꿩 등의 육수가 많이 쓰이고, 소의 재료로 육류, 김치, 두부 등을 넣는다.
(예 : 만둣국, 굴만두, 개성편수, 병시, 메밀만두, 꿩만두 등)

찐만두

여름철의 만두인 편수는 네모진 만두피로 사각지게 빚고, 규아상은 둥근 만두피로 해삼 모양으로 빚어서 찐다. 편수는 차가운 장국에 말기도 한다. 여름의 차가운 만두의 소는 쇠고기, 애호박, 오이, 표고버섯 등을 넣고, 김치나 두부는 넣지 않는다.
(예 : 편수 · 규아상)

기 타

굴만두는 만두피 없이 소를 둥글게 빚어서 밀가루에 묻힌 후 끓는 장국에 넣고 끓인다.

감자만두는 감자를 갈아 녹말을 섞어서 소를 넣어 빚어 찐다.

5) 떡 국

떡국은 병탕(餠湯)이라고도 하며 대개는 흰 가래떡을 납작하게 썰어서 장국에 넣어 끓인다. 예전부터 정월 초하루에는 어느 가정이나 떡국을 마련하여 조상께 차례를 지내고, 1년의 첫 식사를 하였다. 근래에는 떡국에 만두를 함께 넣은 떡만둣국도 생겼다.

개성 지방에서는 흰떡을 가늘게 만들어 대나무칼로 도토리만한 크기로 가운데가 잘룩 들어가는 누에고치 모양으로 만들며, 충청도 지방에서는 쌀가루를 반죽하여 납작하게 빚어서 끓이는 생떡국도 있다. 떡국은 멥쌀로 만든 흰떡을 납작하게 썰어 육수에 넣어 끓인다.

찬품류

1) 국 · 탕(湯)

일상 식사에서 국은 거의 빠지지 않고 매 끼마다 밥상에 오르는 기본적인 찬물이다. 국을 한자로는 탕(湯) 또는 갱(羹)이라 한다. 요즈음은 제사상에 놓는 국을 가리켜 갱이라 한다.

국의 종류는 맑은국, 토장국, 곰국, 냉국으로 크게 나눈다. 국의 재료는 육류는 물론이고, 어패류, 채소류, 해조류 등 모두 쓰인다. 특히, 육류 중에는 쇠고기의 양지머리, 사태, 우둔살 등의 살코기와 갈비, 꼬리, 사골 등의 뼈, 양 · 곱창 등의 내장류 그리고 선지도 국에 쓰인다.

맑은장국은 소금이나 청장으로 간을 맞추고, 토장국은 된장 · 고추장을 쓰며, 곰탕 · 설렁탕처럼 오래 고는 곰국은 소금이나 청장으로 간을 맞춘다. 국에는 설탕과 깨소금을 넣지 않는다. 더운 여름철에는 오이, 미역, 다시마, 우무 등으로 약간 신맛을 내는 차가운 냉국으로 만들어 산뜻하게 입맛을 돋운다. 가정에서 국의 1인 분량은 대개 1컵 반(300cc)이면 적당하다.

국의 종류

① 맑은국　맑은국은 대개 쇠고기 육수가 기본이고 건지는 적은 편이다. 국을 많이 만들 때는 덩어리 쇠고기를 오래 삶아서 육수로 하고, 적은 양을 만들 때는 고기를 잘게 썰어서 양념하여 일단 볶은 후에 물을 부어서 끓인 육수를 만든다.

육류를 쓰지 않는 맑은국으로는 콩나물과 대합, 재첩, 홍합 등 조개류로 끓인 탕이 있는데, 주재료가 지닌 맛이 충분히 우러난 담백한 맛이다.

② 토장국　　국물에 된장을 풀어서 간을 맞춘 국으로 육류가 많이 들어가지 않아도 된장의 감칠맛으로 진한 맛이 난다. 매운맛을 내려면 고추장 또는 고춧가루가 쓰인다. 고추장을 많이 넣으면 텁텁하고 시큼한 맛이 나므로 고춧가루를 섞는 편이 맛이 개운하다.

③ 곰국　　쇠고기의 질긴 부위나 뼈 등을 오래 고아서 재료의 맛을 충분히 우려낸 국이다. 곰국류는 간을 소금이나 청장으로 미리 하는 경우도 있으나 설렁탕이나 영계백숙처럼 먹을 때 소금을 따로 상에 내어 먹는 사람이 맞추는 경우가 많다.

④ 냉국　　더운 여름철에는 오이, 미역, 다시마 등으로 약간 신맛을 내는 차가운 냉국을 만들어 산뜻하게 입맛을 돋운다. 닭국물로 깨를 갈아서 만드는 임자수탕은 여름철의 냉국으로 영양이 풍부하다.

쇠고기 육수 만들기

① 부위　　맑은 육수에는 양지머리, 사태육, 업진육 등 질긴 부위의 쇠고기가 적당하다. 소의 사골, 도가니, 잡뼈 등을 섞어서 끓이면 맛이 더 진해지나 육수가 탁해진다.

쇠머리나 쇠꼬리, 갈비 등은 뼈와 고기가 한데 있어서 육수를 끓이면 아주 맛이 진하고 좋다. 내장류는 특유의 냄새가 나므로 곰국 이외에는 육류와 함께 넣지 않는 것이 좋다.

육수를 내려면 우선 고기 덩어리는 찬물에 깨끗이 씻고, 뼈가 붙은 것은 찬물에 담가 핏물을 빼서 건진다. 소의 양을 육수에 함께 넣을 때는 반드시 끓는 물에 살짝 삶아서 건져내서 검은 막을 긁어내고 쓰도록 한다.

② 조리기구　　육류에 물을 부어 오랜 시간 가열하여 고기의 성분을 우려내어서 장국으로 쓴다. 육수는 장시간 끓이므로 수분의 증발을 되도록 적게 하여야 한다. 육수를 끓일 때는 두께가 두꺼운 냄비로 냄비의 둘레보다 높이가 있는 깊숙한 것이 증발량이 적고 온도를 일정하게 유지하기에 알맞다.

③ 가열할 때 화력의 세기와 시간　　많은 양의 육수를 만들 때는 미리 솥이나 냄비에 물을 펄펄 끓이다가 고기를 덩어리째 씻어서 넣는다. 고기를 넣은 후에 다시 끓어오를 때까지는 센 불이 적당하다.

일단 끓어오르기 시작하면 작은 용솟음이 서너 군데 있을 정도로 불의 세기를 작게 조절하여 서서히 끓인다. 지나치게 불이 세면 부글부글 끓어 위아래가 마구 뒤섞여 육수가 흐려지고, 너무 불이 약하면 고기의 성분이 충분히 우러나오지 않는다.

육수는 뚜껑을 닫지 않고 끓여야 국물이 탁하지 않다. 곰탕이나 설렁탕 전문점에서는 은근하게 하루 종일 고아서 다음 날에 쓰는 경우가 많다. 가정에서도 곰탕을 끓일 때는 적어도 3시간 이상 끓여야 고기 성분이 충분히 우러나와 맛있는 육수를 얻을 수 있다.

처음에는 센 불에 올려놓고 끓어오르면 불을 약하게 하여 오랫동안 푹 고아야 맛이 좋다. 육수를 끓이는 도중에 파잎과 마늘을 통째로 넣어서 함께 끓이면 고기의 나쁜 냄새를 없애주고 육수를 맛있게 한다. 끓는 도중에 떠오르는 거품, 기름 등은 자주 걷어내야 맑고 깔끔한 맛의 육수가 된다.

④ 편육　　삶은 고기를 편육으로 쓰려면 고기가 충분히 무른 다음에 육수에 소금을 넣어 잠시 더 끓여서

밑간이 약간 들도록 한 다음에 건져 젖은 행주에 싸서 편편한 도마를 얹어 무거운 것으로 눌러서 식혀 모양이 다듬어진 다음에 얇게 썬다.

⑤ 작은 양의 육수 만들기 장국을 소량 만들 때는 쇠고기를 잘게 썰어서 다진 마늘, 참기름, 후춧가루로 양념하여 냄비를 달구어 잠시 볶아서 고기가 익어 색이 변하면 물을 붓고 끓인다. 끓는 도중에 위로 떠오르는 기름과 찌꺼기 거품은 말끔하게 걷어낸다. 고기는 따로 건져내지 않고 그대로 두고 국이나 떡국을 끓인다.

2) 찌개 · 감정 · 조치

찌개는 조미의 재료에 따라 된장찌개, 고추장찌개, 맑은찌개로 나눈다.

찌개는 비슷한 말에 조치, 감정, 지짐이 등이 있는데, 모두 건지가 국보다는 많고 간은 센 편으로 밥에 따르는 찬품이다. 조치는 궁중에서 찌개를 일컫는 말이고, 감정은 고추장으로 조미한 찌개이며, 지짐이는 국물이 찌개보다 적은 편이나 뚜렷한 특징은 없다. 기름에 부친 것도 지짐이라 하기도 한다.

된장찌개 된장을 토장이라고도 하는데, 찌개에 쓰이는 장류는 된장 외에 막장, 청국장, 고추장, 담북장 등이 있다. 된장찌개는 된장의 종류에 따라 맛이 다르다. 건지는 두부, 풋고추, 호박, 쇠고기 등을 주로 많이 넣는다. 된장찌개는 뚝배기나 두꺼운 냄비에 담아 뭉근한 불에서 서서히 오래 끓여야 맛이 있다. 충청도 지방에서는 겨울철에 청국장찌개를 즐겨 먹는다.

고추장찌개 생선이나 조개류의 찌개는 대개 고추장이나 된장에 고춧가루를 합하여 매운맛을 낸다. 매운맛의 찌개를 요즈음은 그냥 매운탕이라 부르므로 매운맛을 낸 국과 혼동을 하게 되었다.

맑은찌개 맑은찌개는 주재료로 두부, 호박, 무, 조개류 등을 넣어 소금이나 새우젓으로 간을 맞춘 담백한 맛의 찌개로 중부 지역에서 즐기는 음식이다.

기 타 그 밖에 연한 순두부의 매운 찌개와 달걀을 소금이나 새우젓으로 간을 한 알찌개가 있다. 겨울철에는 불린 콩을 간 비지와 돼지고기나 돼지갈비를 함께 넣어 끓인 콩비지찌개가 있는데, 맛이 구수하다.

3) 전 골

전골이란 육류와 채소를 밑간을 하여 그릇에 담아 준비하여 상 옆에서 화로 위에 전골 틀을 올려놓고 즉석에서 만들어 먹는 음식이다. 주방에서 간을 맞추어 볶아서 접시나 쟁첩에 담아 상에 올리면 볶음이라고 한다.

전골냄비 중에 쇠로 만든 벙거짓골은 전립(戰笠)을 뒤집어 놓은 것처럼 생겼고, 돌로 만든 전골 틀은 굽이 낮고 평평하다. 벙거짓골은 가운데에 국물이 고이도록 우묵하게 패여 있어 국물을 끓일 수 있고, 가장자리 넓은 전에는 여러 가지 재료를 얹어 볶으면서 먹을 수 있다. 요즈음 식당에서 파는 전골은 여러 가지 재료에 국물을 넉넉히 부어서 즉석에서 끓이는 음식을 모두 전골이라 하여 혼동하여 쓰이고 있다.

4) 신선로

신선로는 가운데에 화통이 붙어 있는 냄비를 이르는 말

로, 그 안에 담는 음식은 열구자탕(悅口子湯) 또는 구자(口子)라고 한다. 조선왕조의 궁중 연회기록에는 열구자탕, 탕신선로, 면신선로 등이 나온다. 원래는 국물을 많이 하여 식탁에서 계속 더운 국물을 먹을 수 있게 마련한 탕에 속하는 음식이다. 그러나 건지가 많고 호화로우므로 냄비 전골과 같은 용도로 쓰인다.

5) 찜(蒸)

우리나라의 찜은 재료를 국물에서 익히는 법과 증기로 익히는 두 가지가 있다. 육류찜은 재료를 큼직하게 토막을 내어 간을 하여서 뭉근한 불에 오래 끓여서 재료를 무르게 익히는데, 갈비찜, 사태찜, 쇠꼬리찜, 닭찜 등이 있다.

그리고 도미, 조기, 대하, 대합 등 어패류는 찜통에 담아 증기로 쪄서 익힌다. 어패류는 조직이 연하므로 간을 세지 않게 하고 오래 가열하지 않도록 한다.

6) 선(膳)

선이란 특별한 조리의 의미는 없고 좋은 음식을 나타내는 말이다. 선의 조리법은 끓이는 법과 찌는 법이 있다. 호박, 오이, 가지, 배추 등의 식물성 재료에 다진 쇠고기 등의 부재료를 소로 채워서 장국을 부어 잠깐 끓이거나 찜통에 쪄낸다.

조선시대의 옛 음식책에는 소도 채우지 않고 수증기로 찌지 않아도 선이라는 것이 나온다. 동아, 황과, 고추, 두부 등의 식물성 식품과 생선, 소의 양, 청어 등의 동물성 식품으로 선을 만들었다.

어선은 생선살을 넓게 저며 소를 채워 말아서 찜통에 쪄내고, 두부선은 닭고기, 버섯 등을 섞어서 반대기를 지어서 찜통에 쪄내어 초장이나 겨자장에 찍어 먹는다. 오이선은 소를 채워서 장국에 끓이는 법과 볶아서 단초에 재워서 새콤달콤하게 만드는 법이 있다.

7) 생 채

생채(生菜)는 계절마다 새로 나오는 싱싱한 채소들을 익히지 않고, 초장, 초고추장, 겨자장으로 무친다. 대개 설탕과 식초를 사용하여 달고 새큼하고 산뜻한 맛을 내는데, 겨자채나 냉채도 이에 속한다. 생채의 재료는 무, 배추, 상추, 오이, 미나리, 더덕, 산나물 등 날로 먹을 수 있는 채소들이다. 해파리나 미역, 파래, 톳 등의 해초류나, 오징어, 조개, 새우 등을 데쳐서 한데 넣어 부치기도 한다.

8) 나 물

나물의 어원은 나무새로 채소를 뜻한다. 생채와 숙채(熟菜)를 합하여 부르기도 하나 나물이라 하면 대개는 숙채를 말한다. 그 밖에 채소음식 중에는 구절판, 잡채, 탕평채, 죽순채, 겨자채 등이 있다. 조리법으로 나누면 익은 것을 무치거나 볶았으니 숙채에 해당한다.

거의 모든 채소가 나물에 쓰이는데, 날로 먹을 수 없는 채소들로 시금치, 햇취 등은 소금물에 파랗게 데쳐내어 무치고, 오이, 호박, 무 등은 절였다가 볶아서 익힌다. 고사리, 고비, 도라지는 삶아서 양념하여 볶고, 말린 취, 고춧잎, 시래기 등은 불렸다가 삶아서 볶는다. 봄철에 나는 냉이, 소루쟁이, 원추리 등의 햇나물은 끓는 물에 데쳐서 초고추장으로 신맛이 나게 무치기도 한다.

나물의 조미는 참기름과 깨소금을 비교적 넉넉히 넣고 무쳐야 부드럽고 맛이 있다. 나물을 무칠 때는 젓가락으로 무치면 간이 고루 배지 않으므로 손을 깨끗이 씻고 양념이 고루 배도록 살살 무친다. 나물은 무쳐서 오래 두면 물기가 빠져서 맛이 없으므로 먹기 직전에 무치는 것이 좋다. 볶는 나물은 일반 식용유로 볶다가 마지막에 참기름을 넣는 것이 효과적이다.

> **묵 음식**
>
> 묵은 전분질을 풀처럼 쑤어 그릇에 부어서 응고시킨 것으로, 청포묵, 메밀묵, 도토리묵 등이 있다. 묵은 양념 간장으로 채소와 함께 무치며, 메밀묵은 겨울철에 배추김치를 넣어 무치기도 한다. 청포묵을 채소와 함께 초장으로 무친 것을 탕평채라고 한다.

9) 전유어 · 지짐

육류, 어패류, 채소류 등을 기름에 지지는 조리법으로 전유아, 전냐, 전야, 전 등으로 불리며, 제사 때는 간남(肝南) 또는 간납, 갈랍이라 한다. 전유어는 반상은 물론 면상, 주안상, 교자상 등에 고루 놓인다.

대부분의 전은 재료를 얇게 썰어서 소금과 후춧가루로 간을 한 다음에 밀가루와 달걀 푼 것을 입혀서 번철에 지진다. 때로는 메밀가루를 묻히거나 밀가루즙을 씌워서 지진다.

지짐은 빈대떡이나 파전처럼 재료들을 밀가루 푼 것에 섞어서 기름에 지진 음식이다. 녹두빈대떡은 평안도, 파전은 경상도 동래가 유명하다.

전유어 부칠 때 유의사항

- 재료들은 신선한 것으로 밑손질을 하여 일정한 두께로 얇게 썰거나 생선살은 포로 저며서 준비한다.
- 준비한 재료에 소금 · 후춧가루로 밑간을 한다.
- 밑간을 한 재료를 밀가루를 얇게 묻힌 후에 달걀 푼 것에 차례로 담갔다가 달군 번철에 기름을 두르고 지진다.
- 재료에 밀가루와 달걀을 묻힐 때는 한꺼번에 미리 묻혀놓지 않도록 한다. 밀가루를 묻혀서 겹쳐놓으면 수분이 나와 밀가루가 한편에 몰려서 붙는다.
- 전유어를 부칠 때는 달구어진 번철에 기름을 고루 두르고 중불보다 약하게 하여 양면을 고루 지진다.
- 지져낸 전유어는 채반에 꺼내어 한김 식힌 후에 접시에 담는다. 더운 전을 겹쳐 담으면 달걀옷이 쉽게 벗겨진다. 전은 대개 한 가지만 하지 않고 세 가지 이상을 만들어 어울려서 한 그릇에 담는다.

전유어의 종류

① 육류전　　전에 쓰이는 육류는 쇠고기를 비롯하여 처녑, 간, 양, 부아 등 내장육도 고루 이용한다. 쇠고기는 얇게 떠서 그대로 육전을 부치기도 하고 곱게 다져서 두부와 합하여 동글납작한 완자로 빚어서 지지기도 한다. 처녑, 간, 양, 부아는 깨끗이 손질하여 각기 특성에 맞게 처리하여 지진다.

② 어패류전　　흰살생선 중 민어, 광어, 대구, 동태 등을 쓴다. 새우, 패주는 잘 손질하여 잔칼집을 넣고, 굴은 소금물에 씻어 건져서 물기를 없이 하여 밀가루, 달걀의 순으로 옷을 입혀서 지진다. 해삼전은 불린 해삼에 고기 양념한 것을 채워서 지진다.

③ 채소류전　　애호박이나 연근은 둥글고 얇게 썰며, 풋고추, 표고버섯은 소를 채워 넣어 부친다.

④ 지짐·부침 그 밖에 기름에 지지거나 부치는 음식으로 녹두빈대떡, 파전, 부추전, 달래전 등이 있다.

녹두빈대떡은 녹두를 불려서 곱게 갈아서 고기, 김치, 나물 등을 넣어 둥글게 부치는데, 녹두전, 녹두부침, 녹두지짐 등으로 부른다. 파전은 실파, 미나리와 해물을 묽은 가루반죽에 섞어서 지져낸다. 밀적은 달래, 파, 미나리 등을 짧게 잘라 묽은 밀가루 반죽에 섞어 얇게 지진다.

10) 구 이

인류가 생식을 하다가 처음 생긴 가열조리법으로 꼬치에 꿰어 직화로 굽거나 달군 돌에서 구이를 하였다. 우리 조상들은 상고시대로부터 맥적(貊炙)이라는 고기구이를 잘하여 이름이 나 있었다. 이는 미리 고기를 장과 마늘 등에 재웠다 굽는 음식으로 불고기의 원조 음식인 셈이다.

구이에는 재료를 꼬치에 꿰거나 석쇠에 얹어서 직접 불길을 쬐여서 굽는 직접 구이와 번철을 달구어서 굽는 간접 구이, 밀폐된 용기 안에 넣어 덥혀진 공기로 굽는 건열 구이, 즉 오븐 구이 등이 있다.

구이의 양념은 소금구이, 간장양념구이, 고추장양념구이의 세 가지로 나눌 수 있다.

육류 구이 소, 돼지, 닭 등의 고기는 물론 갈비, 내장류 등을 구이로 한다. 신선하고 연한 부위 고기는 소금구이를 하고, 간장 양념장이나 고추장 양념장 등에 재웠다가 굽는다. 내장류 구이에는 양념장에 파, 마늘, 생강 등의 향신료를 넉넉히 넣거나 고춧가루나 고추장을 넣으면 특유의 냄새를 덜 느낀다.

어류 구이 신선한 어패류는 소금만 뿌려서 직화로 굽는 것이 본래의 맛을 가장 잘 살릴 수 있다. 소금 간을 할 때는 잠시 두어서 간이 고루 배고 살이 단단해진 다음에 구우면 덜 부서진다. 간장 양념장이나 고추장 양념을 발라서 구울 때는 1차로 그냥 구워 익힌 후에 2차로 양념장을 발라서 굽도록 한다. 가자미나 서대 등 납작한 생선은 말렸다가 굽기도 하고, 굴비처럼 간을 하여 말리면 저장성도 좋아지고 굽기에 쉽다.

김구이 마른 김에 참기름이나 들기름을 바르고 소금을 약간 뿌려서 석쇠에 얹어 굽는데, 타지 않도록 불의 세기를 잘 조절하여야 한다. 근년에는 시판품의 구이김이 다양하게 나오므로 이를 많이 이용하게 되었다.

더덕구이 더덕은 유장을 발라 먼저 굽고 나서 다시 양념 고추장을 발라서 굽는다.

11) 적

적(炙)은 육류와 채소, 버섯 등을 양념하여 꼬치에 꿰어 구운 것으로 산적, 누름적, 지짐누름적 세 가지로 나눌 수 있다.

누르미란 1700년대까지의 조선시대 조리서에는 재료를 찌거나 구워서 익힌 다음에 밀가루 등으로 즙을 만들어 걸쭉하게 끼얹는다고 하였다. 오늘날 중국요리의 탕수육과 같은 유채(溜菜) 조리법에 해당한다. 1700년 이후 이러한 누르미법은 없어지고, 누르미, 누름적 등이 지금처럼 옷을 입혀서 지지는 조리법으로 바뀌었다.

산 적 육류나 생선, 채소 등을 길게 썰어서 양념하여 꼬치에 번갈아 꿰어서 직화나 번철에 굽는다. 굳은 떡이나 당근 등 익히기 어려운 재료는 미리 살짝 익혀서 다른 재료와 섞어 꼬치에 낀다. 산적 꼬치는 재료의 끝을 맞추어 가지런히 꿰는 것이 뒤집을 때 편리하다.

누름적 누름적은 화양적처럼 각각의 재료를 조미하여 익힌 후에 꼬치에 꿴 것인데, 꼬치는 재료의 가운데 부분을 꿴다.

지짐누름적 지짐누름적은 날재료를 양념하여 꼬치에 꿰어서 전처럼 옷을 입혀서 지지는 것으로 김치적이나 두릅적이 있다. 그릇에 담을 때는 꼬치를 빼고 먹기 쉽게 두세 조각으로 썰어서 가지런히 담는다.

약산적 · 장산적 꼬치에 꿰지 않으나 다진 쇠고기를 두부와 합하여 얇게 반대기를 한 장으로 만들어서 굽는 약산적과 이를 간장을 넣어 조린 장산적이 있다.

12) 회

회(膾)는 육류, 어패류, 채소류를 날로 또는 익혀서 초간장, 초고추장, 겨자집, 소금 기름 등에 찍어 먹는 음식이다. 회는 대개 불을 쓰지 않으며 날로 먹으므로 재료가 우선 신선해야 하고 정갈하게 다루어야 한다.

날로 먹는 생회에는 쇠고기의 연한 살코기 육회와 간, 처녑, 양 등의 내장류의 갑회가 있다. 민어, 광어 등의 신선한 생선과 굴, 해삼 등의 신선한 어패류는 생회의 재료로 가장 많이 쓰인다.

숙회에는 어패류와 파, 미나리, 두릅 등 채소가 이용된다. 어채는 흰살생선을 저며서 녹말을 묻혀서 끓는 물에 살짝 익혀낸 것이고, 오징어, 문어, 낙지, 새우 등도 숙회로 많이 한다. 채소의 숙회로 미나리, 실파, 두릅 등이 쓰인다.

13) 조림 · 조리개 · 초(炒)

조림은 조리개라고도 하며, 주로 반상에 오르는 찬품으로 육류, 어패류, 채소류로 만든다. 오래 두고 먹을 것은 간을 약간 세게 하는데, 쇠고기장조림이 이에 속한다.

맛이 담백한 흰살생선은 간장으로 조리고, 붉은살 생선이나 비린내가 많이 나는 생선류는 고춧가루나 고추장을 넣어 조린다.

초(炒)는 원래 볶는다는 뜻이 있으나 우리 음식에서는 간은 세지 않게 조리다가 나중에 녹말을 풀어 넣어 국물이 엉기게 한 음식이다. 홍합초와 전복초 등이 있다.

14) 편육 · 족편 · 순대

편 육 편육(片肉)은 삶은 고기를 얇은 조각으로 썬 모양에서 붙여진 이름으로 숙육(熟肉) 또는 수육(水肉)이라고 한다. 편육은 우리나라에서 특히 발달하고 즐겨 먹는 음식이다.

쇠고기나 돼지고기의 덩어리를 통째로 삶아 익혀 베보자기에 싸서 무거운 것으로 누른 다음 얇게 썬 것으로 양념장이나 새우젓국을 찍어 먹는다.

편육에 적당한 쇠고기 부위는 양지머리, 사태, 업진, 우설, 우랑, 우신, 유통, 쇠머리 등이다.

가정에서 잔치나 여러 가지 음식을 한꺼번에 만들 때

는 양지머리나 사태를 덩어리째 삶아 국물은 육수로 쓰고 고기 건더기는 편육으로 쓴다. 편육을 하려면 고기가 충분히 무르고 익은 후에 국물에 소금 간을 하여 잠시 더 끓여서 고기에 밑간이 들게하면 맛이 더 좋다.

돼지고기는 삼겹살, 어깨살, 머리 부위가 적당하다. 특히, 새우젓과 함께 배추김치에 싸서 먹으면 맛이 잘 어울린다. 최근에는 이를 보쌈이라 하여 전문적으로 파는 음식점도 생겼다.

족 편 족편(足片)은 육류의 질긴 부위인 쇠족과 사태, 힘줄, 껍질 등을 물을 부어 오래 끓여서 젤라틴 성분이 녹아서 죽처럼 되는데, 이것을 네모진 그릇에 부어서 굳힌 다음 얇게 썰어서 양념 간장에 찍어 먹는다. 고기의 순수하고 진한 맛을 느낄 수 있는 주안상 음식으로 요즈음은 거의 만들지 않게 되었다.

조선시대 궁중에서는 전약(煎藥)이라 하여 쇠족에 정향, 생강, 후춧가루, 계핏가루 등의 한약재를 한데 넣어 고아서 굳힌 족편과 비슷한 음식으로 보양식으로 쓰였다.

순 대 돼지 창자에 찹쌀밥과 숙주, 두부 등과 선지를 버무려서 소로 채워 삶은 음식으로 삶은 당면을 넣기도 한다. 원래는 평안도와 함경도 지방의 향토 음식인데, 요즈음은 전문 식당과 식품회사가 많다.

함경도에는 동태의 배 속에 소를 채운 동태순대가 있고, 강원도에는 오징어의 몸통에 소를 채운 오징어순대가 있다.

15) 쌈

김, 상추, 배춧잎, 취, 호박잎, 깻잎, 생미역, 다시마 등으로 밥을 싸서 먹는 것을 쌈이라 한다. 우리나라 사람들은 밥을 다른 재료로 싸서 먹는 법을 즐겨하는 특이한 식성이다. 잎이 넓은 재료와 쌈장만 있으면 쌈을 즐긴다. 최근에는 불고기, 갈비구이, 생선회를 먹을 때도 상추나 깻잎에 싸서 먹는 풍조가 널리 퍼졌다.

정월 대보름에는 김이나 넓은 취나물에 밥을 싸서 먹는데, 이를 복쌈[福裹]이라 하였다.

16) 부각 · 튀각 · 자반

부각은 감자, 풋고추, 깻잎, 깨송이, 참죽나무잎, 콩잎, 동백잎 등의 채소와 김, 다시마 등의 해초를 말려두는 저장식품으로 필요할 때 튀겨서 찬이나 술 안주로 한다.

감자부각은 얇게 썰어 끓는 물에 데쳐서 그대로 말리고, 풋고추는 밀가루를 묻혀서 쪄내어 말리며, 김이나 깻잎, 깨송이 등은 찹쌀풀을 발라서 말린다. 참죽나무순은 고추장을 넣은 찹쌀풀을 발라서 말린다.

튀각은 다시마를 기름에 튀겨낸 것이고, 매듭자반은 다시마튀각을 작은 매듭을 지어서 튀긴 것이다.

자반은 원래 한자로는 좌반(佐飯)이라 하고, 특정한 조리법을 가리키는 것이 아니고 밥의 찬이 되는 마른 찬, 부각, 절인 생선, 짭짤한 밑반찬 등을 두루 이르는 말이었다.

요즈음은 생선을 고등어자반, 준치자반처럼 절인 생선을 이르는 경우가 많다.

17) 장아찌

장아찌는 한자로 장과(醬瓜)라 한다. 제철에 흔한 채소로 마늘, 마늘종, 깻잎, 무, 오이, 더덕 등을 간장, 고추장, 된장 등에 넣어 장기간 저장한다. 장에 넣기 전에

장아찌 담글 때 유의사항

- 장아찌를 박을 장은 보통 때 쓰는 것과는 따로 장아찌 전용으로 작은 항아리에 덜어서 쓴다. 된장이나 고추장의 큰 항아리에 장아찌의 재료를 넣으면 재료의 수분과 맛이 배어 나와서 장맛이 변하여 일반 조미용으로 쓰기가 적합하지 않다.
- 장아찌의 재료는 날것보다 일단 절이거나 말려서 수분의 함량을 줄여 넣어야 장기간 보존이 가능하다.
- 고추장이나 된장에 깻잎이나 고추 등의 크기가 작은 재료를 박을 때는 거즈나 베주머니에 넣어서 박아둔다. 꺼낼 때 장 속에서 찾아내기가 쉽고 재료에 장이 많이 묻지 않아서 손실이 적으며, 썰거나 무칠 때 깔끔해서 다루기가 쉽다.

미리 채소를 절이거나 말려 수분을 뺀 후 넣어야 무르거나 맛이 변하지 않는다. 그리고 장류에 박았던 장아찌류는 먹기 직전에 참기름, 설탕, 깨소금 등으로 무쳐서 낸다.

지방에 따라서 더덕, 도라지, 산초, 감, 두부, 굴비 등의 재료로 별미인 장아찌를 만든다. 특히, 남쪽 지방과 절에서 많이 만든다.

장에 오래 박아두는 것이 아니고 절이거나 볶아서 만든 장아찌를 갑자기 만든다는 뜻으로 갑장과 또는 익혀 만들어서 숙장과라고 한다. 오이, 무, 배추, 열무 등의 채소를 절여서 물기를 적게 하여 볶거나 간장물에 조려서 만든 찬물로 간이 센 편이어서 얼마간 보관하면서 먹을 수 있다.

18) 포

포(脯)는 쇠고기나 생선의 살을 넓게 포로 떠서 간을 하여 말리는 저장식품이다.

육포는 소의 우둔살이나 홍두깨살을 결대로 얇게 떠서, 간장, 설탕, 후춧가루 등으로 조미하여 채반에 널어 말린다. 대추편포와 칠보편포는 살코기를 곱게 다져서 조미하여 대추 또는 동글납작한 완자에 잣을 박아서 말려서 술안주로 쓰인다. 예전에는 노루고기나 생치로도 포를 만들었으나 지금은 귀하다. 혼례 때는 신부집에서 보내는 폐백음식으로 육포와 대추를 쓴다.

어포는 대개 흰살의 민어나 숭어 등을 얇게 포를 떠서 소금으로 간을 하여 말린다. 민어나 대구는 등 쪽을 갈라서 펴서 소금으로 절여서 말린다. 민어포는 암치라고 하며, 마른 찬을 만들기도 하고 찌개, 지짐이도 끓인다. 명태는 추운 겨울에 얼리면서 말리고, 오징어는 몸통을 갈라서 말리며 문어와 새우 등도 말린다. 어란은 숭어나 민어알을 말린 것이다.

잔치상이나 제사상에 육포나 어포를 높이 고이고, 위에 말린 문어나 전복으로 꽃이나 봉황 등을 오려서 장식한 것을 절육(截肉)이라 한다.

19) 김 치

무, 배추 및 오이 등을 소금에 절여서 고추, 마늘, 파, 생강, 젓갈 등의 양념을 버무린 후 젖산 생성에 의해 숙성되어 저온에서 발효된 제품으로, 우리의 식탁에서 빼놓을 수 없는 반찬이다. 한자로 지(漬) 또는 침채(沈菜)라 한다. 김치는 채소를 오래 저장하기 위한 수단이 될 뿐 아니라, 이는 저장 중 여러 가지 미생물의 번식으로 유기산과 방향이 만들어져 훌륭한 발효식품이 된다.

20) 젓 갈

한국은 삼면이 바다에 면하고 있어 각종 어패류로 담은 젓갈이 발달하였고, 중요한 반찬이 되어 왔다. 젓갈은 신선한 어패류를 소금에 절여서 장기간 숙성시키는 동안 감칠맛과 특유의 향이 좋아진다. 새우젓, 멸치젓, 조기젓 등은 주로 김치 담글 때 쓰이고, 조개젓, 소라젓, 밴댕이젓, 꼴뚜기젓, 명란젓, 어리굴젓, 창란젓 등으로 주로 반찬으로 쓰인다.

후식류

1) 떡

떡은 크게 시루에 찌는 증병(甑餠), 쪄서 치는 도병(搗餠), 가루를 반죽하여 기름에 지지는 전병(煎餠), 빚는 떡으로 나눌 수 있고, 이외 술을 넣은 증편과 약식이 있다.

떡가루의 종류에 따라 메떡, 찰떡, 수수떡, 좁쌀떡으로 나누고, 떡가루에 섞는 재료에 따라 쑥떡, 승검초편, 무떡, 느티떡, 상추떡으로 나누기도 하며, 고물에 따라 붉은팥떡, 녹두떡, 거피팥떡 등으로 나누기도 한다.

시루편(甑餠) 곡물을 가루로 하여 시루에 안치고 솥 위에 얹어 증기로 쪄내는 가장 기본이 되는 떡으로 설기떡과 켜떡이 있다.

설기떡은 쌀가루에 물을 내려 켜를 만들지 않고 한 덩어리가 되게 찐 떡인데, 무리떡이라고도 한다. 설기떡에는 쌀가루만으로 만든 흰색의 백설기와 쌀가루에 콩, 감, 밤, 쑥 등을 섞은 콩설기, 쑥설기, 감설기, 밤설기, 잡과병 등이 있다.

켜떡은 쌀이나 찹쌀을 빻아서 가루로 하고, 고물은 팥, 녹두, 깨로 하여 켜켜로 찐다. 떡가루에 꿀, 석이버섯가루, 승검초가루 등을 섞어서 만들기도 한다. 지금도 많이 볼 수 있는 고사 때 쓰는 붉은팥시루편은 가장 대표적인 켜떡이다. 켜떡은 한 시루에 찹쌀가루와 멥쌀가루의 켜를 번갈아 찌는데, 찹쌀가루만 찌면 차져서 김이 위에까지 잘 오르지 않아 고루 익지 않는다. 고물 대신에 밤채, 대추채, 석이채, 잣 등의 고명을 얹어서 찌는 각색편도 이에 해당한다. 시루편에는 거피팥시루편, 녹두시루편, 깨시루편, 상추떡, 물호박떡, 두텁떡 등 많은 종류가 있다.

각 절기마다 제철에 나는 산물들을 떡가루에 섞어서 계절의 미각을 맛보게 하는 별미떡이 많다. 봄에는 쑥떡, 느티떡, 여름에는 수리치떡, 상추떡, 가을에는 물호박떡, 무떡을 만들고, 겨울에는 호박고지떡과 대추, 밤, 곶감 등을 쌀가루에 섞어서 잡과병을 만든다.

치는 떡(搗餠) 찹쌀은 그대로 찌고, 쌀은 가루로 하여 물을 주어서 쪄내어 더울 때 절구나 안반에 쳐서 끈기가 나게 한 떡으로 인절미, 흰떡, 절편, 개피떡 등이 있다.

- 인절미 : 찹쌀을 불려서 시루나 찜통에 쪄서 바로 절구나 안반에 오래 친다. 이것을 적당한 크기로 썰어서 콩고물이나 거피 팥고물을 묻힌다. 떡을 칠 때에 데친 쑥을 넣으면 쑥인절미가 된다.
- 흰떡 · 절편 · 개피떡 : 멥쌀가루에 물을 내려서 시루에 쪄서 절구나 안반에서 오래 쳐서 길게 만든 것이 가래떡이고, 떡살로 문양을 내어 썬 것이 절편이다. 개피떡은 친 떡을 얇게 밀어서 소를 넣고 접어서 종지 같은 작은 그릇으로 반달 모양으로 찍어낸 떡이다.

지지는 떡(煎餠)

찹쌀이나 찰곡식의 가루를 익반죽하여 모양을 빚어 기름에 지지는데, 화전, 주악, 부꾸미가 있다.

- 화전 : 찹쌀가루를 더운물로 익반죽하여 잘 치대어 동글납작하게 빚은 다음 번철에 기름을 두르고 지져 내는 웃기떡이다. 지질 때에 철에 따라 꽃이나 국화 잎을 얹는다. 봄철에는 진달래꽃, 여름에는 장미꽃, 가을에는 감국을 얹어 계절의 정취를 즐기는 떡이다.
- 주악 : 찹쌀가루를 익반죽하여 깨나 대추를 꿀로 반죽한 소를 넣고 송편 모양으로 작게 빚어 기름에 튀겨내어 꿀에 재우는 웃기떡이다.
- 부꾸미 : 찹쌀가루나 차수숫가루를 익반죽하여 납작하게 빚어서 번철에 기름을 두르고 지지다가 소를 넣어 반을 접어 붙여서 모양을 낸다.

빚는 떡

- 경단 : 찹쌀가루를 익반죽하여 동그랗게 빚어서 끓는 물에 삶아내어 콩고물이나 깨고물 등을 묻힌다.
- 송편 : 멥쌀가루를 익반죽하여 콩, 깨, 밤 등을 소로 넣고 조개처럼 빚어서 시루에 솔잎을 켜켜로 깔고 쪄내어 참기름을 바른다. 추석 때 만드는 떡으로 흰 송편 외에 쑥이나 송기를 섞어 만든다.
- 단자 : 찹쌀가루를 물을 내려서 찌거나, 익반죽하여 반대기를 만들어 끓는 물에 삶아내어 꽈리가 일도록 쳐서 적당한 크기로 빚거나 썰어서 고물을 묻힌다. 가루에 섞는 재료에 따라 석이단자, 밤단자, 대추단자, 쑥구리단자, 유자단자 등이 있다.

그 밖의 떡

- 약식(藥飯) : 찹쌀을 불려서 쪄내어 참기름, 간장, 설탕, 계핏가루 등을 넣어 버무려서 밤, 대추, 잣을 섞어서 다시 쪄낸다.
- 증편(蒸片) : 쌀가루에 술을 넣어 반죽하여 발효시켜 쪄서 만든 떡으로 기주떡 또는 증병(蒸餠), 술떡이라고 한다.

2) 한 과

한과는 쌀이나 밀 등의 곡물가루에 꿀, 엿, 설탕 등을 넣고 반죽하여 기름에 튀기거가 과일, 열매, 식물의 뿌리 등을 꿀로 조리거나 버무려서 굳혀서 만든 과자이다. 다른 말로 천연물에 맛을 더하여서 만들었다는 뜻에서 조과라고도 한다.

강 정

유과(油果) 또는 지방에 따라 산자, 과즐이라고도 한다. 찹쌀가루를 반죽하여 익힌 것을 말려 두었다가 기름에 튀겨내어 집청하였다가 고물을 묻힌 것이다. 모양에 따라 빙사과, 연사과, 산자, 세반강정 등으로 달리 부르고, 고물에 따라서는 홍매화연사과, 백매화연사과, 흑임자강정, 백자강정 등 앞에 고물 재료를 붙여서 부른다.

유밀과(油蜜果)

대표적인 것이 약과로, 밀가루에 참기름, 꿀, 술 등을 넣어 반죽하여 기름에 튀겨내어 꿀에 집청한다. 모양에 따라 대약과, 중약과, 소약과, 다식과, 만두과, 모약과, 매작과, 차수과, 요화과 등으로 나눈다.

다식(茶食) 곡식가루, 한약재, 꽃가루 같은 것을 꿀로 반죽하여 덩어리를 만들어 다식판에 넣어 여러 모양으로 박아낸 것이다. 다식의 종류는 깨다식, 콩다식, 진말다식, 강분다식, 승검초다식, 오미자다식, 송화다식 등이 있다.

정과(正果, 煎果) 유자, 모과, 생강, 도라지, 연근, 인삼 등을 꿀이나 조청, 설탕 등을 넣어 달게 조린다. 얇게 썰어 조린 것들은 말려서 건정과도 만든다.

숙실과(熟實果) 과일을 익혔다는 뜻으로 밤, 대추를 꿀에 조린 밤초, 대추초가 있고, 다져서 다시 꿀로 반죽하여 빚는 율란, 조란, 생강란 등이 있다.

과편(果片) 신맛이 나는 앵두, 모과, 살구 등의 과육을 꿀과 녹두녹말을 풀어 넣어 조려서 그릇에 부어 묵처럼 굳힌다. 모양이 굳으면 네모지게 썰어서 생률이나 생과와 어울려 담는다.

엿강정 볶은 깨, 들깨, 콩이나 호두, 잣, 땅콩 등을 조청이나 엿을 넣어 버무려 굳힌 다음에 알맞은 크기로 썬다.

3) 화 채

차게 해서 마시는 음료를 두루 일컬어 화채 또는 음청(飮淸)류라 한다.

화채 중에는 냉수에 꿀이나 엿기름 물을 타서 단맛과 향이 나도록 한 것, 한방 약재를 달여 그 물로 맛을 내는 것, 오미자를 우린 물이나 과일즙을 기본으로 하여 만드는 것이 있다.

- 식혜 : 겨울철에 많이 만드는 식혜는 우리나라 사람들이 가장 즐기는 차가운 음료이다. 쌀밥을 엿기름물에 당화시켜서 단맛을 낸 것이다.
- 오미자화채 : 말린 오미자 열매를 냉수에 담가 우려내어 설탕으로 맛을 내고 건지로 진달래꽃이나 배를 띄운다. 오미자국물에 녹말국수를 띄운 것을 창면(暢麵) 또는 화면(花麵), 창면(昌麵), 착면(着麵)이라고 한다.
- 배숙 : 배를 조각내어 통후추를 박아서 생강물에 넣고 익혀 차게 식힌다.
- 수정과 : 생강과 계피를 다린 물에 단맛을 내고 말린 곶감을 넣어 무르면 먹는다.
- 수단 : 찬물에 꿀을 타서 단맛을 내고 건지로는 봄철에는 햇보리를 삶아 띄운 것은 보리수단이고, 겨울철 흰떡을 잘게 빚어서 띄우는 것이 떡수단이다.
- 원소병 : 찹쌀반죽으로 소를 넣어 작은 경단을 빚어서 삶아서 꿀물에 띄운다.
- 미수 : 여름철에는 찹쌀이나 보리쌀을 쪄서 볶은 후 빻아 가루로 만들어 여름철에 꿀물에 타서 마신다.
- 과실화채 : 과일이 흔한 철에 딸기, 앵두, 수박, 유자, 복숭아 등을 즙을 내고 그 위에 과일 조각을 띄우기도 한다.

4) 차

우리나라에서는 찻잎을 우린 녹차뿐 아니라 뜨겁게 끓이거나 우린 음료를 모두 차라고 한다. 차는 원래 중국이 원산지인 차나무의 잎을 말려서 더운물에 우려낸 것으로 녹차(綠茶), 전차(煎茶)라고 불린다. 이 밖에 수목의 열매나 과육이나 곡류도 차의 재료로 쓰고 한약재를 달여서 마시기도 한다.

녹 차 　　차나무의 잎으로 만드는 차는 찻잎의 수확 시기나 가공방법에 따라 녹차, 옥로, 작설차, 전차, 말차, 병차, 단차 등이 있는데, 마시는 방법은 거의가 더운물에 부어 우려서 마신다. 전차(煎茶)는 차나무의 연한 잎을 따서 가마솥에 덖고(가열하여 볶는 작업), 유념하여(손으로 찻잎을 비비는 작업) 말려서 차를 만든다. 찻잎을 찌거나 끓는 물에 데쳐내어 만드는 법도 있고, 병차는 찻잎을 쪄서 절구에 찧어 동그란 틀에 박아내어 말려서 둔다. 차를 마실 때에는 충분히 끓은 물을 60~70℃로 식혀서 도자기로 만든 주전자에 찻잎을 넣어 잠시 두어 우려나면 마신다.

다리는 차 　　인삼이나 나무 열매 등의 한약재나 과실류를 끓는 물에 넣고 다려서 마시는 차로 여러 가지가 있다. 고려인삼을 비롯하여 구기자, 당귀, 오미자, 생강, 두충, 감잎, 계피, 칡, 결명자 등의 한약재와 모과, 유자, 대추 등의 과실류와 율무, 옥수수 등의 곡류를 다려서 마신다.

셋,

한국음식의 양념과 고명

양 념

음식을 만들 때에 식품이 지닌 고유한 맛을 살리면서 음식마다 특유의 맛을 내는데, 여러 가지 재료가 사용된다. 이러한 것들을 양념이라 하고 양념은 조미료와 향신료로 나눌 수 있다.

'양념' 이란 한자로 약념(藥念)으로 표기하는데, "먹어서 몸에 약처럼 이롭기를 바라는 마음으로 여러 가지를 고루 넣어 만든다" 는 뜻이 깃들어 있다. 조미료는 기본적으로 짠맛, 단맛, 신맛, 매운맛, 쓴맛의 다섯 가지 기본 맛을 내는 것들로, 음식에 따라 이 조미료들을 적당히 혼합하여 알맞은 맛을 내는 것이다.

향신료는 자체가 좋은 향기가 나거나 매운맛, 쓴맛, 고소한 맛 등을 내는 것들이다. 식품 자체가 지닌 좋지 않은 냄새를 없애거나 감소시키고, 또한 특유의 향기로 음식의 맛을 더욱 좋게 한다. 한국음식의 조미료에는 소금, 간장, 고추장, 된장, 식초, 설탕 등이 있으며, 향신료에는 생강, 겨자, 후추, 고추, 참기름, 들기름, 깨소금, 파, 마늘, 천초 등이 있다.

표 3-1 맛을 내는 양념

맛			식 품
오미	짠 맛	함(鹹)	소금, 간장, 된장, 고추장, 새우젓, 액젓
	단 맛	감(甘)	설탕, 꿀, 조청, 엿
	신 맛	산(酸)	식초, 감귤류의 즙
	매운맛	신(辛)	고추, 겨자, 산초, 후추, 파, 마늘, 생강
	쓴 맛	고(苦)	생강
고소한 맛			참기름, 들기름, 깨소금

특히, 우리음식은 한 가지 음식에 적어도 대여섯 가지 조미료를 넣어 만들므로 다른 나라 음식들에 비해 독특한 맛을 낸다. 한국 음식이 다른 나라 음식과 맛에서 가장 차이가 있는 것은 참기름, 깨소금, 파, 마늘, 고춧가루의 사용량이 많기 때문이다.

1) 짠 맛

음식의 가장 기본 맛은 '짜다' 또는 '싱겁다' 라는 간으로 염도로 나타낼 수 있다. 음식에 따라 가장 맛있게 느끼는 간은 농도가 각각 다르다. 맑은국은 염도가 1% 정도가 알맞고, 맛이 진한 토장국이나 건지가 많은 찌개는 간의 농도가 더 높아야 하며, 찜이나 조림 등 고형물의 간은 더욱 강해야 맛있게 느낀다.

음식에 간을 맞출 때는 소금 한 가지만 하는 경우보다 간장, 된장, 고추장을 한데 섞어 쓰는 경우가 많다. 청장(淸醬) 또는 국간장으로 맞춘다.

소 금

소금은 음식의 짠맛을 내는 데 가장 기본적인 조미료이다. 소금의 종류는 호렴, 재렴, 재제염, 식탁염, 맛소금 등으로 나눌 수 있다.

호렴은 입자가 굵어 모래알처럼 크고 색이 약간 검다. 대개 장을 담그거나 채소나 생선의 절임용으로 쓰인다. 재렴은 호렴에서 불순물을 제거한 것으로 재제염보다는 거칠고 굵으며 간장이나 채소나 생선의 절임용으로 쓰인다.

재제염은 보통 꽃소금이라 불리는 희고 입자가 고운 소금으로 가정에서 가장 많이 쓰인다. 음식에 직접 간을 맞출 때나 적은 양의 채소나 생선 등의 절임에 쓰인다.

식탁염은 천일염이 아니고 이온교환법에 의해 만들어진 소금으로 정제도가 아주 높고 설탕처럼 고운 입자로 되어 있다. 용도는 음식의 간 맞추기와 식탁에서 쓰인다. 맛소금은 정제염에 글루타민산나트륨 등 화학조미료 10%를 첨가한 것이다.

소금의 짠맛은 신맛과 함께 있을 때는 신맛을 약하게 느끼게 하고, 단맛은 더욱 달게 느끼게 하는 맛의 상승작용이 있다. 그러므로 단맛의 과자나 정과 등을 만들 때는 설탕의 약 0.5% 내외가 적당하다. 김치류는 8~10%, 젓갈류는 10~15%의 염도가 적당하다.

장 류

① 간장

간장과 된장은 콩으로 만든 우리 고유의 발효식품으로 음식의 맛을 내는 중요한 조미료이다. 간장의 '간'은 소금의 짠맛을 나타내고, 된장의 '된'은 되직한 것을 뜻한다. 재래식으로는 늦가을에 흰콩을 무르게 삶아 네모지게 메주를 빚어 따뜻한 곳에 곰팡이를 충분히 띄워서 말려두었다가 음력 정월 이후 소금물에 넣어 장을 담근다. 충분히 장맛이 우러나면 국물만 모아 간장으로 쓰고, 건지는 모아 소금으로 간을 하여 따로 항아리에 꼭꼭 눌러두고 된장으로 쓴다.

요즈음은 점차로 집에서 장을 담그지 않고 공장에서 제조하여 시판되는 제품들을 쓰는 가정이 차츰 많아졌다. 따라서 시중에서 판매되고 있는 장은 재래식의 장맛과는 달라져서 차츰 음식의 맛도 많이 변해가는 실정이다.

음식에 따라 간장의 종류를 구별하여 써야 한다. 국, 찌개, 나물 등에는 색이 옅은 청장(국간장)을 쓰고, 조림, 포, 초 등의 조리와 육류의 양념은 진간장을 쓴다. 간장은 주방에서 조리할 때 조미료로서만이 아니라, 상에서 쓰이는 초간장, 양념 간장 등을 만드는 데 쓰인다. 전유어나 만두, 편수 등에 곁들여 낼 때의 초간장은 간장에 식초를 넣고, 갠 겨자, 고춧가루, 다진 파·마늘 등을 기호에 따라 약간씩 넣는다. 기름에 지진 녹두전이나 파전 등의 양념 간장으로는 다진 파·마늘, 고춧가루 등을 넣어야 맛이 더 있다.

② 된장

된장은 조미료뿐만 아니라 단백질 급원식품 역할까지도 하였다. 재래식으로는 콩으로 메주를 쑤어서 알맞게 띄워 소금물에 담근 후 40일쯤 두었다가 소금물에 콩의 여러 성분들이 우러나면 간장을 떠내고 남은 건더기가 된장이 되었다. 이 방법은 간장으로 영양분이 많이 우러나고 남은 것이라 영양분도 적고 맛도 덜하였다. 근래에는 공업적으로 된장을 많이 만드는데, 콩과 밀을 섞어 발효시켜서 만든다.

된장은 주로 토장국과 된장찌개의 맛을 내는 데 쓰이고, 상추쌈이나 호박쌈에 곁들이는 쌈장과 장떡의 재료가 된다.

③ 고추장

고추장은 매운맛을 지닌 복합 발효 조미료이다. 탄수화물이 가수분해로 생긴 단맛과 콩단백에서 오는 아미노산의 감칠맛, 고추의 매운맛, 소금의 짠맛이 잘 조화를 이룬 식품으로 조미료인 동시에 기호 식품이다.

고추장은 된장과 마찬가지로 토장국이나 고추장 찌개의 맛을 내고, 생채나 숙채, 조림, 구이 등의 조미료로 쓰인다. 고추장을 볶아서 찬으로도 하고, 그대로 쌈장으로 많이 쓰인다. 그리고 상에 놓이는 회나 강회 등을 찍어 먹는 초고추장을 만들고, 비빔밥이나 비빔국수의 양념 고추장도 만든다.

경상도와 전라도 지방에서는 메줏가루를 넣지 않고 조청을 고아서 고춧가루를 섞고 소금으로 간을 한 엿고추장도 있다.

젓갈류

① 새우젓　작은 새우를 소금에 절여 젓갈로서 김치에 가장 많이 쓰인다. 소금 대신에 국, 찌개, 나물 등의 간을 맞추는 조미료로 쓰이는데, 소금간보다 감칠맛이 난다. 특히, 호박, 두부, 돼지고기로 만든 음식과 맛이 잘 어울린다. 그리고 돼지고기편육에는 새우젓국에 식초, 파, 고춧가루 등을 섞어 초젓국을 만들어 반드시 곁들여 낸다. 젓국만 쓸 때는 건지가 들어가지 않게 꼭 짜서 쓴다.

② 멸치액젓　멸치액젓은 원래는 멸치젓을 담가 모이는 맑은젓국을 멸장이라 하여 섬에서 간장 대신 쓰였다. 주로 남도 지방에서 쓰이다가 1900년 후반부터 전국적으로 김치와 음식에 많이 쓰이게 되었다. 최근에는 멸치뿐 아니라 까나리로 만든 액젓도 많이 쓰이고 있다.

2) 단 맛

우리나라에 설탕은 고려시대에 들어왔으나 고가이어서 1900년 전기까지는 일반에게 널리 쓰이지 못하였고, 꿀과 조청이 감미료로 많이 쓰였다. 설탕은 1960년부터 일반적으로 널리 쓰이게 되었다.

조 청　곡류를 엿기름으로 당화시켜 오래 고아서 걸쭉하게 만든 묽은 엿으로 누런색이며 독특한 엿의 향이 남아 있다. 요즈음에는 한과류와 밑반찬용의 조림에 많이 쓰인다. 엿은 조청을 더 오래 고아서 되직한 것을 식히면 딱딱하게 굳는다. 엿은 간식이나 기호품으로 즐기나 음식에는 조미료로서 단맛을 내면서 윤기를 낸다.

꿀　꿀은 꿀벌이 꽃의 꿀과 꽃가루를 모아서 만든 천연 감미료로 인류가 구석기시대부터 이용한 가장 오래된 감미료이다. 꿀은 꿀벌의 종류와 밀원이 되는 꽃의 종류에 따라 색과 향이 다르다. 투명하면서 농도가 묽은 것도 있고 되직한 불투명한 흰색의 침전물이 많은 것도 있다. 꿀은 약 80%가 과당과 포도당이어서 단맛이 강하고 흡습성이 있어 음식의 건조를 막아준다. 단맛과 향이 좋은데, 고가이므로 음식의 감미료로 보다는 과자, 떡, 정과 등에 쓰이고, 만병통치의 효능이 있어 약재로 많이 쓰인다. 예전에는 죽이나 떡을 상에 낼 때 종지에 담아 함께 내었으며, 한문으로는 백청(白淸) 또는 청(淸)이라 하였다.

설 탕　사탕수수나 사탕무의 즙을 농축시켜 만드는데, 순도가 높을수록 단맛이 산뜻해진다. 당밀분을 많이 포함한 흑설탕과 황설탕보다 정제도가 높은 흰설탕이 단맛이 가볍다. 같은 흰설탕이라도 결정이 큰 것이 순도가 높으므로 산뜻하게 느낀다. 달게 느끼는 정도는 흑설탕, 황설탕, 흰설탕, 그래뉴당, 모래설탕, 얼음설탕의 순으로 차츰 강하게 느낀다.

3) 신 맛

한국음식은 대개 생채와 겨자채, 냉국 등 차가운 음식에 식초를 넣어 신맛을 낸다. 식초는 녹색의 엽록소를 누렇게 변색시키므로 푸른색 나물이나 채소에는 먹기 직전에 넣고 무쳐야 한다. 식초는 간장이나 고추장에 섞어 만든 초간장, 초고추장 등을 상에 올린다.

신맛은 음식에 청량감을 주고 생리적으로 식욕을 증가시키며 소화액의 분비를 촉진시켜 소화 흡수도 돕는다. 음식에 신맛은 주로 식초를 이용하나 유자, 레몬 등의 감귤류의 과즙도 이용한다.

전통적인 식초는 처음부터 누룩과 찹쌀밥을 섞어서 물을 넣어 발효시키는 법이 있으나 대개의 가정에서는 시어진 술이나 먹다가 남은 술로 만들었다. 술을 초항아리에 담아 부뚜막에 올려놓고 2~3개월 지나면 자연에 존재하는 초산균이 침입하여 에틸 알코올을 산화시켜 초산이 생기면서 황록색의 투명한 액체가 모이면 이것을 식초로 쓰고, 덜어낸 만큼 다시 술을 부어두어 계속 초를 만들었다. 요즈음 시판되는 식초와는 전혀 다른 독특한 향이 있다.

식초의 종류는 크게 양조 식초와 합성 식초, 혼성 식초로 나눌 수 있다. 양조 식초는 곡물이나 과실을 원료로 하여 발효시켜 만든 것으로 원료에 따라 쌀초, 술찌개미초, 엿기름초, 현미초, 포도주초, 사과초, 주정초, 소맥초 등이 있다. 양조 식초는 각종 유기산과 아미노산이 함유된 건강식품이다.

합성 식초는 석유로부터 에틸렌을 만들어 이를 이용하여 합성하여 빙초산을 만들어 물로 희석하여 식초산이 3~4%가 되도록 한다. 이는 양조 식초와 같이 온화하고 조화를 이룬 감칠맛이 없다. 혼성 식초는 합성 식초와 양조 식초를 혼합한 것이다.

4) 매운맛

후 추 매운맛을 내는 향신료로서 열대 지방에서 나는 다년생 나무의 열매로 가장 널리 쓰인다. 후추는 생선이나 육류의 비린내를 제거하고 음식의 맛과 향을 좋게 하며 식욕도 증진시킨다. 검은 후추는 미숙된 열매를 천일 건조한 것으로 보통 가루로 만들어 사용한다. 향이 강하고 색이 검으므로 육류와 색이 진한 음식의 조미에 적당하다. 흰 후추는 완숙된 열매의 껍질을 벗긴 것으로 부드러운 향과 색이 연하여 흰살생선이나 채소의 조미에 적당하다. 통후추는 육류를 삶거나 육수를 만들 때에 넣고, 차를 다릴 때나 배숙 등 음료에 쓰인다.

고 추 매운맛은 품종이나 산지에 따라 차이가 크다. 고추는 완전히 성숙하기 전의 풋고추나 다홍 고추도 쓴다. 용도에 따라 가루의 굵기를 구별하여 사용하는데, 굵은 고춧가루는 김치에 적당하고, 중간 굵기의 고춧가루는 김치나 깍두기에, 고운 고춧가루는 일반 조미용과 고추장으로 적당하다. 실고추는 나박김치나 고명으로 쓰인다.

산 초 산초나무는 열매와 잎은 독특한 향과 매운맛을 내며 천초 또는 분디라고 한다. 요즈음은 별로 쓰이지 않지만 고추가 전래되기 이전에 매운맛 조미료로 주로 쓰였다. 완숙한 열매의 껍질은 가루로 추어탕이나 개장국 등에 쓰인다. 미숙한 녹색 열매는 간장을 부어 장아찌를 담근다.

겨 자 겨자가루는 물로 개어 매운맛이 난 후에 식초, 설탕, 소금 등으로 조미하여 겨자집을 만든다. 겨자채나 냉채에 넣거나 냉면에도 회, 편육, 구절판 등에 곁들이는 겨자장을 만든다.

5) 고소한 맛

참기름 참깨를 볶아 짠 참기름은 고소한 향과 맛을 내는데, 특히 나물에 많이 넣으며 고기 양념 등 거의 모든 음식에 넣는다. 특히, 약과, 약식에 많이 쓰인다. 참기름은 불포화지방산이 많고 발연점이 낮아 튀김용으로 쓰지 않는다.

들기름 들깨를 볶아 짠 들기름은 독특한 향이 나는데, 쉽게 산패되므로 짜서 바로 써야 한다. 여러 음식에 쓰이지만, 특히 김에 발라 구울 때 많이 이용한다. 볶은 들깨를 가루로 하여 나물에 넣거나 국에 넣기도 한다.

콩기름 전유어나 지짐, 볶음 등 조리용으로 가장 많이 쓰인다. 예전에는 기름을 찬에 쓰는 것보다 유과나 유밀과를 지질 때 많이 쓰였다. 대두유 외에 채종유, 면실유, 옥수수유 등이 두루 쓰인다.

깨소금 참깨에 물을 조금 부어 비벼 씻어서 볶아 반쯤 부서지게 빻아서 쓴다. 실깨는 겉껍질을 말끔히 없애고 뽀얗게 볶은 것이다. 깨는 잘 여문 것으로 고르고, 볶을 때는 번철이나 두꺼운 냄비에 나무주걱으로 저으면서 볶는다. 깨알이 익어서 통통하게 되고 손끝으로 비벼서 으깨질 수 있을 정도로 볶아야 알맞다. 검은깨는 주로 통깨로 하여 고명으로 쓰인다.

6) 향신채소

파, 마늘, 생강은 매운맛과 쓴맛을 약간 갖고 있으면서 자극적인 향을 지니고 있는데, 우리 음식에 다지거나 채 썰어 꼭 들어가는 향신채소를 양념이라 한다.

파 대파, 실파, 쪽파, 세파 등이 있고, 여름철에는 세파처럼 가늘고 푸른 파가 많으며, 겨울철에는 대파가 많이 나온다. 대파의 흰 부분은 다지거나 채 썰어 양념에 쓰고, 잎 부분은 찌개나 국, 김치 등에 넣는다.

마 늘 우리 음식의 대부분에 쓰이는데, 자극적인 맛과 향기로, 특히 육류음식에 많이 넣는다. 탕, 전골, 김치 등에 채나 납작하게 썰어 넣는다. 연한 풋마늘은 푸른 잎까지 모두 채 썰어 양념으로 쓰인다.

생 강 쓴맛과 매운맛이 있고 강한 향이 어패류나 육류의 비린내를 없애 준다. 나물, 김치, 탕, 전골 등에 즙을 넣거나 다지거나 채 썰어 넣는다. 음료나 한과에도 많이 쓰인다.

고 명

'고명' 이란 음식을 보고 아름답게 느껴 먹고 싶은 마음을 갖도록 음식의 맛보다 모양과 색을 좋게 하기 위해

장식하는 것을 말한다. '웃기' 또는 '꾸미' 라고도 한다.

한국음식의 색깔은 오행설에 바탕을 두어, 붉은색, 초록색, 노란색, 흰색, 검은색의 오색이 기본이다. 오색은 식품들이 지닌 자연의 색깔로 나타내는데, 붉은색은 다홍 고추, 실고추, 대추 등으로, 초록색은 미나리, 실파, 호박, 오이, 취나물 등으로, 황색과 백색은 달걀의 황백지단으로, 검은색은 석이버섯을 가장 많이 사용한다. 그리고 종실류인 깨, 잣, 은행, 호두 등 견과류와 고기고명도 많이 쓰인다.

- 달걀지단 : 달걀은 식품 중에 흰색과 노란색이 선명하여 고명으로 가장 널리 쓰인다. 달걀을 흰자와 노른자로 나누어 잘 풀어서 번철에 기름을 두르고 얇게 부친다. 채 썬 지단은 나물이나 잡채에, 골패형이나 완자형은 찜, 전골 등에 쓴다. 줄알은 장국이 끓을 때 푼 달걀을 흘려넣어 부드럽게 엉기도록 하는 것인데, 국수나 만둣국, 떡국 등에 쓰인다.
- 미나리초대 : 미나리를 씻어서 잎과 뿌리를 떼고 줄기를 약 15cm로 잘라서 굵은 쪽과 가는 쪽을 번갈아 대꼬치에 가지런히 꿰어서 네모지게 만든다. 이를 양면에 밀가루를 고루 묻힌 후 풀어놓은 달걀에 담갔다가 번철에 기름을 두르고 양면을 지지는데, 흰자와 노른자를 따로하기도 한다. 가는 실파를 미나리와 같은 요령으로 부치기도 한다. 지져서 초대는 완자형이나 골패형으로 썰어 탕, 전골, 신선로 등에 넣는다.
- 고기완자 : 쇠고기의 살을 곱게 다져서 두부를 섞어 양념하여 지름 1~2cm 크기로 둥글게 빚어 밀가루를 얇게 입히고, 풀어놓은 달걀에 담가서 번철에 지진다. 봉오리라고 한다. 국수나 전골, 신선로의 고명으로 쓴다.
- 고기고명 : 쇠고기를 곱게 다지거나 채 썰어 양념하여 볶아서 떡국, 국수장국, 비빔국수, 비빔밥의 고명으로 쓴다. 떡국에 고기산적을 작게 만들어 얹기도 한다.
- 표고버섯 : 마른 표고버섯을 불려서 채 썰어 양념하여 볶아 고기고명처럼 쓴다.
- 석이버섯 : 더운물에 불려서 잘 비벼서 안쪽 이끼를 말끔히 벗겨내고 떼어낸다. 석이채는 여러 개를 겹쳐 말아서 채 썰어, 보쌈김치, 국수, 잡채 등의 고명

표 3-2 멋을 내는 고명

고명의 종류		식 품	모 양
채소와 달걀	붉은색(赤)	건고추, 실고추, 다홍 고추, 당근, 대추	채소와 달걀지단은 공통적으로 가는 채, 굵은 채, 골패형(장방형), 완자형(마름모꼴) 등 달걀은 지단 외 알쌈, 줄알
	초록색(綠)	미나리, 실파, 호박, 오이, 풋고추, 쑥, 취	
	노란색(黃)	달걀노른자, 황화채	
	흰 색(白)	달걀흰자	
	검은색(黑)	석이버섯, 표고버섯	
종실류	흰 색	흰깨, 밤	거피하여 통실깨 또는 가루
	초록색	은행	탈피하여 원형
	흰 색	잣	탈피하여 원형, 가루, 비늘잣
	흰 색	호두	탈피하여 원형
	검은색	흑임자	거피하여 통깨 또는 가루
고기	고기완자	쇠고기	쇠고기로 완자형
	고기채	쇠고기	쇠고기로 가는 채

으로 쓰고, 다져서 달걀흰자에 섞어 석이지단을 부친다.

- 실고추 : 길이를 4cm 정도씩 짧게 끊어서 나물이나 국수의 고명으로 쓰고 김치에 많이 쓰인다.
- 다홍 고추 · 풋고추 : 고추를 갈라서 씨를 빼고 채로 썰거나 완자형, 골패형으로 썰어 고명으로 쓴다. 익힌 음식에는 끓는 물에 살짝 데쳐서 사용하고, 잡채나 국수의 고명으로 쓰인다.
- 실파와 미나리 : 가는 실파나 미나리 줄기를 데쳐서 약 3~4cm 길이로 썰어 찜, 전골이나 국수의 고명으로 쓴다. 넉넉한 물에 소금을 약간 넣고 데쳐내어 식혀 쓰면 색이 아주 곱다.
- 통깨 : 참깨를 잘 일어 씻어 볶아서 빻지 않고 그대로 남겨서 나물, 잡채, 적, 구이 등의 고명으로 뿌린다. 잣가루는 통깨 대신 고명으로 두루 쓰인다.
- 잣 : 되도록 굵고 통통하고 기름이 겉으로 배지 않고 보송보송한 것이 좋다. 잣은 뾰족한 쪽의 고깔을 뗀 후 통째로 쓰거나 길이로 반을 갈라서 비늘잣으로 하거나 잣가루로 하여 쓴다. 잣가루는 도마 위에 종이를 겹쳐서 깔고 칼로 곱게 다진다. 보관할 때는 종이에 싸서 두어야 여분의 기름이 배어나와 잣가루가 보송보송하다. 통잣은 전골, 찜, 신선로 등과 차와 화채에 띄우고, 비늘잣은 만두소나 떡의 고명으로 쓴다. 잣가루는 완성된 음식에 뿌려서 모양을 내며 초간장에도 넣는다. 한과의 재료로 강정이나 단자 등의 고물로 쓰이고, 잣박산, 마른 안주로 많이 쓰인다.
- 은행 : 단단한 껍질을 까고 달군 번철에 기름을 두르고 볶아서 마른 종이나 행주로 싸서 비벼 속껍질을 벗긴다. 또는 소금을 넣은 끓는 물에 삶아 벗긴다. 신선로, 전골, 찜의 고명으로 쓰인다.
- 호두 : 딱딱한 껍질은 벗기고 꺼낸 호두살을 더운물에 잠시 담갔다가 대꼬치 등으로 속껍질은 말끔히 벗긴다. 찜이나 신선로, 전골 등의 고명으로 쓰인다.
- 밤 : 겉껍질을 벗기고 창칼로 속껍질까지 말끔히 벗겨 채로 썰거나 납작하게 썰어 보쌈김치, 겨자채, 냉채 등에도 넣는다. 떡이나 한과에 고물이나 고명으로 쓰인다.
- 대추 : 마른 대추는 찬물에 씻어 건져 마른 행주로 물기를 닦고, 창칼로 씨만 남기고 살은 발라내어 적당한 모양으로 썰어서 고명으로 쓴다. 찜에는 크게 썰어 넣고 보쌈김치, 백김치 등에 채로 넣고, 식혜와 차에도 채 썰어 띄우는 등 떡이나 과자류에 많이 쓰인다.

넷,

장류와 저장식품의 가공

우리나라의 발효저장식품은 장류 이외에 김치, 젓갈, 술, 초 등이 있다. 식품들을 오래 보존하기 위해서는 건조법이 많이 이용되어 왔다. 무, 호박, 나물 등은 흔한 철에 말려두었다가 귀한 때에 요긴한 식품 재료로 쓰여왔다. 한편, 여러 가지 곡물로 가루를 만들거나 녹말을 만들거나 유자, 모과, 인삼 등을 꿀이나 설탕에 재워서 제철이 아닌 때에 요긴하게 쓴다. 그리고 기타 우리나라의 전통적인 가공식품으로는 엿기름 기르기, 조청 고기, 묵과 두부 만들기, 콩나물 기르기 등이 있으나 현재는 조청, 두부, 묵, 콩나물은 전문업체에서 생산하고 가정에서 가공하는 일은 거의 없어졌다.

장 류

우리는 주식으로 밥을 먹고 부식으로 여러 가지 찬물을 마련하는데, 이들의 맛을 내는 데는 기본적으로 간장, 된장, 고추장 등 장류가 쓰인다. 우리나라의 고대로부터 전해 내려온 간장과 된장은 콩으로 만든 고유의 발효식품으로 음식의 맛을 내는 조미료이다.

장을 담그려면 우선 메주를 만들어야 한다. 음력 10월경에 콩을 골라서 하룻밤 정도 충분히 불린 후 무르게 삶아 절구에 찧어서 네모지게 목침 모양으로 빚어 볏짚으로 묶은 다음 따뜻한 곳에 매달아 2~3달 동안 잘 띄워서 바짝 말려둔다. 음력 정월 말에서 3월 초 사이에 메주를 씻어서 말려 소금물에 담가 충분히 장이 우러나면 국물만 모아 간장으로 쓰고, 찌꺼기는 모아 소금으로 간을 맞추어서 된장으로 쓴다. 예전에는 가정에서 장을 담그려면 우선 택일을 하고 고사를 지냈다. 장맛이 변하면 집안에 불길한 일이 생길 징조라고 하여 특히 장 담그기와 장독의 간수는 주부들의 정성이 극진하였다. 장 담는 독에 금줄을 치고 버선본을 붙이기도 했는데, 이는 부정한 요소의 접근을 막거나 혹은 버선 속으로 들어가버리라는 뜻이다. 또한 고추와 숯을 장 위에 띄우기도 하는데, 이는 고추와 숯의 살균, 흡착의 효과를 주술적 효과로 기대하는 것이다.

재래식 장을 담그는 과정은 그림 4-1과 같다.

1) 간 장

재래식 간장은 청장과 진장이 있는데, 청장은 바로 그해 담근 것으로 처음부터 메주에 비해 소금물의 양을 많이 하여 맑은 색의 묽은 간장을 말하는데, 염도는 시판

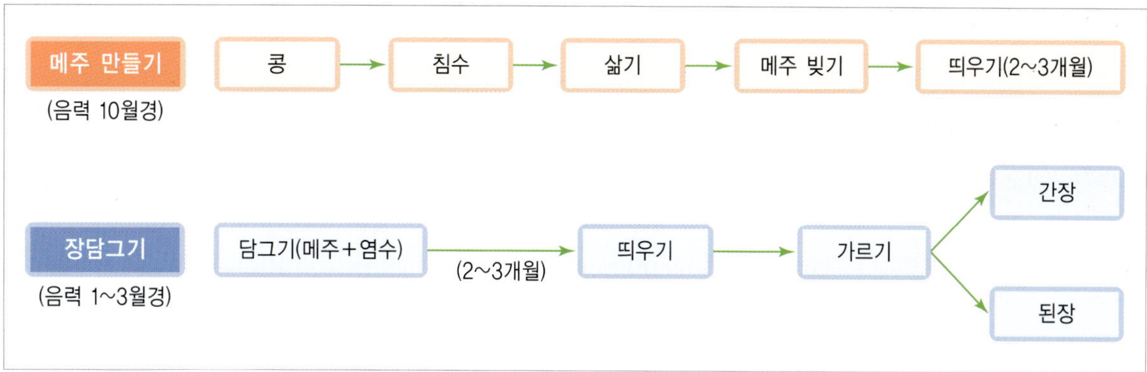

그림 4-1 장 담그기

되는 진간장보다 높아 약 20% 정도이다. 진장은 여러 해를 묵혀서 점차 색깔과 맛이 진해진 간장을 이른다.

간장은 숙성되는 동안 짠맛 이외에 콩의 단백질, 당질, 지방 등이 분해하여 생긴 아미노산, 유기산, 유리당 등이 합하여 독특한 맛과 향을 내게 된다. 장의 맛은 메주의 발효 정도와 소금의 양과 메주와 소금물의 비율 그리고 숙성 중 관리상태 등 여러 가지 요소가 복합되어 생기는 맛이므로 집집마다 장맛이 달라지게 마련이다.

2) 된 장

재래식 된장은 메주를 소금물에 담가 여러 성분들이 우러나오면 간장을 떠내고 남은 찌꺼기를 모은 것이다. 이렇게 만든 된장은 콩의 수용성 영양분이 간장으로 빠져서 영양분이 적고 맛이 덜하다.

최근에는 점차 가정에서 장 담그는 일이 적어지고 식품 공장에서 대량으로 제조한 간장을 쓰는 경우가 많아졌다. 공장에서 간장과 된장의 제조법은 주재료인 콩에 쌀이나 밀을 섞어 고지균을 번식시켜 발효시킨다. 쌀밀, 보리 등의 녹말성 재료를 섞어서 만들므로 콩된장에 비해 단맛이 많다. 제조법이 전혀 다르므로 장맛이 예전과는 많이 변해가는 실정이다.

된장은 양념으로만이 아니라 주요한 단백질의 급원이 되는 식품의 재료로서도 쓰인다.

3) 고추장

재래식 고추장은 메주, 고춧가루, 찹쌀, 엿기름, 소금 등이 원료이다. 찹쌀을 가루로 하여 반죽하여 쪄서 메줏가루를 혼합하여 젓는데, 당화되어 묽어지면 고춧가루를 섞고 소금으로 간을 맞추어 숙성시킨다. 지방에 따라 찹쌀 대신에 멥쌀, 밀가루, 보리 등도 쓰인다. 고추장용 메주는 콩에 쌀가루를 섞어서 빚기도 하고 버무릴 때 소금 대신에 청장으로 간을 맞추기도 한다.

4) 청국장

청국장은 콩을 불려 삶아서 볏짚이나 멍석 등으로 싸서 더운 곳에 2~3일 두면 끈끈한 실이 생긴다. 이것을 찧어서 소금, 파, 마늘, 고춧가루 등을 섞어서 저장하고 대개는 찌개를 끓이는 데 쓴다. 따뜻하게 보온하는 동안에 콩과 짚에 붙어 있는 납두균(納豆菌)이 번식하여 끈끈한 향기를 가진 발효물질로 변한다. 볏짚에는 납두균이 많이 들어 있어 청국장을 띄울 때 짚을 넣으면 발효가 빠르다. 날이 더우면 변질되기 쉬우므로 겨울철에 만들며, 특히 충청도 지방에서 즐겨 만든다.

김 치

김치는 우리 식생활에서 가장 기본이 되는 찬물이다. 우리나라 사람들은 봄, 여름, 가을에는 제철에 나는 채소로 연중 김치를 담근다. 또 겨울에는 날씨가 추워지므로 11월 말이나 12월 초에 김장이라고 하여 여러 종류의 김치를 저장용으로 한꺼번에 많이 담근다.

김치를 담글 때 쓰는 가장 일반적인 재료는 무와 배추이고 새우젓, 멸치젓 같은 젓갈을 넣는다. 김치는 소금에 절여서 저장하는 동안 발효하여 유산균이 생겨 독특한 신맛이 식욕을 돋우며, 비타민 C가 풍부하게 포함되어 있다.

1) 김치의 기록

김치의 최초 문헌 기록은 고려 중기 이규보의 《동국이상국집(東國李相國集)》의 시문에 나온다. 〈가포육영(家圃六詠)〉은 울 안에 심은 외, 가지, 순무, 파, 아욱, 박의 여섯 가지 채소를 시로 읊었는데, 그 중 순무에 관해서 "담근 장아찌는 여름철에 먹기 좋고, 소금에 절인 김치는 겨울 내내 반찬 되네(持鹽審備九冬地)" 라고 하였다.

조선시대 1600년대의 《요록(要錄)》에는 10여 가지의 김치무리가 나오지만 고추에 대하여는 전혀 나오지 않는다. 《음식디미방》(1670년경)에는 산갓침채, 동화 담는 법, 고사리 담는 법, 마늘 담는 법, 나박침채, 생치침채 등의 김치무리가 나온다. 산갓김치는 산갓만을 숙성시켜서 자체의 매운맛을 내고, 동과는 소금에만 절이고, 마늘은 천초와 섞어서 소금에 담갔다. 고추가 우리나라에 전래된 것은 1600년대 초이고, 조선 중기 이후에 비로소 김치에 고추를 넣어 매운 김치가 만들어졌다.

김치는 중국에서는 《시경(詩經)》(BC 506년)에 저(菹)라고 쓰여 있고, 진나라의 《여씨춘추(呂氏春秋)》(BC 230년경)에도 나온다. 한(漢)말에 《석명(釋名)》에는 "저는 조(阻, 막힐 → 조)이므로 채소를 소금에 절여 숙성시키면 젖산이 생기고, 이 젖산은 소금과 더불어 채소가 짓무르는 것을 막아 준다는 것이다." 고 하였다. 그 후 《제민요술(齊民要術)》(540년경)에서는 김치무리를 초절이 김치무리인 암초저(醃醋菹)의 발효 기질을 이용하는 발효저(醱酵菹)로 크게 나누고, 장에 절이는 장절이 김치무리가 약간 있다. 암(醃)은 절인 김치의 뜻이다.

우리나라는 《고려사(高麗史)》 종묘제사의 제품에 저(菹)자가 보이고, 김치무리는 지(漬)라고 하였다. 지(漬)는 '물에 담글 지' 이므로 저는 지에서 온 것 같다. 조선조 중종 13년 《벽온방(僻瘟方)》에서는 딤채국(菹汁)이 나오고, 《훈몽자회(訓蒙字會)》에서는 조(菹, 딤채 → 조)와 제(齏 → 제)의 김치무리가 나온다. 지는 당시 중국식으로 암채(醃菜)라 하였고, 이것을 우리말로 비로소 딤채라 부르고 있다. "김치라는 말이 비록 나타나기는 하였으나 오늘날의 김치와는 다르게 소금을 뿌린 채소에다 마늘 같은 향신료만을 섞어서 재움으로써 채소의 수분이 빠져나오고, 채소 자체는 소금물에 침지되는 형태이거나 동치미처럼 소금물의 양이 많으면 마침내 침전되는 형태의 김치였을 것이다. 이것을 보고 우리가 개발한 이 김치무리의 하나에 침채(沈菜)란 특유의 이름을 붙이게 되었다." 라고 한다.

2) 김치의 종류

김치는 크게 보통김치와 김장김치로 나눌 수 있다. 보통김치는 오래 저장하지 않고 비교적 손쉽게 담가 먹는 것으로 나박김치, 오이소박이, 열무김치, 갓김치, 파김치, 양배추김치, 굴깍두기 등이 있고, 김장김치는 추운 겨울의 채소 공급원을 준비하는 것으로 오랫동안 저장해 두고 먹는 김치인데, 통배추김치, 보쌈김치, 동치미, 고들빼기김치, 섞박지 등이 있다. 또 지방, 풍습, 기호, 계절에 따라 김치의 재료와 양념, 담그는 방법과 시기가 다양하며 맛도 가지가지이다. 특히, 계절에 따라 여러 가지 김치를 담그는데, 봄철에는 나박김치, 봄배추김치, 짠지를 주로 담가 먹고, 여름에는 오이소박이, 열무김치가 주류를 이룬다. 가을에는 햇배추김치, 배추통김치, 겨울에는 김장김치, 동치미가 주류를 이룬다. 그러나 근래에 와서는 사철 언제나 채소를 구할 수 있어 이와 같은 계절성은 점차 사라져 가고 있으며, 특히 식품 공장에 대량 생산된 김치류도 판매되고 있다.

배추김치는 지방에 따라서 특색이 있다. 서울 지방은 무채를 고춧가루로 양념한 소를 넣어 만드는데, 평안도 지방에서는 고춧가루를 거의 넣지 않은 백김치를 즐겨 담근다. 전라도나 경상도 지방에는 무채를 쓰지 않고 멸치젓에 다른 양념들을 모두 합하고 찹쌀 풀을 넣는 걸쭉한 소를 배추에 비벼서 담그는 배추통김치가 있다.

개성 지방과 궁중에서 잘 담가 먹던 보쌈김치는 절인 배춧잎을 깔고 그 위에 무와 배추로 만든 섞박지를 놓아 배춧잎으로 보자기 싸듯이 하여 만든다. 김치 안에 낙지, 잣, 대추, 석이버섯, 표고버섯 같은 갖가지 재료가 들어가는 아주 사치스러운 김치이다. 건더기보다 국물을 주로 먹기 위해 담그는 김치로 겨울철에 먹는 무동치미가 있고, 다른 철에는 무와 배추를 납작납작하게 썰어 담그는 나박김치가 있다. 여름철에는 연한 열무나 연한 배추로 국물을 넉넉히 잡고 싱겁게 간을 하여 시원한 김치 맛을 즐긴다. 정월에는 소금으로 간을 하지 않고 간장으로 간을 맞추는 특이한 맛의 장김치도 담가 먹는다.

무를 주사위 모양으로 썰어 담근 깍두기, 잎이 달린 총각무로 담근 총각김치, 쓴맛이 독특한 씀바귀김치, 여름철에 먹는 산뜻한 오이소박이도 있다. 또 지방마다 특별한 재료를 가지고 김치를 담그기도 하는데, 갓김치, 파김치, 가지김치, 늙은 호박지, 고추김치, 부추김치 등이다.

김치의 맛은 크게 북쪽 지방과 남쪽 지방으로 나누어진다. 평안도 이북의 추운 지방은 덜 맵고 간도 싱겁게 하는 편이고 새우젓과 조기젓 같은 담백한 맛의 젓갈이나 어패류를 넣는다. 반면 남쪽 지방은 김치가 맵고 간을 짜게 하며, 젓갈도 멸치젓과 갈치젓같이 진한 맛이 나는 것을 쓴다.

음식에 따라 잘 어울리는 김치도 있다. 면상이나 교자상에는 나박김치나 동치미 같은 물김치와 배추김치, 오이소박이 등이 어울린다. 설렁탕에는 물론 깍두기가 잘 어울린다. 파김치, 갓김치, 고들빼기 등의 간이 센 김치는 반상 차림에 적당한다.

3) 김치의 숙성

김치를 담그는 배추와 다른 재료들에는 미생물들이 붙어있다. 이것은 씻고 절이는 동안에 씻겨져서 없어지기도 하지만 일부는 남아서 김치가 숙성되는 동안에 특유의 향과 맛을 내게 된다. 김치가 익어가는 과정은 소금에 견딜 수 있는 젖산균의 생성이 증가하고, 해로운 균이나 기생충의 알 등은 사멸된다. 젖산을 비롯하여 각종 유기산, 알코올, 탄산가스 등이 생성되고 합해지면서 복잡한 신맛과 상쾌한 맛을 이루게 된다. 김치가 익어서 맛이 좋은 시기는 바로 생성하는 젖산균이 활발해지는 때로 김치는 더욱 시어진다. 더 오래 두면 효모와 곰팡이가 생겨서 김치의 조직까지 무르게 하고 색깔도 어두운 갈색이 되며 심한 악취가 나고 식용으로는 불가능해진다.

이처럼 숙성과 변질은 재료들의 삼투작용과 미생물의 발효작용에 의해서 일어난다. 채소를 소금으로 절일 때 소금물의 농도와 저장 온도가 숙성과정에 많은 영향을 미친다. 김치의 맛과 향기는 주로 김칫국물에 들어 있는 향미 성분의 삼투압으로 빚어지는데, 삼투작용을 빨리 일어나게 하기 위하여 채소를 소금에 절이는 것이다. 소금과 부재료에 의한 용해 성분이 적어 삼투압이 낮을수록, 또 온도가 높을수록 김치가 빨리 익게 된다. 가장 좋은 맛을 내는 숙성 온도와 기간은 5~10℃에서 2~3주간이다. 또한 소금의 농도는 겨울 김장용에는 2~3%, 봄철에는 4~5%, 여름철에는 5% 정도가 적당한데, 너무 오래 절이거나 소금의 농도를 너무 높게 하는 것은 배추나 무의 단맛을 잃게 하는 결과를 초래하기도 한다. 그리고 소금의 농도는 발효작용을 일으키는 미생물의 번식과도 관계가 깊다. 김치를 담그면 초기에는 여러 가지 잡균이 많이 붙게 되고 점차 젓산균이 많아져 젓산 발효가 일어나게 된다. 따라서 생성된 젓산과 소금의 공동작용으로 채소의 방부 효과는 더욱 커지고 저장성이 생기게 된다.

또 김치 중의 유기산은 소금 단독의 경우보다 방부력을 높이는 작용이 있고, 알코올과 에스테르를 만들어 방향을 띠게 한다. 소금의 농도가 7%를 넘으면 소금의 방부력 때문에 미생물의 번식이 억제되어 김치의 숙성 속도는 매우 느려진다.

젓갈

젓갈은 어패류를 염장법을 이용한 발효식품으로 숙성 중에 생기는 삭은 맛이 별미이고, 뼈째로 담그면 숙성 중에 뼈가 연해지므로 뼈째 먹을 수 있어 칼슘의 급원 식품이기도 하다. 젓갈은 그것만으로도 충분히 찬물이 될 수 있고 또 김치에 넣거나 음식의 맛을 내는 조미품으로도 쓰인다.

여러 가지 생선, 새우, 조개 등을 소금으로 절여 얼마 동안 저장하면 단백질이 발효하여 분해되면서 특유의 맛과 향을 낸다. 젓갈류 가운데에서도 주로 새우젓, 조기젓, 황석어젓, 멸치젓은 김치를 담그는 데 많이 쓰인다. 찌개나 국의 간을 맞출 때에는 새우젓을 많이 쓰고 나물을 무칠 때는 멸치액젓을 넣으면 독특한 맛이 있다.

서울을 포함한 중부 지방에서 북쪽으로 올라갈수록 간이 싱거워지고 남쪽 지방으로 내려갈수록 간이 짜진다. 젓갈은 예전에는 가정에서 신선한 재료를 구입하여 담갔지만 지금은 드물게 되었다.

새우젓과 황석어젓은 서해안에서 많이 담그고, 멸치젓은 경상도와 전라도에서 많이 담그는 편이다. 동해안에서는 동태가 많이 잡히므로 명란을 모아 명란젓을 담가 찬으로 쓰고 명태의 창자를 모아 창란젓도 만든다. 충청도 지방은 서산의 어리굴젓이 유명하다. 그 밖에 오징어젓, 대구 아가미젓이 찬으로 애용되며 지방에 따라 참게젓, 전어밤젓, 대구아가미젓, 밴댕이젓, 토하젓, 낙지젓 등이 있고, 특히 전라도 지방이 젓갈의 종류가 가장 많다.

밥 반찬용으로 조개젓, 어리굴젓, 게젓, 명란젓, 창란젓, 굴젓, 조기젓, 꼴뚜기젓, 갈치젓, 소라젓, 병어젓 등이 있고, 김치에는 새우젓, 멸치젓, 조기젓, 황석어젓 등이 사용된다.

건조식품

건조법은 채소나 과일은 수분이 비교적 많이 들어 있는데, 이를 건조시켜 수분을 적게 하여 미생물이 생육할 수 없도록 하기 위한 것으로 수분의 함량을 13% 이하로 하여 세균의 번식을 막고, 곰팡이의 생육을 불가능하게 하는 것이다. 건조시킬 때에는 되도록 식품의 영양가, 색깔, 향기, 질감 등이 손실되지 않도록 식품에 따라 적절하게 다루어야 한다.

건조법은 우선 말리는 시기가 가장 중요한데, 1년 중 가을철이 비가 적어 습도가 낮고, 햇볕이 좋으며 기온도 내려가 바람이 잘 불어서 가장 알맞다.

1) 채소 말리기

말리는 식품으로는 나물거리로는 무, 애호박, 토란대, 가지, 고구마순, 고춧잎, 고사리, 취, 고비, 도라지, 박, 늙은 호박, 무청, 배춧잎 등이 있고 부각으로는 풋고추, 깻잎, 들깨송이, 가죽잎, 감자, 고구마와 김, 다시마가 흔히 쓰인다.

- 무말랭이 : 껍질째로 깨끗이 씻어 용도에 따라 크기를 정하여 써는데, 대개는 길이 4cm, 두께가 0.7cm 정도로 썰어 두면 장아찌 감으로 알맞다. 썬 것은 바로 햇볕이 잘 드는 곳에 싸리채반이나 대발을 펴서 재료가 겹치지 않게 고르게 펴서 짧은 기간에 말리는 것이 좋다. 말린 후에는 보관하는 것도 중요한데, 헝겊이나 종이로 주머니를 만들어 넣거나 대소쿠리에 담아서 통풍이 잘 되는 곳에 둔다. 또는 폴리에틸렌 봉지에 담아 냉동고에 보관한다.
- 애호박 : 크기가 작은 것은 둥근 모양으로 두께가 0.5cm 정도로 하고 큰 것은 반달 또는 은행잎 모양으로 썬다.
- 가지 : 꼭지를 붙인 채로 칼집을 길이로 길게 여러 번 넣어 갈라서 줄에 걸어 매달아 말린다. 가지는 살짝 찌거나 소금물에 담갔다가 건져 말리면 변색이 덜하다.
- 토란대와 고구마순 : 껍질을 벗기고 끓는 물에 살짝 데쳐내어 말린다.
- 고사리 · 고비 : 끓는 물에 데쳐내어 말린다.
- 푸른잎 채소 : 고춧잎, 취나물, 묵나물, 무청 등 푸른 잎채소는 끓는 물에 소금을 약간 넣고 데쳐내어 찬물에 헹구었다가 말리면 색이 곱다. 무청과 배춧잎은 나물로도 만들지만 구수한 시래기국의 재료로 귀중하다. 무청과 배춧잎은 따로 장만하기보다는 김장 때 싱싱한 무청이 달린 무와 잎이 좋은 배추를 골라서 쓰는 것이 합리적이다. 무청은 무를 조금 남기고 잎이 헤쳐지지 않게 하여 잘라 줄에 걸어 말리거나 끈으로 엮어서 걸어 말린다.
- 박과 늙은 호박 : 껍질을 벗기고 꼭지를 도려낸 다음 씨를 발라내고 박은 0.5cm, 호박은 0.7cm 두께로 칼을 돌려가며 오려서 한 줄이 되게 하여 줄에 걸어 말린다.

2) 녹말 만들기

녹두녹말은 녹두묵, 화채, 책면, 녹말다식, 녹말편 그리고 어채나 어만두를 만들 때나 기타 조리에 쓰인다. 생강녹말은 생강편에 쓰이며, 녹말 중에 품질이 좋은 것으로 알려져 있다. 그 외에 연근녹말, 율무녹말, 수수녹말 등이 있고, 만드는 법은 다른 녹말들과 마찬가지 요령이다.

녹두녹말 만들기

- 녹두녹말은 이른 봄에 녹두를 맷돌에 거칠게 타서 물에 충분히 불린다.
- 불린 녹두를 비벼서 껍질을 하나도 남기지 않고 깨끗이 벗긴다.
- 껍질 벗긴 녹두는 고운 맷돌에 물을 넉넉히 주면서 갈아서 고운체에 거른 후 무명 주머니에 넣어서 큰 오지그릇에 담아 주물러서 안의 녹말물이 빠지게 하여 앙금을 가라앉힌다. 그 동안에 윗물을 여러 번 바꾸면 녹말의 빛이 깨끗하여 좋다.
- 밑에 녹말 앙금이 가라앉고 윗물이 맑아지면 가만히 윗물은 따라 버리고 남은 앙금은 채반에 백지를 깔고 수저로 뚝뚝 떼어 펴놓고 말린다.
- 거의 마르면 고운체로 친 후 다시 더 바싹 말려서 한지로 만든 봉지에 담아두고 쓴다.

생강녹말 만들기

- 생강을 씻고 껍질을 벗겨서 깨끗이 씻는다.
- 씻은 생강을 얇게 저며서 맷돌에 갈거나, 절구에 찧어서 고운체에 밭쳐 가라앉힌 다음 윗물은 버리고 앙금을 백지에 펴서 말려 두고 쓴다.

3) 각종 가루 만들기

- 밤가루 : 밤을 속껍질까지 깨끗이 벗기고 얇게 저며서 바싹 말린다. 절구에 찧거나 맷돌에 갈아서 고운체에 친다. 용도는 다식과 암죽에 쓰인다.
- 콩가루 : 깨끗하게 씻은 콩을 바로 두꺼운 솥에 볶아서 맷돌에 갈아서 고운체에 쳐서 두고 쓴다. 무거리는 다시 절구에 찧어서 체에 친다. 흰콩과 푸른 콩을 따로 한다. 절구에 찧을 때 생강을 약간 넣어 함께 찧으면 향이 좋아진다. 용도는 떡의 고물이나 다식에 쓰인다.
- 수숫가루 : 수수는 잘 대껴서 씻어 떫은맛을 우려내어 빻아서 고운체에 친다. 두고 쓸 것은 그늘에 말려서 둔다. 용도는 수수단자, 부꾸미, 경단 등을 만드는 데 쓰인다.
- 감가루 : 떫지 않은 단단한 생감을 껍질을 벗기고 얇게 저며서 볕에 바싹 말려 절구에 찧어 고운체에 쳐서 둔다. 용도는 쌀가루에 섞어서 떡을 만든다.
- 석이가루 : 석이버섯을 깨끗하게 손질하여 채반에 널어 바싹 말린 다음 절구에 찧어서 고운체에 친다. 석이가루를 쓸 때는 반드시 필요한 양만을 불려서 쓰도록 한다. 쌀가루에 섞어서 떡을 하고, 달걀흰자에 섞어 석이지단을 부친다.
- 송기가루 : 소나무 껍질의 안쪽에 있는 속껍질을 우려서 만든다. 4~5월에 소나무가 물이 잘 올랐을 때에 상순을 잘라 잘 드는 칼로 표피를 벗겨 버리고, 속껍질을 벗겨서 물에 우린다. 우려낸 껍질을 절구에 나른하게 찧어 쌀가루에 섞어 떡을 만들거나, 그늘에 말려서 빻아 가루로 하여 두고 쓴다. 송기는 붉은색이 고우므로 송편, 절편, 색떡, 인절미 등에 쓰인다.
- 송홧가루 : 송화는 소나무의 화분으로 5월 초 소나

무 꽃이 노랗게 피면 따서 가루를 털어 말려두고 쓴다. 송화와 송기는 손질이 어려워 용도는 다식을 만들거나 꿀물에 타는 송화밀수를 만든다.

- 승검초가루 : 승검초는 당귀뿌리로 한약방에서 파는데, 절구에 찧어 고운체에 쳐서 가루를 만든다. 용도는 떡가루에 섞어 편을 만들고 콩가루나 송홧가루를 섞어서 꿀로 반죽하여 다식을 만든다.

그 외의 가루로는 대추가루, 유자가루 등을 만든다.

4) 엿기름 기르기

- 깨끗한 겉보리를 골라 일어서 씻어 다시 물에 하룻밤을 담근다.
- 다음날 채반에 건져서 물기를 빼고 시루에 시루밑을 깔고 고르게 펴서 위를 덮고 따뜻하게 두면 싹이 나온다.
- 싹이 나온 후에는 콩나물 기르듯이 물을 주는데, 물을 주기 전에 손으로 보리의 뿌리가 엉기지 않게 손으로 고루 풀어 준다. 5~6일 키우면 적당한데, 싹의 길이가 원래 보리의 길이만큼 자란 것이 적당하다.
- 싹과 뿌리가 적당히 자라면 멍석에 펴서 말렸다가 맷돌에 갈아서 체에 쳐서 두고 쓴다. 용도는 식혜, 감주, 엿을 만들 때 쓰는데, 전분을 당화시키는 작용을 한다. 엿기름은 10월경에 만드는 것이 가장 좋다.

과실의 저장

1) 유자청

유자와 모과는 향기가 훌륭하여 소주를 부어서 술을 만들거나 설탕이나 꿀에 재웠다가 차, 화채, 정과 등에 이용된다. 유자와 모과는 김장철인 초겨울에만 잠깐 나오는데, 그대로 오래 보관하기는 어려우나 설탕이나 꿀에 재워두는 당장법으로 보존하면 1년 내내 두고 요긴하게 쓸 수 있다.

유자는 싱싱한 것으로 골라서 깨끗이 씻어서 물기를 말끔히 닦고, 4등분 하여 껍질과 속을 따로 분류하여 그릇에 담는다. 유자차용으로 쓸 것은 껍질 안쪽의 흰 부분을 얇게 벗기고 가늘게 채 썰어 동량의 설탕이나 꿀로 버무려서 보존 용기에 담아둔다. 속은 알갱이를 하나씩 떼어 흰 실처럼 붙은 것을 떼어내고 씨를 발라내어 설탕이나 꿀에 버무려둔다.

정과용이나 기타 용도로 쓸 것은 4등분 한 껍질을 그대로 설탕을 켜켜로 뿌리면서 재워두면 일주일 후에는 유자의 수분이 설탕을 녹여서 맑은 유자청이 고이게 된다. 유자를 통째로 구멍을 뚫어서 설탕에 재우거나 껍질과 속을 함께 둥글게 얇게 저며서 담그기도 하나 오래 두면 속이 먼저 물러지면서 쉽게 변한다. 껍질과 소를 따로 하여야 오래 두어도 상하지 않고 유자청이 맑다.

유자차를 낼 때는 잔에 유자청 한 큰술과 채 썬 유자를 적당량 담고, 뜨거운 물을 부어서 낸다. 유자 껍질을 주전자에 물과 함께 넣어 오래 끓이면 탁해지고 쓴맛도 나므로 삼가는 편이 좋다. 여름철에는 차가운 냉수에 유자청을 타서 마신다.

2) 모과청

모과는 익으면 노란색으로 향이 아주 좋아서 최근에는 먹는 식품보다 방이나 차 안에 두고 향을 즐기는 사람들이 늘었다. 모과는 껍질이 매우 단단하고 과육도 딱딱하여 날로 먹을 수 없는 신맛이 강한 과실이다. 모과를 4등분 하여 씨 부분을 도려내고 껍질을 벗겨서 납작하게 저며 썰어 설탕이나 꿀에 버무려서 보존병에 재워두면 맑은 모과청이 생긴다. 모과차는 잔에 모과청을 한 큰술 정도 담고, 설탕에 재운 모과 조각을 주전자에 넣고 끓여서 잔에 붓는다. 모과청도 유자청과 마찬가지로 여름철에 냉수에 타서 화채를 하여 좋고, 정과를 만들거나 오래 푹 끓여서 굳혀서 모과편을 만들기도 한다.

유자청이나 모과청은 항시 건지가 액체 속에 잠기어 있도록 무거운 것으로 눌러둔다. 액체 위에 떠오르면 공기와 접하여서 곰팡이도 나고 상하므로 항상 정갈하게 간수해야 한다.

다섯,

조리의 기본

식품의 계량

능률적이면서 합리적인 조리를 하기 위해서는 식품이나 각종 조미료의 계량과 가열시간이나 조리온도를 정확히 할 필요가 있다. 또한 계량을 해야 항상 같은 맛을 내는 재현성을 높일 수 있다. 계량이란 무게, 부피, 온도, 시간의 측정을 말한다.

1) 중 량

중량은 일반적으로 물건을 놓는 곳이 위쪽에 있는 접시형 저울(500g, 1kg, 2kg)과 천평 저울(100g, 200g)이 있

표 5-1 조미식품의 중량표

(단위 : g)

식품명	1작은술 (5cc)	1큰술 (15cc)	1컵 (200cc)	식품명	1작은술 (5cc)	1큰술 (15cc)	1컵 (200cc)
물	5.0	15.0	200	마늘(다져서)	3.0	9.0	120.0
간장	5.7	17.0	230	파(다져서)	3.0	9.0	120.0
식초	5.0	15.0	200	생강(다져서)	3.0	9.0	120.0
술	5.0	15.0	200	깐 마늘			110.0
굵은 소금(호렴)	4.5	13.0	160	깐 생강			115.0
고운 소금(제재염)	4	12.0	156	화학조미료	3.5	10.5	140.0
설탕	4.0	12.0	160	고춧가루	2.0	6.0	80.0
꿀, 물엿, 조청	6.0	18.0	290	계핏가루	2.0	6.0	80.0
식물성유	4	13.0	170	겨자가루	2.0	6.0	80.0
참기름	4	13.0	170	후춧가루	3.0	9.0	120.0
고추장	6	18	240	통깨	2.0	7.0	90.0
된장	5	17	220	깨소금	2.0	6.0	80.0
새우젓	6.0	18.0	240	밀가루	3.0	8.0	105.0
멸치육젓	6.0	18.0	240	녹말가루	3.0	8.0	110.0

다. 목적에 맞는 계기를 선택하도록 하며 사용 시 다음 사항을 유의하도록 한다. 최근에는 디지털 사용이 일상화되었다.

- 저울에 달 수 있는 최소와 최대 중량을 확인한다.
- 저울의 위치를 고정시키고 수평을 맞춘다.
- 눈금을 정면에서 읽고 0자릿수를 맞춘다.
- 식품을 달거나 내릴 때는 조용히 다루고, 계량이 끝나면 바로 식품을 내려놓는다.
- 수분, 더러운 것이 묻었을 때는 즉시 닦아둔다.
- 저울을 옮길 때는 아래의 대를 들고 조용하게 옮긴다.
- 정기적으로 검사를 받는다.

또한 일상에서 사용되는 식품은 대략의 눈대중 중량을 알면 편리하다.

2) 체 적

계량기 부피를 재는 데는 일반적으로 1,000cc, 500cc들이 되와 200cc들이 계량컵과 15cc, 5cc의 계량스푼이 쓰이고 있다. 현재 우리나라의 조리서나 요리책은 대개 이 기준을 따르고 있다.

계량기는 스테인리스, 알루미늄, 플라스틱, 유리 등의 재질로 만들어져 있는데, 일상적으로는 스테인리스로 만든 제품이 위생적이고, 열에 대한 내구성도 커서 많이 쓰인다. 컵은 200cc 1컵 짜리와 1/2컵, 1/3컵, 1/4컵 들이 등이 있고, 스푼은 1큰술, 1작은술, 1/2작은술 들이 등이 있다. 현재는 미터법을 쓰지만 곡물이나 간장, 술 등은 아직도 홉, 되, 말 등의 단위가 쓰이기도 한다. 1홉은 200cc이고, 1되는 10홉이며, 1말은 10되이다. 이는 흔히 소두(小斗)라고 하는 작은 말의 단위이다. 서양에서는 나라에 따라 미터법을 안 쓰는 경우가 많다. 무게는 파운드, 온도는 화씨, 그리고 컵은 240cc인 경우가 많으므로 영어나 불어로 된 레시피(recipe)를 볼 때는 반드시 단위를 확인하도록 한다.

표준 계량기의 용량

1컵(cup) = 200cc = 약 13큰술(table spoon)

1큰술(table spoon) = 15cc = 3작은술

1작은술(tea spoon) = 5cc

계량기 사용 시 유의점

- 사용하는 계량컵이나 스푼에 물이나 기름을 묻히지 않는다.
- 기름이나 간장 등의 액체 식품은 표면장력에 의하여 컵이나 스푼에 약간 솟아오를 정도로 가득 채워서 잰다.
- 밀가루나 설탕 등의 재료는 덩어리가 있으면 대강 부수어 체에 쳐서 고르게 한 다음, 컵이나 스푼에 가볍게 담고, 윗면을 수평이 되도록 깎아서 잰다.
- 가루 재료는 흔들거나 꼭꼭 눌러 담지 않는다. 밀가루나 설탕 등의 입자가 적은 재료의 경우는 눌러 담을 때와 체에 쳐서 담을 때와 체적의 변화가 크다. 같은 체적이라도 중량이 현저하게 차이가 나므로 주의한다.
- 된장이나 다진 고기 등은 빈 공간이 없도록 채워서 윗면을 수평이 되도록 깎아서 잰다.
- 쌀이나 팥 등의 입자형의 식품은 컵에 가득 담아 살짝 흔들어서 윗면을 수평이 되도록 깎아서 잰다.

표 5-2 식품의 중량표

분류	식품명	계 량	중량(g)	식품명	계 량	중량(g)	식품명	계 량	중량(g)
곡류	백미	1컵	160	밀	1컵	160	옥수수	1컵	155
	현미	1컵	160	대두	1컵	160	차조	1컵	160
	찹쌀	1컵	160	녹두	1컵	170	메조	1컵	165
	보리쌀	1컵	180	팥	1컵	165	기장쌀	1컵	160
	압맥	1컵	110	강낭콩	1컵	160	수수	1컵	180
	참깨	1컵	120	들깨	1컵	110	흑임자	1컵	110
각종 가루	밀가루(강력분)	1컵	105	콩가루(생것)	1컵	98	잣가루	1컵	90
	밀가루(중력분)	1컵	105	콩가루(볶은 것)	1컵	85	도토리녹말	1컵	130
	밀가루(박력분)	1컵	100	팥가루	1컵	125	칡녹말	1컵	140
	차수숫가루	1컵	90	메줏가루	1컵	80	거피팥고물	1컵	114
	쌀가루	1컵	100	엿기름가루	1컵	115	볶은거피팥고물	1컵	108
건과류	구기자	1컵	70	잣	1컵	140	대추	1컵	70
	오미자	1컵	100	밤(껍질 까서)	1컵	160	호두(껍질 까서)	1컵	80
	모과(말린 것)	1컵	60	곶감	1개	40	은행(껍질 까서)	1컵	160
채소	배추	1개	2,000	오이	1개	200	마늘	1통	30
	무	1개	1,000	애호박	1개	300	생강	1쪽	20
	감자	1개	200	양파	1개	200	굵은 파	1뿌리	80
	고구마	1개	150	풋고추	1개	15	실파	1뿌리	20
	연근	1개	200	가지	1개	150	다홍 고추	1개	20
	토란	1개	45	쑥갓	1단	230	부추	1단	250
	우엉	1개	200	시금치	1단	250	미나리	1단	250
	당근	1개	200	상추	1단	300	달래	1단	80
	양배추	1개	800	두릅	10개	120	도라지	5뿌리	100
	양상추	1개	400	더덕	5개	120	고사리	1컵	200
	죽순(삶아서)	1개	200	표고버섯(날것)	5개	85	고비	1컵	200
	숙주나물	1봉	300	느타리버섯(날것)	5개	85	콩나물	1봉	300
육류·어패류	쇠고기(다져서)	1컵	200	민어	1마리	2,000	중하	1마리	50
	돼지고기(다져서)	1컵	200	농어	1마리	2,000	대하	1마리	100
	닭고기(다져서)	1컵	200	조기	1마리	400	홍합살	1컵	200
	꿩	1마리	1,000	도미	1마리	1,000	새우살	1컵	120
	닭	1마리	1,200	넙치	1마리	1,100	조갯살	1컵	200
	오징어	1마리	500	준치	1마리	700	굴	1컵	200
	낙지	1마리	200	갈치	1마리	600	마른오징어	1마리	100
	갑오징어	1마리	500	고등어	1마리	600	북어포	1마리	70
	해삼	1마리	100	동태	1마리	600	암치	1장	700
	전복	1개	200	전갱이	1마리	300	뱅어포	1장	20
	꽃게	1마리	300	정어리	1마리	150	마른멸치	1컵	50
과실류	사과	1개	250	참외	1개	300	레몬	1개	150
	배	1개	400	복숭아	1개	140	딸기	1개	20
	감	1개	200	자두	1개	40	앵두	1컵	150
	귤	1개	100	유자	1개	110	수박	1개	2,000
기타	달걀	1개	55	메추리알	1개	15	두부	1모	250
	김	5장	5	미역(불려서)	1컵	150	우유	1컵	200

주 : 채소, 과일, 생선 등은 중간 정도의 크기를 기준으로 하였다.

계량기의 눈대중과 손대중 음식의 맛을 정확히 하기 위해서는 정확한 계량이 이루어져야 한다. 그리하여 항상 저울과 계량컵, 계량스푼 등을 비치하여 사용하도록 한다. 그리고 항상 쓰이는 식품들은 눈대중이나 손대중으로 식품 분량을 재서 사용하면 한결 편리하다.

표 5-2는 식품별 계량컵으로 한 컵과 개별 단위의 표준 중량표이다.

3) 온 도

식품의 조리과정 중이나 오븐 등의 조리기기를 이용하여 조리하는 경우 적합한 온도로 제어하기 위해 정확한 온도를 알 필요가 있다.

특히, 튀김조리와 오븐조리를 하는 경우에 필요하며, 달걀의 가열조리와 빵이나 식혜 등의 발효온도를 일정하게 유지할 때 필요하다.

젤라틴이나 한천을 이용하여 굳히는 조리와 냉동품의 저장 등에도 온도 제어가 필요하다. 보통은 막대 모양의 온도계를 사용하지만 100℃ 이하의 경우는 알코올 온도계, 100~300℃의 높은 온도를 잴 때에는 수은 온도계가 적당하다.

4) 폐기율

식품의 재료들은 모든 부분을 다 먹을 수는 없다. 조리할 때는 미리 폐기율을 고려하여 가식 부분을 기준으로 삼는다. 식품재료의 구입과 조달을 할 때는 식품마다의 폐기율을 고려하여야 한다. 조리에 쓸 식품 재료의 양은 다음과 같이 산출한다.

$$\text{식품재료의 양} = \frac{\text{가식 부분의 양}}{100-\text{폐기율}} \times 100$$

기본 조리기구

1) 칼

우리나라 재래식 식칼의 모양은 칼끝이 날카롭게 올라가 있고 손잡이가 둥근 나무로 되어 있다. 현재는 재래식 식칼은 거의 쓰이지 않고 대개는 서양식과 일본식 칼의 변형된 모양이 많이 쓰이고 있다.

- 일반 조리용 칼 : 서양식 칼로 프렌치 나이프라고 하는데, 전문요리사는 날의 길이가 30cm 이상의 순강철로 만든 칼을 쓴다. 가정용이나 여성에게는 날의 길이가 25cm 정도로 스테인리스로 만든 칼이 다루기가 쉽고 간수하기에도 편리하다. 육류 · 어류 · 채소류를 얇게 썰거나 잘게 썰 때 쓰인다.
- 창칼 : 서양식 창칼은 프렌치 나이프와 똑같은 모양의 칼로 날의 길이가 12~15cm 정도의 작은 칼로 페티 나이프라고 한다. 우리나라의 식칼에도 작은 모양의 창칼이 있으나 대체로 서양식 칼을 많이 쓴다. 채소나 과일의 껍질을 벗기거나 뿌리를 다듬을 때 쓰인다.
- 그 외 용도의 칼 : 뼈 있는 생선이나 육류를 토막 낼 때는 칼의 날이 두껍고 무거운 칼이 적당하다. 그리고 생선을 포 뜰 때는 날이 가늘고 긴 생선회 전용의 일본식 칼이 편리하다.

2) 도 마

도마의 크기와 개수

도마의 크기는 다지거나 썬 것을 도중에 옮기지 않아도 쓸 수 있을 정도의 크기(40×60cm 정도)가 좋다. 영업장의 조리용 도마는 크기가 가정용의 두 배 이상으로 큰 것이 편리하다. 그리고 도마의 개수는 생선과 육류용, 채소와 과일용 각각 두 장이 필요하고, 각각을 앞뒤로 가열해서 먹는 것과 날로 먹는 것을 다루는 것을 나누어 쓰면 이상적이다. 플라스틱 도마는 여러 가지 색이 나오므로 구분해서 쓰도록 한다.

도마의 종류

- 나무 도마 : 적당한 굳기와 탄력성이 있어 칼날이 부드럽게 닿는다. 플라스틱에 비하여 상처가 나기는 쉽지만 매일 뒤처리를 잘하면 깨끗하게 쓸 수 있다. 재질은 은행나무, 후박나무, 버드나무 등이 단단하여 좋다.
- 플라스틱 도마 : 나무 도마에 비해 미끄러지기 쉽고 날이 닿는 감촉이 나쁘다. 그러나 상처가 깊이 생기지 않고 냄새도 배지 않으므로 위생적이다.

도마의 올바른 사용법

마른 것을 썰 때를 제외하고는 반드시 물을 적신 후 행주로 물기를 닦고 나서 사용한다. 쓰고 나서는 반드시 물로 씻은 다음에 더운물로 소독하도록 한다. 바로 더운물로 씻으면 단백질이 응고하여 더러움이 쉽게 없어지지 않는다.

하루 일이 전부 끝나면 세제를 뿌리고 수세미로 문질러 씻는다. 물기를 닦고서 통풍이 잘 되는 곳에 세워서 보관한다. 한 달에 한 번 정도는 소독을 한다. 큰 도마라도 소독액을 담은 그릇에 걸쳐놓고 젖은 행주를 펴서 걸쳐 놓으면 윗부분까지 표백액이 스며들어 소독이 잘된다.

3) 행 주

행주는 식용의 식품들을 직접 다루는 조리용, 그릇의 물기를 닦거나 윤을 내는 그릇용 그리고 조리대를 닦고 훔치는 용도로 구분하여 쓰도록 한다.

- 소창행주 : 조리용은 면인 소창으로 대 · 중 · 소의 세 가지 크기가 있으면 편리하다. 절였던 채소를 싸서 물기를 짜거나 국물을 거를 때에 많이 쓰인다.
- 마행주 : 그릇이나 상을 마른 행주질하거나 유리컵 윤을 낼 때는 마직의 행주가 보푸라기가 묻지 않고 맑게 닦인다.
- 타올행주 : 식탁이나 조리대를 닦는 것은 흡수성이 좋은 면 타올행주가 적당하다.
- 키친페이퍼 : 소금을 뿌린 재료의 물기를 거두거나 육수의 기름기를 걷어낼 때에 쓰고, 튀김이나 전을 페이퍼 위에 놓으면 기름을 흡수한다.

4) 가열 조리용 기구

냄비류

큰 냄비는 많은 분량의 육수를 끓이거나 찜을 할 때에 많이 쓰인다. 되도록 두꺼운 재질로 깊고 둘레가 좁은 것이 오랫동안 가열하는 동안에 증발량이 적어서 좋다.

일반 조리에 가장 많이 쓰이는 중간 크기의 냄비는 양손잡이와 한손잡이가 있다. 지름 20cm까지는 한손잡이냄비가 쓰기에 편리하다.

찜냄비 증기를 이용하여 음식을 쪄서 조리할 때에 이용한다. 예전에는 물을 담는 부분과 찌는 공간이 하나인 깊이가 아주 깊은 찜통인 일명 들통이라는 것을 이용하였으나 이는 도중에 물을 보충하기도 어렵고 쓰기에도 불편하다. 물을 담는 냄비와 위에 얹는 구멍 뚫린 부분이 따로 되어 있는 것이 편리하다.

번철 · 프라이팬 예전의 번철은 솥뚜껑을 엎어 놓은 모양으로 둘레도 큰 편이었다. 요즈음은 서양식 프라이팬을 쓰고 있다. 재질은 쇠로 만든 두꺼운 것이 좋다.

석 쇠 직화로 굽는 조리에 이용한다. 김을 굽거나 생선 · 고기 등을 굽는다. 연기가 많이 나므로 요즈음은 알루미늄 포일을 깔고서 굽는 경우도 종종 있다. 석쇠는 쓰고 나서는 음식물이 타서 붙은 것을 반드시 씻어서 없애고 말려 두어야 한다.

5) 그 외의 조리 도구

소쿠리 · 망체 씻은 채소를 건져 물기를 빼거나 삶은 국수를 헹구어 건질 때는 밑이 둥근 대소쿠리나 플라스틱이나 스테인리스의 망체가 편리하다.

체 떡가루나 각종 가루를 곱게 칠 때에 쓰인다. 망의 눈금이 거친 어레미와 중간 눈금의 체와 고운 눈금의 체가 있다.

채 반 싸리나 대 · 플라스틱으로 만들어진 것으로 소쿠리와 마찬가지로 씻은 채소나 국수를 건져 놓기도 한다. 그리고 전이나 빈대떡을 지져내어 담고, 채소나 육포 등을 널어서 말릴 때에 많이 쓰인다.

국자 · 뒤집개 · 나무주걱 · 대나무젓가락
국자는 국물 있는 음식을 덜 때에 쓴다. 뒤집개는 음식을 번철에 지질 때나 뒤집을 때에 쓰인다.

나무주걱은 밥을 풀 때나 죽을 쑤거나 볶는 조리를 할 때에 쓰인다.

조리용 젓가락은 대나무로 만든 것이 쓰기에 편리하다. 튀김용은 길이가 긴 대나무로 만든 젓가락이 좋고, 일반 조리용은 30cm 정도의 길이가 적당하다.

온도계 조리용 온도계로는 알코올 온도계, 수은 온도계와 튀김용 젓가락에 붙은 온도계가 있다. 튀김 기름의 온도를 재기 위해서는 200~300℃까지 잴 수 있는 알코올이나 수은 온도계가 적합하다. 최근에는 디지털 온도계를 많이 사용한다.

조리용 가위 손으로 잡아서 움직이기 편하고 적당히 무게가 있으면서 날이 잘 맞는 것으로 고른다. 녹이 슬지 않는 스테인리스로 만든 것이 좋다.

강 판 과일을 갈아 과즙을 내거나 생강, 무 등을 갈 때에 쓴다. 구리, 스테인리스, 알루미늄 등 금속이나 사기로 만든 것이 내구성이 있다. 플라스틱 제품은 값은 싸지만 날이 쉽게 없어진다.

절 구 깨소금을 빻거나 곡물을 가루로 만들거나 떡을 칠 때 필요하다. 주방에서는 큰 것보다 지름이 30cm 정도의 돌절구가 여러 가지로 이용하기에 편리하다.

시 루 시루떡을 찔 때에 시루에 맞는 시루밑을 깔고 떡가루를 안쳐서 찐다. 시루는 크기가 맞는 솥이나 냄비에 얹어 번가루를 반죽하여 시루와 냄비 사이에 붙여서 김이 새어나가지 않도록 한다. 근래에는 중국식 대나무찜통을 많이 활용하고 있다.

맷돌 · 전기 믹서 곡물을 가루를 내거나 불린 콩이나 녹두를 가는 데에 쓰인다. 요즈음 가정에서는 적은 분량인 경우는 전기 믹서를 많이 이용한다.

조리작업의 분류

조리는 한 가지의 작업이 아니라 그림 5-1과 같이 여러 가지 작업이 합해져서 이루어진다. 거의 모든 조리에서 다 일어나는 공통적이고 기본적인 작업과 바로 그 조리의 성격을 나타내는 주작업으로 나눌 수가 있다. 가열작업은 주로 주작업인 경우가 많다.

- 기본적인 작업 : 계량, 씻기, 담그기, 썰기, 갈기, 으깨기, 섞기, 식히기, 냉동, 해동
- 주된 조리작업 : 가열하기, 무치기, 굳히기

표 5-3 가열작업의 종류

열 원	가열방법		열 전달 매체	주된 전열법
있음	습열가열	끓이기	물	대류
		삶기	물	대류
		밥짓기	물	대류
		찌기	물(증기)	대류(응축)
	건열가열	튀기기	기름	대류
		직화에 굽기	–	방사(복사)전도
		간접 굽기	금속판 등	대류, 전도, 방사(복사)
		오븐에 굽기	공기, 금속판	
없음	마이크로파 가열 (전자레인지 가열)		없음	

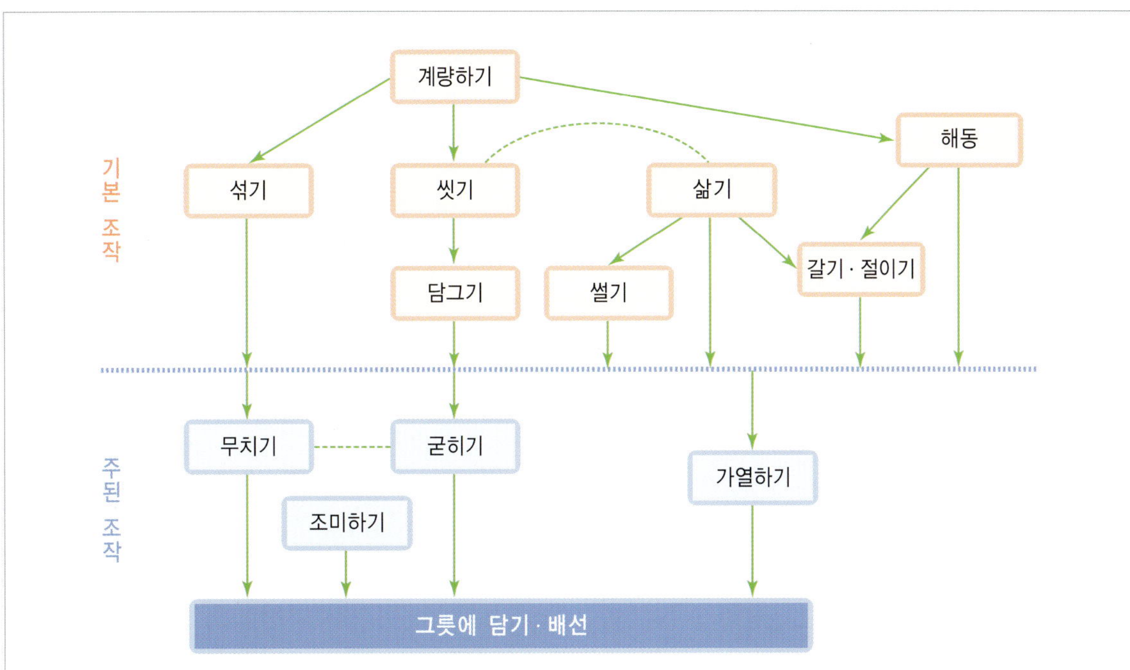

그림 5-1 조리의 흐름

칼의 사용법과 손질

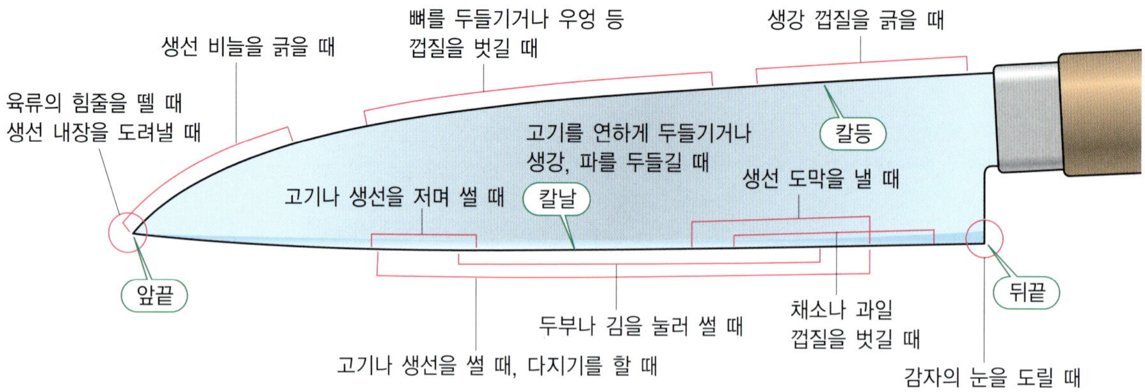

그림 5-2 칼의 부분 명칭과 용도

1) 칼의 사용법

- 오른 손잡이는 자루를 손바닥으로 싸듯이 잡는다. 되도록 칼날의 연결 부분을 꼭잡는다. (사진 ①)
- 인지를 펴서 칼등에 대도 상관없다. (사진 ②)
- 왼손은 손가락을 꺾어 제1관절을 칼의 옆부분에 닿도록 한다. 왼손이 조금씩 비껴가는 데에 따라서 써는 재료의 두께가 조절된다. (사진 ③)
- 손가락을 펴거나 엄지손가락으로 누르는 것은 대단히 위험하고 써는 방법도 일정하지 않다. (사진 ④)

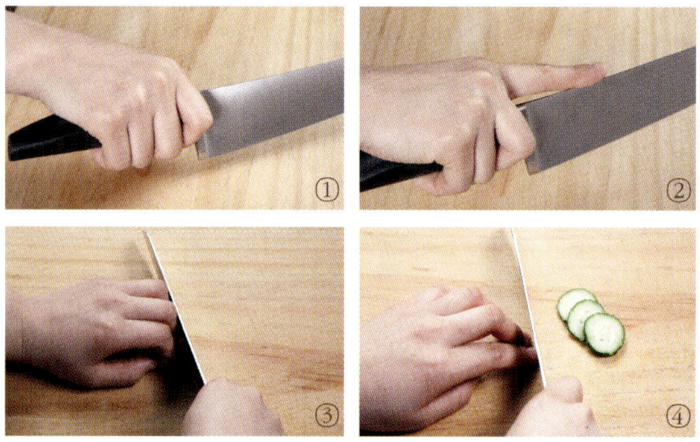

그림 5-3 칼 잡는 법

2) 작업의 올바른 자세

- 몸의 오른쪽을 조금 뒤쪽으로 하고 약간 어슷하게 선 상태에서 다리는 자연스럽게 벌리고 선다. (사진 ①)
- 몸은 도마에서 주먹 하나 정도의 간격을 둔다. (사진 ②)
- 몸을 도마를 두고 똑바르게 서면 칼이 도마에 대하

그림 5-4 작업의 올바른 자세

여 사선이 되어 도마의 넓이 전부를 유효하게 쓸 수가 없다. (사진 ③)

3) 칼 갈기와 손질

강철로 만든 칼뿐만 아니라 스테인리스로 만든 칼도 갈면 잘 든다. 한 달에 1~2번 이상은 반드시 갈도록 한다. 숫돌은 중간 정도의 거친 것이 쓰기에 편리하다.

숫돌은 쓰기 전에 5분 정도 물에 담가 충분히 물을 흡수시킨 다음 아래에 젖은 행주를 깔고 숫돌을 안정되게 놓는다.

- 숫돌과 칼의 눕힌 각도는 10원짜리 동전 두 개 정도를 겹쳐서 반 정도 가려진 각도가 적당하고 숫돌에 45°가 되도록 놓는다. (사진 ①)
- 숫돌의 왼쪽 끝에 칼날이 앞쪽으로 오도록 놓고 가운데의 세 손가락 끝을 가볍게 대고 전후로 약 20~30회씩 움직인다. 밀 때는 힘을 주고 당길 때는 가볍게 힘을 뺀다. 칼날의 위치에 손가락을 차례로 조금씩 밀려서 대어 마찬가지 요령으로 칼의 손잡이 쪽의 끝까지 똑같은 각도로 간다. (사진 ②, ③)
- 뒤집어서 칼의 앞끝을 숫돌의 왼쪽 위에 놓고 전후로 약 10~15회씩 움직인다. 이때는 당길 때 힘을 주고 밀 때 힘을 빼야 칼날이 꺾이지 않는다. (사진 ④)
- 칼의 손잡이 가까이까지 갈았으면 칼을 숫돌에 수직이 되게 놓고 간다. 나무에 칼날을 1~2번 끌어당겨서 칼날을 잡아주고 앞 · 뒤를 크게 한 번씩 사선으로 갈면 된다. (사진 ⑤)
- 철로 만든 칼은 잠시만 젖은 채로 두어도 바로 녹이 슬기 때문에 하루 일이 끝나면 연마제가 들어 있는 클린저를 묻힌 스펀지로 문질러서 더운 물을 부어서 씻어낸다. 그리고 반드시 마른 행주로 수분을 닦아내고 건조시킨다. 칼에 녹이 슬면 클린저를 뿌리고 코르크 마개 등의 단단한 것으로 문지르면 벗겨진다. (사진 ⑥)

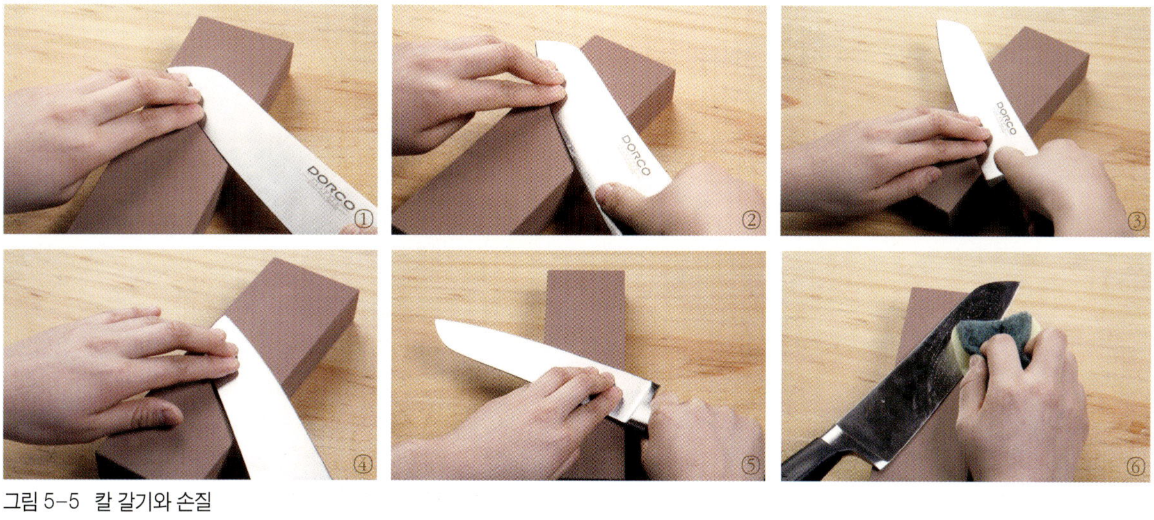

그림 5-5 칼 갈기와 손질

썰 기

1) 썰기의 기본 동작

써는 식품의 종류 및 용도에 따라서 칼의 사용 부분과 동작의 방향이 정해진다. 칼은 칼날의 끝과 중앙, 칼등 부분 등으로 나누어 사용한다.

밀어 썰기(1) 무, 양배추, 오이 등을 채 썰 때 사용하는 방법이다. 오른쪽 검지손가락을 칼등에 대고 칼을 끝쪽으로 미는 듯하게 가볍게 움직이면 곱게 썰어진다. 위에서 아래로 내리누르듯이 힘을 주면 채소의 섬유가 파괴되고 썰린 단면이 거칠어진다.

밀어 썰기(2) 큼직한 호박이나 무 등을 토막 낼 때의 방법이다. 칼을 안쪽에서 끝쪽으로 밀어 넣는 듯한 기분으로 재료에 넣고 왼손으로 칼끝 쪽을 누른 채 이쪽저쪽으로 번갈아 힘을 주면서 쪼개듯이 썬다.

밀어 썰기(3) 두부, 순대나 샌드위치, 김밥 등 말랑말랑하고 속에 무엇이 들어 있는 재료를 썰 때 무조건 힘을 주어 눌러 썰면 속 재료가 삐져나와 지저분해진다. 우선 칼끝을 재료의 앞쪽에 밀듯이 가볍게 넣고 미끄러지듯 단번에 썬다.

잡아당겨 썰기 칼의 안쪽은 들어 올리고 칼끝을 재료에 비스듬히 댄 채 잡아당기듯 하며 써는 것이다. 오징어를 채 썰 때 이 방법을 사용한다. 재료는

밀어 썰기(1)

밀어 썰기(2)

밀어 썰기(3)

잡아당겨 썰기

눌러 썰기

저며썰기

그림 5-6 썰기의 기본 동작

썰어진 채로 그대로 있으므로 그 밑으로 칼을 뉘어서 넣고 살짝 들어서 그릇으로 옮겨 담으면 된다.

눌러 썰기 다져 써는 방법의 하나로, 왼손으로 칼끝을 가볍게 누르고 오른손을 상하좌우로 움직여 누르듯 하면서 써는 것이다. 그냥 다지는 것보다 재료가 흩어질 염려가 적으며 흩어진 것은 다시 모아 같은 동작을 반복하면 곱게 다져진다.

저며썰기 재료의 왼쪽 끝에 왼손을 얹고 오른손으로는 칼을 뉘어서 재료에 넣은 다음 안쪽으로 잡아당기는 동작으로 얇게 써는 것이다.

2) 기본 썰기

기본 썰기의 근본 목적은 식품의 맛을 살리면서 조리하기 쉽게, 먹기 쉽고 소화하기 쉽게 하는 것이다. 칼날의 여러 부위를 적절하게 이용하여 일정한 두께로, 일정한 폭으로, 가지런한 모양으로 자를 수 있도록 그림 5-7과 같이 12가지의 기본 썰기가 있다.

통썰기 모양이 둥근 오이, 당근, 연근을 통째로 써는 방법으로 두께는 재료와 음식에 따라 다르게 조절하며 보통 조림, 국, 절임 등에 이용된다.

반달썰기 무, 호박, 당근, 고구마, 감자 등 통으로 썰기에 큰 재료들은 길이를 반을 가른 후 썰어 반달 모양이 되게 한다. 호박이나 동치미를 썰거나 찜요리에 쓰인다.

은행잎썰기 재료를 길게 십자로 4등분 한 다음 고르게 은행잎 모양으로 썬 것이다. 감자, 무, 당근 등을 조림이나 찌개에 이용할 때 주로 쓰인다.

얄팍썰기 재료를 원하는 길이로 토막 낸 다음 고른 두께로 얇게 썰거나 재료를 있는 그대로 얄팍하게 써는 방법으로 무침이나 볶음에 주로 쓰인다.

어슷썰기 오이, 당근, 파 등 가늘고 길쭉한 재료를 적당한 두께로 어슷하게 써는 방법이다. 썰어진 단면이 넓어 맛이 배기 쉬우므로 조림에 좋다.

골패썰기 · 나박썰기 둥근 재료를 토막 낸 다음 네모지게 가장자리를 잘라내고 직사각형으로 얇게 썬 것으로 사각형으로 얇게 썰면 나박썰기가 된다.

깍둑썰기 무, 감자, 두부 등을 막대썰기 한 다음 다시 주사위처럼 썬 것이다. 깍두기, 조림, 찌개 등에 흔히 이용하는 썰기 방법이다.

채 썰기 얄팍썰기한 것을 비스듬히 포개어 놓고 손으로 가볍게 누르면서 가늘게 썬 것으로 보통 생채나 생선회에 곁들이는 채소를 썰 때 쓰인다.

다져썰기 채 썬 것을 가지런히 모아서 잡은 다음 직각으로 잘게 써는 방법이다. 파, 마늘, 생강, 양파 등 양념을 만드는 데 주로 쓰인다.

막대썰기 재료를 원하는 길이로 토막 낸 다음 알맞은 굵기의 막대 모양으로 써는 방법으로 무 · 오이 장과나 적에는 이처럼 썬다.

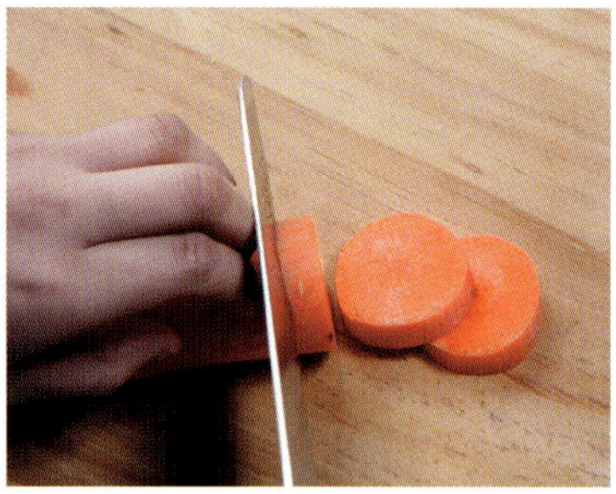

통썰기

반달썰기

은행잎썰기

얄팍썰기

어슷썰기

골패썰기 · 나박썰기

깍둑썰기

채 썰기

다져썰기

막대썰기

마구썰기

깎아썰기

그림 5-7 기본 썰기 방법

마구썰기 오이나 당근 등 가늘면서 길이가 있는 재료를 한 손으로 빙빙 돌려가며 한 입 크기로 각이 지게 써는 방법으로 단단한 조림이나 찜용 채소에 쓰인다.

깎아썰기 우엉 등의 재료를 돌려가며 연필 깎듯이 칼날의 끝부분으로 얇게 써는 방법이다. 무 등 굵은 것은 칼집을 여러 번 넣은 다음 썬다.

3부 한국음식 조리의 실제

한국인의 식생활은 곡물로 지은 밥을 주식으로 하고 다양한 재료로 만든 찬물을 부식으로 먹는다. 아침저녁의 식사는 보통 흰쌀밥이 주식이고, 찬물로 국 또는 찌개와 김치는 기본으로 차리며, 반찬은 형편에 따라 몇 가지를 마련하는데, 계절에 따라 맞는 제철 식품을 선택하여 재료와 조리법이 중복되지 않도록 구성한다. 그리고 후식으로는 떡과 과자, 차와 찬 음료인 음청류가 있다.

하나,

주식의 조리

인간은 참으로 여러 가지 식품을 먹는다. 민족에 따라 식생활의 내용은 동물성 식품 또는 식물성 식품으로 치우친다. 이는 그 민족이 처음 정착하여 살게 된 자연 환경에 좌우된다. 우리나라는 5000여 년 전부터 원시 농경을 시작하여 기후나 지형적으로 적합한 벼농사를 지어왔다. 벼는 현재에 이르기까지 가장 중요한 곡물로 주식이 되었다. 이와는 대조적으로 밀의 휴경지에는 풀이나 다른 곡물을 심어 방목을 하게 된다. 이에 곡물의 안정된 공급이 어렵고 가축을 많이 키우게 되었다. 따라서 곡물인 밀은 주식이 될 수 없고, 빵은 육류를 맛있게 먹기 위한 곁들이 역할에 불과하였으며 주식과 부식의 구별이 모호하다.

우리의 식생활은 주식과 부식의 구별이 확실하다. 주식으로는 곡물에 물을 넣어 끓여서 익힌 호화된 전분인 밥으로 하고, 부식으로는 곡물 외의 채소, 어류, 육류 등으로 찬물을 만든다. 맥을 가루로 한 밀가루로 국수를 만들거나 만두를 만드는 경우도 간혹 있으나 가장 일상적인 주식은 쌀로 지은 흰밥이다.

밥

흰밥 | 보리밥 | 밤밥 | 콩밥 | 팥밥 | 팥찰밥 | 현미밥 | 오곡밥 | 김치밥 | 콩나물밥 | 장국밥 | 비빔밥

죽·미음·응이

죽	흰죽 | 녹두죽 | 팥죽 | 타락죽 | 잣죽 | 흑임자죽 | 호박죽 | 호박범벅 | 전복죽 | 장국죽 | 아욱죽
미음	쌀미음 | 조미음 | 속미음 | 삼합미음
응이	율무응이 | 오미자응이

면·만두·떡국·수제비

면	온면 | 면신선로 | 제물칼국수 | 냉면 | 회냉면 | 냉콩국수 | 비빔면
만두	석류탕 | 만둣국 | 규아상 | 편수 | 준치만두 | 메밀만두
떡국	떡국 | 조랭이떡국
수제비	수제비

흰 밥

우리나라의 일상적인 주식은 쌀로 지은 흰쌀밥이다. 잡곡을 섞지 않고 멥쌀로만 지은 밥으로 일상의 주식이 되며 흰색의 밥이므로 백반(白飯)이라고도 한다.

| 재료 및 분량 (4인분) |

멥쌀 3컵 / 물 3⅓컵

| 만드는 법 |

1 쌀은 밥을 짓기 약 30분 전에 깨끗이 씻어 물에 불려서 소쿠리에 건져 물기를 뺀다.
2 두꺼운 솥이나 냄비에 쌀을 담고 밥물을 부어 센 불에 올려 끓인다.
3 한번 끓어오르면 중불로 약하게 줄여서 쌀알이 퍼지면 불을 아주 약하게 줄여서 뜸을 들인다.

보리밥

보리밥은 쌀에 섞어서 밥을 짓지만 순전히 보리만으로도 밥을 짓는다. 보리는 시중에 통보리와 납작보리가 판매되고 있다. 예전에 경제 사정이 어려울 때에는 꽁보리밥도 먹었으나 요즈음에는 보리 혼식도 거의 없어져 가고 있다. 보리를 쌀에 섞어서 밥을 지으면 씹히는 촉감은 약간 껄끄럽지만 영양적으로는 우수하다. 쌀에 비해 보리에는 단백질, 지방, 칼슘, 철분, 비타민 B군과 섬유소가 풍부하게 들어 있다.

통보리를 넣어 보리밥을 지을 때는 미리 보리쌀을 잘 대껴서 씻어 물을 넉넉히 넣고 푹 삶는다. 할맥이나 납작보리는 쌀과 마찬가지로 한데 씻어서 섞어 바로 지어도 된다. 보리밥 밥물의 비율은 흰쌀밥보다 약간 적게 잡는다. 또한 여름철 보리밥에 열무김치와 고추장을 넣어 비벼서 먹었던 것은 우리나라 사람이라면 누구나 잊지 못하는 추억이 어린 고향의 맛이다.

| 재료 및 분량 (4인분) |

멥쌀 2½컵 / 통보리 ½컵 / 물 3⅓컵

| 만드는 법 |

1 쌀은 밥을 짓기 약 30분 전에 깨끗이 씻어 물에 불려서 소쿠리에 건져 물기를 뺀다.
2 통보리는 잘 대껴서 씻어 물을 충분히 붓고 삶아 소쿠리에 건져 놓는다.
3 쌀과 삶은 보리를 섞어서 냄비나 솥에 안친 후 밥물을 붓고 센 불에 올려 끓인다.
4 한번 끓어오르면 중불로 약하게 줄이고, 쌀알이 퍼지면 불을 아주 약하게 줄여서 흰밥보다 충분히 뜸을 들인다.

밤 밥

가을철 햇밤이 많이 나올 때 해먹는 별미밥이다. 가을철에는 날밤을 껍질을 벗겨 넣고 때로는 말린 황률을 미리 한번 삶아 합하여 짓기도 한다. 그리고 팥 삶은 물로 밥물을 부어서 짓기도 한다. 연한 붉은색이 날 정도로 밥을 지으면 운치가 있고 계절감을 느낄 수 있다.

| 재료 및 분량 (4인분) |

멥쌀 3컵 / 밤(중) 20개 / 물 4컵 / 소금 1작은술

| 만드는 법 |

1 쌀은 밥을 짓기 약 30분 전에 깨끗이 씻어 물에 불려서 소쿠리에 건져 물기를 뺀다.
2 밤은 겉껍질을 벗긴 다음 물에 담가 속껍질까지 깨끗이 벗겨 두세 조각으로 썰어서 물에 담가 둔다.
3 쌀과 껍질 벗긴 밤을 합하여 섞어 냄비나 밥솥에 안친 후 밥물에 소금을 타서 부어 불에 올려 끓인다.
4 한소끔 끓어오르면 중불로 줄이고, 쌀알이 퍼지면 불을 약하게 하여 뜸을 들인 후 위아래를 잘 섞어 밥그릇에 푼다.

밤밥

콩밥

콩 밥

밥에 섞는 콩의 종류는 매우 다양하다. 여름철이나 가을철에는 깍지에서 바로 깐 풋콩, 검은밤콩, 강낭콩, 완두콩 등을 바로 쌀에 섞어서 밥을 짓는다. 마른 검은콩(흑태), 청태, 밤콩, 강낭콩 등은 미리 물에 충분히 불려서 밥을 지어야 속까지 잘 익는다.

콩은 곡류 중에 단백질을 가장 많이 함유하며 지방과 무기질, 비타민 등의 영양소도 매우 풍부하여 쌀과 혼식을 하면 쌀의 부족한 영양소를 보완해 준다.

| 재료 및 분량 (4인분) |

멥쌀 3컵 / 마른 콩(또는 풋콩) ½컵 / 물 4컵

| 만드는 법 |

1 쌀은 밥을 짓기 약 30분 전에 깨끗이 씻어 물에 불려서 소쿠리에 건져 물기를 뺀다.
2 마른 콩은 물에 충분히 불려서 소쿠리에 건져 물기를 뺀다.
3 쌀과 불린 콩을 합하여 섞은 다음 냄비나 솥에 안쳐 밥물을 부어 불에 올려 끓인다.
4 한번 끓어오르면 중불로 줄이고, 쌀알이 퍼지면 불을 약하게 하여 뜸을 들인 후 위아래를 잘 섞어 밥그릇에 푼다.

팥 밥

팥밥은 만드는 법이 여러 가지이다. 가장 흔한 것은 붉은 팥을 미리 삶아서 쌀과 함께 짓는 방법이다. 마르지 않은 부등팥은 미리 삶지 않고 그대로 씻어 쌀과 함께 지으면 된다. 그리고 삶은 팥알은 넣지 않고 팥 삶은 물을 밥물로 하여 짓는 팥밥도 있다. 이를 홍반(紅飯) 또는 중등밥이라 한다.

| 재료 및 분량 (4인분) |

멥쌀 3컵 / 붉은팥 ½컵 / 물(팥 삶은 물과 합하여) 4컵

| 만드는 법 |

1 쌀은 밥을 짓기 약 30분 전에 깨끗이 씻어 물에 불려서 소쿠리에 건져 물기를 뺀다.
2 팥은 씻어서 충분히 잠길 정도의 물을 부어 불에 올려 끓어오르면 따라 버리고, 다시 3컵 정도의 물을 부어 삶아 건진 후 팥물은 따로 받아놓는다.
3 쌀과 삶은 팥을 합하여 냄비나 솥에 안치고, 팥 삶은 물과 물을 합하여 밥물을 계량하여 부은 다음 불에 올린다.
4 한번 끓어오르면 중불로 줄이고, 쌀알이 퍼지면 불을 약하게 하여 뜸을 들인 후 위아래를 잘 섞어 밥그릇에 푼다.

팥찰밥

팥밥은 보통 멥쌀과 붉은팥으로 지으나 찹쌀로 팥밥을 짓기도 한다. 찰밥에는 팥 이외에 밤이나 대추를 섞어 짓기도 한다. 찰곡식에는 전분질 중 아밀로오스보다 아밀로펙틴의 함량이 많아 끈기가 있으며 독특한 맛과 질감이 있다. 찰곡식으로 밥이나 떡을 할 때는 소금을 넣어 간을 잘 맞추어야 맛이 있다. 팥찰밥은 보통 밥짓기처럼 삶은 팥과 찹쌀과 함께 넣어 짓기도 하나 찜통이나 시루에 베보자기나 무명보를 깔고 찌는 방법도 있다. 찌는 도중에 소금물을 서너 차례 고루 뿌리고 위아래를 섞도록 한다.

| 재료 및 분량 (4인분) |

찹쌀 3컵 / 붉은팥 ½컵 / 물(팥 삶은 물과 합하여) 3⅓컵 / 소금 1작은술

| 만드는 법 |

1 찹쌀은 밥을 짓기 약 2시간 전에 깨끗이 씻어 물에 불려서 소쿠리에 건져 물기를 뺀다.
2 팥은 씻어서 충분히 잠길 정도의 물을 부어 불에 올려서 끓어오르면 따라 버리고, 다시 4컵 정도의 물을 부어 팥알이 터지지 않을 정도로 삶아서 건진 후 팥물은 따로 받아둔다.
3 찹쌀과 삶은 팥을 섞어서 냄비나 밥솥에 안치고, 팥 삶은 물과 물을 합하여 계량하여 소금을 타서 밥물을 부어 불에 올려 끓인다.
4 한번 끓어오르면 중불로 줄이고, 쌀알이 퍼지면 불을 약하게 하여 뜸을 들인 후 위아래를 잘 섞어 밥그릇에 푼다.

현미밥

현미는 벼를 도정할 때 겉껍질만을 벗긴 쌀이다. 도정하는 목적은 맛이 없고 소화가 잘 되지 않는 겨를 제거하여 부드럽고 맛있는 쌀을 얻기 위함이다. 하지만 도정을 하면 쌀눈(배아)이 떨어져 나가고 도정의 비율이 높아질수록 영양분의 손실이 커진다. 현미는 보통 왕겨인 외피만을 제거하여 겨와 쌀눈을 보유하고 있다. 쌀눈에는 단백질, 지방, 비타민, 무기질 등을 많이 함유하고 있어 영양적으로는 매우 우수하나 소화율이 나쁜 것이 단점이다. 현미는 보통의 밥 짓는 방법으로는 딱딱하여 먹기가 어려우나 압력솥을 이용하여 밥을 지으면 부드럽게 지을 수 있다.

근래에는 현미밥을 건강식이라 하여 일상적인 밥으로 먹는 가정이 많아졌다. 밥의 색깔이 누렇고 섬유질이 많아서 부드럽지 못하나 익숙해지면 흰밥보다 오히려 맛이 있다고 즐기는 사람도 많다.

* 압력솥이 없을 때는 되도록 두껍고 뚜껑이 무거운 솥이나 냄비에 밥물을 현미의 2배 정도 넣어 흰밥을 짓듯이 하고 뜸은 20분 이상 오래 들인다.

| 재료 및 분량 (4인분) |

현미 3컵 / 물 3½컵

| 만드는 법 |

1 현미는 밥짓기 약 3시간 전에 씻어서 물에 담가 충분히 불린 다음 건져 물기를 뺀다.

2 압력밥솥에 현미와 물을 넣어 끓어오르기 시작하면 약 5분간 끓인 다음 불을 작게 줄여서 10분 정도 뜸을 들인다.

오곡밥

다섯 가지의 곡식을 합하여 밥을 짓는 데서 이름이 연유되었다. 음력 정월 보름날에 가을철에 간수한 아홉 가지의 묵은 나물을 준비하고 오곡밥을 지어 이웃과 두루 나누어 먹는 풍습이 지금까지도 어느 가정에서나 지켜져 내려오고 있다.

오곡이란 원래 다섯 가지의 중요한 곡식인 쌀, 보리, 조, 콩, 기장을 이른다. 그러나 오곡밥에서의 곡식은 이 오곡만이 아니고 각 지방이나 가정의 형편에 따라 넣는 곡물이 조금씩 다르다. 오곡밥은 차진 곡물이 많이 들어가므로 밥물을 보통밥보다 적게 잡는다. 또한 솥에다 물을 부어 보통밥 짓기처럼 짓기도 하나 찜통이나 시루에 베보자기를 깔고 곡물을 담아 찌는 방법도 있다. 이때는 찌는 도중에 서너 차례 소금물을 고루 뿌려서 섞어준다.

| 재료 및 분량 (4인분) |

팥 ½컵 / 밤콩 ½컵 / 수수 ½컵 / 차조 ½컵 / 찹쌀 1컵 / 멥쌀 2컵 /
물(팥 삶은 물과 합하여) 4컵 / 소금 1큰술

| 만드는 법 |

1 팥은 씻어서 불에 올려 충분히 잠길 정도의 물을 부어 끓어오르면 물은 따라 버리고, 다시 3컵 정도의 물을 부어 팥알이 터지지 않을 정도로 삶아 건지고 팥물은 따로 받아둔다.

2 밤콩은 물에 불리고, 수수는 여러 번 대껴서 씻어 붉은 물을 우려내고, 차조는 씻어 건진다.

3 찹쌀과 멥쌀은 밥짓기 약 30분 전에 씻어 물에 불렸다가 건진다.

4 쌀, 찹쌀과 삶은 팥, 불린 콩 · 수수를 합하여 냄비나 솥에 안쳐 고루 섞고, 팥 삶은 물과 물을 합하여 계량한 후 소금을 넣어 잘 저어서 밥물을 부어 불에 올려 끓인다.

5 밥이 끓어오르면 위에 차조를 얹고 불을 중불로 줄인다.

6 쌀알이 익어 퍼지면 불을 아주 약하게 하여 뜸을 들인 후 위아래를 잘 섞어 밥그릇에 푼다.

김치밥

김치밥은 겨울철에 잘 익은 김장김치를 쌀에 섞어 짓는 별미밥이다. 김치밥에는 대개 돼지고기를 넣지만 식성에 따라 쇠고기를 넣어도 좋다. 특히, 황해도 · 평안도 지방에서 즐겨 만드는 향토음식이다.

| 재료 및 분량 (4인분) |

멥쌀 3컵 / 배추김치 300g / 돼지고기 100g / 물 $3\frac{1}{3}$컵

양념 1 간장 1큰술 / 파(다져서) 2작은술 / 마늘(다져서) 1작은술 / 생강(다져서) $\frac{1}{2}$작은술 / 참기름 1작은술 / 후춧가루 약간

양념 2 간장 4큰술 / 파(다져서) 1큰술 / 마늘(다져서) $\frac{1}{2}$작은술 / 참기름 2작은술 / 깨소금 2작은술 / 고춧가루 2작은술

| 만드는 법 |

1. 쌀은 밥짓기 약 30분 전에 씻어 물에 담가두었다가 건져 물기를 뺀다.
2. 배추김치는 속이 많으면 털어내고 잘게 썬다.
3. 돼지고기를 잘게 썰어 양념 1로 고루 무친다.
4. 쌀과 돼지고기, 배추김치를 각각 반으로 나누어 냄비나 솥에 먼저 쌀을 안치고 그 위에 배추김치와 돼지고기를 고르게 놓은 후 다시 반복하여 쌀과 돼지고기, 김치를 놓는다.
5. 4에 밥물을 부어 처음에는 센 불에 올려 끓어오르면 중불로 하고 쌀알이 퍼지면 아주 약하게 하여 뜸을 충분히 들인다.
6. 밥이 다 되면 뜨거울 때 위아래를 고루 섞어 밥그릇에 담고, 양념 2를 합해서 양념장을 만든 다음 따로 그릇에 담아내어 먹는 사람이 식성에 맞추어 넣어 비벼 먹도록 한다.

콩나물밥

콩나물은 대체로 나물이나 국에 많이 쓰이는데, 가끔 쌀과 함께 넣어 밥을 지으면 별미이다. 콩나물에는 비타민 B_1·B_2·C 등이 많이 들어 있고, 더욱이 육류와 참기름 등을 한데 어울려 먹으면 주식으로도 영양의 섭취가 좋아진다.

밥물의 분량은 콩나물이 들어가므로 보통 쌀밥보다 적은 비율로 넣는다. 콩나물밥은 지어 오래 두면 콩나물의 수분이 빠져 가늘고 질겨져서 맛이 없어지므로 되도록 먹는 시간에 맞추어 밥을 짓도록 한다. 콩나물밥에 넣는 육류는 쇠고기, 돼지고기 어느 쪽이든 기호에 따라 넣도록 한다.

| 재료 및 분량 (4인분) |

멥쌀 3컵 / 콩나물 300g / 쇠고기 100g / 물 3⅓컵

양념 1 간장 1큰술 / 파(다져서) 2작은술 / 마늘(다져서) 1작은술 / 참기름 1작은술 / 후춧가루 약간

양념 2 간장 4큰술 / 고춧가루 2작은술 / 파(다져서) 1큰술 / 마늘(다져서) ½작은술 / 참기름 2작은술 / 깨소금 2작은술

| 만드는 법 |

1 쌀은 밥짓기 약 30분 전에 씻어 물에 담가두었다가 건져 물기를 뺀다.

2 콩나물은 다듬어 씻어 물기를 뺀다.

3 쇠고기를 채로 썰어 양념 1로 무친다.

4 쌀과 쇠고기, 콩나물을 각각 반으로 나누어 냄비나 솥에 먼저 쌀을 고루 안치고 그 위에 콩나물과 고기를 고루 놓고 다시 반복하여 쌀과 쇠고기, 콩나물을 놓는다.

5 4에 밥물을 부어 보통 밥짓기와 마찬가지로 밥을 짓는다. 처음에는 센 불에 올려 끓어오르면 불을 중불로 하고 쌀알이 퍼지면 불을 약하게 하여 뜸을 충분히 들인다.

6 밥이 다 되면 위아래를 고루 섞어 밥그릇에 담고 양념 2를 합해서 양념장을 만들어 따로 그릇에 담아 내어 먹는 사람이 식성에 맞추어 끼얹어 비벼 먹도록 한다.

장국밥

장국밥은 쇠고기의 양지머리, 사태, 업진육 등의 질긴 부위를 오랫동안 푹 끓여서 고깃국을 만들고 밥을 넣어 말아서 먹는 탕반음식이다. 탕반 중에서 나물을 넣어 만드는 장국밥의 유래는 제사를 지내고 나서 자손들이 모여서 음복할 때에 탕과 나물들을 고루 나누어 먹기 쉬워서 생긴 것으로 보인다. 예전에는 서울거리에 일품음식으로 장국밥과 냉면집이 유명하였다 하나 요즈음에는 맵지 않은 맑은 장국밥을 파는 집이 없다. 평안도 지방의 온반도 장국밥에 속한다.

| 재료 및 분량 (4인분) |

양지머리 300g / 무 200g / 물 15컵 / 고사리 100g / 도라지 100g / 콩나물 100g / 청장 · 파 · 깨소금 · 고춧가루 각 적량

양념 1 청장 1작은술 / 소금 1작은술 / 파(다져서) 2큰술 / 마늘(다져서) 1작은술 / 후춧가루 약간
양념 2 간장 1큰술 / 파(다져서) 1큰술 / 마늘(다져서) 1/2큰술 / 참기름 1/2큰술 / 깨소금 1/2큰술
양념 3 소금 1작은술 / 파(다져서) 1큰술 / 마늘(다져서) 1/2큰술 / 참기름 1/2큰술 / 깨소금 1/2큰술
양념 4 청장 2작은술 / 파(다져서) 1큰술 / 마늘(다져서) 1/2큰술 / 참기름 1/2큰술 / 깨소금 1/2큰술

| 만드는 법 |

1 양지머리를 덩어리째 찬물에 씻어서 물을 펄펄 끓여 고기와 무를 통째로 넣어 끓인다.
2 무가 무르게 익으면 먼저 꺼내어 나박썰기로 얇게 썰고, 고기는 더 무르게 고아서 얇게 저며 썰어 양념 1로 무친다.
3 나물은 고사리, 도라지, 콩나물을 각각 다듬어서 손질한다. 고사리는 양념 2로 무쳐서 볶고, 도라지는 소금으로 주물러서 양념 3으로 무쳐서 볶는다. 콩나물은 삶아서 양념 4를 넣어 무친다.
4 장국은 청장으로 간을 맞추고 2의 고기와 무를 다시 넣어 한소끔 끓인다.
5 뚝배기나 큰 대접에 더운밥을 담고, 4의 더운장국을 부은 후 나물들을 고루 얹는다.
6 먹을 때는 기호에 따라 송송 썬 파, 깨소금, 고춧가루 등을 넣어 먹는다.

비빔밥

비빔밥은 밥 위에 갖가지 나물과 고기를 볶아서 한데 어울려 먹는 음식으로, 여러 가지 재료가 한 그릇에 고루 들어 있어 이것만으로도 충분히 영양적으로 균형 잡힌 한 끼의 식사가 될 수 있다. 비빔밥에 넣는 나물거리는 꼭 정해져 있기보다 제철에 가장 흔하고 맛있는 채소로 대개 세 가지 이상을 준비하면 된다. 푸른색 나물로는 오이, 애호박, 시금치, 미나리, 쑥갓 등이 있고, 흰색의 나물은 도라지, 숙주나물, 콩나물, 무나물 등이 있으며, 갈색의 나물로는 고사리, 고비, 표고버섯 등이 있다.

궁중에서는 비빔밥을 비빔 또는 골동반(骨董飯)이라 하여 섣달 그믐날에 만들었다 한다. 다음날인 새해 첫날부터는 흰떡국으로 1년의 처음 식사로 마련하였다. 지방의 향토음식으로 전주비빔밥과 진주비빔밥이 유명하다. 전주비빔밥에 넣는 콩나물이 특히 연하고 맛있기로 유명하며, 콩나물 맑은국을 함께 낸다. 진주비빔밥은 나물과 육회 외에 돌김과 청포묵 등을 얹고 선지를 넣은 국을 함께 낸다.

| 재료 및 분량 (4인분) |

흰밥 4공기 / 쇠고기 150g / 마른 표고버섯(중) 2장 / 고사리 150g / 오이 1개 / 도라지 150g / 콩나물 150g / 흰살생선(전감) 100g / 달걀 2개 / 다시마 15cm /
소금 · 후춧가루 · 밀가루 · 식용유 · 참기름 · 고추장 각 적량

양념 1 간장 3큰술 / 파(다져서) 2큰술 / 마늘(다져서) 1큰술 / 설탕 1½큰술 / 참기름 1큰술 / 깨소금 1큰술 / 후춧가루 약간
양념 2 청장 2작은술 / 파(다져서) 2큰술 / 마늘(다져서) 1큰술 / 참기름 2큰술 / 깨소금 2큰술 / 후춧가루 약간

| 만드는 법 |

1 쇠고기는 채 썰고, 마른 표고버섯은 불려서 가늘게 채 썰어 합한다. 고사리는 센 줄기를 다듬어 짧게 끊어 놓는다. 양념 1을 잘 섞어 양념장을 만든 후 쇠고기, 표고버섯과 고사리를 반 분량씩으로 고루 양념하여 각각 번철에 식용유를 두르고 볶는다.
2 오이는 길이로 반을 갈라서 어슷하게 얇게 썰어 소금에 절였다가 물기를 꼭 짜서 볶는다.
3 도라지는 가늘게 갈라서 소금에 주물러 씻어 양념 2의 반을 넣어 양념하여 볶는다.
4 콩나물은 씻어 냄비에 담아 물과 소금을 약간 넣어 뚜껑을 꼭 덮어 충분히 삶은 후 양념 2의 남은 양념으로 무친다.
5 흰살생선은 얇은 전감으로 떠서 소금 · 후춧가루를 뿌리고 밀가루를 묻혀서 풀어 놓은 달걀을 씌워 전을 부쳐 1cm 폭으로 썰고, 남은 달걀은 지단을 부쳐 채로 썬다.
6 다시마는 기름에 튀겨서 잘게 부순다.
7 밥을 약간 되게 지어 위에 고명으로 얹을 재료를 조금씩만 남기고 준비한 나물과 전, 고기 등을 모두 넣어 참기름과 소금을 넣어 고루 비벼서 그릇에 나누어 담는다.
8 비빈 밥 위에 남긴 재료들을 색스럽게 위에 조금씩 얹어 낸다. 고추장은 따로 담아내어 각자 식성에 맞추어 넣어 비비도록 한다.

흰 죽

흰죽에는 쌀을 통째로 쑤는 옹근죽과 쌀알을 반쯤 갈아서 쑤는 원미죽, 아주 곱게 갈아서 쑤는 무리죽이 있다. 흰죽은 쌀과 물만 넣어 끓이는 경우도 있고, 옹근죽이나 무리죽의 경우는 풀매나 분마기에 쌀을 갈 때에 참기름을 조금씩 넣으면서 갈아 흰죽을 쑤면 고소하고 맛이 좋다. 무리죽을 쑬 때는 불린 쌀을 갈아서 전부 그대로 쓰기도 하며, 갈아놓은 쌀에 여러 번 물을 갈아주면서 앙금을 가라앉혀서 앙금만으로 쑤기도 한다.

재료 및 분량 (4인분)

멥쌀 1컵 / 참기름 2작은술 / 물 5~6컵 / 소금 적량

만드는 법

1. 쌀을 씻어서 물에 2시간 이상 충분히 불린 다음 소쿠리에 건져 물기를 뺀다.
2. 두꺼운 냄비에 참기름을 두르고 쌀을 넣어 나무주걱으로 저으면서 볶다가 물을 붓고 끓인다.
3. 한소끔 끓어오르면 불을 약하게 줄이고 쌀알이 완전히 퍼져서 밥알이 투명해질 때까지 서서히 끓인다.
4. 소금으로 간을 맞추어 그릇에 담는다.

녹두죽

녹두죽은 녹두에 물을 넉넉히 넣어 푹 무르게 삶아서 체에 거른 다음 불린 쌀을 넣어 쑤는 죽이다. 녹두는 팥과 비슷하게 생긴 초록색의 두류로 콩보다 영양가는 부족하지만 소화효소가 많이 들어 있어 소화가 잘 되는 식품이다. 녹두는 열을 내리는 작용이 있고 흡수가 잘 되므로 열이 많은 사람이나 회복기 환자의 보양식으로 적합하다. 녹두죽의 맛은 팥죽보다는 담백하나 향기가 좋다. 계절적으로는 겨울보다는 봄·가을에 더욱 맛이 있다. 녹두죽도 팥죽처럼 찹쌀가루로 새알심을 빚어 넣거나 인절미를 잘게 썰어 넣어도 좋다.

재료 및 분량 (4인분)

멥쌀 1컵 / 녹두 2컵 / 물 15컵 / 소금 적량

만드는 법

1. 쌀을 씻어서 물에 2시간 이상 충분히 불린 다음 소쿠리에 건져 물기를 뺀다.
2. 녹두를 일어 씻어서 10배 정도의 물을 붓고 1시간 이상 잘 무를 때까지 삶아 분량의 물을 주면서 중간체에 걸러서 체에 남은 껍질은 버리고 거른 것은 그대로 두어 가라앉힌다.
3. 냄비에 2의 윗물만을 따라 붓고 불린 쌀을 넣어 나무주걱으로 가끔 저으면서 끓인다.
4. 한번 끓어오르면 불을 약하게 줄여서 쌀알이 완전히 퍼질 때까지 서서히 끓인다. 쌀알이 완전히 퍼지면 녹두 앙금을 넣어서 잘 어우러지게 끓인다.
5. 불에서 내려 한김 식힌 후에 소금으로 간을 맞춘다.

팥 죽

붉은팥을 무르게 삶아 으깨어 불린 쌀을 넣어 끓인 죽이다. 1년 중 낮이 가장 짧은 날인 동지(冬至)는 먼 옛날에는 새해의 시작이었다. 그래서 동지의 절식(節食)인 팥죽에 찹쌀가루로 빚은 새알심을 새해의 나이 수만큼 넣어 먹는 풍습이 있다. 팥죽을 쑤어 대문이나 장독 등 구석구석에 뿌리고, 이사했을 때도 이웃에 두루 돌려 먹는 풍습이 있다. 이는 팥의 붉은색이 악귀를 쫓아내고 나쁜 액운을 막아준다고 여기기에 연유된 풍습이다.

팥죽은 약한 불에서 서서히 끓여야 붉은 색깔이 곱다. 팥죽의 간은 대개 소금으로 맞추는데, 기호에 따라 설탕을 넣어 먹기도 한다.

| 재료 및 분량 (4인분) |

멥쌀 ½컵 / 붉은팥 2컵 / 물 약 15컵(3L) / 찹쌀가루 1컵 / 더운물 3큰술 / 소금 ½작은술 / 소금 · 설탕 각 적량

| 만드는 법 |

1 쌀을 씻어서 물에 2시간 이상 충분히 불린 후 소쿠리에 건져 물기를 뺀다.
2 팥은 씻어서 냄비에 담고 충분히 잠길 정도로 물을 부어 불에 올려서 끓인다. 끓어오르면 바로 물만 따라 버리고 다시 물 약 7컵을 부어 푹 무를 때까지 삶는다.
3 삶은 팥을 더울 때 나무주걱으로 대강 으깨고 체에 나머지 물을 조금씩 부으면서 걸러서 껍질은 버리고 앙금은 가라앉힌다.
4 찹쌀가루는 뜨거운 물에 소금을 타서 넣어 익반죽하여 지름 1cm 정도의 새알심을 동그랗게 빚는다.
5 냄비에 3의 윗물만 따라서 붓고 불린 쌀을 넣어서 가끔 저으면서 쌀알이 완전히 퍼질 때까지 끓인다.
6 3의 팥 앙금을 넣어 저으면서 잘 어우러지게 끓이다가 새알심을 넣는다.
7 새알심이 익어서 위로 떠오르면 소금으로 간을 맞춘다.

타락죽
잣죽

타락죽

타락(駝酪)이란 우유를 가리키는 옛말이다. 우유는 우리나라에 불교가 전해진 4세기경부터 있던 식품으로 아주 귀하여 일반 대중은 먹지 못하였으나 조선 왕조 때에는 동대문 쪽의 낙산(酪山)에 목장이 있었고, 타락죽은 반드시 궁중의 내의원에서 만들어 올렸다. 쌀을 갈아서 물 대신에 우유를 반 분량 정도 넣어 끓인 무리죽으로 우유죽은 어린이의 이유식이나 환자의 병인식에 가장 적당하며 다음의 방법 외에 찹쌀가루를 볶아서 쓰기도 한다.

| 재료 및 분량 (4인분) |

멥쌀 1컵 / 우유 3컵 / 물 2~3컵 / 소금 · 설탕 각 적량

| 만드는 법 |

1 쌀을 씻어서 물에 2시간 이상 충분히 불려서 소쿠리에 건져 물기를 뺀다.
2 분마기나 블렌더에 쌀과 분량의 물을 조금 덜어 넣고 갈아서 고운체로 밭쳐 체에 남은 찌꺼기는 버린다.
3 두꺼운 냄비에 갈아서 밭쳐 놓은 쌀과 남은 물을 부어 불에 올려서 가끔 나무주걱으로 저으면서 끓인다.
4 한번 끓어올라 흰죽이 거의 어우러지게 쑤어졌으면 우유를 조금씩 넣어 나무주걱으로 멍울이 지지 않게 풀어서 잠시 더 끓인다.
5 더울 때 그릇에 담고, 소금과 설탕을 따로 작은 그릇에 담아낸다. 먹을 때 각자의 기호에 따라 넣도록 한다.

잣 죽

잣과 쌀을 곱게 갈아서 한데 쑨 고운 무리죽으로 향기가 훌륭하고 영양가도 우수하다. 궁중의 초조반의 죽상에 가장 많이 올리던 죽이다. 잣은 중국, 한국, 시베리아 일대에 분포하는 조선 오엽송(五葉松)의 열매로 한방에서는 송자(松子), 해송자(海松子), 백자(栢子), 실백(實栢) 등으로 불리며, 자양강장 · 수명 연장에 효과가 있는 불로장생의 식품으로 알려져 있다. 잣에는 단백질도 풍부하고, 특히 불포화지방산이 많이 들어 있어 고열량을 내며, 철분과 비타민 B군도 풍부해 견과류 중에 으뜸으로 꼽힌다. 다 쑤어진 잣죽이 간혹 삭아서 점도가 묽게 되는 경우가 종종 있는데, 이는 쌀과 잣을 한데 갈거나, 죽을 쑬 때 지나치게 저었거나, 소금 간을 미리 했을 때 더욱 빨리 삭는다.

| 재료 및 분량 (4인분) |

멥쌀 1컵 / 잣 ½컵 / 물 5~6컵 / 소금 · 설탕 각 적량

| 만드는 법 |

1 쌀을 씻어서 물에 2시간 이상 충분히 불린 다음 소쿠리에 건져 물기를 뺀다.
2 잣은 고깔을 떼고, 분량의 물을 정확히 재어 놓는다. 고운 맷돌이나 블렌더에 쌀과 잣을 따로따로 분량의 물을 넣고 갈아 고운체로 밭쳐 체에 남은 찌꺼기는 버리고 밭친 것은 그대로 두어 가라앉힌다.
3 두꺼운 냄비에 먼저 쌀의 윗물과 잣 윗물을 부어 불에 올려 따뜻해지면 쌀 앙금을 넣어 나무주걱으로 서서히 저으면서 끓인다.
4 끓어오르면 잣 간 것을 조금씩 넣어 멍울이 지지 않도록 불을 약하게 줄이고, 죽이 어우러질 때까지 서서히 끓인다.
5 더울 때 그릇에 담고, 소금과 설탕은 따로 작은 그릇에 담아 낸다. 먹을 때 각자의 기호에 따라 넣도록 한다.

흑임자죽

흑임자(검은깨)를 곱게 갈아서 갈아 놓은 쌀과 합하여 쑨 무리죽이다. 깨죽은 검은깨인 흑임자뿐만이 아니라 흰깨로 쑤기도 한다. 흑임자죽은 맛이 담백하고 색이 독특하다.

깨에는 흰깨, 검은깨, 누런깨가 있으나 성분은 대개 비슷하다. 깨에는 질이 좋은 불포화지방산, 비타민 B군과 E가 많이 함유되어 있어 동맥경화나 고혈압의 예방에 도움이 되는 건강식품이다. 흑임자는 옛날부터 머리카락을 빠지지 않게 하고 검고 윤기 있게 한다 하여 민간에서 널리 애용하였다.

| 재료 및 분량 (4인분) |

멥쌀 1컵 / 흑임자 ½컵 / 물 5~6컵 / 소금 · 설탕 각 적량

| 만드는 법 |

1 쌀을 씻어서 물에 2시간 이상 충분히 불린 다음 소쿠리에 건져 물기를 뺀다.
2 깨는 일어서 깨끗이 씻어 건져서 고소한 향이 나도록 볶고, 분량의 물을 정확히 재어 놓는다.
3 분마기나 블렌더에 쌀과 깨를 따로따로 물을 조금씩 넣어 갈아서 고운체로 밭쳐 체에 남은 찌꺼기는 버린다.
4 두꺼운 냄비에 먼저 갈아 놓은 쌀과 남은 물을 부어 불에 올려서 나무주걱으로 저어 약간 따뜻해지면 갈아놓은 깨를 조금씩 부어 넣어 멍울이 지지 않도록 가끔 저으면서 끓인다.
5 한번 끓어오르면 불을 약하게 줄이고, 죽이 잘 어우러질 때까지 서서히 끓인다.
6 더울 때에 그릇에 담고, 소금이나 설탕을 따로 작은 그릇에 담아낸다. 먹는 사람의 기호에 따라 넣도록 한다.

호박죽

늙은 호박과 단호박을 함께 끓여 색도 곱고 맛도 달다.

| 재료 및 분량 (10인분) |

늙은 호박 500g / 단호박 500g / 물 5컵 / 찹쌀가루 ½컵 / 호박 삶은 물 ½컵 / 소금 · 설탕 각 적량

| 만드는 법 |

1 호박은 단단한 껍질을 벗겨 얄팍하게 썰어 재료가 잠길 만큼의 물을 붓고 처음에는 센 불에서 끓이다가 끓어오르면 불을 약하게 하여 뚜껑을 덮고 은근히 무르도록 푹 삶는다.
2 호박이 푹 삶아졌으면 호박물 ½컵을 덜어내고 삶은 호박은 어레미(굵은체)에 내리거나 믹서에 곱게 갈아 다시 냄비에 넣고 끓인다.
3 찹쌀가루는 호박물(½컵)에 개어서 삶은 호박에 조금씩 넣어 가며 덩어리지지 않도록 나무주걱으로 풀어준다.
4 죽이 걸쭉해지면 소금과 설탕을 넣어 간을 맞추도록 한다.

호박범벅

범벅은 강원도 · 충청도 · 황해도 지방의 향토음식으로 강원도 지방의 감자범벅 · 옥수수범벅과 충청도 지방의 호박범벅, 황해도의 밀범벅 등이 있다.

| 재료 및 분량 (10인분) |

늙은 호박 400g / 물 6~7컵 / 설탕 4큰술 / 소금 1작은술 / 풋콩 ½컵 / 팥 ⅓컵 / 고구마 150g / 밤 5개 / 찹쌀가루 1컵(100g)

| 만드는 법 |

1 호박은 껍질을 벗겨 1cm 두께로 썰어 물과 설탕, 소금을 넣어 푹 무르게 끓인다. 이때 풋콩도 함께 넣는다.
2 팥은 씻어 일어 물을 넉넉히 붓고 한소끔 끓으면 첫물을 버리고 다시 물을 부어 푹 삶는다.
3 고구마는 껍질을 벗기고 깍두기 모양으로 썰고, 밤은 껍질을 벗기고 4등분 하여 호박에 넣고 무르게 끓인다.
4 재료가 무르게 익으면 찹쌀가루를 넣어 나무주걱으로 저으면서 끓인다.

전복죽

전복을 얇게 저며서 불린 쌀과 함께 쑨 별미죽이다. 전복죽은 전복의 향기가 좋으므로 냄새가 강한 파 · 마늘이나 김, 깨 등을 많이 넣으면 오히려 전복의 맛을 해치게 된다. 전복은 값이 비싼 귀한 재료로 맛이 아주 일품인데, 제주도에서 많이 나기 때문에 제주도의 명물음식이 되었다. 전복 껍데기에서 살을 떼어내기 어려울 때에는 냄비에 전복의 껍데기가 아래쪽으로 가도록 안쳐서 물을 약간 넣고 뚜껑을 덮은 다음 잠깐 쪄내면 쉽게 떨어진다. 전복살 겉부분의 검고 미끄러운 것은 굵은 소금으로 살살 문질러서 깨끗이 손질한다.

우리나라 본래의 전복죽은 푸른색의 내장은 넣지 않으나 최근에는 싱싱한 내장을 넣어 푸른빛이 나는 전복죽도 있다. 맛은 원 전복죽의 맛과는 달리 쌉쌀한 맛이 나고 향이 특이하다.

| 만드는 법 |

1 쌀은 씻어서 2시간 이상 물에 충분히 불린 다음 소쿠리에 건져 물기를 뺀다.
2 전복은 고운 솔로 깨끗이 문질러 씻은 다음 껍질이 얇은 쪽에 창칼을 넣어 살을 떼어낸다. 내장이 터지지 않도록 조심하여 떼어낸다.
3 전복살은 얇게 저며 썬다.
4 두꺼운 냄비를 불에 얹어 참기름을 두르고 먼저 썬 전복을 넣어 볶다가 불린 쌀을 넣고 함께 잠시 더 볶아서 물을 부어 약간 센 불에서 끓인다.
5 한번 끓어오르면 불을 약하게 하고, 나무주걱으로 가끔 저으면서 잘 어우러질 때까지 서서히 끓인다.
6 쌀알이 푹 퍼지도록 충분히 끓여서 소금으로 간을 맞춘다.

| 재료 및 분량 (4인분) |

멥쌀 1½컵 / 전복(껍질째) 300g / 참기름 2큰술 / 물 8컵 / 소금 적량

장국죽

장국죽은 육류와 함께 죽을 만들므로 영양적으로 우수하고 맛이 있다. 어린 아기의 이유식이나 노인과 회복기의 환자의 영양식으로 적당하다. 죽이 거의 다 되었을 때 달걀을 풀어 넣어 반숙 정도로 익혀서 먹어도 맛이 잘 어울린다.

| 재료 및 분량 (4인분) |

멥쌀 1컵 / 쇠고기(우둔) 150g / 마른 표고버섯(중) 2장 / 참기름 1큰술 / 물 5~6컵 / 청장 · 소금 각 적량

양념 1 간장 1큰술 / 파(다져서) 1큰술 / 마늘(다져서) ½큰술 / 참기름 1큰술 / 후춧가루 약간

| 만드는 법 |

1. 쌀을 씻어서 물에 2시간 이상 충분히 불린 다음 소쿠리에 건져 물기를 뺀다.
2. 쇠고기는 곱게 다지고, 마른 표고버섯은 물에 불려서 곱게 채 썰어 양념 1로 고루 무친 후 지름 3cm 정도의 동글납작한 고기완자를 빚는다.
3. 두꺼운 냄비에 참기름을 두르고 쌀을 볶다가 투명해지면서 기름이 전체에 고루 돌면, 분량의 물을 부어 가끔 저으면서 끓인다.
4. 한번 끓어오르면 불을 약하게 줄여서 쌀알이 완전히 퍼질 때까지 서서히 끓이다가 고기완자를 넣어 익혀서 맛이 잘 어우러지면 청장이나 소금으로 간을 맞추어 더울 때 그릇에 담는다.

아욱죽

아욱을 다듬어서 고기장국에 쌀과 함께 쑨 죽으로 고추장과 된장으로 간을 한다. 또 쇠고기장국 대신 마른 새우를 넣은 아욱된장국에 불린 쌀을 넣어 끓여도 된다. 여름철의 입맛을 돋우는 죽으로 열무김치가 찬으로 잘 어울린다.

| 재료 및 분량 (4인분) |

멥쌀 1컵 / 아욱 200g / 쇠고기 150g / 물 10컵 / 고추장 1큰술 / 된장 1큰술

양념 1 간장 1큰술 / 파(다져서) 1큰술 / 마늘(다져서) ½큰술 / 참기름 1큰술 / 후춧가루 약간

| 만드는 법 |

1. 쌀을 씻어서 물에 2시간 이상 충분히 불린 다음 소쿠리에 건져 물기를 뺀다.
2. 아욱은 줄기의 껍질을 벗겨 주물러서 씻어 풋기를 뺀 다음 다시 씻어 건진다.
3. 쇠고기는 살로 곱게 채 썰어 양념 1로 고루 무쳐서 냄비에 잠시 볶다가 물을 부어서 장국을 끓인다.
4. 장국이 맛이 들면 불린 쌀을 넣어 끓여서 밥알이 퍼지면 아욱을 넣고 더 끓인다.
5. 쌀알이 완전히 퍼지면 고추장과 된장을 풀어 넣어 전체적으로 맛이 잘 어우러지도록 가끔 저어주면서 끓인다.

쌀미음

미음은 곡물을 알맹이째 푹 무르게 퍼지도록 끓여서 고운 체에 밭친 것으로 멥쌀, 찹쌀, 차조, 메조 등으로 만들며, 대추, 인삼, 황률 등을 한데 넣어 고기도 한다. 쌀을 씻어 말려서 약간 노릇하게 볶아서 쓰기도 한다.

| 재료 및 분량 (4인분) |

멥쌀 ½컵 / 물 10컵 / 청장 · 소금 각 적량

| 만드는 법 |

1 쌀을 씻어서 물에 2시간 이상 충분히 불린 다음 소쿠리에 건져 물기를 뺀다.

2 두꺼운 냄비에 쌀과 물을 한데 넣어 약한 불에서 1시간 이상 나무주걱으로 가끔 저어가며 푹 끓여서 밥알이 완전히 퍼지고 국물이 반 정도 남으면 불에서 내려 체에 걸러서 다시 냄비에 담아 덥힌다.

3 더울 때 그릇에 담고 청장과 소금을 따로 작은 그릇에 담아 함께 낸다.

조미음

메조 또는 차조를 쌀이나 찹쌀과 함께 곤 미음으로 때로는 대추, 인삼, 황률 등을 넣기도 한다. 조는 우리 조상이 가장 오래전부터 식용하던 곡물로 밥, 떡, 엿 등을 만들어 왔다.

조에는 약간 푸른색의 메조와 노란색의 차조가 있는데, 일상 식용으로는 차조를 많이 쓰나 미음은 메조로 더 많이 한다.

예부터 내려오는 민간요법으로 조를 가루로 만든 다음 더운물에 타서 마시면 몸의 독을 없애주고 정신의 번민을 완화시키며 이뇨작용에도 효과가 있다고 한다.

| 재료 및 분량 (4인분) |

멥쌀 ¼컵 / 메조 ¼컵 / 물 10컵 / 청장 · 소금 각 적량

| 만드는 법 |

1 쌀을 씻어서 물에 2시간 이상 충분히 불린 다음 소쿠리에 건져 물기를 뺀다.

2 두꺼운 냄비에 쌀과 메조, 물을 한데 넣어 약한 불에서 1시간 이상 나무주걱으로 가끔 저으면서 푹 끓인다. 쌀알이 완전히 퍼지고 국물이 반 정도 되면 불에서 내려 체에 걸러서 다시 덥힌다.

3 더울 때 그릇에 담고 청장과 소금을 따로 작은 그릇에 담아 함께 낸다.

속미음

찹쌀에 대추, 인삼, 황률 등을 한데 넣어 고아서 만든 미음으로 차조를 대신 넣기도 한다. 여러 가지 약재가 들어 있어 병자에 이롭고 몸을 보하는 음식이다.

| 재료 및 분량 (4인분) |

인삼 1뿌리 / 물 15컵 / 대추 10개 / 황률 10개 / 찹쌀 3큰술 / 소금 적량

| 만드는 법 |

1 인삼은 잘게 썰어 물을 부어 약한 불에서 1시간 정도 다린다.
2 대추와 황률은 물에 재빨리 씻어 건진다.
3 찹쌀은 잘 일어 씻어 건진다.
4 1의 인삼 다린 물에 대추, 황률, 찹쌀을 한데 넣어 1시간 이상 푹 고아서 걸쭉한 농도가 되면 불에서 내려 고운체에 밭쳐서 다시 한번 따뜻하게 덥힌다.
5 더울 때 그릇에 담고 소금을 따로 작은 그릇에 담아 함께 낸다.

삼합미음

삼합미음은 해삼, 홍합 등을 찹쌀과 함께 고아 체에 밭친 것으로 먹기 쉬워 기력을 회복할 때 좋은 음식이다.

| 재료 및 분량 (4인분) |

마른 해삼 1개 / 마른 홍합 4개 / 쇠고기 150g / 물 15컵 / 찹쌀 ¼컵 / 간장 적량

| 만드는 법 |

1 마른 해삼은 물에 불려 깨끗이 씻어 작게 자른다.
2 마른 홍합은 씻어 방망이로 찧고 물을 부어 불린다.
3 큰 냄비에 해삼, 홍합, 기름기 없는 쇠고기를 넣고 물을 부어 푹 곤다. 이때 웃기용으로 쓸 해삼, 홍합, 쇠고기를 조금씩 건져 놓는다.
4 재료가 물러지면 불린 찹쌀을 넣고 쌀알이 퍼지도록 끓인다.
5 끓인 찹쌀을 체에 밭쳐 으깨어 내리고 걸쭉한 즙만을 받아 놓는다.
6 죽을 데워서 그릇에 7부 정도 담고 웃기용으로 건져 놓았던 해삼, 홍합, 쇠고기를 가운데에 올린 뒤 간장으로 간을 맞추어 먹는다.

율무응이

응이란 곡물의 녹말을 물에 묽게 풀어서 고운 죽처럼 쑨 것이다. 응이는 의이(薏苡)라고도 하며, 율무 외에 녹두, 칡, 수수, 연근 등을 갈아서 앙금을 가라앉혀 녹말을 만든다.

| 재료 및 분량 (4인분) |

율무가루 4큰술 / 물 4컵 / 꿀 · 설탕 · 소금 각 적량

| 만드는 법 |

1 율무를 씻어서 물에 2시간 이상 충분히 불린 후 맷돌에 물을 충분히 주면서 갈아서 그대로 가라앉혀 윗물은 따라내고 밑에 모아진 앙금을 한지나 행주 위에 펴 말려서 고운 체에 쳐서 율무녹말가루를 만든다.

2 율무가루에 물을 조금씩 부어 되직하게 풀어놓는다.

3 냄비에 분량의 물을 끓이다가 2의 물에 갠 율무를 조금씩 넣으면서 주걱으로 멍울이 없도록 잘 저어서 중불에서 서서히 익힌다.

4 말갛게 익으면 더울 때 그릇에 담는다. 따로 꿀이나 설탕, 소금을 작은 그릇에 담아내고 먹을 때 기호에 따라 넣는다.

* 녹두녹말 만들기

• 맷돌에 타갠 녹두를 물에 충분히 불려 비벼서 여러 번 씻어 껍질을 말끔히 없앤다.

• 거피한 녹두를 고운 맷돌에 물을 넉넉히 주면서 곱게 갈아서 큰 그릇에 받아 앙금을 가라앉힌다.

• 앙금이 가라앉으면 윗물을 서너 번 갈아주어 맑은 물이 되면 물을 따라버리고 앙금을 건져서 한지나 행주 위에 펴서 그늘에서 말린다. 도중에 덩어리지지 않도록 손으로 가끔 비벼서 말린 다음 고운체에 쳐서 습기 차지 않게 보관한다.

오미자응이

오미자응이는 녹두녹말을 오미자 우린 물에 풀어서 끓인 것으로 새콤한 맛이 별미이고, 붉은색이 매우 곱다.

녹말응이라고도 하며, 녹두녹말 대신에 갈분녹말로 만들면 갈분응이라고 한다.

응이를 상에 낼 때는 소금, 설탕, 꿀, 생강즙 등을 한데 내어 먹는 사람의 식성에 따라 간을 맞추도록 한다.

| 재료 및 분량 (4인분) |

오미자 20g(¼컵) / 녹두녹말 3큰술 / 물 2컵 / 소금 적량 / 소금 · 꿀 · 설탕 각 적량

| 만드는 법 |

1 오미자는 하루 전에 찬물에 재빨리 씻어서 물 2컵을 부어서 하룻밤 우려내어 체에 행주를 깔고 밭친다.

2 녹두녹말을 컵에 풀어놓는다.

3 냄비에 오미자국을 담아 불에 올려 끓이다가 물에 갠 녹말을 서서히 넣으면서 저어서 중불에서 서서히 끓인다.

4 말갛게 익으면 소금으로 간을 맞추고, 단맛을 더하려면 꿀이나 설탕을 넣는다.

율무응이

오미자응이

온 면

가는 밀국수나 메밀국수를 더운 장국에 말아서 웃기를 얹는 국수이다. 미혼인 사람에게 국수 언제 먹여주느냐고 묻는 것은 결혼을 언제 하느냐의 의미로 묻는 것이다. 이처럼 혼례나 경사스러운 잔치 때에는 손님들에게 반드시 국수로 대접하였다. 온면의 국수는 가는 밀국수가 일반적이고, 때로는 가는 메밀국수로도 만든다. 국수 위에 얹는 고명은 오색의 재료를 채로 썰어 준비한다. 쇠고기와 마른 표고버섯으로 작은 산적을 만들어서 얹기도 하고, 채로 썰거나 다져서 볶아서 쓰기도 한다. 푸른색은 호박이나 오이를 가늘게 채 썰어 볶거나 실파나 미나리를 얹는다.

온면은 삶아놓은 국수를 반드시 끓는 장국에 넣어 토렴하여서 다시 더운 장국을 부어 바로 대접하여야 한다. 국수음식은 불면 면발이 탄력이 없고 맛이 없어진다. 국수상의 찬품으로 전유어, 편육 등과 배추김치가 어울린다.

| 재료 및 분량 (4인분) |

가는 국수 300g / 쇠고기(양지머리) 300g / 물 15컵 / 대파 1뿌리 / 마늘 3톨 / 청장 · 소금 각 적량 / 달걀 2개 / 호박(또는 오이) ½개(150g) / 마른 석이버섯 5장 / 실고추 약간

| 만드는 법 |

1 장국은 양지머리를 덩어리째 대파, 마늘을 넣어 무르게 삶아서 고기는 편육으로 쓰고 육수는 청장과 소금으로 간을 맞춘다.

2 달걀은 황백으로 나누어 얇게 지단을 부쳐 가늘게 채 썰고, 호박은 씨를 빼고 5cm 길이로 채 썰어 소금에 절였다가 꼭 짜서 살짝 볶는다.

3 마른 석이버섯은 더운물에 담가서 잘 비벼서 뒷면의 이끼를 없애고 깨끗이 씻어 가늘게 채 썰어 살짝 볶거나 끓는 물에 데친다.

4 냄비에 물을 넉넉히 담아 펄펄 끓을 때 국수를 헤쳐서 넣어 심까지 무르게 삶아 냉수에 헹군 후 1인분씩 사리를 만들어 채반에 건진다.

5 국수사리를 더운 장국에 토렴하여 대접에 담고 위에 편육과 오색 고명을 고루 얹고서 더운 육수를 옆에서 살며시 부은 다음 실고추를 얹어 상에 바로 낸다.

면신선로

신선로는 화통이 붙어 있는 냄비로 상에서 끓이면서 먹을 수 있는 음식이다. 면신선로는 보통 신선로와는 달리 어물과 날채소를 준비하여 신선로에 담아 끓어오르면 따로 삶은 국수를 대접에 담아 끓인 신선로를 얹어서 먹는 일종의 온면이다. 들어가는 재료가 패주, 새우, 해삼 그리고 쑥갓, 실파와 달걀지단 등으로 아주 시원하고 깔끔한 맛이다. 손님이 여럿일 때에 신선로를 이용하여 온면을 대접하면 맛있게 먹을 수 있다.

궁중의 연회음식 발기 중에 대개는 신선이 쓰는 냄비라는 뜻의 신선로(神仙爐), 또는 새로 생긴 냄비라는 뜻에서 신설로(新設爐)라고도 한다. 탕신선로와 면신선로 두 가지를 한상에 차린 기록도 많이 있다.

| 재료 및 분량 (4인분) |

쇠고기(사태) 300g / 물 15컵 / 대파 1뿌리 / 마늘 3톨 / 청장 · 소금 각 적량 / 쇠고기(우둔) 100g / 패주(중) 3개(200g) / 분홍새우 150g / 해삼(불려서) 100g / 죽순(삶아서) 100g / 실파 50g / 쑥갓 50g / 다홍 고추 1개 / 미나리 100g / 달걀 3개 / 가는 밀국수 300g

양념 1 소금 1큰술 / 파(다져서) 2큰술 / 마늘(다져서) 1큰술 / 참기름 1큰술 / 후춧가루 약간

| 만드는 법 |

1 사태는 덩어리째 씻어서 끓는 물에 대파, 마늘과 함께 넣어 끓인다. 고기가 무르면 사태는 건져서 얇게 저며 썰어 양념 1의 반 분량으로 무치고, 국물은 식혀 기름을 걷고 청장과 소금으로 간을 맞춘다.

2 쇠고기 우둔살은 얇고 잘게 썰어 남은 양념 1의 반 분량으로 무친다.

3 패주는 가장자리의 막을 떼고 씻어서 결의 반대로 옆으로 얇게 저며 썬다.

4 새우는 껍질째 씻어서 꼬리 쪽의 한 마디만 남기고, 껍질을 벗긴 다음 불린 해삼은 납작하게 저며 썬다.

5 삶은 죽순은 반을 갈라서 빗살 모양으로 얇게 썰고, 실파와 쑥갓은 다듬어서 4cm 정도의 길이로 썬다. 다홍 고추는 갈라서 씨를 뺀다.

6 미나리는 다듬어서 줄기를 20cm 정도로 끊어 가는 대꼬치에 위아래를 번갈아 꿰어 밀가루와 달걀을 씌워 미나리초대를 부친다. 달걀은 황백으로 나누어 얇게 지단을 부쳐서 신선로 틀의 폭을 길이로 하여 넓이 3cm의 골패형으로 썬다. 미나리초대와 다홍 고추도 같은 크기로 썬다.

7 신선로 틀에 삶은 고기와 날고기를 아래에 깔고 준비한 재료를 가장자리에 고루 돌려 담은 후 더운 육수를 붓고 끓인다.

8 밀국수를 따로 삶아서 미리 더운 장국에 토렴하여 대접에 담아서 상에 낸다. 신선로가 끓어서 익으면 국물과 건지를 떠서 국수에 부어 말아 먹는다.

제물칼국수

칼국수는 밀가루를 반죽하여 얇게 밀어서 칼로 썬 데서 붙여진 이름이다. 제물국수란 국수를 따로 끓는 물에 삶지 않고 국수의 장국에 넣어 그대로 삶았다는 뜻으로 장국이 약간 걸쭉하고 색이 흐리다. 예전에는 햇밀이 나는 초여름의 시식으로 칼국수를 즐겼다. 밀가루에 콩가루를 약간 섞어서 만들면 구수하고 맛이 좋다.

장국국물은 닭육수를 쓰기도 하고 조개를 넣어 끓이면 시원한 맛을 즐길 수 있다.

| 만드는 법 |

1 밀가루에 소금을 넣고 물을 조금씩 넣어 반죽을 하여 약 30분 정도 젖은 행주를 덮어두었다가 다시 치대어서 반죽이 매끄러워지면 밀판에 얇게 밀어서 칼로 썰어 번가루를 고루 뿌려 헤쳐서 놓는다.

2 바지락은 소금물에 담가 해감을 토해낸 후 깨끗이 씻는다.

3 냄비에 물을 붓고 멸치, 다시마를 넣어 국물이 끓어오르면 다시마를 꺼내고, 어느 정도 국물이 우러나면 해감을 제거한 바지락을 넣어 끓여 조개가 익으면 조개는 따로 건져두고 국물은 걸러놓는다.

4 애호박은 반으로 갈라서 반달 모양으로 얇게 썰고, 감자는 껍질을 벗기고서 얇게 썰어 놓는다. 대파와 다홍 고추는 어슷하게 썬다.

5 달걀은 얇게 지단을 붙여 채 썬다.

6 국물을 펄펄 끓여서 청장과 소금으로 간을 하고서 국수를 헤쳐서 넣어 끓인다. 국수가 익어 떠오르기 시작하면 호박과 감자를 넣고 감자가 익으면 어슷썬 대파와 다홍 고추, 바지락을 넣고 잠시 더 끓인다.

7 대접에 국수를 담고, 고명을 올리고서 양념 1을 모두 합하여 양념장을 만들어 작은 그릇에 담아내어 먹을 때 기호에 따라 넣어 먹는다.

| 재료 및 분량 (4인분) |

밀가루 3컵 / 소금 1작은술 / 물 약 ½컵 / 바지락 300g / 물 15컵 / 멸치 30g / 다시마 15cm / 애호박 ½개(150g) / 감자 ½개 / 대파 1뿌리 / 다홍 고추 1개 / 달걀 1개 / 청장 · 소금 각 적량

양념 1 간장 4큰술 / 고춧가루 ½큰술 / 파(다져서) 1큰술 / 마늘(다져서) ½큰술 / 참기름 · 깨소금 각 ½큰술

냉 면

냉면은 메밀가루를 익반죽하여 분 틀에 눌러서 국수를 빼내어 바로 삶아서 만든 것이 가장 맛이 있다. 냉면은 잘 익은 동치미가 필요하므로 미리 물김치를 담아 익혀야 하고, 장국은 양지머리나 사태 등을 삶은 육수와 동치미국물을 합하여 쓴다. 냉면을 좋아하는 사람은 추운 겨울에 더운 방에서 이가 시리도록 차가운 냉면을 먹는 것이 더욱 진미라고 한다. 한여름철에는 열무물김치에 말아도 별미이다. 냉면용 매운 무김치를 따로 담아서 넣거나 돼지고기를 삶은 편육을 넣는다.

| 만드는 법 |

1 양지머리를 덩어리째 씻어서 끓는 물에 대파, 마늘과 함께 넣어 끓인다. 고기가 무르게 삶아지면 건져서 젖은 행주에 싸서 눌러 편육으로 하고, 육수는 기름을 걷어 차게 식힌다. 눌러놓은 편육은 얇게 썬다.

2 동치미무는 반달형 또는 길쭉하고 얇게 썰고, 오이는 반갈라 어슷하고 얇게 썰어 소금에 절였다가 기름에 살짝 볶는다.

3 배는 껍질을 벗겨서 납작하게 썰고, 달걀은 노른자가 중심에 가도록 삶아서 반으로 가르고, 다홍 고추는 다진다.

4 차가운 육수와 동치미국물을 반씩 섞고 소금, 식초, 설탕으로 간을 맞춘다.

5 꾸미와 장국의 준비가 다 되면 물을 넉넉히 끓여서 메밀국수를 헤쳐서 넣어 심이 약간 남을 정도로 잠깐 삶아내어 냉수에 여러 번 헹구어 1인분씩 사리를 만들어 채반에 건진다.

6 대접에 냉면사리를 담고 위에 편육 등 꾸미를 고루 얹은 후 장국을 옆에서 살며시 부어 상에 낸다. 따로 매운맛을 낸 겨자장, 설탕, 식초 등을 준비하여 기호에 따라 넣도록 한다.

| 재료 및 분량 (4인분) |

쇠고기(양지머리 또는 사태) 300g / 물 15컵 / 대파 1뿌리 / 마늘 3톨 / 동치미 무(소) 1개 / 오이 1개 / 소금 · 식용유 각 적량 / 배 ½개 / 삶은 달걀 2개 / 다홍 고추 ½개 / 동치미국물 5컵 / 육수 5컵 / 소금 1큰술 / 식초 2큰술 / 설탕 2큰술 / 메밀국수(냉면용) 4인분 / 겨자장 · 설탕 · 식초 각 적량

회냉면

회냉면은 시중에서 함흥냉면으로 널리 알려져 있는 회를 넣은 비빔냉면이다. 요즈음은 홍어를 채 썰어 초에 담갔다가 매운 양념으로 무친 홍어회를 국수에 얹어서 비빈다.

원래 함경도 지방에서는 홍어보다는 참가자미가 많이 잡히므로 이를 회로 하였다고 한다. 함흥냉면은 메밀가루보다 전분을 많이 섞어 반죽하여 국숫발이 질긴 편이다.

| 재료 및 분량 (4인분) |

홍어(중) ½마리(300g) / 식초 ½컵 / 무(소) 1개 / 오이 1개 / 소금 적량 / 미나리 100g / 배 ½개 / 냉면국수 4인분

양념 1 간장 1큰술 / 고추장 2큰술 / 고춧가루 2½큰술 / 파(다져서) 2큰술 / 마늘(다져서) 1큰술 / 생강(다져서) ½작은술 / 설탕 3큰술 / 참기름 · 깨소금 각 2큰술

| 만드는 법 |

1 홍어는 껍질을 벗겨서 길이 5cm, 폭 1cm 정도로 썰어서 식초에 버무려 약 30분 정도 재워둔다.

2 무는 껍질을 벗겨서 굵게 채 썰고, 오이는 반 갈라서 어슷하고 약간 도톰하게 썰어 소금을 뿌려서 절여 숨이 죽으면 냉수에 헹구어 물기를 꼭 짠다.

3 미나리는 다듬어서 연한 줄기를 5cm 길이로 자르고 배는 껍질을 벗겨 채 썬다.

4 1의 홍어를 행주에 싸서 물기를 꼭 짠 다음 무와 오이를 함께 그릇에 담아 먼저 고춧가루를 넣어 고루 버무린다. 색이 고루 들면 이어서 양념 1의 나머지 양념을 모두 넣어 고루 버무리고 나중에 미나리와 배를 넣어 무친다.

5 냄비에 물을 넉넉히 부어 끓으면 냉면국수를 헤쳐서 넣어 심이 약간 남을 정도로 잠깐 삶아내어 냉수에 충분히 헹군 후 1인분씩 사리를 만들어 채반에 건진다.

6 대접에 냉면 사리를 담고 위에 홍어회를 얹어 내면 먹을 때 고루 비벼서 먹는다.

냉콩국수

불린 흰콩을 삶아 곱게 갈아서 만든 콩국에 밀국수를 삶아서 말아 먹는 여름철의 별미음식이다. 콩은 단백질을 비롯하여 영양이 매우 우수하므로 여름철 복 중의 영양음식으로 좋다. 볶은 흰깨를 콩에 조금 합하여 만들면 더욱 맛이 있다. 콩은 충분히 삶아야 비린내가 나지 않고 고소하다. 그리고 콩국은 소금 간이 잘 맞아야 맛이 있다.

황해도 지방에서는 질이 좋은 수수가 많이 나므로 경단을 만들어 콩국에 띄우기도 한다. 수숫가루에 소금을 약간 넣어 반죽하여 지름이 2cm 정도의 동글납작한 경단을 빚어 끓는 물에 삶아낸 다음 냉수에 헹구어 콩국에 띄운다.

| 재료 및 분량 (4인분) |

흰콩 1컵 / 흰깨 2큰술 / 물 8컵 / 소금 1큰술 / 가는 밀국수 300g

| 만드는 법 |

1 흰콩을 물에 담가 하룻밤을 불려서 건진다.
2 냄비에 물을 끓이다가 콩을 넣어 삶아서 냉수에 헹구어 손으로 비벼서 껍질을 말끔히 벗겨서 건진다.
3 맷돌이나 믹서에 콩과 볶은 흰깨를 분량의 물을 조금씩 주면서 곱게 갈아서 고운체에 걸러서 소금으로 간을 맞추어 차게 식힌다.
4 따로 끓는 물을 준비하여 국수를 넣어 삶아 건져서 찬물에 충분히 헹구어 사리를 만든다.
5 대접에 국수 사리를 담고 찬 콩국을 부어 상에 낸다. 토마토나 오이채, 통깨 등을 고명으로 얹어도 좋다.

비빔면

비빔면은 삶은 국수를 장국에 마는 것이 아니라 양념장으로 고루 비벼서 먹는 국수이다. 예전에는 간장으로 양념장을 만들어 비볐으나 요즈음은 고추장 양념으로 맵게 하는 것이 더 일반적이 되었다. 비빔국수는 비벼서 오래 두면 맛이 아주 떨어지므로 먹을 시간에 맞추어 국수를 삶아 바로 만들어 먹도록 한다.

국수에 넣는 채소는 가리지 말고 각 계절마다 흔한 채소를 익혀서 넣으면 된다. 푸른 채소로는 호박, 오이, 미나리 등이 좋고, 버섯은 표고 · 느타리 · 목이 · 석이버섯 등이 좋다.

| 재료 및 분량 (4인분) |

가는 밀국수 300g / 쇠고기(우둔) 100g / 마른 표고버섯(중) 3장 / 식용유 적량 / 오이 1개 / 소금 적량 / 다홍 고추 ½개 / 달걀 2개

양념 1 간장 1큰술 / 파(다져서) 2작은술 / 마늘(다져서) 1작은술 / 설탕 ½큰술 / 참기름 · 깨소금 각 1작은술 / 후춧가루 약간

양념 2 간장 4큰술 / 설탕 2큰술 / 참기름 · 깨소금 각 2큰술

| 만드는 법 |

1 쇠고기는 살코기로 가늘게 채 썰고, 마른 표고버섯은 불려서 가늘게 채 썰어서 합하여 양념 1로 고루 무쳐서 번철에 식용유를 두르고 볶는다.
2 오이는 반을 갈라서 어슷하고 얇게 썰어서 소금을 뿌린 다음 숨이 죽으면 물기를 짜서 살짝 볶는다. 다홍 고추는 씨를 빼고서 다진다.
3 달걀은 황백으로 나누어 풀어서 얇게 지단을 부쳐 가늘게 채 썬다.
4 냄비에 물을 넉넉히 끓여서 마른 국수를 헤쳐서 넣어 심이 무를 정도로 삶아 냉수에 여러 번 헹군 다음 건져 물기를 잘 뺀다.
5 큰 그릇에 국수를 담고 준비한 고기, 표고버섯, 오이를 고명으로 얹을 것을 조금씩 남기고 모두 한데 넣고 양념 2로 만든 양념장을 넣어 고루 비빈다.
6 비빔국수를 대접에 담고, 위에 남긴 재료와 지단 채를 고루 얹는다.

석류탕

| 재료 및 분량 (4인분) |

밀가루 1½컵 / 소금 1작은술 / 물 5큰술 / 쇠고기 100g / 물 7컵 /

쇠고기 50g / 닭살 70g / 마른 표고버섯(소) 2장 / 두부 50g / 무 50g / 숙주 50g / 미나리 50g /

달걀 1개 / 잣 1 큰술 / 청장 · 소금 각 적량

양념 1 청장 1작은술 / 마늘(다져서) ½작은술 / 참기름 · 후춧가루 약간

양념 2 청장 1작은술 / 소금 1작은술 / 파(다져서) 2작은술 / 마늘(다져서) 1작은술 / 참기름 1작은술 / 깨소금 1작은술 / 생강즙 약간

| 만드는 법 |

1 밀가루에 소금을 넣고 반죽하여 얇게 밀어서 지름 6cm 원형으로 만두피를 만든다.
2 쇠고기 100g은 납작하게 썰어 양념 1로 양념을 하여 장국을 끓인다.
3 쇠고기 50g과 닭살은 곱게 다지고 마른 표고버섯은 불려서 곱게 채 썬다.
4 두부는 으깨어 물기를 꼭 짜고, 무는 곱게 채 썰어 데쳐낸 후 물기를 꼭 짠다.
5 숙주는 꼬리를 떼고, 미나리도 다듬어 데쳐서 물기를 짠 뒤 송송 썬다. 준비된 재료를 합하여 양념 2로 양념하여 소를 만든다.
6 달걀은 황백으로 나누어 소금을 약간 넣어 지단을 부쳐 완자형으로 썬다.
7 만두 피에 소를 조금씩 떠 얹고 잣을 하나씩 올린 다음 양손으로 가운데를 모아 주머니 모양으로 빚는다.
8 쇠고기장국에 청장과 소금으로 간을 맞춘 뒤 끓을 때 석류만두를 넣는다.
9 만두가 익어서 위로 떠오르면 그릇에 담는다.

만둣국

만두를 더운 장국에 넣어 끓이는 겨울음식으로, 특히 북쪽 지방에서 즐겨 만든다. 만두피는 되도록 얇아야 맛이 있다. 만둣국의 고기는 쇠고기, 돼지고기, 닭고기, 꿩고기 등이 모두 쓰이고, 숙주, 두부, 배추김치 등이 들어간다. 만둣국에 넣는 만두의 형태는 여러 가지가 있다. 궁중에서는 둥근 것을 반만 접어서 주름을 내지 않고 반달 모양으로 빚어 병시(餠匙)라고 하고, 개성편수는 이와는 대조적으로 반달 모양으로 빚은 다음에 양끝을 마주 붙여서 어린 아기의 모자와 같은 모양으로 빚는다. 평안도의 만두는 반으로 접어 한 면에 주름을 잡아 오목하게 빚는다.

| 재료 및 분량 (4인분) |

밀가루 1½컵 / 소금 1작은술 / 물 5큰술 / 녹말가루 적량 /
쇠고기(우둔) 150g / 마른 표고버섯(중) 3장 / 두부 1모 / 숙주 200g / 배추김치 200g /
달걀 1개 / 소금 · 식용유 각 적량 / 대파 ½뿌리 / 쇠고기장국 8컵 / 실고추 약간

양념 1 소금 1큰술 / 파(다져서) 2큰술 / 마늘(다져서) 1큰술 / 참기름 · 깨소금 각 1큰술 / 후춧가루 약간
양념 2 간장 2큰술 / 식초 2큰술 / 물 2큰술 / 잣가루 1작은술

| 만드는 법 |

1 밀가루에 소금물을 넣어 반죽하여 30분 정도 두었다가 치대어 얇게 밀어서 지름 8cm의 둥근 모양으로 떠서 만두피를 만든 후 사이사이에 녹말가루를 조금씩 묻혀서 겹쳐 놓는다.
2 쇠고기는 곱게 다지고 마른 표고버섯은 불려서 가늘게 채 썬다.
3 두부는 행주에 싸서 도마 등으로 눌러 물기를 뺀 다음 칼을 눕혀서 곱게 으깬다.
4 숙주는 씻어서 끓는 물에 소금을 약간 넣고 데쳐 낸 다음 물기를 짜서 송송 썰고 배추김치는 잘게 썰어서 국물을 꼭 짠다.
5 큰 그릇에 준비한 소의 재료를 모두 합하여 양념 1을 넣어 고루 섞는다.
6 둥근 만두피에 소를 놓고 반달형으로 빚거나, 양끝을 오므려 아기 모자 모양처럼 빚는다.
7 달걀은 황백으로 나누어 지단을 얇게 부쳐서 완자형이나 채로 썬다. 대파는 어슷썬다.
8 쇠고기장국은 미리 만들어 간을 맞춘 다음 끓여서 빚은 만두를 넣고 끓어오르면 어슷썬 대파를 넣는다. 만두가 위로 떠오르면 익은 것이니 대접에 담고 위에 달걀지단과 실고추를 얹는다. 양념 2를 잘 섞어 초간장을 만들어 따로 내어 만두를 건져서 찍어 먹도록 한다.

규아상

규아상은 일명 미만두라고도 하는 궁중의 여름철 찐 만두이다. 소의 재료는 오이, 표고버섯, 쇠고기를 넣고, 마치 해삼 모양처럼 빚는다. 찜통에 찔 때 밑에 담쟁이 잎을 깔고 찌고 접시에 담을 때도 새잎을 깔면 신선해 보여서 여름 만두로 모양도 일품이다. 소의 재료는 모두 익힌 것이므로 잠깐만 쪄도 된다.

| 만드는 법 |

1. 밀가루에 소금물을 넣어 반죽하여 30분 정도 두었다가 치대어 얇게 밀어서 지름 8cm의 둥근 모양으로 떠서 만두피를 만들어 사이사이에 녹말가루를 조금씩 묻힌 후 겹쳐 놓는다.
2. 쇠고기는 살로 곱게 다지고 마른 표고버섯은 불려서 가늘게 채 썰어 합하여 양념 1로 무쳐 번철에 볶은 후 접시에 펴서 식힌다.
3. 오이는 5cm로 토막 내어 가운데 씨 부분은 남기고 껍질과 살을 계속 돌려가면서 얇게 벗겨서 채 썬다. 오이채를 소금에 절였다가 꼭 짜서 식용유를 두르고 재빨리 볶아내어 식힌다.
4. 볶은 고기와 표고버섯, 오이, 잣을 합하여 고루 섞어 소를 만든다. 만두피를 도마나 평평한 데에 놓고 가운데에 갸름하게 소를 놓은 후 양쪽자락의 맞닿는 부분을 붙인 다음 양끝은 삼각지게 하고 해삼처럼 등에 주름을 잡아 빚는다.
5. 찜통에 젖은 행주를 깔고 만두를 겹치지 않게 놓은 후 약 5분 정도 찐다.
6. 담쟁이잎을 접시에 깔고 찐 만두를 위에 담은 후 작은 그릇에 양념 2를 잘 섞어 초장을 만들어 따로 담아 곁들여 낸다.

| 재료 및 분량 (4인분) |

밀가루 $1\frac{1}{2}$컵 / 소금 1작은술 / 물 5큰술 / 녹말가루 적량 / 쇠고기(우둔) 150g / 마른 표고버섯(중) 5장 / 오이(중) 3개(450g) / 소금 · 식용유 각 적량 / 잣 1큰술 / 담쟁이잎 약 20장

양념 1 간장 2큰술 / 파(다져서) 4작은술 / 마늘(다져서) 2작은술 / 설탕 1큰술 / 참기름 · 깨소금 각 2작은술 / 후춧가루 약간

양념 2 간장 2큰술 / 식초 2큰술 / 물 2큰술 / 잣가루 $\frac{1}{2}$작은술

편수

편수는 여름철에 먹는 사각진 모양의 차게 먹는 만두이다. 소의 재료는 애호박, 오이, 쇠고기, 닭고기 등이다. 편수는 쪄서 그대로 초장에 찍어서 먹기도 하고 차가운 장국에 띄우기도 한다. 편수를 장국에 말 때는 육수의 기름이 뜨지 않도록 말끔히 걷어서 마련한다.

| 재료 및 분량 (4인분) |

밀가루 1½컵 / 소금 1작은술 / 물 5큰술 /
쇠고기(우둔) 150g / 마른 표고버섯(중) 3장 /
숙주 150g / 애호박 1개(300g) /
소금 · 식용유 각 적량 / 잣 1큰술

양념 1 간장 1큰술 / 파(다져서) 2큰술 / 마늘(다져서) 1작은술 / 설탕 ½큰술 / 후춧가루 약간

양념 2 간장 2큰술 / 식초 2큰술 / 물 2큰술 / 잣가루 ½작은술

| 만드는 법 |

1 밀가루에 소금물을 넣어 반죽하여 30분 정도 두었다가 얇게 밀어 사방 8cm 정도의 정사각형으로 만두피를 만든다.

2 쇠고기는 곱게 다지고, 마른 표고버섯은 불려서 가늘게 썰어 합한 다음 양념 1로 고루 무쳐 번철에 볶아내어 접시에 펴서 식힌다.

3 숙주는 씻어서 끓는 물에 소금을 약간 넣어 데쳐서 찬물에 헹구어 건져서 물기를 짜서 서너 번 썬다.

4 애호박은 가운데 씨를 발라내고 채 썰어 소금을 뿌려서 살짝 절였다가 물기를 짜서 번철에 식용유를 두르고 볶아서 바로 넓은 그릇에 펴서 식힌다.

5 익힌 채소와 고기를 고루 섞어서 소를 만든다.

6 사각의 만두피를 도마 위에 펴고 소를 한 큰술 정도 가운데에 놓고 잣을 한 알씩 얹은 다음 네 귀를 한데 모아서 맞닿는 자리를 마주 붙여 네모지게 빚는다.

7 끓는 물에 편수를 넣고 삶아서 바로 찬물에 헹구어 건지거나 찜통에 넣어 쪄낸다.

8 익은 편수를 접시에 담고 양념 2를 잘 섞어 초장을 만들어 따로 곁들여 내거나 대접에 편수를 담고 차가운 육수를 부어 지단고명을 올려 낸다.

준치만두

준치만두는 준치가 맛이 좋은 계절인 오월단오의 절식음식이다. 만두라고 하지만 준치살과 고기를 섞어서 완자를 빚은 것으로 주식이 되지는 않는다. '썩어도 준치' 라는 말이 있을 정도로 맛이 아주 유별나게 좋으나 잔 가시가 많아 먹기에 불편하다.

| 재료 및 분량 (4인분) |

준치 1마리(500g) / 대파 1/2뿌리 / 마늘 2톨 / 생강 1톨 / 소금 적량 / 쇠고기(우둔) 100g / 녹말가루 3큰술 / 생강즙 1작은술 / 소금 · 후춧가루 약간 / 잣 1큰술 / 쑥갓 50g

양념 1 간장 1큰술 / 대파(다져서) 2작은술 / 마늘(다져서) 1작은술 / 설탕 1/2큰술 / 참기름 · 깨소금 각 1작은술 / 후춧가루 약간

| 만드는 법 |

1 준치를 깨끗이 씻어 내장을 꺼내고 머리를 잘라낸 다음 증기가 오르는 찜통에 넣어 찐다. 살이 완전히 익으면 뼈와 가시를 전부 발라내고 살만 모아서 곱게 부순다.
2 준치를 찐 찜통의 아래에 남은 물에 살을 발라내고 남은 뼈와 대파, 마늘, 생강 조각을 넣어 물을 더 붓고 끓여서 체에 걸러서 소금으로 간을 한다.
3 쇠고기는 곱게 다져서 양념 1로 무쳐 번철에 볶아 식힌다.
4 준치살과 볶은 쇠고기를 합하여 녹말가루와 생강즙을 넣고 소금과 후춧가루를 넣어서 지름 2~3cm의 동그란 완자 모양으로 잣을 두 알씩 넣고 빚는다.
5 완자로 빚은 만두를 녹말가루에 고루 묻혀서 찜통에 젖은 행주를 깔고 잠시 찐다.
6 쪄낸 만두를 국물 없이 그대로 접시에 쑥갓을 깔고 담아 초장을 곁들여 내거나 대접에 담고 2의 끓는 장국을 부어서 쑥갓을 띄워 내기도 한다.

메밀만두

메밀만두를 빚을 때는 끈기가 없으므로 익반죽을 하여 송편 만들듯이 구멍을 파서 소를 넣어 빚는다.

| 재료 및 분량 (4인분) |

메밀가루 1⅓컵 / 녹말 ⅔컵 / 소금 1작은술 / 물 6~7큰술 / 생치(꿩고기) 100g / 쇠고기 50g / 물 8컵 / 마른 표고버섯 3장 / 두부 50g / 숙주 100g / 미나리 30g / 생배추 100g / 후춧가루 · 계핏가루 약간

양념 1 청장 1작은술 / 소금 1작은술 / 파(다져서) 2작은술 / 마늘(다져서) 1작은술 / 생강즙 1/2작은술 / 참기름 1작은술 / 깨소금 1작은술

| 만드는 법 |

1 메밀가루에 녹말, 소금을 넣어 체에 친 다음 물을 넣고 반죽하여 젖은 행주를 덮어놓는다.
2 생치는 손질해서 살을 발라내고 뼈는 생강과 함께 넣고 삶아 육수를 만든다. 국물은 기름기 없이 깨끗이 밭친다.
3 쇠고기와 생치살은 곱게 다진다. 마른 표고버섯은 물에 불려 곱게 채 썬다.
4 두부는 으깨어 물기를 꼭 짠다.
5 숙주, 미나리, 배추는 데쳐서 송송 썬 다음 물기를 꼭 짠다.
6 준비한 재료들을 합해 양념 1로 양념하여 잘 섞는다.
7 메밀가루 반죽을 송편 만들 듯 구멍을 파서 소를 넣어 빚는다.
8 끓는 육수에 간을 맞춘 다음 만두를 넣어 끓인다. 만두가 떠오르면 건져 그릇에 담고 후춧가루와 계핏가루를 뿌려서 낸다.

떡 국

겨울철에 흰 가래떡을 얇게 썰어 장국에 넣어 끓이는데, 병탕이라고도 하며, 정월 초하루에는 어느집이나 해서 먹는 음식이다. 떡국의 장국은 사골과 양지머리, 사태 등을 오랫동안 고아서 만든 것이 깊은맛이 있다. 바로 육수를 만들 때는 쇠고기를 잘게 썰어서 양념하여 볶다가 물을 부어 육수를 만든다. 떡국 위에 얹는 꾸미는 지방이나 각 가정에 따라 조금씩 다르다. 다진 고기를 볶아서 얹기도 하고, 온면처럼 오색의 채 고명을 얹거나 작은 고기산적을 지져서 얹기도 한다. 달걀로 줄알을 치는 대신에 지단을 부쳐서 넣기도 한다. 김을 구워서 넣을 때는 조금만 넣도록 한다. 떡국도 온면과 마찬가지로 불면 맛이 없으므로 먹는 시간에 맞추어 바로 전에 만든다.

| 재료 및 분량 (4인분) |

흰떡(썰어서) 500g / 육수(사골이나 양지머리) 10컵(2L)

청장 · 소금 적량 / 달걀 2개 / 대파 1뿌리 / 마늘(다져서) ½큰술 / 후춧가루 약간

양념 1 청장 1큰술 / 파(다져서) 4작은술 / 마늘(다져서) 2작은술 / 참기름 · 깨소금 각 2작은술 / 후춧가루 약간

| 만드는 법 |

1 흰가래떡을 어슷한 둥근 모양으로 썰어 물에 씻어 건진다.

2 육수는 전날에 소의 사골과 양지머리를 넉넉히 물을 부어 푹 삶아서 고기는 건지고 육수는 기름을 거두어 청장과 소금으로 간을 맞춘다. 무르게 삶은 고기를 가늘게 갈라서 양념 1로 고루 무친다.

3 달걀은 황백으로 나누어 지단을 얇게 부쳐서 채 썬다.

4 장국을 불에 올리고서 어슷썬 대파와 다진 마늘을 넣어 펄펄 끓으면 떡을 헤쳐서 넣는다.

5 떡이 부드럽게 익어서 떠오르면 대접이나 그릇에 떡국을 담고 위에 고기와 달걀지단을 고명으로 얹은 후 후춧가루를 약간씩 뿌려서 상에 낸다.

조랭이떡국

조랭이떡국은 개성 지방의 떡국으로 가는 흰떡을 부드러울 때에 대칼로 밀어서 누에고치 모양으로 만들어 더운 장국에 넣어 끓인다. 정성도 많이 들지만 작고 쫄깃쫄깃하여 보통의 떡국과는 다른 별미이다.

조랭이떡국의 유래는 조롱에서 나왔다고 한다. 조롱이란 예전에 어린 아이들의 주머니 끈이나 옷끈에 액막이로 차는 작은 물건인데, 조롱박 모양으로 나무로 깎은 것이다. 정월에 조랭이떡국을 먹는 것은 나쁜 액을 막는다는 뜻이 있다. 또 다른 설은 누에고치는 길(吉)함을 나타내므로 정월에 기쁜 뜻으로 누에 모양을 따서 만든다고도 한다.

떡국에 얹는 고기는 삶은 고기를 가늘게 갈라서 양념하여 넣거나, 떡국과 같이 쇠고기산적을 작게 만들어 지져서 얹기도 한다.

| 재료 및 분량 (4인분) |

조랭이떡 500g / 육수 10컵(2L) / 청장 · 소금 각 적량 / 쇠고기(우둔) 150g / 달걀 1개 / 소금 · 식용유 적량 / 작은 대꼬치 8개 / 후춧가루 약간

양념 1 간장 1큰술 / 파(다져서) 2작은술 / 마늘(다져서) 1작은술 / 설탕 1작은술 / 참기름 · 깨소금 각 1작은술 / 후춧가루 약간

| 만드는 법 |

1 쌀가루를 불려서 방아를 하여 쪄서 흰떡을 가늘게 만들어 굳기 전에 도마 위에 놓고 참기름을 조금씩 바르면서 나무칼로 비벼서 끊어 조랭이떡을 만든다.

2 육수는 전날 사골이나 양지머리를 오래 삶아서 고기는 건지고 육수는 기름을 거두어 청장과 소금으로 간을 맞춘다.

3 쇠고기 우둔살은 폭 0.7cm, 길이 5cm의 크기로 썰어 양념 1로 고루 무쳐 작은 대꼬치에 꿰어 1인당 산적을 2꼬치씩 만들어 번철에 지져서 익힌다.

4 달걀을 황백으로 나누어 지단을 부쳐 완자형으로 썰어 놓는다.

5 조랭이떡을 물에 씻어서 끓는 장국에 넣어 익어서 떠오르면 불에서 내린다. 바로 그릇에 담고 쇠고기산적과 달걀지단을 얹은 후 후춧가루를 약간씩 뿌려서 상에 낸다.

수제비

밀가루를 부드럽게 반죽을 하여 장국에 얇게 떼어 넣고 구수하게 끓이는 서민적인 가루음식이다. 장국은 쇠고기장국 외에 멸치장국으로 끓여도 국물이 시원하고 맛이 있다. 여름철에는 애호박이나 감자를 얇게 썰어 넣어 함께 끓이면 맛이 있다. 밀가루에 녹말가루를 섞으면 감촉이 매끄럽다.

| 재료 및 분량 (4인분) |

밀가루 3컵 / 녹말가루 2큰술 / 달걀 1개 / 소금 2작은술 / 물 1컵 / 멸치 30g / 다시마 15cm / 물 10컵(2L) / 청장 · 소금 적량 / 애호박 ½개(150g) / 감자 1개(200g) / 실파 40g / 다홍 고추 1개

양념 1 간장 4큰술 / 고춧가루 ½큰술 / 파(다져서) 1큰술 / 마늘(다져서) ½큰술 / 참기름 · 깨소금 각 ½작은술

| 만드는 법 |

1 밀가루에 녹말가루를 섞어서 체에 친다. 달걀에 소금과 물을 넣고 잘 섞어 달걀물을 만들어 체에 친 밀가루에 달걀물을 조금씩 부어서 끈기나게 반죽을 한다.

2 냄비에 물을 붓고 멸치, 다시마를 넣어 국물이 끓어오르면 다시마를 꺼내고, 어느 정도 국물이 우러나면 청장과 소금으로 간을 한다.

3 애호박은 반으로 갈라서 반달 모양으로 얇게 썰고, 감자는 껍질을 벗기고서 얇게 썰어 놓는다. 실파는 4cm 길이로 썰고 다홍 고추는 어슷하게 썬다.

4 장국은 펄펄 끓여서 1의 밀가루 반죽을 손에 물을 축여서 얇게 떼어 넣고 호박과 감자를 넣어 끓인다.

5 수제비가 익어서 위로 떠오르면 실파와 다홍 고추를 넣고 잠시 더 끓여서 대접에 담는다. 양념 1을 합하여 양념장을 만들어 따로 낸다.

둘,

찬품의 조리

우리 민족은 곡물을 중요시 여기어 밥을 주식으로 하고 여러 가지 찬물을 부식으로 함께 먹는다. 찬물로는 채소, 육류, 어류 등을 재료로 하여 다양한 조리법을 이용하여 마련한다. 조석의 식사는 일반적으로 국물이 있는 국이나 찌개와 김치를 기본찬으로 하고 그 밖의 찬물을 형편에 따라 3~9가지 정도를 한상에 차리게 된다. 부식인 찬품의 조리법은 다음과 같이 분류할 수 있다.

국·탕

맑은국 미역국 | 뭇국 | 콩나물국 | 대합탕 | 조기맑은국 | 북어탕 | 완자탕 | 어알탕 | 애탕
토장국 시금치국 | 배추속대국 | 아욱국 | 냉잇국
냉국 미역냉국 | 오이냉국 | 임자수탕
곰국 곰탕 | 설렁탕 | 갈비탕 | 토란국 | 육개장 | 삼계탕

찌개·감정·조치

토장찌개 민어찌개 | 두부된장찌개 | 청국장찌개 | 조기고추장찌개 | 꽃게찌개 | 게감정 | 오이감정
맑은찌개 애호박젓국찌개 | 명란젓찌개 | 굴두부조치
기타 순두부찌개 | 콩비지찌개

전 골

쇠고기버섯전골 | 낙지전골 | 송이전골 | 두부전골 | 곱창전골 | 도미면 | 신선로

찜·선

찜 사태찜 | 갈비찜 | 돼지갈비찜 | 떡찜 | 궁중닭찜 | 닭북어찜 | 도미찜 | 대하찜 | 대하잣집무침 | 북어찜
선 호박선 | 가지선 | 배추선 | 오이선 | 어선 | 어만두 | 두부선

생채·숙채

생채 더덕생채 | 무생채 | 오이생채 | 도라지생채 | 배추겉절이 | 상추생채
숙채 냉이나물 | 취나물 | 무나물 | 콩나물 | 숙주나물 | 애호박나물 | 도라지나물 | 시금치나물
기타 구절판 | 잡채 | 죽순채 | 겨자채 | 탕평채 | 도토리묵무침 | 메밀묵무침

전유어·지짐

육류 처녑전 | 간전 | 부아전 | 양동구리 | 완자전
어패류 민어전 | 새우전 | 패주전 | 굴전 | 해삼전
채소류 풋고추전 | 애호박전 | 표고버섯전 | 연근전 | 깻잎전
기타 녹두빈대떡 | 파전

구 이

육류 너비아니 | 쇠갈비구이 | 제육구이
어패류 고등어구이 | 병어고추장구이 | 조기양념장구이 | 대합구이 | 오징어구이 | 북어구이 | 뱅어포구이
기타 김구이 | 더덕구이

적

파산적 | 송이산적 | 떡산적 | 두릅적 | 사슬적 | 누름적 | 화양적 | 김치적 | 섭산적

회

생회 갑회 | 육회 | 생선회 | 해삼 · 멍게 · 전복회 | 굴회
숙회 두릅회 | 미나리강회 | 해물숙회 | 어채

조림·조리개·초

고등어시래기조림 | 갈치무조림 | 두부조림 | 풋고추조림 | 감자조림 | 쇠고기장조림 | 전복초 | 홍합초 | 삼합장과

편육·족편·순대

편육 양지머리편육 | 제육편육 | 사태편육 | 우설편육
족편 족편 | 전약
순대 돼지순대

쌈

상추쌈 | 절미된장조치 | 병어감정 | 약고추장 | 장똑똑이 | 계지차 | 마른새우볶음 | 생미역쌈

부각·튀각·자반

부각 깻잎부각 | 다시마부각 | 김부각 | 참죽부각
자반 미역자반 | 김자반 | 매듭자반 | 풋고추자반
마른찬 오징어채볶음 | 잔멸치볶음 | 북어포무침 | 북어보푸라기 | 호두튀김 | 은행볶음 | 잣솔 | 생률 | 암치포무침 | 김무침

장아찌

오이통장과 | 오이갑장과 | 무갑장과 | 미나리장과 | 배추속대장과 | 통마늘장아찌 | 무말랭이장아찌 | 오이간장장아찌 | 풋고추장아찌 | 깻잎장아찌 | 무된장장아찌 | 콩잎장아찌 | 마늘종장아찌 | 매실장아찌 | 더덕장아찌 | 감장아찌

포

칠보편포 · 대추편포 | 육포

김 치

배추통김치 | 보김치 | 백김치 | 총각김치 | 깍두기 | 섞박지 | 비늘김치 | 석류김치 | 열무김치 | 동치미 | 나박김치 | 장김치 | 오이지 | 오이소박이 | 호박지 | 갓김치 | 부추김치 | 파김치 | 고들빼기김치

젓 갈

가자미식해 | 조개젓 | 새우젓 | 조기젓 | 멸치젓 | 명란젓 | 오징어젓 | 어리굴젓 | 꼴뚜기젓 | 대구모젓 | 꽃게장

미역국
콩나물국

뭇국

미역국

우리나라에서는 아기를 낳은 산모는 거의 한 달 이상 미역국을 먹으며 산후 조리를 한다. 미역 중에는 특히 칼슘과 요오드가 많이 함유되어 있다. 칼슘은 골격과 치아 형성의 필요 성분이고 산후의 자궁 수축과 지혈작용을 돕고, 요오드는 갑상선 호르몬을 만드는 데 필요한 성분이므로 신진대사가 왕성한 임부에게는 더 없이 좋은 식품이다. 그리고 삼신상이나 백일, 돌, 생일날에는 반드시 차리는 음식으로 우리의 식생활 풍습에서 오래전부터 전해오는 친근한 음식 중의 하나이다.

쇠고기를 잘게 썰어서 미역과 한데 볶아 끓이기도 하나 미리 양지머리나 사골 등을 고아서 만든 국물에 미역을 넣어 끓이는 법도 있다. 육류를 전혀 넣지 않고 소(素)미역국을 끓이거나 마른 홍합을 넣어 한데 끓이기도 한다. 홍합미역국은 맛이 육류와는 달리 산뜻하고 시원하다.

| 재료 및 분량 (4인분) |

쇠고기 100g / 마른 미역 50g / 참기름 2큰술 / 마늘(다져서) 1큰술 / 물 8컵 /
청장 · 후춧가루 각 적량

양념 1 소금 1작은술 / 마늘(다져서) 1작은술 / 참기름 1작은술 / 후춧가루 약간

| 만드는 법 |

1. 쇠고기는 납작납작하게 썰어서 양념 1로 고루 무친다.
2. 마른 미역은 물에 재빨리 씻어서 다시 미역이 잠길 정도로 물을 부어 30분 정도 불린 후 건져 물기를 꼭 짠 다음 4cm 정도의 폭으로 썬다.
3. 냄비에 참기름을 두르고 1의 고기를 볶아 색이 변하면 이어서 미역과 다진 마늘을 넣어 볶아 전체에 고루 기름이 퍼지면 물을 부어 센 불에서 끓인다.
4. 펄펄 끓어오르면 불을 약하게 줄여서 맛이 충분히 어우러질 때까지 끓인 후 부족한 간은 청장으로 맞추고, 후춧가루를 뿌린다.

뭇 국

가을철의 햇무로 만들면 가장 맛이 있으나 일 년 내내 가정에서 가장 많이 만드는 국 중의 한 가지이다. 무를 납작하게 썰어 고기와 함께 볶아서 물을 부어 짧은 시간에 만드는 무 맑은국으로 이를 무황볶기탕이라고도 한다. 또 다른 방법은 양지머리를 덩어리째 끓이다가 무를 큰 토막으로 넣어 무를 때까지 서서히 끓이면 국물이 더 맑고 시원하다. 건지는 익은 후에 건져서 작게 썰어 넣는다.

| 재료 및 분량 (4인분) |

쇠고기 100g / 무 300g / 참기름 1큰술 / 마늘(다져서) 2작은술 / 물 8컵 / 다시마 10cm / 청장 적량 / 대파 1뿌리 / 후춧가루 적량

양념 1 소금 1작은술 / 마늘(다져서) 1작은술 / 참기름 1작은술 / 후춧가루 약간

| 만드는 법 |

1 쇠고기는 납작납작하게 썰어서 양념 1로 고루 무친다.
2 무는 씻어서 3cm 폭으로 토막을 내고, 3×2.5cm의 네모꼴로 납작납작하게 썬다.
3 냄비에 참기름을 두르고 1의 고기를 볶아 색이 변하면 이어서 무 썬 것과 다진 마늘을 넣어 한데 볶아 전체에 고루 기름이 퍼지면 물을 부어 센 불에서 끓인다.
4 다시마는 젖은 행주를 꼭 짜서 문질러서 깨끗이 하여 국에 넣는다.
5 끓어오르기 시작하면 위에 떠오르는 기름과 거품은 말끔히 걷어내고 불을 약하게 줄여서 맛이 충분히 어우러질 때까지 끓인 다음 청장으로 간을 맞춘다.
6 맛이 충분히 들면 다시마는 건져서 무와 같은 크기로 썰고, 대파를 어슷하게 썰어 넣은 후 잠시만 더 끓여서 대접에 담고 후춧가루를 곁들여낸다.

콩나물국

콩나물은 우리의 옛조상이 개발한 자랑스런 식품으로 영양 성분이 원료의 콩과는 달리 비타민 C의 함량이 매우 높다. 값이 싸서 서민들에게 두부와 더불어 친숙한 식품으로 단백질, 지방과 비타민류의 좋은 급원식품이다. 날콩은 먹으면 거의 소화가 되지 않고, 소화효소인 트립신의 작용을 방해하는 트립신 인히비터(trypsin inhibitor)가 들어 있으므로 조리할 때는 반드시 충분히 가열하도록 한다.

콩나물국은 쇠고기로 맛을 내기도 하고 멸치나 조개를 한데 넣어 끓이기도 한다.

| 재료 및 분량 (4인분) |

쇠고기 100g / 콩나물 250g / 참기름 1큰술 / 마늘(저며서) 2톨 / 물 8컵 / 청장 · 소금 각 적량 / 대파 1뿌리 / 고춧가루 적량

양념 1 소금 1작은술 / 마늘(다져서) 1작은술 / 참기름 1작은술 / 후춧가루 약간

| 만드는 법 |

1 쇠고기는 납작납작하게 썰어서 양념 1로 고루 무친다.
2 콩나물은 뿌리를 따고 다듬어서 씻어 건진다.
3 냄비에 참기름을 두르고 1의 고기를 볶아 색이 변하면 이어서 콩나물을 넣고 잠길 정도의 물을 부어 뚜껑을 덮어서 콩나물이 충분히 익을 때까지 끓인다.
4 콩나물이 익으면 나머지 물과 저민 마늘을 넣고 계속 끓인 다음 청장이나 소금으로 간을 맞추어 맛이 충분히 어우러질 때까지 끓여서 채 썬 파 또는 실파를 4cm로 썰어 넣고 바로 불에서 내린다.
5 국을 대접에 담고 고춧가루는 따로 작은 그릇에 담아내어 기호에 따라 넣어서 먹도록 한다.

대합탕

조개 중에 맛이 가장 좋은 대합으로 맑게 끓인 탕이다. 조개의 성분 중 호박산은 감칠맛을 낸다. 대합뿐 아니라 모시조개, 바지락, 재첩 등의 조개로도 국을 끓인다. 조개류는 지나치게 오래 끓이면 조갯살이 작아지고 질겨져서 맛이 없다.

| 재료 및 분량 (4인분) |

대합(중) 12개 / 실파 50g / 다홍 고추 1개 / 소금 1작은술 / 물 8컵 / 쑥갓 50g / 마늘(다져서) 2작은술 / 소금 적량

| 만드는 법 |

1 대합은 바닷물 정도의 소금물에 담가 어두운 곳에 서너 시간 두어 해감을 토하게 한다.
2 실파는 다듬어서 4cm 정도의 길이로 썰고, 다홍 고추는 씨를 빼고 어슷하게 썬다.
3 냄비에 물을 담아 끓으면 소금과 대합을 넣는다.
4 조개가 익어서 껍질이 벌어지면 실파와 다홍 고추, 쑥갓과 다진 마늘을 넣어서 잠시 더 끓여 간을 보고 부족하면 소금으로 간을 맞춘 후 바로 국그릇에 담는다.

조기맑은국

조기를 토막 내어 쇠고기장국에 넣어 끓인 맑은 국이다. 생선으로 맵지 않은 맑은 국을 끓일 때는, 특히 생선이 신선해야 한다. 조기 이외에 맑은 국은 민어, 도미, 대구, 준치 등의 비리지 않은 생선도 이용한다. 아래의 방법 외에 흰살생선을 포로 떠서 전을 부쳐서 넣어 끓이는 법도 있다. 매운맛을 내려면 마른 고추나 다홍 고추를 어슷하게 썰어 넣는다.

| 재료 및 분량 (4인분) |

쇠고기 100g / 물 8컵 / 청장 적량 / 조기(중) 1마리 / 소금 약간 / 쑥갓 50g / 마늘(다져서) 1작은술 / 생강즙 1작은술

양념 1 소금 1작은술 / 마늘(다져서) 1작은술 / 참기름 1작은술 / 후춧가루 약간

| 만드는 법 |

1 쇠고기는 납작납작하게 썰어서 양념 1로 고루 무쳐 물을 부어 맑은 장국을 끓여서 청장으로 간을 맞춘다.
2 조기는 비늘을 잘 긁어서 머리를 잘라내고 내장을 빼서 5cm 정도로 토막을 내어 소금을 약간 뿌려 놓는다.
3 쑥갓은 씻어서 손으로 한 가지씩 떼어놓는다.
4 장국을 펄펄 끓여서 조기 토막과 다진 마늘, 생강즙을 넣고 조기가 익으면 쑥갓을 넣은 후 바로 대접에 담는다.

북어탕

북어는 명태를 말린 것으로 보존이 용이하여 항시 상비 식품으로 으뜸이다. 찜도 하지만 아침 식사의 국으로 가장 많이 쓰인다. 북어탕의 조리법은 여러 가지 있는데, 가장 흔히 하는 방법은 가늘게 가른 북어포를 맑게 끓이고 나중에 달걀을 풀어서 줄알을 친다.

다음 방법은 북어포를 일단 기름장으로 무쳐서 끓인 것으로 깊고 진한 맛이 난다.

| 만드는 법 |

1 쇠고기는 납작납작하게 썰어서 양념 1로 무쳐서 물을 부어 맑은 장국을 끓여 청장으로 간을 맞춘다.

2 북어는 뼈를 발라내고 물에 잠시 불렸다가 물기를 꼭 짜서 3cm 폭으로 토막을 내어 양념 2의 기름장으로 무친다.

3 2의 북어에 밀가루를 묻힌 다음 잘 풀어 놓은 달걀에 담갔다가 끓는 장국에 떠서 넣는다. 또는 달걀 풀어놓은 것에 밀가루를 섞어서 양념한 북어를 넣고 고루 버무려서 끓는 장국에 한 숟가락씩 떠넣어 끓인다.

4 한소끔 끓어오르면 4cm 길이로 썬 실파(혹은 어슷썰기 한 대파)와 후춧가루를 넣어 잠시 더 끓인다.

5 맛을 보아 간이 부족하면 청장이나 소금으로 간을 맞춘다.

* 가늘게 가른 북어포로 국을 끓일 때는 우선 쇠고기로 끓인 맑은 장국을 끓인 다음 북어포는 물에 재빨리 씻어서 물기를 꼭 짜서 넣어 한데 끓인다. 맛이 어우러지면 파를 넣고 풀어놓은 달걀로 줄알을 쳐서 반숙 정도로 익으면 불을 끈다.

| 재료 및 분량 (4인분) |

쇠고기 100g / 물 8컵 / 청장 1큰술 / 북어포 1마리 / 밀가루 1큰술 / 달걀 1개 / 실파 40g / 후춧가루 약간 / 청장 또는 소금 적량

양념 1 소금 1작은술 / 마늘(다져서) 1작은술 / 참기름 1작은술 / 후춧가루 약간

양념 2 청장 1큰술 / 참기름 1큰술 / 후춧가루 약간

완자탕

완자탕은 쇠고기를 다져서 동그랗게 완자를 빚어 넣어 끓인 맑은 국이다. 반상에 따르는 국이 아니고 교자상이나 주안상에 어울리는 국이다. 완자를 빚을 때 잣을 하나씩 넣어 빚으면 씹히는 맛이 좋고, 완자에 두부를 섞어서 빚으면 고기만으로 빚은 것보다 부드럽다.

완자를 궁중에서는 봉오리라고 하고, 민간에서는 모리라고도 해서 완자탕을 봉오리탕, 모리탕이라고 한다.

| 재료 및 분량 (4인분) |

쇠고기 100g / 물 8컵 / 청장 적량 / 쇠고기(다져서) 100g / 밀가루 2큰술 / 달걀 2개 / 소금 · 식용유 약간 / 쑥갓 50g / 청장 또는 소금 적량

양념 1 소금 1작은술 / 마늘(다져서) 1작은술 / 참기름 1작은술 / 후춧가루 약간

양념 2 소금 1작은술 / 파(다져서) 2작은술 / 마늘(다져서) 1작은술 / 참기름 1작은술 / 후춧가루 약간

| 만드는 법 |

1 쇠고기는 납작납작하게 썰어서 양념 1로 무쳐서 물을 부어 맑은 장국을 끓여 청장으로 간을 맞춘다.

2 완자용의 쇠고기는 기름기가 적은 살코기로 곱게 다져서 양념 2로 무쳐서 끈기가 나게 잘 섞은 다음 지름 1.5cm의 완자로 빚는다.

3 완자에 밀가루를 고르게 묻힌 다음 잘 풀어 놓은 달걀에 담갔다가 달군 번철에 식용유를 두르고 완자를 넣어 굴리다 꺼내어 백지 위에서 여분의 기름을 흡수시킨다.

4 남은 달걀은 소금을 약간 넣고 풀어서 번철에 얇은 지단을 부쳐 한 면이 2cm의 완자형으로 썬다.

5 장국을 펄펄 끓여서 완자를 넣고 속까지 덥혀질 정도만 끓인 후 간을 보아 부족하면 청장이나 소금으로 간을 맞춰 바로 대접에 담고 쑥갓과 황백지단을 얹는다.

어알탕

어알탕은 쇠고기 대신 흰살생선의 살로 빚은 완자를 넣어 끓인 산뜻한 맛의 맑은 국이다. 반상에 따르는 국이 아니고 교자상이나 주안상에 어울리는 국이다. 완자탕은 다진 쇠고기에 두부를 섞어 양념하여 동그랗게 완자를 빚어서 밀가루, 달걀을 묻힌 다음 식용유 두른 팬에 굴리면서 익혀 팔팔 끓는 장국에 넣고 한소끔 끓이는 맑은 국이다.

| 재료 및 분량 (4인분) |

쇠고기 100g / 물 8컵 / 청장 1큰술 / 흰살생선 150g / 녹말가루 3큰술 / 잣 1큰술 / 달걀 1개 / 소금 · 식용유 약간 / 실파 2뿌리 / 청장 소금 또는 적량

양념 1 소금 1작은술 / 마늘(다져서) 1작은술 / 참기름 1작은술 / 후춧가루 약간

양념 2 소금 1작은술 / 파(다져서) 2작은술 / 마늘(다져서) 1작은술 / 생강즙 1작은술 / 참기름 1작은술 / 흰 후춧가루 약간

| 만드는 법 |

1 쇠고기는 납작납작하게 썰어서 양념 1로 무쳐서 물을 부어 맑은 장국을 끓인 다음 청장으로 간을 맞춘다.

2 흰살생선은 살만 포로 썰어 1cm 정도로 썬 다음 대강 다져서 분마기에 담고 양념 2의 재료를 차례로 넣으면서 으깨어 끈기가 날 때까지 섞는다. 고루 어우러지면 녹말가루 1큰술을 넣어 고루 섞어서 잣을 하나씩 넣어 지름 1.5cm의 완자로 빚는다.

3 빚은 어알을 녹말가루를 고루 묻힌 후 냉수에 담갔다가 건져내어 다시 녹말가루를 고루 묻힌다. 세 번 정도 반복하여 옷을 고루 입힌 후 찜통에 젖은 행주를 깔고 찐다.

4 달걀은 황백으로 갈라서 소금을 약간 넣고 풀어서 지단을 얇게 부친 다음 완자형으로 썬다. 실파는 다듬어 4cm 길이로 썬다.

5 장국이 펄펄 끓을 때 쪄낸 어알과 실파를 넣어 잠시 더 끓인 후 간을 보아 부족하면 청장이나 소금으로 간을 맞춰 대접에 담고 지단을 띄워 낸다.

어알탕

완자탕

애 탕

봄철에 나는 연한 햇쑥으로 만들어 초봄의 향기가 물씬 풍긴다. 쑥을 데쳐서 쇠고기와 함께 완자를 빚어서 넣어 끓인 맑은 국이다. 반상에 따르는 국이 아니고 교자상이나 주안상에 어울리는 국이다. 다른 방법은 쑥을 끓는 물에 살짝 데쳐서 밀가루, 달걀의 순으로 옷을 입혀서 넣어 끓이기도 한다.

| 만드는 법 |

1 쇠고기는 납작납작하게 썰어서 양념 1로 무쳐서 물을 부어 맑은 장국을 끓여 청장으로 간을 맞춘다.
2 쑥은 연한 것으로 골라 끓는 물에 살짝 데쳐내어 찬물에 헹군 다음 물기를 꼭 짜서 곱게 다진다. 다홍 고추는 어슷썰어 물에 헹구어 씨를 없앤다.
3 완자용의 쇠고기는 기름기가 적은 살코기로 곱게 다져서 다진 쑥과 합하여 양념 2로 끈기가 나게 잘 섞어서 지름 1.5cm의 완자로 빚는다.
4 빚은 완자를 밀가루를 고르게 묻힌 다음 잘 풀어놓은 달걀에 담갔다가 펄펄 끓는 장국에 넣어 완자가 익어서 떠오를 때까지 끓인다. 간을 보아 부족하면 청장이나 소금으로 간을 맞추고 다홍 고추를 넣고 바로 대접에 담아 낸다.

* 고기완자탕과 마찬가지로 완자를 밀가루와 달걀을 씌워서 번철에 지져서 넣기도 한다.

| 재료 및 분량 (4인분) |

쇠고기 100g / 물 8컵 / 청장 1큰술 /
쑥 60g / 다홍 고추 ½개 /
쇠고기(다져서) 100g / 밀가루 2큰술 /
달걀 1개 / 청장 또는 소금 적량

양념 1 소금 1작은술 / 마늘(다져서) 1작은술 / 참기름 1작은술 / 후춧가루 약간

양념 2 소금 1작은술 / 파(다져서) 2작은술 / 마늘(다져서) 1작은술 / 참기름 1작은술 / 후춧가루 약간

시금치국

배추속대국

아욱국

시금치국

시금치는 사철 있는 푸른잎 채소로 토장국의 재료로 일 년 내내 쓰인다. 장국은 쇠고기로 주로 하지만 멸치장국으로 하거나 모시조개를 한데 넣어도 맛이 시원하다. 시금치에 콩나물을 한데 보태서 끓여도 된다. 고추장의 비율은 기호에 따라 다르게 해도 좋다.

ㅣ 재료 및 분량 (4인분) ㅣ

모시조개 150g / 된장 3큰술 / 고추장 1큰술 / 시금치 200g / 대파 1뿌리 / 마늘(다져서) 2작은술 / 청장 또는 소금 적량

ㅣ 만드는 법 ㅣ

1 모시조개는 바닷물 정도의 소금물에 담가 어두운 곳에 서너 시간 두어 해감을 토하게 한다.
2 해감을 제거한 모시조개에 물을 붓고 끓이다가 조개가 입을 벌리면 조개는 건져내고 된장과 고추장을 망에 담아 걸러서 풀어 넣어 토장국을 끓인다.
3 2의 국물이 끓어서 충분히 맛이 들면 데친 시금치와 모시조개를 넣고 채 썬 파와 다진 마늘을 넣어 맛이 잘 어우러지게 끓인다.
4 간을 보아 부족하면 청장이나 소금으로 간을 맞춘다.

배추속대국

가을철에 속이 찬 배추의 노랗고 연한 속대로 끓인 구수한 토장국이다. 쇠고기로 맑은 장국을 만들기도 하나 소의 사골이나 도가니를 곤 곰국에 넣고 끓이면 더욱 구수하다. 된장과 고추장의 비율은 기호에 따라 다르게 해도 좋다. 배추 속대만이 아니라 무나 배추 꼬리를 한데 넣어 끓이기도 한다. 이른 가을철에는 배추밭에서 솎아낸 솎음배추로 끓여도 맛이 있다.

| 재료 및 분량 (4인분) |

배추속대 300g / 쇠고기 100g / 쌀뜨물 8컵 / 된장 3큰술 / 고추장 1큰술 / 대파 1뿌리 / 마늘(다져서) 2작은술 / 청장 또는 소금 적량

양념 1 소금 1작은술 / 마늘(다져서) 1작은술 / 참기름 1작은술 / 후춧가루 약간

| 만드는 법 |

1 배추는 연한 속대만 골라서 물에 씻어서 칼로 길쭉길쭉하게 갈라 놓는다.
2 쇠고기는 얇게 저며 작게 썰어서 양념 1로 양념하여 냄비에 볶다가 익으면 쌀뜨물을 붓고 된장과 고추장을 망에 걸러서 풀어 넣어 토장국을 끓인다.
3 2의 국물이 충분히 맛이 들면 데친 배추와 어슷하게 채 썬 파, 다진 마늘을 넣어 맛이 잘 어우러지게 끓인다.
4 간을 보아 부족하면 청장이나 소금으로 간을 맞춘다.

아욱국

아욱과 마른 보리새우를 한데 넣어 끓인 토장국이다. 쇠고기나 멸치로 맛을 낸 장국으로 끓이기도 한다.

| 재료 및 분량 (4인분) |

아욱 200g / 마른 보리새우 50g / 쌀뜨물 8컵 / 된장 3큰술 / 고추장 1큰술 / 대파 1뿌리 / 마늘(다져서) 2작은술 / 청장 또는 소금 적량

| 만드는 법 |

1 아욱은 줄기를 꺾어서 껍질을 벗긴다. 연할 때는 그대로 하고 줄기가 굵을 때는 잎과 함께 파란 물이 나올 때까지 주물러서 씻는다.
2 마른 보리새우는 마른 행주로 싸서 비벼 수염과 다리를 대강 뗀다.
3 냄비에 쌀뜨물을 담고 된장과 고추장을 잘 풀고 보리새우를 넣어 토장국을 끓인다.
4 3의 국물이 충분히 맛이 들면 아욱과 어슷하게 채 썬 파와 다진 마늘을 넣어 맛이 잘 어우러지게 끓인다.
5 간을 보아 부족하면 청장이나 소금으로 간을 맞춘다.

냉잇국 쑥국 원추리국

냉잇국

이른 봄에 향이 아주 좋아서 입맛을 돋우는 토장국이다. 장국은 쇠고기로도 하지만 멸치, 마른 새우를 넣거나 모시조개를 함께 넣어 끓이기도 한다. 된장과 고추장의 비율은 기호에 따라 다르게 해도 좋다. 이른 봄에는 냉이 외에 원추리, 쑥으로도 토장국을 끓인다.

| 만드는 법 |

1 냉이는 깨끗이 다듬어서 물에 여러 번 헹구어 끓는 물에 소금을 약간 넣고 살짝 데친다.

2 쇠고기는 얇게 저며 작게 썰어서 양념 1로 무쳐서 냄비에 볶다가 익으면 쌀뜨물을 붓고 된장과 고추장을 망에 걸러서 풀어 넣어 토장국을 끓인다.

3 2의 국물이 충분히 맛이 들면 데친 냉이를 4cm 길이로 썰고 어슷하게 채 썬 파와 다진 마늘을 넣어 맛이 잘 어우러지게 끓인다.

4 간을 보아 부족하면 청장이나 소금으로 간을 맞춘다.

| 재료 및 분량 (4인분) |

냉이 200g / 쇠고기 100g / 쌀뜨물 8컵 / 된장 3큰술 / 고추장 1큰술 / 대파 1뿌리 / 마늘(다져서) 2작은술 / 청장 또는 소금 적량

양념 1 소금 1작은술 / 마늘(다져서) 1작은술 / 참기름 1작은술 / 후춧가루 약간

미역냉국

마른 미역을 부드럽게 불려서 살짝 볶은 후 신맛을 낸 차가운 여름철의 냉국이다. 쇠고기를 넣지 않고, 오이냉국과 마찬가지로 익히지 않고 양념하였다가 국물을 부어 만드는 법도 있다.

| 재료 및 분량 (4인분) |

마른 미역 50g / 쇠고기 100g / 청장 1큰술 / 오이 ½개 / 물 6컵 / 식초 4큰술 / 소금 적량 / 다홍 고추 ½개

양념 1 간장 1큰술 / 파(다져서) 2작은술 / 마늘(다져서) 1작은술 / 참기름 2작은술 / 깨소금 1작은술 / 후춧가루 약간

| 만드는 법 |

1 마른 미역은 물에 재빨리 씻어내고 다시 물을 부어 불려서 줄기는 떼어내고 4cm 길이로 썬다.

2 쇠고기는 기름기 없는 살로 곱게 채 썰고 양념 1로 고루 무쳐서 냄비에 기름을 두루지 말고 볶아서 식힌다.

3 미역은 청장으로 고루 무치고, 오이는 어슷하게 썬 후 곱게 채 썬다.

4 볶은 고기와 미역, 오이를 한데 합하여, 물에 식초를 타서 부어 고루 젓는다.

5 간을 보아 부족하면 소금으로 간을 맞추고 차게 식힌 대접이나 유리그릇에 담고 어슷썬 다홍 고추 등을 고명으로 올린다.

오이냉국

여름철에 연한 오이를 채 썰어 찬국으로 만든 산뜻한 맛의 냉국이다. 오이 외에 쇠고기살을 다져 양념하여 볶아서 한데 쓰기도 하나 오이만으로 하는 편이 맛이 산뜻하다.

| 재료 및 분량 (4인분) |

오이(중) 2개 / 대파 ½뿌리 / 다홍 고추 ½개 / 물 6컵 / 식초 4큰술 / 청장 1큰술 / 소금 적량

양념 1 청장 1큰술 / 고춧가루 1작은술 / 마늘(다져서) 1작은술 / 설탕 ½작은술 / 참기름 1작은술 / 깨소금 1큰술

| 만드는 법 |

1 오이는 소금으로 문질러 씻어서 어슷하게 얇게 썬 다음 가늘게 채 썬다.

2 대파는 흰 부분으로 곱게 채 썰고, 다홍 고추는 어슷썬다.

3 썰어놓은 오이를 양념 1로 고루 양념하여 숨이 죽을 때까지 잠시 절인다.

4 끓여 식힌 물에 식초를 타서 3에 부어 고루 저어서 간을 보아 부족하면 청장과 소금으로 간을 맞춘다.

5 차게 식힌 대접이나 유리그릇에 냉국을 담고 채 썬 파와 어슷썬 다홍 고추 등을 고명으로 올린다.

임자수탕

닭을 삶아 차게 식힌 국물로 흰깨를 갈아서 고기완자, 지단, 오이, 표고버섯 등 건지를 많이 넣은 여름철의 영양이 풍부한 깻국이다.

삶은 전복이나 불린 해삼을 얇게 저며서 넣기도 한다.

| 재료 및 분량 (4인분) |

닭 ½마리(600g) / 물 10컵 / 대파 1뿌리 / 마늘 2톨 / 생강 1톨 / 흰깨 1컵 / 소금 1큰술 / 흰 후춧가루 약간 / 쇠고기 100g / 미나리 50g / 달걀 3개 / 밀가루 · 식용유 각 적량 / 소금 적량 / 오이 ½개 / 마른 표고버섯(중) 2장 / 다홍 고추 1개 / 녹말가루 적량

양념 1 소금 1작은술 / 파(다져서) 2작은술 / 마늘(다져서) 1작은술 / 참기름 2작은술 / 후춧가루 약간

| 만드는 법 |

1 닭은 뼈가 붙은 것으로 깨끗이 씻어서 끓는 물에 넣어 삶는다. 삶는 도중에 대파, 마늘, 생강은 크게 저며서 넣는다.

2 닭살이 무르게 삶아지면 살은 건져서 결대로 가르고 국물은 차게 하여 기름을 걷는다.

3 흰깨는 물을 조금 부어 으깬 다음 씻어 껍질을 벗기고 실깨로 하여 타지 않게 볶는다.

4 분마기에 볶은 깨를 곱게 으깬 다음 닭국물을 조금씩 부어서 곱게 갈아 체에 밭쳐 깻국을 만들어 소금과 흰 후춧가루로 간을 맞춘다.

5 쇠고기는 살로 곱게 다져서 양념 1로 무쳐서 지름 1cm의 완자로 빚어 밀가루, 달걀의 순으로 옷을 입힌 다음 번철에 지진다. 미나리는 다듬어서 가는 대꼬치에 꿰어서 초대를 부친다.

6 달걀 2개는 황백을 분리하여 소금을 약간 넣고 얇게 지단을 부쳐서 2×4cm되게 직사각형 모양의 골패형으로 썬다.

7 오이는 소금으로 비벼서 씻어 껍질을 도톰하게 벗기고 마른 표고버섯은 불려서 기둥을 떼고, 다홍 고추는 갈라서 씨를 뺀 후 각각 지단과 같은 골패형으로 썰어서 녹말가루를 살짝 묻혀 끓는 물에 데쳐낸 다음 바로 냉수에 헹구어 건진다.

8 대접에 닭고기살 가른 것을 놓고 위에서 준비한 지단, 완자, 초대와 채소 등을 얹어 찬 깻국을 붓는다.

갈비탕
설렁탕
곰탕

곰 탕

문헌상에 곰국과 유사한 음식명으로는 곰탕, 고음(膏飮)과 공탕(空湯)이 있다. 손정규의 《조선요리》(1940)에는 "곰국은 사태, 쇠꼬리, 허파, 양, 곱창을 덩이째로 삶아서 반숙되었을 때 무, 파를 넣고 간장을 조금 넣어 다시 삶는다. 무르도록 익으면 고기나 무를 꺼내어 잘게 썰어 열즙(熱汁)에 넣고, 후추와 파를 넣는다." 라고 하였다. 다른 조리서의 내용을 두루 살펴보면 곰탕은 살코기나 내장을 주로 하여 무와 함께 끓여서 간장으로 간을 맞추어 대접하며, 설렁탕은 곰국에 비하여 뼈가 많이 들어가고 오랫동안 고아서 골수에서 뽀얀 국물이 우러나게 끓인 다음 미리 간을 하지 않고 먹을 때 소금, 후춧가루 등으로 맞춘다. 현재 시중에서는 설렁탕과 곰탕의 구별이 애매모호하다.

| 재료 및 분량 (10인분) |

쇠갈비(탕거리) 500g / 양지머리 500g / 양 500g / 곱창 · 곤자소니 500g / 물 10L / 무(소) 2개 / 대파 4뿌리 / 마늘 5톨 / 청장 또는 소금 적량

양념 1 청장 2큰술 / 소금 2작은술 / 파(다져서) 4큰술 / 마늘(다져서) 2큰술 / 참기름 2큰술 / 후춧가루 1작은술

| 만드는 법 |

1 쇠갈비와 양지머리는 찬물에 담가 핏물을 빼고 건진다.
2 양 · 곱창 · 곤자소니는 소금을 뿌리고 주물러서 깨끗이 씻는다. 양은 끓는 물에 잠깐 넣었다가 건져내어 검은 막을 칼로 긁어서 깨끗이 한 다음 안쪽의 막과 기름 덩어리는 떼어낸다.
3 두꺼운 솥이나 냄비에 물을 부어 펄펄 끓으면 국거리용 고기를 모두 넣어 센 불에서 끓인다.
4 국이 다시 끓어오르면 불을 줄이고 3~4시간 정도 고기가 무를 때까지 서서히 끓인다. 도중에 무를 반으로 갈라서 넣고, 대파와 마늘을 크게 썰어 함께 넣고, 위에 뜨는 기름과 거품은 말끔히 걷어낸다.
5 고기와 무가 무르면 그릇에 건져내고 국물은 식혀서 위에 뜨는 기름을 제거한다. 고기는 한입에 먹기 알맞게 납작납작하게 썰고, 무는 폭 2.5cm, 길이 4cm 정도의 크기로 납작하게 썰어 양념 1로 고루 무친다.
6 국물을 다시 불에 올려 펄펄 끓이다가 5의 양념한 고기와 무를 넣고 끓인다. 간을 보아 부족하면 청장이나 소금으로 간을 맞추고 어우러지게 끓여 대접에 담는다.

설렁탕

설렁탕은 설렁탕, 선농탕(先農湯), 설농탕(設農湯), 설농탕(雪濃湯) 등으로 표시한다. 홍선표의 《조선요리학》(1940)에서 설렁탕의 유래는 "세종대왕이 선농단(先農壇)에서 친경(親耕)하시던 때에 비가 심하게 내려서 촌보를 옮기지 못할 형편에 이르러 신하들이 배가 고파서 못 견디게 되니, 왕이 친경 때 쓰던 농우를 잡아 맹물에 넣고 끓이라 하셨다. 고기 끓인 국물에 소금을 넣어 먹으니 이것이 설농탕(設農湯)이 되었다. 그리고 겨울철에 추위를 이기는 음식으로 보재(補材)가 되는 음식이다." 라고 쓰여 있고, 손정규의 《조선요리》(1940)에는 "설렁탕은 우육의 잡육 · 내장 등 소의 모든 부분을 뼈가 붙어 있는 그대로 하루쯤 곤다. 경성 지방의 일품 요리로 값싸고 자양이 있는 것이다." 고 하였다.

설렁탕이 곰탕과 다른 점은 뼈가 붙은 고기를 많이 넣어 오래 곤 국으로 국물의 색이 희고, 국물에 간을 하지 않고 각자가 기호에 따라 간을 한 다음 파 등을 넣어 먹는 점이다.

ㅣ재료 및 분량 (50인분)ㅣ

쇠머리 2kg / 쇠족 1개 / 사골 1개 / 도가니 1개 / 사태 500g / 양지머리 500g / 물 40L / 대파 4뿌리 / 마늘 1통 / 생강 1톨 / 대파(잘게 썬) · 소금 · 고춧가루 · 후춧가루 각 적량

ㅣ만드는 법ㅣ

1 쇠머리, 쇠족, 사골, 도가니는 토막 낸 것으로 준비한다. 깨끗이 씻어 찬물에 1시간 정도 담가 핏물을 빼서 건진다. 사태나 양지머리 등 국거리 고기를 덩어리째 씻어서 건진다.

2 큰 솥에 분량의 물을 붓고 쇠머리, 쇠족, 사골, 도가니 등 뼈가 붙은 고기들을 넣어 끓인다. 끓어오르면 불을 약하게 하고, 위에 떠오르는 기름과 거품을 걷어낸다. 끓이는 도중에 대파와 마늘, 생강을 크게 썰어 함께 넣으면 고기의 누린내를 없애준다.

3 2의 고기가 반 정도 무르게 되고 국물이 우러나오면 사태와 양지머리를 덩어리째 넣어 고기가 충분히 무르게 익을 때까지 중불보다 약한 불에서 서서히 끓인다.

4 국이 충분히 고아져서 맛이 들면 건지는 건지고 국물은 식혀서 기름을 걷어낸다. 뼈에 붙어 있는 고기는 발라내고, 사태와 양지머리를 건져서 얇게 편육처럼 썬다.

5 따뜻하게 덥힌 대접에 편육을 담고 국물은 간을 맞추지 않고 다시 끓여서 담는다.

6 잘게 썬 파와 소금, 고춧가루, 후춧가루는 따로 곁들여 내면 각자가 기호에 따라 넣어서 먹도록 한다.

갈비탕

쇠갈비를 고기가 충분히 무르도록 곤 갈비곰국이다. 갈비 중 연하고 살이 많은 가운데 부분은 구이나 찜에 쓰고, 국거리용은 양쪽 마구리와 살이 적은 부분으로 한다.

| 재료 및 분량 (10인분) |

쇠갈비(국거리) 2kg / 물 8L / 무 500g / 대파 3뿌리 / 마늘 5톨 / 달걀 2개 / 청장 · 소금 각 적량

양념 1 청장 1큰술 / 소금 2작은술 / 파(다져서) 2큰술 / 마늘(다져서) 1큰술 / 참기름 1큰술 / 후춧가루 약간

| 만드는 법 |

1 쇠갈비는 폭을 4~5cm로 토막을 내어 찬물에 담가 핏물을 빼서 건진다.

2 두꺼운 솥이나 냄비에 물을 부어 펄펄 끓으면 갈비를 넣어 센 불에서 끓인다. 국이 펄펄 끓어오르면 불을 약하게 줄이고 3시간 정도 고기가 무를 때까지 서서히 끓인다.

3 끓이는 도중에 무를 반으로 갈라서 넣고, 대파와 마늘을 크게 썰어서 넣는다. 끓이는 도중에 위에 뜨는 기름과 거품을 걷어낸다.

4 고기와 무가 무르면 그릇에 건져내고 국물은 식혀서 위에 뜨는 기름을 제거한다. 갈비는 먹기 좋게 잔 칼집을 넣고, 무는 폭 2.5cm, 길이 4cm 정도의 크기로 납작하게 썰어 양념 1로 각각 고루 무친다.

5 달걀은 황백으로 나누어 소금을 약간 넣고 잘 풀어서 지단을 얇게 부쳐서 한 면이 2cm의 완자형으로 썬다.

6 국물을 다시 불에 올려 펄펄 끓이다가 4의 양념한 갈비와 무를 넣고 끓인다. 맛을 보아 간이 부족하면 청장이나 소금으로 간을 맞추고 맛이 어우러지게 끓여 대접에 담는다.

토란국

토란국은 양지머리나 사태 등 국거리 고기를 넉넉하게 넣어 끓인다. 진한 쇠고기곰국에 토란을 넣어 푹 무르게 끓여도 맛이 있다.

| 재료 및 분량 (10인분) |

양지머리 1kg / 무 500g / 물 8L / 대파 2뿌리 / 마늘 3톨 / 토란 500g / 다시마 20cm / 청장 · 소금 각 적량 / 대파 1뿌리

양념 1 청장 1큰술 / 소금 2작은술 / 마늘(다져서) 1큰술 / 참기름 1큰술 / 후춧가루 약간

| 만드는 법 |

1 양지머리는 덩어리째로 씻어서 물을 냄비에 끓이다가 고기를 넣는다. 끓이는 도중에 대파와 마늘을 크게 썰어 넣는다.

2 고기가 어느 정도 무르게 익으면 무는 덩어리째 넣고, 다시마는 반으로 잘라서 넣어 끓인다.

3 토란은 껍질을 벗겨 큰 것은 반으로 가르고, 작은 것은 통째로 하여 토란이 잠길 정도로 쌀뜨물을 붓고 소금을 약간 넣어 살짝 삶아서 건진다.

4 고기장국이 충분히 맛이 우러나면 고기, 무, 다시마를 건져내고 장국에 삶은 토란을 넣어 끓인다.

5 익은 쇠고기, 무는 납작납작하고 먹기에 알맞게 썰어 양념 1로 양념하고, 다시마는 3×4cm로 네모지게 썰어서 토란이 무르게 익었을 때 장국에 한데 넣어 끓인다.

6 맛을 보아 간이 부족하면 청장이나 소금으로 맞추고 파를 어슷하게 굵은 채로 썰어 넣어 잠시 더 끓여서 대접에 담는다.

육개장

육개장은 양지머리나 사태 등 국거리 고기를 무르게 삶아 파를 많이 넣고 고춧가루로 매운맛을 낸 국이다. 더운 여름철 삼복의 시식으로 먹는 별미국이다. 고추장만으로 간을 하면 맛이 텁텁하므로 고춧가루와 섞어서 쓰도록 한다.

| 재료 및 분량 (10인분) |

양지머리 500g / 양 300g / 곱창 300g / 물 8L / 대파 3뿌리 / 마늘 5톨 /
대파 200g / 청장 또는 고추장 적량

양념 1 청장 1큰술 / 소금 2작은술 / 고춧가루 3큰술 / 대파(다져서) 2큰술 / 마늘(다져서) 2큰술 / 참기름 2큰술 / 후춧가루 약간 / 식용유 3큰술

| 만드는 법 |

1 양지머리는 찬물에 담가 핏물을 빼고 건진다.
2 양, 곱창은 소금을 뿌리고 주물러서 씻는다. 양은 끓는 물에 잠깐 넣었다가 건져내어 검은 막을 칼로 긁어서 깨끗이 하여 안쪽의 막과 기름 덩어리는 떼어낸다.
3 두꺼운 솥이나 냄비에 물을 부어 펄펄 끓으면 국거리용 고기를 모두 넣어 센 불에서 끓인다.
4 국이 펄펄 끓어오르면 불을 줄이고 2시간 정도 고기가 무르게 익을 때까지 서서히 끓인다. 도중에 대파와 마늘을 크게 썰어 함께 넣고 위에 뜨는 기름과 거품은 걷어낸다.
5 고기가 충분히 무르면 그릇에 건져내고 국물은 식혀서 위에 뜨는 기름을 제거한다. 양지머리는 결대로 가늘게 가르거나 납작납작하게 썰고 양과 곱창은 작게 썬다.
6 대파는 7cm 길이로 토막 내어 서너 갈래로 갈라서 끓는 물에 살짝 데쳐낸다.
7 양념 1 중 먼저 고춧가루를 그릇에 담아 식용유를 조금씩 넣고 으깨어 고추기름을 만들어 나머지 양념을 넣어 고루 섞어서 5의 고기와 데친 파를 각각 고루 양념한다.
8 장국에 양념한 고기와 파를 넣어 맛이 어우러지게 끓이고 간이 부족하면 청장이나 고추장으로 간을 맞춘다.

삼계탕

삼계탕(蔘鷄湯)은 계삼탕(鷄蔘湯) 또는 영계백숙이라고도 하며, 여름철의 보신음식으로 꼽힌다. 어린 연한 닭을 온마리 채로 배 속에 찹쌀과 마늘, 대추, 인삼을 채워서 물을 부어 오래 끓인다.

| 재료 및 분량 (4인분) |

영계 4마리(1마리 600g 정도) / 찹쌀 2컵 / 마늘 8톨 / 대추 8개 / 수삼(소) 4뿌리 / 물 4L / 소금 · 후춧가루 · 대파 각 적량

양념 1 소금 1큰술 / 생강즙 1큰술 / 후춧가루 약간

| 만드는 법 |

1 영계는 꼬리 쪽을 조금 갈라서 내장을 꺼내고 뼈에 붙어 있는 혈관도 말끔히 긁어낸 다음 씻어서 물기가 잘 빠지도록 세워둔다.

2 찹쌀을 깨끗이 씻어서 물에 2시간 정도 불린 다음 소쿠리나 망에 건져서 물기를 뺀다.

3 마늘은 껍질을 벗기고 대추는 씨를 발라 놓는다. 수삼은 씻어 놓는다.

4 닭의 배 속에 불린 찹쌀과 마늘 · 대추 2톨씩과 수삼을 넣어 갈라진 자리를 실로 묶거나 이쑤시개로 꿰어 고정시킨다.

5 닭이 4마리 들어갈 만한 크기의 냄비에 가지런히 놓고 물을 부어서 끓인다. 펄펄 끓어오르면 불을 약하게 줄여서 서서히 1시간 이상 끓인다.

6 닭이 충분히 무르게 익으면 건져서 묶은 실이나 이쑤시개를 뽑고 국물을 양념 1로 간을 맞춘다.

7 큰 대접이나 작은 냄비에 한 마리씩 담아 국물을 끓여서 붓고, 따로 소금, 후춧가루와 잘게 썬 파를 곁들여서 내면 먹을 때 기호에 따라 닭과 찹쌀에 간을 하여 먹는다.

민어찌개

민어는 여름철이 맛이 좋은 계절이다. 민어탕은 특히 복 중의 별미음식으로 민어지지미라고도 하며, 살을 바르고 남은 머리와 뼈로 끓인 것을 서거리(서더리)탕이라고 한다.

| 만드는 법 |

1 민어는 싱싱한 것으로 골라 비늘을 잘 긁어서 내장을 빼고 5cm 정도로 토막을 내어 소금을 약간 뿌려놓는다. 알이나 고기도 씻어 놓는다.

2 쇠고기는 기름기가 있는 부위로 잘게 썰어서 양념 1의 양념장으로 고루 무친 후 냄비에 볶다가 물을 넣어 끓여서 장국을 만든다.

3 대파는 다듬어서 어슷하게 썰고, 미나리는 다듬어서 5cm 정도의 길이로 썬다.

4 애호박은 반달 모양으로 1cm 두께로 썰고 풋고추와 다홍 고추는 어슷하게 썰어 씨를 털어낸다.

5 장국이 맛이 들면 먼저 민어 토막과 애호박을 넣어 끓인다. 양념 2 중 먼저 고춧가루에 참기름을 섞어서 나중에 나머지 양념을 넣어 끓인다.

6 민어가 반 이상 익었을 때에 파와 고추, 미나리를 넣고 끓이다가 간을 보아 부족하면 청장으로 간을 맞추어 맛이 잘 어우러질 때까지 끓인다.

| 재료 및 분량 (4인분) |

민어(대) ½마리(800g) / 쇠고기 100g / 물 8컵 / 대파 2뿌리 / 미나리 50g / 애호박 ½개(150g) / 풋고추 2개 / 다홍 고추 1개 / 청장 적량

양념 1 청장 2작은술 / 파(다져서) 4작은술 / 마늘(다져서) 2작은술 / 참기름 2작은술 / 후춧가루 약간

양념 2 고춧가루 1큰술 / 마늘(다져서) 2작은술 / 생강(다져서) 1작은술 / 참기름 1큰술 /

두부된장찌개

두부와 채소, 쇠고기 등 여러 가지 재료를 함께 하여 국물을 넉넉하게 부어 끓이는 찌개이다. 아래의 재료 이외에 무, 애호박, 양파 등을 넣어서 끓여도 된다.

| 재료 및 분량 (4인분) |

두부 1모(300g) / 애호박 ½개(150g) / 쇠고기(등심) 100g / 마른 표고버섯 2장 / 대파 1뿌리 / 풋고추 2개 / 다홍 고추 1개 / 참기름 1큰술

양념 1 된장 4큰술 / 고춧가루 1작은술 / 마늘(다져서) 1큰술 / 생강(다져서) 1작은술 / 물 3컵

양념 2 청장 2작은술 / 파(다져서) 4작은술 / 마늘(다져서) 2작은술 / 참기름 2작은술 / 후춧가루 약간

| 만드는 법 |

1. 냄비에 양념 1의 재료를 넣어 고루 섞은 다음 물을 조금씩 넣어 덩어리가 없도록 잘 푼다.
2. 두부와 애호박은 1cm 정도의 두께로 한입에 먹기에 좋은 크기로 썬다.
3. 쇠고기는 기름이 섞인 부위로 골라 잘게 썰어서 양념 2로 고루 무친다.
4. 마른 표고버섯은 불려서 기둥을 떼고 1cm 폭으로 썰고, 대파, 풋고추, 다홍 고추는 어슷하게 채로 썬다.
5. 냄비에 참기름을 두르고 먼저 양념한 쇠고기를 넣어 볶다가 1의 국물을 넣어 끓인다.
6. 장국이 한소끔 끓어서 맛이 들면 두부와 채소들을 넣어 맛이 잘 어우러질 때까지 끓인다.

청국장찌개

불린 콩을 삶아 발효시켜서 만든 청국장을 장국에 풀어 두부와 김치 등을 넣어서 끓인 찌개이다. 특히, 충청도 지방에서 즐겨 만드는 겨울철에 맛이 있는 찌개이다.

| 재료 및 분량 (4인분) |

쇠고기 100g / 쌀뜨물 3컵 / 두부 1모(300g) / 배추김치 100g / 대파 1뿌리 / 청국장 6큰술 / 마늘(다져서) 2작은술 / 소금 적량

양념 1 청장 2작은술 / 파(다져서) 4작은술 / 마늘(다져서) 2작은술 / 참기름 2작은술 / 후춧가루 약간

| 만드는 법 |

1. 쇠고기는 기름이 섞인 부위로 골라서 잘게 썰어 양념 1로 고루 무친다.
2. 냄비에 먼저 양념한 고기를 넣어 볶다가 쌀뜨물을 부어 끓인다.
3. 두부는 1cm 정도의 두께로 한입에 먹기 좋은 크기로 썬다.
4. 배추김치는 소를 털어내고 2cm 폭으로 썰고 대파는 어슷하게 썬다.
5. 2의 장국이 맛이 들면 청국장과 다진 마늘, 김치를 넣어 끓인다.
6. 맛을 보아 간이 부족하면 소금으로 간을 맞춘다. 한소끔 끓어오르면 두부와 어슷썬 대파를 넣어 맛이 잘 어우러질 때까지 끓인다.

조기고추장찌개

조기를 토막 내어 고기장국에 넣어 고추장으로 매운맛을 낸 생선찌개이다. 생선은 계절마다 많이 나오는 흰살생선으로 바꾸면 된다. 여름철에는 조기, 민어가 맛이 있고 겨울철에는 대구와 동태로 많이 한다. 고추장만으로 하지 않고 고춧가루를 섞어서 쓰는 편이 더 시원한 맛이 난다.

| 재료 및 분량 (4인분) |

조기 2마리(800g) / 쇠고기 100g / 물 3컵 / 대파 2뿌리 / 미나리 · 쑥갓 각 50g / 풋고추 2개 / 다홍 고추 1개 / 청장 또는 소금 적량

양념 1 청장 2작은술 / 파(다져서) 4작은술 / 마늘(다져서) 2작은술 / 참기름 2작은술 / 후춧가루 약간

양념 2 고추장 2큰술 / 고춧가루 1작은술 / 마늘(다져서) 2작은술 / 생강(다져서) 1작은술

| 만드는 법 |

1 조기는 싱싱한 것으로 골라서 비늘을 잘 긁어 씻어서 내장을 빼고 5cm 정도로 토막을 내어 소금을 약간 뿌려 놓는다.
2 쇠고기는 기름기가 있는 부위로 잘게 썰어서 양념 1로 고루 무쳐서 냄비에 볶다가 물을 넣고 끓여서 장국을 만든다.
3 대파는 다듬어서 어슷하게 썰고, 미나리는 다듬고, 쑥갓은 씻어서 5cm 정도의 길이로 썬다.
4 풋고추와 다홍 고추는 어슷하게 썰어 씨를 털어낸다.
5 장국이 맛이 들면 양념 2의 고추장 등을 고루 풀어서 잠시 끓이다가 조기 토막과 파, 미나리를 넣고 끓인다.
6 조기가 익으면 간을 보아서 부족하면 청장이나 소금으로 간을 맞추고, 쑥갓을 넣고 바로 불에서 내린다.

꽃게찌개

고추장으로 간을 한 장국에 꽃게를 넣어 끓인 찌개이다.

| 재료 및 분량 (4인분) |

꽃게(대) 2마리(800g) / 쇠고기 100g / 쌀뜨물 3컵 / 무 50g / 대파 2뿌리 / 풋고추 2개 / 다홍 고추 1개 / 청장 또는 소금 적량

양념 1 청장 2작은술 / 파(다져서) 4작은술 / 마늘(다져서) 2작은술 / 참기름 2작은술 / 후춧가루 약간

양념 2 고추장 2큰술 / 마늘(다져서) 2작은술 / 생강(다져서) 1작은술

| 만드는 법 |

1 꽃게는 솔로 껍질을 문질러서 깨끗이 씻고 발의 끝마디를 잘라낸 다음 배 쪽의 삼각진 부분을 떼고 등딱지를 잡아당겨서 떼어낸다. 몸통 쪽에 붙어 있는 아가미 부분은 떼어내고 집게 발을 떼고 몸통을 4등분 정도로 토막을 낸다.
2 쇠고기는 기름기가 있는 부위로 잘게 썰어서 양념 1로 고루 무친 다음 냄비에 볶다가 쌀뜨물을 넣고 끓여서 장국을 만든다.
3 무는 2.5×3.5cm 정도의 네모로 납작하게 썰고, 대파는 다듬어서 어슷하게 썬다.
4 풋고추와 다홍 고추는 어슷하게 썰어 씨를 털어낸다.
5 장국이 맛이 들면 양념 2 중 먼저 고추장을 풀고 꽃게 토막과 등딱지와 무를 넣어 끓이다가 다진 마늘, 생강을 넣는다.
6 게가 반 이상 익었을 때 어슷썬 파와 풋고추, 다홍 고추를 넣고 끓여서 간을 보아 부족하면 청장이나 소금으로 간을 맞추고 맛이 잘 어우러질 때까지 끓인다.

게감정

게감정은 꽃게찌개와는 달리 게의 살만 발라내어 쇠고기와 삶은 숙주 등을 합하여 등딱지에 채워 넣고 전처럼 지져서 장국에 넣어 끓인다. 궁중에서는 이같이 만들어서 게감정이라 하였다.

| 재료 및 분량 (4인분) |

꽃게 2마리 / 생강 1톨 / 청주 1큰술 / 물 6컵 / 고추장 4큰술 / 된장 1큰술 / 쇠고기(우둔) 50g / 두부 50g / 숙주 70g / 밀가루 적량 / 달걀 1개 / 식용유 적량 / 무 150g / 대파 ½뿌리 / 마늘(다져서) 1작은술 / 청장 적량

양념 1 소금 ⅔작은술 / 파(다져서) 2작은술 / 마늘(다져서) 1작은술 / 참기름 · 깨소금 각 1작은술 / 후춧가루 약간

| 만드는 법 |

1 꽃게를 깨끗이 씻어 딱지를 떼고 안의 것을 긁어 모은다. 꽃게 몸통을 잘라서 살을 발라내고 다리는 뚝뚝 끊는다.

2 살을 발라낸 자투리에 생강 저민 것, 청주와 물을 부어 끓여 체에 거른 다음 고추장과 된장을 푼다.

3 쇠고기는 살로 곱게 다지고, 두부는 물기를 꼭 짜 없앤 후 곱게 으깨고, 숙주는 끓는 물에 데쳐서 건져서 잘게 썬다.

4 다진 쇠고기, 으깬 두부, 데친 숙주와 게살을 합해 양념 1을 넣어 고루 섞는다.

5 게딱지 안쪽의 물기를 닦고 식용유를 살짝 바른다. 밀가루를 한번 바른 다음 양념한 소를 채워 넣는다.

6 소를 채운 게딱지를 밀가루, 달걀을 묻혀서 식용유를 두르고 전을 지지듯이 한 면만 지진다.

7 무는 사방 3cm 크기로 납작하게 썰고, 대파는 어슷썰기 한다.

8 2의 게국물에 무를 넣어서 끓이다가 말갛게 익으면 지져 놓은 게와 다진 마늘을 넣어 잠깐 더 끓이다가 어슷썬 대파를 넣어 끓이고, 간을 보아 부족하면 청장으로 맞춘다.

오이감정

오이를 넣고 고추장으로 간을 하여 여름철에 먹는 찌개이다.

| 재료 및 분량 (4인분) |

오이 1개(150g) / 대파 ½뿌리 / 풋고추 2개 / 다홍 고추 1개 / 쇠고기 100g / 물 4컵 / 고추장 3큰술 / 된장 1작은술 / 마늘(다져서) 1큰술

양념 1 청장 1작은술 / 마늘(다져서) 1작은술 / 참기름 1작은술 / 후춧가루 약간

| 만드는 법 |

1 오이를 소금으로 문질러 씻어 반 갈라서 삼각지게 저며 썰고, 대파와 풋고추, 다홍 고추를 어슷썬 다음 고추씨를 털어낸다.

2 쇠고기를 납작납작 썰어 양념 1로 양념한다.

3 양념한 고기를 냄비에 담고 볶다가 물을 넣고 끓이다가 고추장과 된장을 푼다.

4 오이를 넣고 끓이다가 어슷썰기 한 고추와 대파, 다진 마늘을 넣고 잠깐 더 끓인다.

애호박젓국찌개

애호박과 쇠고기를 한데 넣어 새우젓국으로 간을 맞춘 맑은찌개로 여름철에 맛이 있는 찌개이다. 쇠고기 대신 조갯살이나 굴을 넣어 끓여도 맛이 좋다. 너무 끓이면 호박이 풀어져서 모양도 나쁘고 너무 물러 맛이 덜하다.

| 재료 및 분량 (4인분) |

쇠고기 100g / 물 3컵 / 애호박(소) 1개(300g) / 다홍 고추 1개 / 실파 2뿌리 / 두부 ½모(150g) / 새우젓 2큰술

양념 1 청장 1작은술 / 파(다져서) 4작은술 / 마늘(다져서) 2작은술 / 참기름 2작은술 / 후춧가루 약간

| 만드는 법 |

1 쇠고기는 기름이 없는 부위로 잘게 썰어서 양념 1로 고루 무친 후 냄비에 넣어 볶다가 물을 부어 장국을 끓인다.

2 애호박은 1cm 정도 두께의 반달 모양으로 썰고, 다홍 고추는 씨를 발라내어 채 썰고, 실파는 4cm 길이로 썬다.

3 두부는 1cm 정도의 두께로 한입에 먹기 알맞은 크기로 썬다.

4 장국이 맛이 들면 새우젓을 다져 넣어 간을 맞추고, 두부, 호박과 고추를 넣어 끓인다.

5 맛이 잘 어우러지면 실파를 넣고 바로 불에서 내린다.

명란젓찌개

명란젓과 두부, 무, 파 등을 한데 넣어 새우젓국으로 간을 맞춘 담백한 맛의 찌개로 특히 겨울철에 맛이 있는 찌개이다.

| 재료 및 분량 (4인분) |

쇠고기 100g / 물 2컵 / 명란젓(소) 2쌍(150g) / 무 100g / 실파 2뿌리 / 두부 ½모 / 새우젓국 또는 소금 적량 / 참기름 1작은술

양념 1 청장 1작은술 / 파(다져서) 4작은술 / 마늘(다져서) 2작은술 / 참기름 2작은술 / 후춧가루 약간

| 만드는 법 |

1 쇠고기는 기름이 없는 부위로 잘게 썰어서 양념 1로 고루 무쳐서 냄비에 넣어 볶다가 물을 부어 장국을 끓인다.
2 명란은 작으면 둘로 나누고 크면 3cm 폭으로 토막을 낸다.
3 무는 2×3cm 정도의 네모로 납작납작하게 썰고, 실파는 4cm 길이로 썬다.
4 두부도 무와 같은 크기로 1cm 정도의 두께로 썬다.
5 장국이 맛이 들면 먼저 무를 넣어서 익힌 후에 명란과 두부, 실파를 넣고 끓인다.
6 명란과 두부가 익으면 간을 보아 부족하면 새우젓국이나 소금으로 맞추고, 실파를 넣어 잠시 더 끓인 다음 불을 끄고 참기름을 넣는다.

굴두부조치

굴과 두부를 넣은 맑은 조치로 아침상이나 죽상에 잘 어울린다. 굴이나 두부를 넣어 지나치게 오래 끓이거나 다시 덥히면 맛이 아주 떨어진다. 국물이 시원하여 과음한 후에 먹는 해장국을 대신하거나, 빵을 먹는 서양식 아침 식사에도 맛이 어울린다.

| 재료 및 분량 (4인분) |

굴 200g / 두부 ½모(150g) / 실파 2뿌리 / 다홍 고추 1개 / 물 3컵 / 소금 2작은술 / 새우젓국 1작은술 / 참기름 1작은술

| 만드는 법 |

1 굴은 옅은 소금물에서 흔들어 깨끗이 씻어 건져 놓는다.
2 두부는 사방 1.5cm 정도의 네모로 썰고, 다홍 고추는 씨를 발라내고 채 썰며, 실파는 4cm 길이로 썬다.
3 냄비에 물을 담아 끓이다가 소금이나 새우젓으로 간을 맞춘다.
4 장국이 펄펄 끓을 때 먼저 두부를 넣어 익으면 바로 굴과 고추를 넣는다. 굴이 익어서 떠오르면 실파를 넣어 잠시 끓인 후 불을 끄고 참기름을 넣는다.

순두부찌개

연한 순두부를 매운맛을 낸 찌개로 밥의 찬으로 알맞다. 대개는 조갯살이나 굴을 넣어서 만들기도 하나 쇠고기나 돼지고기를 넣어도 맛이 잘 어울린다.

| 재료 및 분량 (4인분) |

순두부 300g / 굴 100g / 바지락 100g / 풋고추 2개 / 다홍 고추 1개

양념 1 청장 1큰술 / 고추장 1큰술 / 고춧가루 1큰술 / 파(다져서) 2큰술 / 마늘(다져서) 1큰술 / 참기름 1큰술

| 만드는 법 |

1 순두부를 뚝배기나 냄비에 부서지지 않게 가만히 담아 놓는다.

2 굴을 옅은 소금물에서 흔들어 껍질을 골라내고 깨끗이 씻어 건져서 물기를 빼고, 바지락은 옅은 소금물에 해감을 토하게 한다.

3 양념 1 중에 먼저 고춧가루에 참기름을 넣어 고루 섞고 나서 나머지 양념을 넣어 양념장을 만든다.

4 풋고추와 다홍 고추는 잘게 썰어 씨를 털어낸다.

5 순두부를 담은 냄비를 불에 올리고 양념을 고루 얹고 끓인다.

6 순두부가 익으면 굴, 바지락과 잘게 썬 고추를 얹어서 맛이 어우러질 때까지 끓인다.

콩비지찌개

불린 콩을 갈아서 돼지갈비와 함께 끓이는 구수한 맛의 콩비지찌개이다. 특히, 평안도 지방에서 많이 먹던 향토음식으로 콩을 되직하게 갈아 만들므로 되비지탕이라고도 한다.

| 재료 및 분량 (4인분) |

콩 1½컵 / 물 2컵 / 돼지갈비 400g / 무 200g / 배추김치 300g / 새우젓국 2큰술 / 식용유 약간

양념 1 청장 1큰술 / 파(다져서) 2큰술 / 마늘(다져서) 1큰술 / 생강(다져서) 2작은술 / 참기름 2작은술 / 후춧가루 약간

양념 2 간장 6큰술 / 고춧가루 1큰술 / 파(다져서) 1큰술 / 설탕 1작은술 / 참기름 1큰술 / 깨소금 1큰술

| 만드는 법 |

1 콩은 씻어서 하룻밤 정도 물에 담가 충분히 불린 후 손으로 비벼 껍질을 모두 없애고 소쿠리에 건져 물기를 뺀다. 맷돌이나 블렌더에 동량의 물을 넣어 곱게 간다.

2 돼지갈비는 3cm 정도로 토막을 내어 잔 칼집을 넣은 후 양념 1을 넣어 고루 버무린다.

3 무는 씻어서 0.5cm 정도 굵기의 채로 썰고, 배추김치는 2cm 정도의 폭으로 썬다.

4 두꺼운 냄비에 식용유를 약간 두르고 2의 돼지갈비를 볶다가 익어 기름이 돌면 배추김치를 넣어 한데 볶는다.

5 4에 무채를 얹고 위에 콩 간 것을 가만히 쏟아부어서 중불에 올려 서서히 끓인다.

6 콩비지가 익어서 맑은 물이 돌면 새우젓국으로 간을 약간 싱겁게 맞춘다.

7 양념 2를 모두 합하여 양념장을 만들어 작은 그릇에 담아서 먹는 사람의 식성에 따라 넣어 먹도록 한다.

쇠고기버섯전골

쇠고기와 버섯이 주재료로 무, 숙주, 표고버섯 등 여러 가지 채소를 한데 넣어 만든 전골이다.

| 재료 및 분량 (4인분) |

쇠고기(등심) 200g / 마른 표고버섯(중) 4장 / 느타리버섯 100g / 새송이버섯 100g / 무 100g / 당근 70g / 양파 100g / 다홍 고추 1개 / 실파 30g / 달걀 1개

양념 1 간장 3큰술 / 파(다져서) 1큰술 / 마늘(다져서) 1큰술 / 설탕 1 1/2큰술 / 참기름 1큰술 / 깨소금 1큰술 / 후춧가루 약간

양념 2 청장 1작은술 / 소금 1작은술 / 물 2컵

| 만드는 법 |

1 쇠고기는 등심이나 우둔살의 연한 부위를 채 썰고, 마른 표고버섯은 불려서 기둥을 떼고 채로 썬다.

2 느타리버섯은 밑둥을 잘라내고 손으로 찢고, 새송이버섯은 길이로 납작썰기 한다.

3 양념 1의 재료를 합하여 양념장을 만들어서 채 썬 고기, 표고버섯에 나누어 고루 양념한다.

4 무와 당근은 5cm 길이로 납작썰고, 양파는 길이로 채 썬다.

5 다홍 고추는 반을 갈라 물에 씻어 씨를 제거하여 채 썰고, 실파는 5cm 길이로 썬다.

6 양념 2의 물 2컵에 청장과 소금으로 간을 싱겁게 맞추어 장국을 준비한다.

7 양념한 쇠고기와 채소, 버섯들을 전골 냄비에 색스럽게 돌려 담고, 더운 장국을 부어 끓인다. 쇠고기와 채소가 익으면 달걀을 가운데 깨 넣어 반숙으로 익혀서 먹는다.

낙지전골

낙지에 쇠고기와 채소를 넣어 매운맛으로 양념하여 상에서 바로 볶아서 먹는 장국이 없는 전골이다. 낙지는 지나치게 익으면 질기고 딱딱하여 맛이 없어지므로 익으면 바로 먹도록 한다.

| 재료 및 분량 (4인분) |

낙지 3마리(500g) / 양파(소) 1개(150g) / 다홍 고추 1개 / 실파 60g / 쑥갓 60g / 쇠고기 100g / 식용유 적량

양념 1 간장 1큰술 / 파(다져서) 2작은술 / 마늘(다져서) 1작은술 / 설탕 ½큰술 / 참기름 1작은술 / 깨소금 1작은술 / 후춧가루 약간

양념 2 간장 2큰술 / 고춧가루 1큰술 / 파(다져서) 4작은술 / 마늘(다져서) 4작은술 / 생강(다져서) 2작은술 / 설탕 1큰술 / 참기름 2큰술 / 깨소금 1큰술

| 만드는 법 |

1 낙지는 굵은 소금을 뿌려서 주물러 씻어 머리의 내장을 발라내고, 발을 4~5cm 길이로 썬다.

2 양파는 길이대로 채 썰고, 다홍 고추는 갈라서 씨를 빼서 채 썰며, 실파는 다듬어서 5cm 길이로 썬다. 쑥갓은 씻어서 5cm 정도로 끊어 놓는다.

3 쇠고기는 채 썰어 양념 1을 합한 양념장으로 고루 무쳐 놓는다.

4 양념 2 중에 먼저 참기름에 고춧가루를 넣어 고루 으깬 다음 나머지 양념을 모두 섞어서 1의 낙지를 고루 무친다.

5 두꺼운 전골 냄비를 잘 달구어서 식용유를 두르고 먼저 양파를 넣어 잠시 볶다가 양념한 쇠고기와 낙지를 넣어 고루 볶는다. 낙지가 거의 익으면 다홍 고추, 실파, 쑥갓을 넣어 살짝 익힌다.

송이전골

가을철의 송이버섯에 쇠고기와 조갯살을 어울려서 소금과 참기름만으로 양념하여 송이버섯의 향을 잘 살려서 만든 국물이 적은 볶음 전골이다.

| 재료 및 분량 (4인분) |

송이버섯 4개(160g) / 쇠고기 200g / 조갯살 200g / 실파 100g / 양파 100g / 참기름 1큰술 / 소금 2작은술

양념 1 간장 2큰술 / 파(다져서) 4작은술 / 마늘(다져서) 2작은술 / 설탕 1큰술 / 참기름 2작은술 / 깨소금 2작은술 / 후춧가루 약간

| 만드는 법 |

1 송이버섯은 갓이 피지 않은 것으로 골라서 뿌리 쪽의 흙을 칼로 도려내고 몸통은 젖은 행주로 살살 문질러 닦아내어 머리 쪽에 0.5cm 정도의 칼집을 넣어 납작한 모양으로 가른다.
2 쇠고기는 연한 부위로 채 썰어 양념 1을 넣어 고루 무친다.
3 싱싱한 조갯살은 소금물에 흔들어 씻고 검은 내장을 발라낸다.
4 실파는 다듬어 씻어 5cm 길이로 썰고, 양파는 채 썬다.
5 송이버섯과 조갯살은 참기름과 소금으로 살짝 버무린다.
6 전골 틀에 송이버섯, 조갯살, 쇠고기, 실파, 양파 등을 색스럽게 돌려 담아 상에서 볶으면서 먹는다. 기호에 따라 육수 또는 끓는 물을 소금과 간장으로 간을 맞추어서 붓고 끓여도 된다.

두부전골

두부를 기름에 지져서 두 장 사이에 양념한 고기를 채운 다음 채소들과 함께 끓이는 전골이다.

| 만드는 법 |

1 두부는 길이 4cm, 폭 2.5cm, 두께 0.7cm의 크기로 썰어 소금을 약간 뿌렸다가 물기를 거두어 겉면에 녹말가루를 고루 묻혀서 번철에 노릇노릇하게 지진다.

2 쇠고기 100g은 채 썰고, 나머지는 곱게 다진다.

3 마른 표고버섯은 불려서 채 썰고, 양념 1 재료로 양념장을 만들어서 채 썬 고기, 표고버섯, 다진 고기에 나누어서 고루 양념한다.

4 무와 당근은 5cm 길이로 납작하게 채 썰고, 숙주는 머리와 꼬리를 따서 끓는 물에 소금을 약간 넣고 살짝 데쳐내어 양념 2를 넣어 무친다.

5 양파는 길이로 채 썰고, 실파는 5cm 길이로 썬다. 미나리는 잎을 떼고 다듬어 끓는 물에 데쳐낸다.

6 호두는 물에 불려 속껍질을 벗기고 은행은 살짝 볶아 속껍질을 벗긴다. 잣은 고깔을 뗀다.

7 지진 두부의 두 장 사이에 양념한 다진 고기를 넣어 데친 미나리로 가운데를 한 번씩 묶는다.

8 준비한 채소와 고기, 두부를 전골냄비에 돌려 담고 호두, 은행, 잣을 고루 뿌린다.

9 양념 3의 물 2컵에 청장과 소금으로 간을 맞추어서 붓고 불에 올려 끓인다. 두부 등 재료가 익으면 달걀을 깨넣어 반숙으로 익힌다.

| 재료 및 분량 (4인분) |

두부 1모(300g) / 소금 · 녹말가루 각 적량 / 쇠고기 150g / 마른 표고버섯 4장 / 무 5cm(100g) / 당근 5cm(60g) / 숙주 100g / 양파 50g / 실파 50g / 미나리 50g / 호두 2개 / 은행 8알 / 잣 1작은술 / 달걀 1개 /

양념 1 간장 2큰술 / 파(다져서) 4작은술 / 마늘(다져서) 2작은술 / 설탕 1큰술 / 참기름 2작은술 / 깨소금 2작은술 / 후춧가루 약간

양념 2 소금 · 참기름 · 후춧가루 각 적량

양념 3 청장 1큰술 / 소금 적량 / 물 2컵

곱창전골

쇠고기와 처녑, 간 등 소의 온갖 내장과 채소를 한데 합하여 만든 전골로 내장 특유의 맛이 나는 별미 전골이다.

| 만드는 법 |

1 곱창은 밀가루를 넣고 씻어서 건져 끓는 물에 넣어서 끓기 시작하면 중간 불로 줄여서 1시간 반 정도 삶아 익힌다. 양은 끓는 물에 잠깐 넣었다가 건져내어 검은 막을 칼로 긁어서 깨끗이 하여 안쪽의 막과 기름 덩어리는 떼어낸다.

2 건져 놓은 곱창이 식으면 3~4cm 길이로 잘라서 기름기를 제거하고, 양도 3~4cm 길이로 썬다.

3 쇠고기는 얇게 썰어 양념 1로 양념한다.

4 당근은 반달썰기 하고, 양파는 채 썬다. 배추도 3cm 길이로 반을 잘라서 썬다.

5 마른 표고버섯은 불려서 손질하여 1cm 굵기로 채 썰고, 팽이버섯은 갈라 놓는다. 대파는 4cm 길이로 채 썰고, 다홍 고추는 어슷썰기 하여 씨를 뺀다.

6 굵은 밀국수는 끓는 물에 삶아 찬물에 씻어서 1인 분량씩 사리를 만들어 놓는다.

7 양념 2의 간장, 물엿, 설탕, 소금을 넣고 끓이다가 설탕이 녹으면 고춧가루, 참기름, 후춧가루를 넣어서 양념장을 만들어 놓는다.

8 곱창, 양, 쇠고기, 양파, 당근, 배추를 넣고 양념장을 넣어서 살짝 볶은 다음 남은 채소와 육수를 반만 붓고 끓인다.

9 전골이 충분히 맛이들면 삶은 우동과 남은 육수를 넣고 한데 끓인다.

| 재료 및 분량 (4인분) |

곱창(삶아서 손질한 것) 240g / 양(삶아서 손질한 것) 100g / 쇠고기 100g / 당근 60g / 양파 60g / 배추 80g / 마른 표고버섯 4장 / 팽이버섯 60g / 양파 60g / 대파 ½뿌리 / 다홍 고추 1개 / 굵은 밀국수(삶은 것) 200g / 사골육수 8컵 / 식용유 적량

양념 1 간장 1큰술 / 파(다져서) 2작은술 / 마늘(다져서) 1작은술 / 설탕 ½큰술 / 참기름 1작은술 / 깨소금 1작은술 / 후춧가루 약간

양념 2 간장 3큰술 / 굵은 고춧가루 2큰술 / 소금 1작은술 / 물엿 2큰술 / 설탕 1큰술 / 참기름 1큰술 / 후춧가루 약간

도미면

신선한 도미를 살을 떼내어 전유어로 부쳐서 삶은 고기와 채소, 당면을 전골 틀에 고르게 돌려 담고 육수를 부어 끓이는 전골로 맛도 훌륭하고 보기에도 호화로운 궁중의 전골이다.

| 재료 및 분량 (4인분) |

쇠고기(사태 · 양지머리) 300g / 물 10컵 / 쇠고기 50g / 두부 50g / 도미 1마리(500g) / 마른 석이버섯 5장 / 달걀 5개 / 미나리 50g / 마른 표고버섯 3장 / 다홍 고추 1개 / 호두 3개 / 은행 8알 / 잣 1작은술 / 당면 30g / 밀가루 · 식용유 · 청장 · 소금 · 후춧가루 각 적량

양념 1 소금 1작은술 / 파(다져서) 2작은술 / 마늘(다져서) 1작은술 / 참기름 1작은술 / 후춧가루 약간

| 만드는 법 |

1 사태나 양지머리는 덩어리째 물에 씻어서 물 10컵을 끓이다가 넣어 연해질 때까지 삶아서 납작납작하게 썰고, 육수는 청장과 소금으로 간을 맞춘다.

2 쇠고기는 곱게 다져서 두부를 으깨어 합하고 양념 1로 고루 주물러서 지름 1.2cm의 완자를 빚는다.

3 도미는 비늘을 긁고 내장을 빼서 머리와 꼬리는 남긴 채로 살을 크게 포로 뜬다. 포는 폭을 4cm 정도로 어슷하게 썰어 소금 · 후춧가루를 뿌린다.

4 마른 석이버섯은 더운물에 불려 손으로 비벼 안쪽의 이끼를 깨끗이 손질하여 곱게 다진다. 달걀 3개를 흰자와 노른자로 나누어 소금을 조금 넣어 잘 푼다. 흰자는 반으로 나누어 백색지단과 다진 석이버섯을 넣은 석이지단으로 하고, 황색지단도 부친다.

5 미나리는 잎을 떼고 다듬어서 길이를 맞추어 가는 대꼬치로 꿰어 네모지게 한 장으로 만들어 밀가루를 묻히고 푼 달걀에 담가 번철에 양면을 지져 미나리초대를 만든다. 생선살도 전유어로 지지고 고기완자도 옷을 입혀서 번철에 굴리면서 지진다.

6 마른 표고버섯은 큰 것으로 물에 불려 기둥을 떼고, 다홍 고추는 갈라서 씨를 뺀다.

7 호두는 더운 물에 불려서 꼬치로 껍질을 벗기고, 은행은 살짝 볶아 속껍질을 벗기고, 잣은 고깔을 떼어 놓는다. 지단, 미나리초대, 표고버섯, 다홍 고추 등은 2.5×4cm 정도의 크기로 썬다.

8 운두가 낮은 전골 냄비나 전골 틀에 삶은 고기를 담고, 위에 도미를 원래의 모양대로 모아 담는다. 주위에 지단과 완자 등을 돌려 담고 육수를 부어 끓인다.

9 당면은 더운물에 불려서 8이 끓으면 한옆에 넣어 익힌다.

신선로

한국음식의 진수인 궁중음식 중에서 대표적인 음식으로 신선로를 꼽을 수 있다. 신선로는 원래 화통이 붙은 냄비 이름이고, 음식 이름은 '열구자탕(悅口子湯)'이었는데, 지금은 신선로가 음식 이름으로 바뀌었다. '열12구자탕(悅口子湯)'은 '입에 맞는 맛있는 탕'이라는 뜻이다. 궁중의 연회음식을 적은 문헌인《진찬의궤》나《진연의궤》에는 '열구자탕(悅口子湯, 悅口資湯)'이 나오는데, 모두 한자로 기록되어 있으며 '신선로'라는 표기는 전혀 없고 궁중의 음식 발기 중에 한글로 '신션로'라고 한 문헌이 있다.

신선로는 탕류라고 보기에는 건지가 많기는 하나 전골보다는 탕에 더 가깝다. 옛 음식책에서는 대부분 국을 뜻하는 갱(羹) 또는 탕(湯)으로 분류하였으나, 1950년대 이후의 책에서는 전골류로 분류하기도 하였다.

| 재료 및 분량 (4인분) |

쇠고기(사태 · 양지머리) 150g / 소의 양 150g / 물 10컵 / 무 200g / 당근 100g / 쇠고기(우둔) 150g / 두부 50g / 마른 석이버섯 5장 / 달걀 4개 / 미나리 50g / 흰살생선(전감) 50g / 소의 처녑 50g / 마른 표고버섯 3개 / 호두 3개 / 은행 12개 / 잣 1작은술 / 다홍 고추 1개 / 소금 · 후춧가루 · 청장 · 식용유 · 밀가루 각 적량

양념 1 간장 1큰술 / 파(다져서) 2작은술 / 마늘(다져서) 1작은술 / 설탕 ½큰술 / 참기름 1작은술 / 깨소금 1작은술 / 후춧가루 약간

양념 2 소금 1작은술 / 파(다져서) 2작은술 / 마늘(다져서) 1작은술 / 참기름 1작은술 / 후춧가루 약간

양념 3 소금 2작은술 / 파(다져서) 4작은술 / 마늘(다져서) 2작은술 / 참기름 2작은술 / 후춧가루 약간

| 만드는 법 |

1 **곰탕거리 삶기** 쇠고기의 사태나 양지머리는 덩어리째 찬물에 씻어 건지고, 양은 두꺼운 부위로 골라서 끓는 물에 잠깐 넣었다가 건져내어 검은 막을 칼등으로 긁어내어 깨끗이 손질한다. 냄비에 물 10컵을 끓여 사태와 양을 넣어 삶다가 도중에 무와 당근을 통째로 넣어 함께 익힌다.

2 **육회와 완자 빚기** 쇠고기 우둔살 100g은 얇게 썰어 양념 1로 고루 무치고, 나머지 쇠고기는 곱게 다져서 두부를 으깨어 합하여 양념 2로 고루 주물러서 지름 1.2cm의 완자를 빚는다.

3 **지단 부치기** 마른 석이버섯은 더운물에 불려 손으로 비벼 안쪽의 이끼를 깨끗이 손질하여 곱게 다진다. 달걀 3개를 흰자와 노른자로 나누어 소금을 조금 넣어 잘 푼다. 흰자는 반으로 나누어 한쪽에 다진 석이버섯을 섞어서 백색 · 석이버섯지단의 두 가지와 황색지단을 각각 부친다.

4 **미나리초대 부치기** 미나리는 잎을 떼고 다듬어 가는 대꼬치에 위아래를 번갈아 꿰어 네모지게 한 장으로 만들어, 밀가루를 양면에 고루 묻히고 풀어놓은 달걀에 담갔다가 번철에 양면을 지진다.

5 **전과 완자 지지기** 흰살생선은 전감으로 얇게 떠서 소금과 후춧가루를 뿌리고, 처녑은 한 장씩 떼어서 소금을 뿌려 주물러 씻어 잔 칼집을 고루 넣어 후춧가루를 뿌린다. 밀가루를 얇게 묻힌 후 풀어 놓은 달걀에 담갔다가 뜨겁게 달군 번철에 식용유를 두르고 양면을 노릇하게 지진다. 2의 고기완자도 밀가루와 달걀에 입혀서 번철에 굴리면서 지진다.

6 마른 표고버섯은 되도록 큰 것으로 물에 불린다.

7 **고명 손질** 호두는 더운 물에 불려서 꼬치로 껍질을 벗기고, 은행은 뜨겁게 달군 번철에 식용유를 약간 두르고 볶아서 바로 마른 행주나 종이로 비벼서 껍질을 벗기고, 잣은 고깔을 떼어 놓는다.

8 **재료 썰기** 이상에서 준비한 지단, 미나리초대, 전, 표고버섯, 당근 등을 신선로 틀의 폭을 길이로 하고 너비 3cm 정도의 골패 모양으로 썬다. 다홍 고추는 씨를 빼고 같은 길이로 썬다.

9 **담기** 1의 고기와 무는 건져서 납작하게 썰어 양념 3으로 무친 후 신선로를 바닥에 깔고 그 위에 2의 양념한 고기를 고르게 놓고 그 위층에 골패 모양으로 썰어 놓은 재료들을 색맞추어 고르게 돌려 담는다. 제일 위에 7의 견과류와 고기완자를 고명으로 얹는다.

10 1의 육수를 청장과 소금으로 간을 맞추어 덥혀서 붓고, 가운데 화통에 숯을 피워 넣어 상에 낸다.

사태찜

소의 사태를 삶아서 무, 표고버섯 등의 채소와 함께 연하게 만든 찜이다.

| 만드는 법 |

1 사태는 덩어리째 찬물에 담가 핏물을 빼고 건져 끓는 물(10컵)에 넣어 삶는다. 무와 당근은 고기가 반 이상 무르면 통째로 넣어(덜 무르게) 삶는다.

2 양은 되도록 두꺼운 부위로 골라서 굵은 소금으로 문질러 씻어 끓는 물에 넣었다 건져서 칼등으로 검은 막을 벗기고, 곱창은 흰 기름을 떼어서 1에 넣어 한데 삶는다.

3 마른 표고버섯은 물에 불려서 꼭지를 떼고, 밤은 속껍질까지 깨끗이 벗겨놓고, 은행은 딱딱한 껍질을 까서 번철에 식용유를 두르고 볶아 속껍질을 없앤다.

4 삶은 고기와 무, 당근을 약 4cm 정도로 토막을 내고, 밤과 표고버섯을 한데 합하여 양념 1로 고루 버무려서 냄비에 담는다. 재료가 덥힐 정도로 육수를 부어 중불에서 서서히 끓인다.

5 다홍 고추는 씨를 빼고 어슷하게 썰고, 달걀은 황백으로 나누어 지단을 부쳐서 완자 모양으로 썬다.

6 국물이 거의 졸아들고 간이 고루 배면 은행과 잣, 고추를 넣어 잠시 더 익혀서 더울 때에 그릇에 담아낸다.

| 재료 및 분량 (4인분) |

쇠고기(사태) 400g / 물 10컵 / 무 300g / 당근 200g / 소의 양 · 곱창 400g / 마른 표고버섯(소) 4개 / 밤 8개 / 은행 8알 / 다홍 고추 1개 / 달걀 1개 / 잣 1작은술

양념 1 간장 5큰술 / 파(다져서) 3큰술 / 마늘(다져서) 1 1/2큰술 / 배(갈아서) 3큰술 / 설탕 2 1/2큰술 / 참기름 2큰술 / 깨소금 1큰술 / 후춧가루 약간

갈비찜

소갈비를 무, 표고버섯 등의 채소와 함께 연하게 만든 찜이다. 쇠갈비로 찜을 만든 후 이를 다시 구이를 한 음식으로 찜의 부드러움과 구이의 맛을 한번에 맛볼 수 있다.

| 재료 및 분량 (4인분) |

쇠갈비 600g / 물 4컵 / 무 300g / 당근 200g / 마른 표고버섯(소) 8장 / 달걀 1개 / 잣 1작은술 / 은행 8알

양념 1 간장 6큰술 / 배 6큰술 / 설탕 3큰술 / 파(다져서) 2큰술 / 마늘(다져서) 2큰술 / 참기름 1큰술 / 깨소금 1큰술 / 후춧가루 약간

| 만드는 법 |

1 쇠갈비는 5cm로 토막을 내어 찬물에 담가 핏물을 빼고 건져서 끓는 물 4컵 정도에 넣어 살짝 익을 정도로 삶아 낸다. 갈비에 붙은 질긴 힘줄이나 기름 덩어리를 떼어내고 2cm 간격으로 칼집을 넣고 육수의 기름을 걷어낸다.

2 배 껍질을 벗기고 강판에 갈아 양념 1의 재료를 모두 합하여 양념장을 만든다.

3 냄비에 삶은 갈비를 담고 양념장 일정 분량을 남기고 넣어 고루 버무린 다음 육수 2컵 정도를 넣고 중불에서 서서히 끓인다.

4 무와 당근은 사방 3cm의 크기로 썰어 모서리를 다듬어서 끓는 물에 넣어 삶아내고, 마른 표고버섯을 물에 불려서 기둥을 뗀다.

5 갈비가 무르게 익으면 삶은 무, 당근, 표고버섯을 넣고 남은 양념장과 육수를 넣어 약한 불에서 서서히 찜을 한다.

6 달걀은 흰자와 노른자로 나누어 소금을 약간 넣어 얇은 지단을 부쳐서 완자형이나 골패형으로 썬다.

7 은행은 번철에 식용유를 약간 두르고 볶아서 마른 행주나 종이로 비벼서 벗긴다.

8 갈비와 채소에 고르게 맛이 들면 은행을 넣어 잠시 더 끓여서 찜기에 담고 위에 달걀지단과 잣을 뿌린다.

돼지갈비찜

돼지갈비를 채소와 함께 고추의 매운맛을 낸 찜이다.

| 재료 및 분량 (4인분) |

돼지갈비 600g / 당근 100g / 밤 8개 / 다홍 고추 1개 / 풋고추 2개 / 대파 1뿌리 / 참기름 2큰술 / 마른 고추 1개 / 물 2컵

양념 1 간장 6큰술 / 파(다져서) 4큰술 / 마늘(다져서) 2큰술 / 생강(다져서) 1큰술 / 설탕 3큰술 / 술 2큰술 / 참기름 1큰술 / 깨소금 1큰술 / 후춧가루 약간

| 만드는 법 |

1 돼지갈비는 5cm로 토막을 내어 찬물에 담가 핏물을 빼고 건져서 물기를 닦고 질긴 힘줄이나 기름 덩어리를 떼어낸 다음 2cm 간격으로 칼집을 넣는다.

2 당근은 사방 3cm의 크기로 썰어 모서리를 다듬어서 끓는 물에 넣어 삶아내고, 밤은 속껍질까지 깨끗이 벗긴다.

3 다홍 고추와 풋고추는 갈라서 씨를 빼고 2cm 폭으로 어슷하게 썬다. 대파는 3cm 길이로 썬다.

4 양념 1을 합하여 양념장을 만들어 1/3분량은 남겨놓고 돼지갈비를 고루 버무려서 잠시 둔다.

5 마른 고추는 씨를 발라내고 1cm 폭으로 썰어 냄비에 참기름을 덥혀서 넣어 매운맛을 기름에 옮겨 양념한 갈비를 넣어 대강 볶는다.

6 돼지갈비의 겉이 익으면 더운물 2컵과 당근, 밤을 넣고 중불에 올려서 끓인다. 고기가 무르게 익으면 양념의 나머지를 넣어 위아래를 섞어서 고루 간이 들도록 찜을 한다.

7 거의 국물이 졸아들면 풋고추, 다홍 고추, 대파를 넣어 잠시 더 익혀서 그릇에 담는다.

떡 찜

흰떡을 삶은 고기와 채소와 함께 무르게 찜을 한 음식으로 추운 겨울철에 알맞다.

| 재료 및 분량 (4인분) |

쇠고기(우둔) 100g / 흰떡 500g / 사태 300g / 양 300g / 물 10컵 / 무 300g / 당근 200g /마른 표고버섯(소) 6장 / 은행 4알 / 달걀 1개 / 잣 1작은술

양념 1 간장 1큰술 / 파(다져서) 2작은술 / 마늘(다져서) 1작은술 / 설탕 1/2큰술 / 참기름 · 깨소금 각 1작은술 / 후춧가루 약간 / 물 10컵

양념 2 간장 6큰술 / 파(다져서) 4큰술 / 마늘(다져서) 2큰술 / 설탕 3큰술 / 참기름 · 깨소금 각 2큰술 / 후춧가루 약간

| 만드는 법 |

1 쇠고기(우둔)를 곱게 다져 양념 1을 넣고 고루 섞는다.

2 흰떡을 5cm 길이로 토막을 내어 마치 오이소박이처럼 칼집을 길이로 넣어 끓는 물에 살짝 데친 다음 한김 식혀 양념한 고기를 채워 넣는다.

3 사태는 덩어리째로 씻고, 양은 검은 막을 떼어서 두꺼운 냄비에 물 10컵을 넣고 끓이다가 넣어서 부드럽게 삶는다. 무와 당근은 도중에 통째로 넣어 설익게 삶는다.

4 삶은 사태, 양과 무, 당근은 4cm 정도의 크기로 토막을 내어 모서리를 도려낸다. 마른 표고버섯은 불려 기둥을 잘라낸다.

5 은행은 번철에 식용유를 두르고 볶아서 종이나 마른 행주로 비벼서 껍질을 벗기고, 달걀은 황백으로 나누어 지단을 부쳐서 완자형이나 골패형으로 썬다.

6 냄비에 삶은 사태와 당근, 무를 넣고 양념 2를 섞어서 만든 양념장 반 분량과 육수 2컵을 함께 넣고 중불에서 끓인다.

7 고기와 채소에 간이 배면 고기를 채운 떡과 표고버섯을 넣고 양념 2의 나머지 양념장을 마저 넣어 고루 섞어서 국물이 거의 없어질 때까지 찜을 하고 거의 다 되었을 때에 은행을 넣어 잠시 더 끓인다.

8 찜이 다 되면 그릇에 담고 지단과 잣을 고루 얹는다.

궁중닭찜

닭을 통째로 무르게 삶아서 살만 발라내어 여러 가지 버섯과 함께 걸쭉하게 끓인 조선시대 궁중음식이다.

| 재료 및 분량 (4인분) |

닭(중) 1마리(1.2kg) / 물 10컵 / 파 2뿌리 / 마늘 3톨 / 생강 1톨 / 마른 표고버섯(중) 4장 / 마른 목이버섯 8장 / 마른 석이버섯 8장 / 소금 · 후춧가루 각 적량 / 녹말가루 3큰술 / 물 3큰술 / 달걀 2개

양념 1 소금 1큰술 / 파(다져서) 2큰술 / 마늘(다져서) 1큰술 / 참기름 1큰술 / 깨소금 1큰술 / 후춧가루 약간

| 만드는 법 |

1 닭은 손질하여 말끔히 물에 씻어 10컵 정도의 끓는 물에 넣어 삶는다. 삶는 도중에 대파, 마늘, 생강을 크게 저며서 넣는다.

2 닭이 충분히 무르면 건져서 뼈와 껍질을 발라내고 살만 모아서 굵직하게 뜯어놓고, 국물은 식혀서 기름을 걷고 깨끗한 행주에 밭친다.

3 마른 표고버섯은 물에 불려서 기둥을 떼고, 마른 목이버섯은 불려서 손으로 한 잎씩 떼어 손질하고, 마른 석이버섯은 더운물에 불려 비벼서 안쪽의 이끼를 없애고 깨끗이 손질한다. 세 가지 버섯을 굵은 채로 썰어 놓는다.

4 냄비에 닭국물 4컵을 담아 끓여서 소금 · 후춧가루로 간을 맞추고 표고버섯과 목이버섯을 넣어 끓이다가 물에 푼 녹말을 주걱으로 저으면서 조금씩 넣어서 걸쭉하게 끓인다.

5 닭살은 양념 1로 고루 버무린다. 4에 넣어 끓어오르면 달걀을 풀어서 줄알을 치고 석이버섯을 고루 얹어서 그릇에 퍼서 담는다.

닭북어찜

닭과 북어, 다시마를 한데 합하여 엿을 넣어 윤기나게 만든 찜으로 닭 냄새도 전혀 나지 않고 밥 반찬에 적합하다.

| 재료 및 분량 (4인분) |

닭(중) $\frac{1}{2}$마리(600g) / 소금 1작은술 / 후춧가루 약간 / 북어포 1마리(90g) / 다시마 20cm / 마른 고추 2개 / 식용유 3큰술 / 달걀 1개

양념 1 간장 4큰술 / 파(다져서) 3큰술 / 마늘(다져서) $1\frac{1}{2}$큰술 / 생강(다져서) 1큰술 / 갱엿(또는 조청) 50g / 설탕 2큰술 / 물 1컵 / 참기름 $\frac{1}{2}$큰술 / 깨소금 $\frac{1}{2}$큰술 / 후춧가루 약간

| 만드는 법 |

1 닭을 깨끗이 손질하여 먹기 좋은 크기로 토막을 내어 소금, 후춧가루를 뿌려놓는다.

2 북어포는 물에 담가 부드럽게 되면 물기를 꼭 짜서 4cm 폭으로 토막을 낸다.

3 다시마는 두꺼운 것으로 물에 담가 불려서 3×4cm 정도 크기로 네모지게 썬다.

4 마른 고추는 씨를 발라서 1cm 폭으로 썰어, 번철에 식용유를 두르고 덥히다가 넣어 매운맛이 나면, 1의 닭을 물기를 거두어서 넣고 앞뒤를 노릇하게 지져낸 다음 망으로 건져서 여분의 기름을 받아서 버린다.

5 달걀은 황백으로 나누어 지단을 부쳐서 완자형으로 썬다.

6 냄비에 양념 1 중 먼저 물과 갱엿을 넣어 끓여서 완전히 녹인 다음 나머지 양념들을 모두 넣어 고루 섞어 양념장을 만든다.

7 지진 닭, 북어, 다시마를 양념장에 버무려서 냄비에 담아 끓인다. 국물이 줄어들고 윤기가 날때까지 위아래를 가끔씩 뒤섞으면서 서서히 찜을 한다.

도미찜

도미를 온마리째로 쪄서 위에 여러 가지 고명으로 장식한 호화로운 모양의 찜이다. 도미 살을 포로 떠서 장국을 넣어 만든 요리는 전골편의 도미면을 참조한다.

| 재료 및 분량 (4인분) |

도미 1마리(500g) / 쇠고기(우둔) 60g / 마른 표고버섯(중) 3장 / 마른 석이버섯 8장 / 달걀 2개 / 미나리 60g / 다홍 고추 2개 / 식용유 · 소금 각 적량

양념 1 소금 1큰술 / 청주 2큰술 / 흰 후춧가루 약간

양념 2 간장 1큰술 / 파(다져서) 2작은술 / 마늘(다져서) 1작은술 / 설탕 ½큰술 / 참기름 1작은술 / 깨소금 1작은술 / 후춧가루 약간

양념 3 소금 · 참기름 약간

| 만드는 법 |

1 도미는 비늘을 긁고 내장을 깨끗이 꺼내어 손질한 다음 양면에 칼집을 어슷하게 2cm 정도의 간격으로 깊이 넣고 양념 1의 재료를 고루 뿌려 놓는다.
2 쇠고기는 곱게 다져서 양념 2를 섞어 양념장을 만들어 반 분량으로 고루 무친 후 도미의 칼집 사이에 고루 채워 넣는다.
3 마른 표고버섯은 불려서 가늘게 채 썰어 남은 양념장 2로 고루 무쳐서 번철에 볶는다.
4 마른 석이버섯은 더운물에 불려서 안쪽의 이끼를 깨끗이 문질러 씻은 다음 가늘게 채 썰어 끓는 물에 잠깐 데쳐내어 물기를 꼭 짜서 양념 3으로 고루 무친다.
5 달걀은 황백을 나누어 지단을 부쳐서 가늘게 채 썬다.
6 미나리는 다듬어서 끓는 물에 데쳐내어 4cm 길이로 자르고, 다홍 고추는 갈라서 씨를 빼고 가늘게 채 썰어 끓는 물에 살짝 데쳐낸다.
7 도미를 접시에 머리가 왼쪽, 배가 앞쪽으로 오게 담아서 김이 오르는 찜통에 넣어 속이 익을 때까지 찐다.
8 한김 식힌 후에 준비한 채 고명을 색색이 얹는다.

대하찜

대하를 온마리째로 쪄내어 위에 여러 가지 고명으로 얹어 만든 찜이다.

| 재료 및 분량 (4인분) |

대하 4마리(400g) / 마른 표고버섯 2장 / 마른 석이버섯 2장 / 달걀 1개 / 미나리 60g / 다홍 고추 1개 / 소금 · 참기름 적량

양념 1 소금 1작은술 / 청주 1큰술 / 흰 후춧가루 약간

양념 2 간장 ½큰술 / 설탕 1작은술 / 참기름 1작은술 / 깨소금 ½작은술 / 후춧가루 약간

양념 3 소금 · 참기름 각 약간

| 만드는 법 |

1 대하는 싱싱한 것으로 껍질째 깨끗이 씻어서 한 마리씩 손으로 들고 등을 휘게 하여 관절 사이에 대꼬치를 넣어 내장을 빼낸다. 배 쪽에 1cm 간격으로 칼집을 고루 넣고 머리와 꼬리를 붙인 채로 몸통만을 등 쪽에서 칼집을 넣어 새우살을 넓게 펴서 양념 1의 소금, 청주, 후춧가루를 고루 뿌려 놓는다.

2 마른 표고버섯은 불려서 기둥을 떼고 양념 2로 무쳐서 번철에 볶는다.

3 마른 석이버섯은 더운물에 불려서 안쪽의 이끼를 깨끗이 문질러 씻고 가늘게 채 썰어 끓는 물에 잠깐 데쳐내어 물기를 꼭 짠 다음 양념 3으로 고루 무친다.

4 달걀은 황백을 나누어 지단을 부쳐서 가늘게 채 썬다.

5 미나리는 끓는 물에 데쳐내어 3cm 길이로 자르고, 다홍 고추는 갈라서 씨를 빼고 3cm 길이로 가늘게 채 썰어 끓는 물에 데쳐낸다.

6 김이 잘 오른 찜통에 1의 대하를 접시에 똑바로 펴서 담아 약 5분 정도 쪄내어 준비한 채 고명을 골고루 얹어 잠시 더 쪄 낸다.

대하잣집무침

큰 새우를 쪄서 잣가루로 만든 즙에 버무린 독특한 맛의 조선시대 궁중음식이다. 잣가루는 예전에는 도마에 한지를 깔고 칼로 다졌으나, 요즈음은 치즈가루 내는 도구를 사용하면 편리하다.

| 재료 및 분량 (4인분) |

대하 4마리(400g) / 편육(사태 · 양지머리) 100g / 오이(소) 1개(150g) / 소금 적량 / 죽순(삶아서) 100g / 소금 · 흰 후춧가루 · 식용유 각 적량

양념 1 잣가루 6큰술 / 소금 1작은술 / 물 4큰술 / 참기름 1작은술 / 흰 후춧가루 약간

| 만드는 법 |

1 대하는 싱싱한 것으로 껍질째 깨끗이 씻어서 한 마리씩 손으로 들고 등을 휘게 하여 관절 사이에 대꼬치를 넣어 내장을 빼낸다. 배 쪽에 1cm 간격으로 칼집을 넣고 등 쪽에 대꼬치를 똑바로 찔러서 소금을 뿌려 찜통에 넣은 후 약 5분 정도 찐다.

2 찐 새우가 식으면 대꼬치를 빼고 머리를 뗀 다음 껍질을 까서 살을 꺼내어 어슷하게 3cm 폭으로 썬다.

3 양지머리나 사태는 미리 삶아서 편육을 만들어서 납작납작하게 썬다.

4 오이는 길이로 반을 갈라 어슷하게 얇게 썰어 소금에 절여서 물기를 짜고, 삶은 죽순은 반으로 갈라서 빗살 모양이 나게 얇게 썰어서 소금, 흰 후춧가루로 간을 하여 식용유를 두르고 볶아서 바로 넓은 그릇에 펴서 식힌다.

5 잣가루에 나머지 양념 1을 조금씩 넣어 잘 으깨어 잣집을 만든다. 물 대신 대하 찐 국물을 쓰면 맛이 더 진하다.

6 큰 그릇에 대하, 편육, 오이, 죽순을 한데 담고 소금, 후춧가루를 뿌려 밑간을 하고 나서 5의 잣집을 넣어 가볍게 버무려 그릇에 담아낸다.

북어찜

말린 북어를 불려서 간장으로 간을 하여 만든 찜으로 밥반찬에 적합하다.

| 재료 및 분량 (4인분) |

북어(대) 2마리(180g) / 물 2컵 / 실고추 약간 / 실파 2뿌리 / 다홍 고추 1개

양념 1 간장 4큰술 / 파(다져서) 3큰술 / 마늘(다져서) ½큰술 / 생강(다져서) 2작은술 / 설탕 2큰술 / 참기름 ½작은술 / 깨소금 ½작은술 / 후춧가루 약간

| 만드는 법 |

1 북어는 방망이로 두드려 물에 담가 부드럽게 불려서 행주로 물기를 걷어낸다. 몸통을 갈라서 가시를 발라내고 지느러미와 꼬리를 떼어 4cm 폭으로 토막을 낸다.

2 양념 1로 양념장을 만들어 물 2컵을 타서 북어 토막을 하나씩 담갔다가 건져서 냄비에 켜켜로 담고 위에 남은 양념장을 끼얹어서 중불에서 서서히 끓인다.

3 실고추는 3cm 길이로 끊어놓고 실파는 어슷하게 채 썰어 놓는다. 다홍 고추는 반을 갈라 씨를 빼고서 채 썬다.

4 북어가 간이 고루 배고 연하게 익으면 실파, 채 썬 다홍 고추와 실고추를 얹어 잠깐 더 익혀서 그릇에 담는다.

호박선

호박을 반 갈라서 토막을 내어 어슷하게 칼집을 넣어 사이에 쇠고기를 채운 다음 장국을 부어서 끓인 채소찜이다.

| 재료 및 분량 (4인분) |

호박(중) 1개(300g) / 쇠고기 60g / 마른 표고버섯(중) 2장 / 달걀 1개 / 석이버섯 3장 / 실고추 약간 / 식용유 · 소금 각 적량

양념 1 소금 ½큰술 / 물 ½컵 /
양념 2 간장 1큰술 / 파(다져서) 2작은술 / 마늘(다져서) 1작은술 / 설탕 ½큰술 / 참기름 1작은술 / 깨소금 1작은술 / 후춧가루 약간
양념 3 소금 1작은술 / 물 1컵

| 만드는 법 |

1 호박은 가늘고 연한 것으로 골라 3cm로 토막 내어 위에 열십자(+)로 칼집을 넣어 양념 1의 소금물에 담가놓는다.
2 쇠고기는 곱게 다지고, 마른 표고버섯은 불려서 곱게 채 썰어 합하여 양념 2의 양념장으로 고루 무친다.
3 1의 절인 호박을 마른 행주로 싸서 물기를 닦고 칼집 사이에 양념한 쇠고기와 표고버섯을 채워 넣는다.
4 달걀은 황백으로 나누어 지단을 부쳐 곱게 채 썬다. 실고추는 3cm 길이로 자르고 석이버섯은 손질하여 채 썬다.
5 냄비에 양념 3의 소금과 물을 담아 불에 올려 끓어오르면 소를 채운 호박을 나란히 놓고 끓인다. 도중에 불을 줄이고 가끔 국물을 끼얹어서 고루 간이 들도록 한다.
6 호박이 연하게 익으면 그릇에 담고 위에 실고추, 석이채, 지단채를 얹는다.

가지선

가지를 토막 내어 오이소박이처럼 칼집을 넣고 사이에 쇠고기를 채워서 장국을 부어서 끓인 채소찜이다.

| 재료 및 분량 (4인분) |

가지(중) 2개(200g) / 쇠고기 100g / 마른 표고버섯(중) 2장 / 달걀 1개 / 식용유 · 소금 각 적량

양념 1 간장 2큰술 / 파(다져서) 4작은술 / 마늘(다져서) 2작은술 / 설탕 1큰술 / 참기름 2작은술 / 깨소금 2작은술 / 후춧가루 약간
양념 2 청장 2큰술 / 물 1컵

| 만드는 법 |

1 가지는 가늘고 연한 것으로 골라 6cm 정도로 토막을 내어 양끝을 1cm씩 남기고 오이소박이처럼 칼집을 세 번씩 넣어 옅은 소금물에 담가 둔다.
2 쇠고기는 곱게 다지고, 마른 표고버섯은 불려서 곱게 채 썰어 합하여 양념 1의 양념장으로 고루 무친다.
3 가지를 마른 행주로 물기를 닦고 칼집 사이에 양념한 쇠고기를 채워 넣는다.
4 달걀은 황백으로 나누어 지단을 부쳐 곱게 채 썬다.
5 냄비에 양념 2의 물과 간장을 담아 불에 올려 끓어오르면 소를 채운 가지를 나란히 놓고 끓인다. 도중에 불을 줄이고 가끔 국물을 끼얹어서 고루 간이 들도록 한다.
6 가지가 연하게 익고 국물이 줄어들면 그릇에 담고 달걀지단채를 얹는다.

배추선

| 재료 및 분량 (4인분) |

배추속대 400g / 두부 50g / 마른 표고버섯(중) 2장 / 마른 석이버섯 3장 / 쇠고기(다져서) 100g / 녹말가루 적량 / 미나리 30g / 물 2컵

양념 1 소금 1작은술 / 파(다져서) ½큰술 / 마늘(다져서) ¼큰술 / 청주 ½큰술 / 생강즙 · 후춧가루 약간

양념 2 간장 · 소금 각 적량 / 녹말 ½큰술 / 물 1큰술

| 만드는 법 |

1. 배추는 겉대를 떼고 중간 잎을 하나씩 떼어서 끓는 물에 소금을 넣고 살짝 데쳐내어 바로 찬물에 헹구어 건져 물기를 뺀다.
2. 두부는 으깬 다음 마른 행주로 눌러 물기를 짠다. 불린 표고버섯과 불린 석이버섯은 채 썬다.
3. 으깬 두부와 다진 쇠고기, 채 썬 표고버섯 · 석이버섯을 합하여 양념 1을 넣고 고루 섞는다.
4. 데친 배춧잎 한 장에 녹말가루를 묻히고 3의 소를 얇게 펴서 얹은 다음 배춧잎을 올린다. 이 과정을 서너 번 반복한 다음 소가 나오지 않게 배춧잎으로 잘 감싸준다.
5. 미나리를 데쳐서 4의 배추쌈이 흩어지지 않게 묶는다.
6. 큰 냄비에 5를 담고 간을 맞춘 물을 붓고 뚜껑을 덮어 끓인다.
7. 배추선이 익으면 꺼내어 4~5cm 크기의 토막으로 잘라 그릇에 담는다.
8. 냄비에 양념 2의 남은 국물에 물 녹말을 넣어 간을 맞추어 걸쭉하게 익혀서 7에 끼얹는다.

오이선

오이를 토막 내어 어슷하게 칼집을 넣고 사이에 쇠고기, 달걀 지단 등을 채워서 단촛물을 끼얹어 만드는 산뜻한 맛의 채소 음식이다. 여러 가지 음식을 순차적으로 대접할 때 전채음식으로 알맞다.

| 재료 및 분량 (4인분) |

오이 1개(150g) / 쇠고기(우둔) 50g / 마른 표고버섯(중) 1장 / 달걀 1개 / 실고추 약간

양념 1 소금 1큰술 / 물 1컵

양념 2 간장 2작은술 / 파(다져서) 1작은술 / 마늘(다져서) ½작은술 / 설탕 1작은술 / 참기름 1작은술 / 깨소금 1작은술 / 후춧가루 약간

양념 3 소금 ½작은술 / 설탕 1큰술 / 식초 2큰술 / 물 1큰술

| 만드는 법 |

1. 오이는 가늘고 연한 것으로 골라 길이로 반을 갈라서 껍질 쪽에 1cm 간격으로 비스듬히 칼집을 세 번 넣고 네 번째에서 끊어 4cm 정도의 길이로 토막을 낸 다음 양념 1의 소금물에 담가 절인다.
2. 오이가 절여지면 물에 헹구어 건져서 행주에 싸서 눌러 물기를 짠다.
3. 쇠고기 살은 곱게 채 썰고, 마른 표고버섯은 불려서 곱게 채 썰어 합하여 양념 2로 무쳐서 번철에 볶아낸 다음 식힌다.
4. 달걀은 황백으로 나누어 지단을 부쳐 2cm 길이로 곱게 채 썬다. 실고추는 2cm 길이로 자른다.
5. 번철을 달구어 식용유를 두르고 절인 오이를 넣어 센 불에서 재빨리 볶아 바로 넓은 그릇에 펴서 식힌다.
6. 오이의 칼집 사이에 황색지단, 백색지단, 볶은 쇠고기와 표고버섯을 한 칸씩 채워 넣고 실고추는 흰 지단에 한 가닥씩 끼워서 그릇에 가지런히 담는다.
7. 양념 3을 합하여 단촛물을 만들어서 상에 내기 직전에 고루 끼얹어 낸다.

어 선

흰살생선을 넓게 포로 떠서 쇠고기와 버섯을 소로 넣고 말아서 쪄낸 음식으로 여름철의 주안상에 알맞으며, 겨자장을 찍어 먹는다. 어선은 민어나 광어 등 신선한 흰살생선으로 만든다. 달걀지단을 크게 부쳐서 그 위에 생선살을 놓고 말면 모양 만들기가 쉽다.

| 재료 및 분량 (4인분) |

흰살생선(민어, 도미, 숭어 등) 300g / 소금 · 후춧가루 각 적량 / 쇠고기(우둔) 80g /
마른 표고버섯(중) 2장/ 달걀 2개 / 마른 석이버섯 4장 / 오이(소) 1개 / 당근 4cm 토막(50g) /
소금 · 후춧가루 각 적량 / 녹말가루 약 3큰술 / 식용유 적량

양념 1 간장 1큰술 / 파(다져서) 2작은술 / 마늘(다져서) 1작은술 / 설탕 $\frac{1}{2}$작은술 / 참기름 1작은술 / 깨소금 1작은술 / 후춧가루 약간

양념 2 소금 · 참기름 각 적량

양념 3 간장 3큰술 / 식초 $1\frac{1}{2}$큰술 / 물 $\frac{1}{2}$큰술

양념 4 불린 겨자 1큰술(겨자가루 2큰술, 물 1큰술) / 식초 1큰술 / 설탕 $\frac{1}{2}$큰술 / 소금 $\frac{1}{2}$작은술 / 간장 $\frac{1}{2}$작은술

| 만드는 법 |

1 생선살을 되도록 넓게 포를 떠서 칼을 눕혀서 두들기고 두께를 고르게 하여 소금, 흰 후춧가루를 뿌린다.

2 쇠고기는 살로 곱게 채 썰고, 마른 표고버섯은 불려서 곱게 채 썰어 합하여 양념 1로 무친 다음 번철에 볶아 펴서 식힌다.

3 달걀은 잘 풀어서 지단을 얇게 부친다.

4 마른 석이버섯은 더운물에 불려 비벼서 검은 막을 깨끗이 제거하여 채 썬 다음 끓는 물에 잠깐 넣었다가 건져내어 양념 2로 고루 무친다.

5 오이와 당근은 4cm로 토막을 내어 돌려 깎아서 가는 채로 썬 다음 소금에 잠깐 절였다가 뜨거운 번철에 식용유를 두르고 볶아 바로 넓은 그릇에 펴서 식힌다.

6 도마에 대발을 놓고 위에 랩지를 깔고 그 위에 달걀지단을 편 다음 위에 생선 포를 네모지게 펴놓고 녹말가루를 고루 뿌린다. 채로 준비한 재료를 김밥 말듯이 생선살 위에 준비한 대로 나란히 놓고 말아 끝부분과 양쪽은 녹말을 되직하게 풀어서 바르고 김밥 싸듯이 대발로 겉을 말아서 김이 오른 찜통에 넣어 10분 정도 찐다.

7 생선이 익으면 꺼내어 식힌 다음에 3cm 정도의 폭으로 썰어 접시에 담아서 양념 3의 초간장과 양념 4의 겨자장을 곁들인다.

어만두

민어 · 숭어 등의 흰살생선을 넓게 포를 떠서 만두피 대신에 소를 넣어 싸서 찐다. 어만두는 주식이기보다 생선찜에 속하는 음식이다. 여름철 담백한 맛으로 교자상이나 주안상의 찬품으로 적합하다.

| 만드는 법 |

1 싱싱한 생선의 내장을 빼고 3장 뜨기로 하여 살만 두 장으로 크게 떠서 껍질을 벗긴다. 생선살을 칼을 눕혀서 폭과 길이가 7cm 정도 되게 포를 떠서 소금과 흰 후춧가루를 조금씩 뿌린다.

2 쇠고기를 살로 곱게 다지고, 마른 표고버섯과 목이버섯은 불려서 손질하여 곱게 채 썰어 합하여 양념 1로 양념하여 번철에 볶아 펴서 식힌다.

3 숙주는 끓는 물에 소금을 약간 넣어 데쳐서 물기를 짜서 송송 썬다. 오이는 소를 남기고 돌려 깎아서 채 썰어 소금을 뿌려서 절였다가 살짝 볶아서 바로 펴서 식힌다. 쇠고기, 숙주, 오이를 합하여 고루 섞어 소를 준비한다.

4 1의 생선 조각을 물기를 거두어서 도마 위에 놓고 소를 한 큰술씩 떠놓고 둥그렇게 싸서 겉에 녹말가루를 고루 묻혀서 찜통에 젖은 행주를 깔고 5분 정도 찐다.

5 접시에 곁들일 오이, 다홍 고추, 표고버섯, 석이버섯은 폭 2cm, 길이 4cm 정도의 골패형으로 썰어 녹말을 묻혀 끓는 물에 데쳐내어 바로 찬물에 헹구어서 물기를 거둔다.

6 접시에 쑥갓을 깔고 어만두와 곁들일 채소를 함께 담고 따로 초간장과 겨자장을 함께 내어 기호에 따라 찍어 먹도록 한다.

| 재료 및 분량 (4인분) |

흰살생선(민어, 도미, 숭어 등) 300g / 소금 · 흰 후춧가루 각 적량 / 쇠고기(우둔) 100g / 마른 표고버섯 3장 / 마른 목이버섯 3장 / 숙주 150g / 오이 1개(150g) / 소금 · 녹말가루 적량 / 다홍 고추 1개 / 오이 ½개 / 마른 석이버섯 3장 / 마른 표고버섯 2장 / 쑥갓 50g / 초간장 · 겨자장 적량

양념 1 간장 1 ½큰술 / 파(다져서) 1큰술 / 마늘(다져서) ½큰술 / 설탕 2작은술 / 참기름 · 깨소금 각 ½큰술 / 후춧가루 적량

어만두

어선

두부선

두부를 곱게 으깨어 닭살과 표고버섯 등을 섞어서 고른 두께로 펴서 찜을 한 것이다.

ㅣ 만드는 법 ㅣ

1 두부를 행주에 싸서 무거운 것으로 눌러 물기를 뺀 다음 도마에 놓고 한쪽 끝에서부터 칼을 눕혀서 으깨어 체에 내려서 곱게 한다.
2 닭고기는 살만을 발라서 곱게 다진다.
3 마른 표고버섯은 불려서 기둥을 떼고, 마른 석이버섯은 불려서 비벼 깨끗이 손질하여 채 썬다.
4 달걀은 황백으로 나누어 지단을 부쳐서 곱게 채 썬다.
5 실고추는 3cm 길이로 끊어놓고, 잣은 고깔을 떼고 길이로 반을 갈라서 비늘잣을 만든다.
6 두부와 닭고기를 합쳐 양념 1을 넣어 고루 섞는다. 젖은 행주를 펴고 양념한 두부를 1cm 두께로 고르게 펴서 네모난 반대기를 만들어 위에 표고버섯, 석이버섯, 지단, 실고추, 비늘잣을 고루 얹고 위에도 젖은 행주를 덮어 살짝 누른다.
7 찜통에 넣어 5분 정도 쪄내어 한김 식힌 후, 네모지게 썰어 양념 2의 초간장과 겨자장을 곁들인다.

ㅣ 재료 및 분량 (4인분) ㅣ

두부 1모(300g) / 닭고기 100g / 마른 표고버섯(중) 2장 / 마른 석이버섯 3장 / 달걀 1개 / 실고추 약간 / 잣 1작은술 / 겨자장 적량

양념 1 소금 2작은술 / 파(다져서) 1큰술 / 마늘(다져서) 1/2큰술 / 설탕 1작은술 / 참기름 1작은술 / 깨소금 1작은술 / 후춧가루 약간

양념 2 간장 2큰술 / 식초 2큰술 / 물 2큰술 / 잣가루 1작은술

더덕생채

더덕을 두들겨서 가늘게 갈라서 식초, 고춧가루, 고추장을 넣어 새큼하고 매운맛으로 만든 생채이다. 때로는 고춧가루를 전혀 넣지 않고 흰색으로 무쳐서 양색을 한그릇에 어울려 담아도 좋다.

| 재료 및 분량 (4인분) |

더덕 200g

양념 1 소금 1/2큰술 / 파(다져서) 1큰술 / 설탕 1/2큰술 / 식초 2작은술
참기름 · 깨소금 각 1/2큰술

양념 2 고춧가루 2작은술 / 소금 1/2큰술 / 파(다져서) 1큰술 /
설탕 1/2큰술 / 식초 2작은술 / 참기름 · 깨소금 각 1/2큰술

| 만드는 법 |

1 더덕은 껍질을 벗겨 물에 담가 쓴맛을 우려내고 길이로 반을 갈라서 방망이나 칼등으로 자근자근 두들겨서 곱게 뜯는다.

2 가늘게 뜯은 더덕을 2등분 하여 각각 양념 1과 양념 2의 두 가지 양념으로 고루 무친다. 고춧가루 양념은 먼저 넣어 고루 주물러서 붉은빛을 고르게 한 다음 나머지 양념을 넣어 고루 무친다.

3 한 그릇에 두 가지 더덕생채를 어울려서 담는다.

무생채

무를 채로 썰어 식초, 고춧가루를 넣어 새큼하고 매운맛으로 만든 생채이다. 때로는 고춧가루를 전혀 넣지 않고 흰색으로 무쳐서 양색을 한그릇에 어울려 담아도 좋다. 재료는 무 한 가지만으로 만들기도 하고 오이를 절여서 한데 섞어서 만들어도 맛이 잘 어울린다. 때로는 오징어나 조개류를 데쳐서 익힌 것을 합하여 무치기도 한다. 무를 일단 살짝 절였다가 무치기도 하나 신선한 맛이 덜하다.

| 재료 및 분량 (4인분) |

무 300g

양념 1 고춧가루 2작은술 / 소금 1큰술 / 파(다져서) 1큰술 /
마늘(다져서) 1/2큰술 / 생강(다져서) 1/2큰술 / 설탕 · 식초 각 1큰술 /
참기름 · 깨소금 각 1/2큰술

양념 2 간장 1큰술 / 파(다져서) 1큰술 / 마늘(다져서) 1/2큰술 /
생강(다져서) 1/2큰술 / 설탕 · 식초 각 1큰술 /
참기름 · 깨소금 각 1/2큰술

양념 3 소금 1큰술 / 파(다져서) 1큰술 / 마늘(다져서) 1/2큰술 /
생강(다져서) 1/2큰술 / 설탕 · 식초 각 1큰술 /
참기름 · 깨소금 각 1/2큰술

| 만드는 법 |

1 무는 껍질을 벗겨 5cm 정도의 길이로 고운 채로 썬다.

2 채 썬 무를 3등분 하여 양념 1, 2, 3의 세 가지 양념으로 각각 고루 무친다. 이때 고춧가루 양념을 할 경우 고운 고춧가루를 넣어 고루 주물러서 붉은빛을 고르게 한 다음 나머지 양념을 넣어 고루 무친다.

3 한 그릇에 세 가지 무생채를 옆옆에 어울려서 담는다.

오이생채

오이를 얇게 썰어 식초, 고춧가루를 넣어 새큼하고 매운맛을 낸 생채이다. 때로는 고춧가루 대신에 초고추장을 넣어 무쳐도 맛이 있다. 특히, 늦은 여름철에 나오는 늙은 오이인 노각은 초고추장으로 무치는 편이 더 맛이 있다.

재료 및 분량 (4인분)

오이(중) 2개(300g) / 소금 2작은술

양념 1 고춧가루 1작은술 / 소금 1작은술 / 파(다져서) 1큰술 / 마늘(다져서) ½큰술 / 설탕 1큰술 / 식초 각 1큰술 / 참기름 · 깨소금 각 ½큰술

만드는 법

1. 오이는 굵은 소금으로 문질러 씻어서 가는 것은 둥근 모양으로 0.3cm 두께로 얇게 썰고, 굵으면 반을 갈라서 어슷하게 얇게 썰어 분량의 소금을 뿌려서 절인다.
2. 오이가 절여지면 물에 살짝 헹구어 물기를 꼭 짠 다음 그릇에 담아 먼저 양념 1의 고춧가루를 넣어 고루 색을 들이고 나서 나머지 양념을 넣어 고루 무친다.

도라지생채

도라지생채는 생도라지를 갈라서 식초, 고춧가루를 넣어 새큼하고 매운맛을 낸다. 도라지만으로 만들기도 하고 오이를 절여서 한데 섞어서 만들어도 맛이 잘 어울린다.

재료 및 분량 (4인분)

도라지(생것) 200g / 소금 2작은술

양념 1 고춧가루 2작은술 / 식초 · 설탕 각 1큰술 / 소금 ½작은술 / 파(다져서) 1큰술 / 마늘(다져서) ½큰술 / 참기름 · 깨소금 각 ½큰술

만드는 법

1. 통도라지를 씻어서 가늘게 갈라서 소금을 넣어 바락바락 주물러서 쓴맛을 빼고 부드럽게 하여 물에 헹구어 물기를 꼭 짠다.
2. 그릇에 도라지를 담고 양념 1의 고운 고춧가루를 넣어 고루 주물러서 붉은빛을 고르게 한 다음 나머지 양념을 넣어 무친다.

배추겉절이

김치를 대신하여 배추를 절인 후 양념을 해서 바로 먹을 수 있는 생채로 얼절이라고도 한다. 김치처럼 익혀서 먹지 않으므로 설탕, 참기름, 깨소금을 넉넉히 넣고 무친다.

| 재료 및 분량 (4인분) |

배추 400g / 소금 1큰술

양념 1 고춧가루 2큰술 / 파(다져서) 1큰술 / 마늘(다져서) 1/2큰술 / 생강(다져서) 1/2작은술 / 설탕 1/2큰술 / 새우젓 1/2큰술 / 참기름 1큰술 / 깨소금 1/2큰술

| 만드는 법 |

1 배추는 연한 잎으로 한 장씩 떼어서 씻어 길이 5cm, 폭 3cm 길이로 쭉쭉 갈라서 소금을 뿌려서 절인다.

2 절여진 배추를 씻어 건져 물기를 짜서 양념 1의 고운 고춧가루를 넣어 고루 주물러서 붉은빛을 고르게 한 다음 참기름을 제외한 나머지 양념을 넣어 고루 무친다.

3 전체가 고루 무쳐지면 참기름을 넣어 다시 버무려 그릇에 담는다.

상추생채

연한 상추를 절이지 않고 씻어서 대강 뜯어 양념 초장으로 살짝 버무린 생채이다. 구운 고기음식과 맛이 잘 어울린다. 오이, 깻잎, 양상추 등을 섞어서 만들면 색깔도 좋고 맛도 산뜻하다.

| 재료 및 분량 (4인분) |

상추 300g / 대파 1/4뿌리

양념 1 간장 2큰술 / 마늘(다져서) 1작은술 / 설탕 1작은술 / 식초 1큰술 / 참기름 1/2큰술 / 깨소금 1/2큰술 / 실고추 약간

| 만드는 법 |

1 상추는 흐르는 물에 여러 번 깨끗이 씻어 소쿠리에 건져서 물기를 뺀다.

2 대파는 흰부분을 3cm 길이로 토막을 내어 길이대로 가늘게 채 썰어 물에 담가 놓는다.

3 양념 1을 모두 합하여 잘 섞어서 양념 초장을 만든다.

4 상추를 손으로 대강 뜯고 파는 건져서 물기를 빼서 합하여 차게 두었다가 상에 내기 직전에 상추에 양념장을 고루 뿌려서 살짝 버무려 그릇에 담는다.

냉이나물

봄철에 나는 향이 강한 산나물들은 대개 초고추장에 무치는 편이 맛이 있다. 냉이 외에 취나물, 묵나물, 원추리나물, 두릅 등도 이같은 방법으로 무친다.

| 재료 및 분량 (4인분) |

냉이 300g / 소금 적량

양념 1 된장 1큰술 / 고추장 1작은술 / 마늘(다져서) 1작은술 / 파(다져서) 1작은술 / 설탕 1작은술 / 참기름 2작은술 / 깨소금 2작은술

양념 2 고추장 2큰술 / 마늘(다져서) 1작은술 / 파(다져서) 1작은술 / 설탕 1작은술 / 식초 2작은술 / 참기름 2작은술 / 깨소금 2작은술

| 만드는 법 |

1 냉이는 다듬어 씻어 놓는다. 굵은 뿌리는 반으로 쪼갠다.

2 끓는 물에 소금을 넣고 냉이를 넣어 데쳐 내어 찬물에 헹궈 물기를 꼭 짜서 길이를 4cm로 자른다.

3 데친 냉이를 2등분 하여 양념 1, 2를 각각 넣고 무친다.

취나물

봄철에는 새로 나오는 연한 햇취를 쓰고, 제철이 아닐 때는 데쳐서 말려두었던 것을 쓴다. 말려두었던 산나물들은 기름을 넉넉히 두르고 볶는 나물이 맛이 있고, 신선한 산나물은 초고추장에 무치면 맛이 있다. 잎이 넓은 취나물이나 아주까리잎으로는 밥을 얹어 쌈을 싸서 먹으면 맛이 별미이다.

| 재료 및 분량 (4인분) |

햇취 300g / 물 3큰술 / 소금 적량 / 식용유 3큰술 / 참기름 · 깨소금 각 ½큰술

양념 1 간장 2큰술 / 파(다져서) 2큰술 / 마늘(다져서) 1큰술 / 설탕 ½큰술 / 참기름 1큰술 / 깨소금 1큰술 / 후춧가루 약간

| 만드는 법 |

1 햇취는 센 줄기는 다듬어 떼어내고 씻어서 끓는 물에 소금을 약간 넣고 삶아내어 찬물에 헹구어 건져서 길이를 4cm로 자른다.

2 떫은맛을 우려낸 취를 건져서 물기를 꼭 짜서 큰 잎은 짧게 끊어서 양념 1로 고루 무친다.

3 번철을 달구어서 식용유를 넉넉히 두르고 중불에서 서서히 볶는다.

4 취나물이 부드럽게 익었으면 참기름, 깨소금을 넣어 고루 무쳐서 그릇에 담는다.

무나물

무를 채 썰어서 볶다가 물을 넣고 무르게 익힌 부드러운 맛의 나물이다. 다진 쇠고기를 넣어 볶아도 맛있다.

| 재료 및 분량 (4인분) |

무 300g / 물 3큰술

양념 1 소금 ½큰술 / 파(다져서) 1큰술 / 마늘(다져서) ½큰술 / 생강(다져서) ⅔작은술 / 참기름 1큰술

양념 2 참기름 · 깨소금 각 ½큰술

| 만드는 법 |

1 무는 껍질을 벗겨 5cm 정도의 길이로 채 썬다.

2 냄비를 덥혀서 참기름을 두르고 무채를 넣어 볶는다.

3 약간 익혀서 숨이 죽으면 양념 1을 넣어 고루 섞고, 물 3큰술을 넣은 다음 뚜껑을 덮고 약한 불로 익힌다.

4 국물이 조금 남을 정도가 되면 양념 2를 넣어 고루 섞어 그릇에 담는다.

콩나물

콩나물은 우리나라에서 일상 찬품의 재료로 국과 나물을 가장 많이 만든다. 콩으로 싹을 낸 식품이지만 콩에서는 얻을 수 없는 비타민 C 등 영양분이 많은 급원식품이다.

| 재료 및 분량 (4인분) |

콩나물 300g / 물 ½컵 / 소금 1작은술

양념 1 청장 1작은술 / 파(다져서) 2큰술 / 마늘(다져서) 1큰술 / 참기름 2큰술 / 깨소금 1큰술 / 실고추 약간

| 만드는 법 |

1 콩나물은 뿌리를 떼고 씻어서 냄비에 담고 물 ½컵과 소금을 넣고 뚜껑을 꼭 덮어 약 15분 정도 삶는다.

2 콩나물이 무르게 되면 소쿠리에 건져서 물기를 뺀다.

3 실고추는 3cm 길이로 끊는다.

4 삶은 콩나물에 양념 1을 넣어 고루 무친다.

숙주나물

숙주는 녹두를 발아시킨 식품으로 콩나물과 더불어 나물을 많이 만든다. 대개는 식초를 넣어 새큼하게 무친다.

| 재료 및 분량 (4인분) |

숙주 300g / 미나리 50g / 소금 약간

양념 1 청장 · 소금 각 1/2작은술 / 파(다져서) 1큰술 / 마늘(다져서) 1/2큰술 / 식초 · 설탕 각 1큰술 / 참기름 1큰술 / 깨소금 1큰술 / 실고추 약간

| 만드는 법 |

1 숙주는 뿌리를 떼고 깨끗이 씻어서 끓는 물에 소금을 약간 넣고 뚜껑을 꼭 덮어 약 10분 정도 삶는다.
2 숙주가 익으면 소쿠리에 쏟아 그대로 식혀서 물기를 뺀다.
3 미나리는 다듬어 끓는 물에 소금을 약간 넣고 살짝 데쳐 찬물에 담갔다가 3cm 길이로 썬다.
4 실고추는 3cm 길이로 끊는다.
5 삶은 숙주나물에 양념 1을 넣어 고루 무친다.

애호박나물

애호박을 얇게 썰어서 절였다가 기름을 두르고 볶은 나물이다. 볶을 때에 쇠고기를 한데 넣어 볶기도 하고 소금 대신에 새우젓국으로 간을 맞추어도 맛이 훌륭하다.

호박을 살만 저며서 얇게 썬 모양이 눈썹과 비슷하여 일명 눈썹나물이라고도 한다.

| 재료 및 분량 (4인분) |

애호박(중) 1개(300g) / 참기름 적량

양념 1 새우젓 2큰술 / 파(다져서) 1큰술 / 마늘(다져서) 1/2큰술 / 참기름 1큰술 / 깨소금 1/2큰술 / 실고추 약간

| 만드는 법 |

1 애호박은 가는 것은 둥근 모양으로 0.3cm 두께로 얇게 썰고, 굵으면 가운데 속을 남기고 살만을 두껍게 벗겨서 채 썬다.
2 실고추는 3cm 길이로 짧게 끊어 놓는다.
3 번철을 달구어서 참기름을 두르고 호박을 넣어 볶아서 전체에 기름이 고루 돌면 양념 1의 재료를 모두 넣어 서서히 볶는다.

도라지나물

도라지나물은 생도라지 또는 말린 도라지를 불려서 양념하여 볶아 나물을 만든다. 쇠고기를 넣어 볶기도 한다.

| 재료 및 분량 (4인분) |

도라지 300g / 소금 2작은술 / 물 3큰술

양념 1 소금 1/2큰술 / 파(다져서) 1큰술 / 마늘(다져서) 1/2큰술 / 생강(다져서) 2/3작은술 / 참기름 1큰술

양념 2 참기름 · 깨소금 각 1/2큰술

| 만드는 법 |

1 통도라지를 씻어서 길이대로 먹기 쉽게 가늘게 갈라서 소금을 넣어 바락바락 주물러 쓴맛을 빼고 부드럽게 하여 물에 헹구어 물기를 짠다.

2 냄비를 덥혀서 도라지를 넣어 볶다가 양념 1을 넣어 고루 섞고, 물 3큰술을 넣어 뚜껑을 덮고 약한 불로 익힌다.

3 국물이 조금 남으면 잠시 더 익혀서 양념 2의 깨소금과 참기름을 넣어 고루 섞어 그릇에 담는다.

시금치나물

시금치를 끓는 물에 데쳐서 간장 양념으로 무친 파란색의 나물이다. 시금치는 뿌리 쪽이 붉은색이 나고 길이가 짧고 줄기가 통통한 것이 맛이 있다.

| 재료 및 분량 (4인분) |

시금치 300g / 소금 · 깨소금 약간

양념 1 간장 1큰술 / 파(다져서) 1큰술 / 마늘(다져서) 1/2큰술 / 설탕 1작은술 / 참기름 1/2큰술

| 만드는 법 |

1 시금치는 뿌리를 잘라 내고 시든 잎은 떼고 다듬어서 넉넉한 끓는 물에 소금을 약간 넣고 시금치를 넣어 뚜껑을 연 채로 파랗게 데쳐 바로 찬물에 헹구어 건져서 물기를 거둔다.

2 시금치의 뿌리 쪽을 모아 가지런히 하여 끝을 잘라내고 4cm 길이로 썬다.

3 시금치 썬 것에 양념 1을 넣어 고루 무쳐서 그릇에 담고 위에 깨소금을 조금 뿌린다.

구절판

구절판은 아홉 칸으로 나뉘어 있는 목기로 옻칠을 하거나 자개를 박은 화려한 그릇의 명칭이다. 가운데에 밀전병을 담고 가장자리 칸에는 쇠고기, 채소, 지단 등을 담아서 골고루 싸서 먹는 음식으로 색이 화려하고 맛이 산뜻하여 교자상이나 주안상의 전채음식으로 적합하다.

| 재료 및 분량 (4인분) |

쇠고기(우둔) 120g / 마른 표고버섯(중) 5장 / 오이(중) 2개(300g) / 당근(4cm 토막) 100g / 숙주 150g / 마른 석이버섯 10g / 달걀 3개 / 소금 · 참기름 · 후춧가루 · 식용유 각 적량 / 잣가루 2큰술

양념 1 간장 2큰술 / 파(다져서) 4작은술 / 마늘(다져서) 2작은술 / 설탕 1큰술 / 참기름 · 깨소금 각 2작은술 / 후춧가루 약간

밀전병 밀가루 1컵 / 소금 1/2작은술 / 물 1 1/4컵

양념 2 불린 겨자 1큰술(겨자가루 2큰술, 물 1큰술) / 식초 1큰술 / 설탕 1/2큰술 / 소금 1/2작은술 / 간장 1/2작은술

양념 3 간장 3큰술 / 식초 1 1/2큰술 / 물 1큰술 / 잣가루 1/2작은술

| 만드는 법 |

1 쇠고기살은 결을 따라서 길이로 가늘게 채 썰고, 마른 표고버섯은 물에 불려서 기둥을 떼어내고 얇게 저민 다음에 곱게 채 썰어 양념 1로 양념장을 만들어서 각각 나누어 고루 무친다.

2 오이는 4cm 길이로 토막을 내어 돌려가면서 얇게 벗겨서 가늘게 채 썬 다음 소금에 절여서 물기를 꼭 짠다.

3 당근은 4cm 길이로 가늘게 채 썰고, 숙주는 끓는 물에 데쳐서 찬물에 담갔다가 물기를 꼭 짠다.

4 마른 석이버섯은 더운물에 불려서 손으로 비벼서 안쪽의 이끼를 깨끗이 없애고 겹쳐서 말아 가늘게 채 썬다.

5 오이, 당근, 석이버섯, 숙주는 각각 소금, 참기름, 후춧가루로 양념하여 번철에 식용유를 두르고 볶아 펴서 식힌다.

6 달걀은 황백으로 나누어 소금을 약간 넣어 잘 풀어서 지단을 얇게 부쳐 4cm 길이로 가늘게 채 썬다.

7 밀가루에 소금을 섞어 물을 조금씩 넣어 묽게 풀어서 체에 거른다. 잘 길들여진 번철에 식용유를 조금 두르고 밀가루 푼 것을 큰술 하나씩 떠서 구절판의 가운데 칸에 알맞은 크기로 밀전병을 얇게 부친다. 밀전병을 뒤집어서 뒷면도 살짝 익힌 후 채반에 꺼내어 식혀서 잣가루를 사이에 조금씩 뿌리고 여러 장을 겹쳐 놓는다.

8 구절판 틀의 가운데 칸에 밀전병을 담고 둘레의 칸에 위에서 준비한 여덟 가지를 같은 색끼리 마주보도록 담은 후 따로 작은 그릇에 양념 2의 겨자장과 양념 3의 초간장을 낸다. 밀전병 위에 여러 재료를 놓고 초장이나 겨자장을 넣어 싸서 먹는다.

잡 채

쇠고기와 여러 가지 채소를 익혀서 삶은 당면을 한데 버무려서 만드는 음식으로 서민의 잔치에 빠지지 않는 음식이다.

| 재료 및 분량 (4인분) |

쇠고기(우둔) 120g / 마른 표고버섯(중) 3장 / 마른 목이버섯 5장 / 당근 100g / 오이(중) 1개(150g) / 소금 · 후춧가루 · 깨소금 각 적량 / 도라지 100g / 양파 100g / 달걀 1개 / 당면 30g / 잣 1작은술 / 식용유 적량

양념 1 간장 2큰술 / 파(다져서) 4작은술 / 마늘(다져서) 2작은술 / 설탕 1큰술 / 참기름 · 깨소금 각 2작은술

양념 2 파(다져서) 2작은술 / 마늘(다져서) 1작은술 / 참기름 · 깨소금 각 2작은술 / 후춧가루 약간

양념 3 간장 1큰술 / 설탕 1큰술 / 참기름 1큰술

| 만드는 법 |

1 쇠고기는 살로 결을 따라서 길이로 가늘게 채 썬다.
2 마른 표고버섯은 물에 불려서 기둥을 떼어낸 다음 가늘게 채 썰고, 마른 목이버섯은 불려서 한 잎씩 떼어 작게 썬다.
3 양념 1로 양념장을 만들어 쇠고기, 표고버섯, 목이버섯에 나누어 고루 무쳐서 번철에 식용유를 두르고 볶아서 식힌다.
4 오이, 당근은 4cm 정도의 납작한 채로 썰어서 소금에 절였다가 번철에 식용유를 두르고 볶는다. 도라지는 가늘게 갈라서 소금을 넣고 주물러서 씻어 양념 2로 무쳐서 볶고, 양파는 채 썰어 소금, 후춧가루로 간을 하여 볶는다.
5 달걀은 황백으로 나누어 풀어 지단을 부쳐서 채 썬다.
6 당면은 끓는 물에 부드럽게 삶아 두세 번 잘라 양념 3으로 무친다.
7 지단을 조금만 남기고 볶은 재료와 당면을 한데 모아 고루 섞어서 접시에 담고 지단채와 잣을 얹는다.

죽순채

4월 말에서 5월 초에 나오는 햇죽순을 삶아서 쇠고기와 채소를 한데 넣어 무친 산뜻한 맛의 채소음식이다.

| 재료 및 분량 (4인분) |

죽순(삶은 것) 300g / 쇠고기(우둔) 120g / 마른 표고버섯(중) 3장 / 미나리 50g / 숙주나물 100g / 다홍 고추 1개 / 식용유 적량 / 달걀 1개

양념 1 간장 2큰술 / 파(다져서) 4작은술 / 마늘(다져서) 2작은술 / 설탕 1큰술 / 참기름 · 깨소금 각 2작은술 / 후춧가루 약간

양념 2 간장 · 소금 · 설탕 각 2작은술 / 식초 1큰술 / 깨소금 2작은술

| 만드는 법 |

1 삶은 죽순을 껍질을 벗겨 반을 갈라서 빗살 모양으로 납작하게 썰어 볶는다.
2 쇠고기는 살로 채 썰고, 마른 표고버섯은 물에 불려서 기둥을 떼어내고 채 썰어 합하여 양념 1을 넣어 무쳐서 번철에 식용유를 두르고 볶아서 식힌다.
3 미나리는 잎을 떼어 다듬고 숙주는 머리와 꼬리를 다듬어서 끓는 물에 소금을 약간 넣어 데쳐내어 미나리는 4cm 길이로 자른다. 다홍 고추는 반갈라 씨를 빼고서 곱게 채 썰어 식용유에 살짝 볶는다.
4 달걀은 황백으로 나누어 풀어 지단을 부쳐서 채 썬다.
5 큰 그릇에 지단을 조금만 남기고 볶은 죽순과 볶은 쇠고기, 표고버섯, 미나리, 숙주, 다홍 고추를 한데 모아서 양념 2를 넣고 고루 섞어서 무친다.

* 날죽순은 뾰족한 쪽의 끝을 5cm 정도 어슷하게 자르고 길이로 칼집을 한 군데 넣어 냄비에 쌀뜨물과 마른 고추를 한데 넣고 1시간 정도 삶아서 그대로 식힌다.

겨자채

신선한 채소와 배, 편육 등을 겨자장으로 무친 생채로 육류 음식에 어울린다. 겨자의 매운맛은 여름철에 식욕을 돋구어 준다.

| 재료 및 분량 (4인분) |

오이(소) ½개(70g) / 당근 50g / 양배추 50g / 죽순(삶아서) 50g / 배 ¼개 / 잣 1작은술 / 밤 3개 / 달걀 1개 / 양지머리편육 50g / 전복 1개(200g)

양념 1 불린 겨자 1큰술(겨자가루 2큰술, 물 1큰술) / 식초 1큰술 / 설탕 1작은술 / 연유 3큰술 / 물 1½큰술

| 만드는 법 |

1. 오이, 당근, 양배추는 씻어서 폭 1cm, 길이 4~5cm로 썬다. 죽순도 같은 크기로 썰어 끓는 물에 살짝 데친다.
2. 양지머리는 삶아 눌러 편육으로 하여 채소와 같은 크기로 썬다. 전복은 소금으로 문질러 씻어서 끓는 물에 살짝 삶아서 얇게 저민다.
3. 배는 껍질을 벗겨 채소와 같은 크기로 썰고, 잣은 고깔을 따고, 밤은 속껍질까지 깨끗이 벗겨 납작하게 썬다.
4. 달걀은 황백으로 나누어 약간 도톰하게 지단을 부쳐서 채소와 같은 크기로 썬다.
5. 양념 1 중 먼저 겨자가루에 물을 넣어 되직하게 개어서 잠시 엎어두어 매운맛을 낸 후에 소금, 설탕, 식초을 넣어 겨자장을 만든다.
6. 준비한 재료들을 차게 두었다가 상에 내기 직전에 소금, 후춧가루를 약간 뿌리고 겨자장과 연유를 넣어 가볍게 고루 무친 후 그릇에 담고 잣을 얹는다.

탕평채

녹두녹말로 만든 청포묵을 볶은 쇠고기, 채소, 지단 등과 함께 버무린 묵무침이다. 여름철의 별미로 입 속의 감촉도 매끄럽고 새큼한 맛이 식욕을 돋구어 준다.

| 재료 및 분량 (4인분) |

청포묵 1모 / 쇠고기(우둔) 100g / 미나리 100g / 숙주 100g / 달걀 1개 / 식용유 적량 / 김 1장 / 실고추 약간

양념 1 간장 1큰술 / 파(다져서) 2작은술 / 마늘(다져서) 1작은술 / 설탕 ½큰술 / 참기름 · 깨소금 각 1작은술 / 후춧가루 약간

양념 2 간장 · 식초 각 1½큰술 / 설탕 1작은술

| 만드는 법 |

1. 청포묵은 냉장고에서 굳혀서 길이 4cm, 굵기 1cm 정도의 막대 모양으로 썰어 끓는 물에 데쳐서 건져 물기를 뺀다.
2. 쇠고기는 살로 가늘게 채 썰어 양념 1을 넣어 무쳐서 번철에 식용유를 두르고 볶아서 식힌다.
3. 미나리는 잎을 떼어 다듬고, 숙주는 머리와 꼬리를 다듬어서 끓는 물에 소금을 약간 넣어 데쳐내어 미나리는 4cm 길이로 자른다.
4. 달걀은 황백으로 나누어 풀어 지단을 부쳐서 채 썬다.
5. 김은 구워서 잘게 부순다.
6. 큰 그릇에 지단 고명을 약간 남기고 묵, 쇠고기, 미나리, 숙주, 김, 실고추를 한데 합하여 양념 2를 넣은 다음 고루 섞어 살짝 무쳐서 접시에 담고 위에 지단을 얹는다.
   또는 재료들을 접시에 색스럽게 돌려 담고 초간장을 따로 담아서 상에서 바로 무치도록 하여도 좋다.

도토리묵무침

도토리묵에 오이, 풋고추를 썰어서 양념장으로 무친 소박한 맛의 묵무침이다.

| 재료 및 분량 (4인분) |

도토리묵 300g(1모) / 오이 1개(150g) / 풋고추 1개 / 다홍 고추 1개

양념 1 간장 3큰술 / 고춧가루 1큰술 / 파(다져서) 1큰술 / 마늘(다져서) ½큰술 / 설탕 1작은술 / 참기름 1큰술

| 만드는 법 |

1 도토리묵은 0.7cm 정도의 두께로 도톰하게 썰어 접시에 가지런히 담는다.

2 오이는 길이로 반을 갈라서 얇게 썰고, 풋고추와 다홍 고추는 어슷썰어 씨를 뺀 다음 묵 위에 올린다.

3 양념 1을 합하여 양념장을 만든다. 상에 내기 바로 전에 묵 위에 골고루 끼얹는다. 간장 대신에 소금으로 간을 하기도 한다.

메밀묵무침

메밀은 겨울밤 출출할 때 즐겨 먹던 음식이다.

| 재료 및 분량 (4인분) |

메밀묵 300g(1모) / 배추김치 150g / 김 1장 / 실파 30g

양념 1 간장 2큰술 / 파(다져서) 1큰술 / 마늘(다져서) ½큰술 / 설탕 1큰술 / 참기름 1큰술 / 깨소금 1큰술

| 만드는 법 |

1 메밀묵은 폭 2cm, 두께 1cm 정도로 도톰하게 썰어 접시에 가지런히 담는다.

2 배추김치는 소를 털고 송송 썰고, 김은 구워서 비벼 놓는다. 실파는 송송 썬다.

3 양념 1을 합하여 양념장을 만든다. 상에 내기 바로 전에 묵 위에 김치, 양념장을 골고루 끼얹고 김가루와 송송 썬 실파를 뿌려서 낸다.

처녑전

소의 위인 처녑을 깨끗이 손질하여 전을 지진 것으로 씹히는 맛이 특이하다.

| 재료 및 분량 (4인분) |

소의 처녑 200g / 소금 1큰술 / 후춧가루 약간 / 달걀 2개 / 밀가루 · 식용유 각 적량

양념 1 간장 2큰술 / 식초 1큰술 / 물 1큰술 / 잣가루 ½작은술

| 만드는 법 |

1 처녑은 한 잎씩 떼어서 소금을 뿌려 잘 주물러서 깨끗이 씻어 채반에 건져 물기를 뺀다.
2 처녑이 질기지 않도록 칼로 자근자근 두드려서 후춧가루를 고루 뿌린다.
3 달걀은 깨뜨려서 그릇에 담아 고루 푼다.
4 2의 처녑을 밀가루를 얇게 묻힌 다음 푼 달걀에 담갔다가 건져서 번철에 식용유를 두르고 양면을 노릇하게 지진다.
5 양념 1을 합하여 초간장을 만들어 곁들여 낸다.

간 전

소의 간을 얇게 저며서 메밀가루를 입혀서 지진 것으로 조선조 궁중에서 하던 법이다. 민가에서는 덩어리째 삶거나 날로 얇게 저며서 밀가루, 달걀의 순으로 보통 다른 전처럼 지지기도 한다.

| 재료 및 분량 (4인분) |

소의 간 200g / 소금 1큰술 / 후춧가루 약간 / 메밀가루 3큰술 / 깨소금 1큰술 / 식용유 적량

양념 1 간장 2큰술 / 식초 1큰술 / 물 1큰술 / 잣가루 1/2작은술

| 만드는 법 |

1 소의 간은 얇은 막을 벗기고, 힘줄이나 기름을 발라내고 한 입에 먹기 알맞은 0.6cm 정도의 두께로 포를 뜬다. 소금을 고루 뿌려 주물러서 물에 헹구어 핏물을 빼고 망체에 건져 물기를 거둔다.

2 1의 간에 후춧가루를 고루 뿌리고, 메밀가루와 깨소금을 섞어서 고루 묻힌다.

3 뜨겁게 달군 번철에 식용유를 넉넉히 두르고 양면이 완전히 익도록 지진다.

4 양념 1을 합하여 초간장을 만들어 곁들여 낸다.

부아전

소의 허파인 부아를 삶아 얇게 저며서 전을 부친다.

| 재료 및 분량 (4인분) |

부아(소의 허파) 150g / 소금 1큰술 / 후춧가루 약간 / 달걀 2개 / 밀가루 · 식용유 각 적량

양념 1 간장 2큰술 / 식초 1큰술 / 물 1큰술 / 잣가루 1/2작은술

| 만드는 법 |

1 부아는 덩어리째 씻어서 넉넉한 끓는 물에 넣어 속까지 완전히 익도록 도중에 대꼬치로 가끔 찔러 주면서 삶는다.

2 1의 부아를 한입에 먹기 알맞은 0.6cm 정도의 두께로 포를 떠서 질기지 않도록 칼로 자근자근 두드리고 소금과 후춧가루를 고루 뿌린다.

3 달걀은 깨뜨려서 그릇에 담아 잘 푼다.

4 2의 부아를 밀가루를 엷게 묻힌 후 풀어놓은 달걀에 담갔다가 건져서 번철에 식용유를 두르고 양면을 노릇하게 지진다.

5 양념 1을 합하여 초간장을 만들어 곁들여 낸다.

양동구리

소의 위인 양을 잘 손질하여 곱게 다져서 녹말과 달걀을 섞어서 지진 전이다.

| 재료 및 분량 (4인분) |

소의 양 400g / 소금 1큰술 / 녹말가루 3큰술 / 달걀 1개 / 식용유 적량

양념 1 소금 ½큰술 / 파(다져서) 2큰술 / 마늘(다져서) 1큰술 / 참기름 ½큰술 / 후춧가루 약간

양념 2 간장 2큰술 / 식초 1큰술 / 물 1큰술 / 잣가루 ½작은술

| 만드는 법 |

1 양은 두꺼운 부위로 골라서 소금으로 문질러서 씻어 안쪽에 붙어 있는 기름 덩어리와 막을 벗긴다.

2 끓는 물에 양을 잠깐 넣었다가 건져서 검은 막을 긁어내고 곱게 다진다.

3 양념 1을 모두 2에 넣어 고루 섞는다.

4 양념된 양에 녹말가루와 달걀을 풀어 넣어 고루 섞는다. 달군 번철에 식용유를 두르고 한 숟가락씩 떠서 동그랗게 지진다.

5 양념 2를 합하여 초간장을 만들어 곁들여 낸다.

완자전

쇠고기 또는 돼지고기를 곱게 다져서 두부와 섞어 둥글게 완자를 빚어서 지진 전으로 일명 옛날 돈처럼 생겼다고 해서 돈전이라고도 한다.

| 재료 및 분량 (4인분) |

쇠고기(우둔) 200g / 두부 100g / 달걀 2개 / 밀가루 · 식용유 각 적량

양념 1 소금 2작은술 / 파(다져서) 4작은술 / 마늘(다져서) 2작은술 / 설탕 ½큰술 / 참기름 2작은술 / 깨소금 2작은술 / 후춧가루 약간

양념 2 간장 2큰술 / 식초 1큰술 / 물 1큰술 / 잣가루 ½작은술

| 만드는 법 |

1 쇠고기는 살로 곱게 다지고, 두부는 깨끗한 행주로 싸서 도마 등 무거운 것으로 눌러서 물기를 빼서 곱게 으깬다.

2 다진 쇠고기와 으깬 두부를 합하여 양념 1로 양념하여, 지름 3~5cm, 두께 1cm 정도의 크기로 동글납작하게 빚는다.

3 달걀을 깨뜨려서 그릇에 담아 잘 푼다.

4 고기완자에 밀가루를 얇게 묻히고, 풀어 놓은 달걀에 담갔다가 뜨겁게 달군 번철에 식용유를 두르고 양면을 노릇하게 지진다.

5 양념 2를 합하여 초간장을 만들어 곁들여 낸다.

민어전

민어는 여름철에 맛이 좋은 고급 생선이다. 흰살생선 중에 광어, 대구, 동태, 가자미 등도 전유어에 많이 쓰인다.

| 재료 및 분량 (4인분) |

민어살 300g(또는 다른 흰살생선) / 달걀 2개 / 소금 약간 / 흰 후춧가루 약간 / 밀가루 · 식용유 각 적량

양념 1 간장 2큰술 / 식초 1큰술 / 물 1큰술 / 잣가루 1/2작은술

| 만드는 법 |

1 신선한 흰살생선을 골라 비늘을 긁고 깨끗이 씻어 물기를 거둔 다음 머리를 떼고 3장 포뜨기로 살만 떠내고 머리와 뼈, 내장 등은 찌개거리로 쓴다.
2 1의 생선살을 한입에 먹기 알맞은 크기로 포를 뜬다.
3 달걀은 깨뜨려서 잘 푼다.
4 2의 생선살에 소금과 흰 후춧가루를 뿌리고, 밀가루를 얇게 묻혀서, 풀어 놓은 달걀에 담갔다가 뜨겁게 달군 번철에 식용유를 두르고 양면을 노릇하게 지진다.
5 양념 1을 합하여 초간장을 만들어 곁들여 낸다.

새우전

새우의 껍질을 벗겨서 전을 지진다. 색이 곱고 모양도 유별하여 다른 전유어와 함께 어울려 담으면 아름답다.

| 재료 및 분량 (4인분) |

새우(중) 12마리(320g) / 달걀 2개 / 소금 적량 / 흰 후춧가루 약간 / 밀가루 · 식용유 각 적량

양념 1 간장 2큰술 / 식초 1큰술 / 물 1큰술 / 잣가루 1/2작은술

| 만드는 법 |

1 새우는 껍질째로 깨끗이 씻어 머리를 떼어내고 꼬리 쪽의 마지막 한 마디와 꼬리를 껍질을 남기고 나머지는 벗긴다.
2 새우는 등 쪽의 내장을 대꼬치로 발라내고, 배 쪽에 칼집을 서너 번 넣어 익으면 구부러지는 것을 막는다. 또는 새우의 배 쪽이나 등 쪽에 길이로 칼집을 얕게 넣어 한 장으로 펴서 하기도 한다.
3 달걀은 깨뜨려서 잘 푼다.
4 1의 새우에 소금과 흰 후춧가루를 뿌리고, 밀가루를 꼬리 쪽은 묻지 않도록 얇게 묻힌다.
5 새우의 꼬리를 잡고 풀어 놓은 달걀에 담갔다가 뜨겁게 달군 번철에 식용유를 두르고 지진다.
6 양념 1을 합하여 초간장을 만들어 곁들여 낸다.

패주전

패주는 키조개의 조개 기둥으로 맛이 매우 훌륭하다. 패주는 가장자리의 막을 떼어내고 결의 반대로 저며서 지진다.

| 재료 및 분량 (4인분) |

패주(대) 4개 / 소금 적량 / 흰 후춧가루 약간 / 달걀 2개 / 밀가루 · 식용유 각 적량

양념 1 간장 2큰술 / 식초 1큰술 / 물 1큰술 / 잣가루 ½작은술

| 만드는 법 |

1 패주에 붙어 있는 얇은 막과 내장을 떼어내고 소금물에 깨끗이 씻어서 결에 직각이 되도록 0.7cm 정도의 두께로 저며서 잔 칼집을 넣는다.
2 채반에 포로 뜬 패주를 늘어놓고 소금과 흰 후춧가루를 약간씩 뿌린다.
3 달걀은 깨뜨려서 잘 푼다.
4 패주에 밀가루를 고루 묻혀서 풀어 놓은 달걀에 담갔다 건져서 달군 번철에 식용유를 두르고 양면을 노릇하게 지진다.
5 양념 1을 합하여 초간장을 만들어 곁들여 낸다.

굴 전

커다란 굴은 하나씩 전을 지지고, 작은 것은 여러 개를 한데 합하여 지진다.

| 재료 및 분량 (4인분) |

굴(대) 20개 / 소금 적량 / 흰 후춧가루 약간 / 달걀 2개 / 밀가루 · 식용유 각 적량

양념 1 간장 2큰술 / 식초 1큰술 / 물 1큰술 / 잣가루 ½작은술

| 만드는 법 |

1 굴은 싱싱한 것으로 골라서 껍질을 골라내고 소금물에 깨끗이 씻어서 건져놓는다.
2 채반에 굴을 늘어놓고 흰 후춧가루를 약간씩 뿌린다.
3 달걀은 깨뜨려서 잘 푼다.
4 굴에 밀가루를 고루 묻혀서 풀어 놓은 달걀에 담갔다 건져서 달군 번철에 식용유를 두르고 양면을 노릇하게 지진다. 굴이 작은 경우에는 굴, 밀가루, 달걀 푼 것을 합하여 한 숟가락씩 떠서 동그랗게 지져내도 좋다.
5 양념 1을 합하여 초간장을 만들어 곁들여 낸다.

해삼전

마른 해삼을 부드럽게 불려서 고기와 두부를 합하여 만든 소를 채워서 지진다.

| 재료 및 분량 (4인분) |

마른 해삼(소) 12개 / 쇠고기(우둔) 200g / 두부 100g / 달걀 2개 / 밀가루 · 식용유 각 적량

양념 1 간장 1큰술 / 파(다져서) 2작은술 / 마늘(다져서) 1작은술 / 설탕 $1/2$큰술 / 참기름 1작은술 / 깨소금 1작은술 / 후춧가루 약간

양념 2 간장 2큰술 / 식초 1큰술 / 물 1큰술 / 잣가루 $1/2$작은술

| 만드는 법 |

1 마른 해삼은 작은 것으로 골라 간이 배지 않은 냄비에 담고 넉넉히 물을 부어 약한 불에 올려놓는다. 끓어오르면 불을 끄고 그대로 완전히 식힌 후에 다시 불에 올려 끓였다가 식힌다. 5~6회 반복하면서 원래 크기의 10배 이상 부드럽게 불린다.

2 불린 해삼은 배를 갈라 내장을 꺼내고 깨끗이 씻어 3cm 정도의 길이로 썬다.

3 쇠고기는 살로 곱게 다지고, 두부를 깨끗한 행주로 싸서 도마 등 무거운 것으로 눌러 물기를 뺀 다음 곱게 으깬다.

4 다진 쇠고기와 으깬 두부를 합하여 양념 1로 양념하여, 해삼의 안쪽에 밀가루를 고루 묻힌 다음에 소를 꼭꼭 눌러 펴서 채운다.

5 4의 해삼의 소를 채운 쪽에 밀가루를 얇게 묻히고, 풀어놓은 달걀에 담갔다가 건져서 뜨겁게 달군 번철에 식용유를 두르고 노릇하게 지진다.

6 양념 2를 합하여 초간장을 만들어 곁들여 낸다.

풋고추전

연한 작은 풋고추의 씨를 빼고 양념한 고기를 소로 채워서 만든 전이다. 작은 양파를 둥글게 썰어 가운데 부분 2cm 정도를 빼내고 양념한 고기를 채워서 지져도 맛이 훌륭하다.

| 재료 및 분량 (4인분) |

풋고추(소) 12개(100g) / 쇠고기(우둔) 100g / 두부 50g / 달걀 2개 / 밀가루 · 식용유 각 적량

양념 1 간장 1큰술 / 파(다져서) 2작은술 / 마늘(다져서) 1작은술 / 설탕 $1/2$큰술 / 참기름 1작은술 / 깨소금 1작은술 / 후춧가루 약간

양념 2 간장 2큰술 / 식초 1큰술 / 물 1큰술 / 잣가루 $1/2$작은술

| 만드는 법 |

1 풋고추는 작은 것으로 골라 꼭지를 떼고 길이를 반을 갈라서 씨를 뺀다.

2 쇠고기는 살로 곱게 다지고, 두부를 깨끗한 행주로 싸서 도마 등 무거운 것으로 눌러서 물기를 빼고 곱게 으깬다.

3 다진 쇠고기와 으깬 두부를 합하여 양념 1로 양념하여, 풋고추의 안쪽에 밀가루를 고루 묻힌 다음에 소를 꼭꼭 눌러서 펴서 채운다.

4 달걀을 깨뜨려 잘 푼다.

5 3의 풋고추의 소를 채운 쪽에 밀가루를 얇게 묻히고, 풀어놓은 달걀에 담갔다가 건져서 뜨겁게 달군 번철에 식용유를 두르고 노릇하게 지진다.

6 양념 2를 합하여 초간장을 만들어 곁들여 낸다.

애호박전

여름철에 나는 애호박을 둥글게 썰어 전을 부친 것인데, 때로는 씨의 부분을 둥글게 도려내어 양념한 고기를 소로 채워서 만들기도 한다.

| 재료 및 분량 (4인분) |

애호박(중) 1개(300g) / 소금 · 흰 후춧가루 각 적량 / 달걀 2개 / 밀가루 · 식용유 각 적량

양념 1 간장 2큰술 / 식초 1큰술 / 물 1큰술 / 잣가루 ½작은술

| 만드는 법 |

1 애호박을 0.5cm 정도의 두께로 둥글게 썰어 소금과 흰 후춧가루를 약간 뿌린다.
2 달걀은 깨뜨려서 잘 푼다.
3 썬 호박을 밀가루를 얇게 묻힌 다음에 풀어 놓은 달걀에 담갔다가 건져서 뜨겁게 달구어진 번철에 식용유를 두르고 양면을 노릇노릇하게 지진다.
4 양념 1을 합하여 초간장을 만들어 곁들여 낸다.

표고버섯전

말린 표고버섯을 불려서 갓의 안쪽에 양념한 고기를 소로 채워서 전을 부친 것이다. 표고버섯은 되도록 작고 도톰하고 갓이 피지 않은 것이 적당하며 날것보다 말린 것이 맛이 있다.

| 재료 및 분량 (4인분) |

마른 표고버섯(소) 12개(60g) / 쇠고기(우둔) 100g / 두부 50g / 달걀 2개 / 밀가루 · 식용유 각 적량

양념 1 간장 1큰술 / 파(다져서) 2작은술 / 마늘(다져서) 1작은술 / 설탕 ½큰술 / 참기름 1작은술 / 깨소금 1작은술 / 후춧가루 약간

양념 2 간장 2큰술 / 식초 1큰술 / 물 1큰술 / 잣가루 ½작은술

| 만드는 법 |

1 마른 표고버섯은 되도록 작고 갓이 피지 않은 것으로 골라 미지근한 물에 담가 불려서 기둥을 뗀다.
2 쇠고기는 살로 곱게 다지고, 두부를 깨끗한 행주로 싸서 도마 등 무거운 것으로 눌러 물기를 뺀 다음 곱게 으깬다.
3 다진 쇠고기와 으깬 두부를 합하여 양념 1로 양념하여, 표고버섯의 안쪽에 밀가루를 고루 묻힌 다음에 소를 꼭꼭 눌러서 채운다.
4 달걀을 깨뜨려서 잘 푼다.
5 3의 표고버섯의 소를 넣은 쪽에 밀가루를 얇게 묻히고, 풀어 놓은 달걀에 담갔다가 건져서 뜨겁게 달군 번철에 양면을 지진다.
6 양념 2를 합하여 초간장을 만들어 곁들여 낸다.

연근전

연근을 얇게 썰어 데쳐내어 밀가루집을 씌워서 만든 전으로 씹히는 감촉이 별미이다.

| 재료 및 분량 (4인분) |

연근(소) 1개(200g) / 소금 1작은술 /
밀가루 · 식용유 각 적량

밀가루집 밀가루 $\frac{3}{4}$컵 / 물 $\frac{1}{2}$컵 / 간장 2작은술 / 참기름 2작은술
양념 1 간장 2큰술 / 식초 1큰술 / 물 1큰술 / 잣가루 $\frac{1}{2}$작은술

| 만드는 법 |

1 연근은 가는 것으로 골라서 깨끗이 씻어 껍질을 벗긴 다음 0.7cm 정도 두께의 둥근 모양으로 썰어 식초를 조금 넣은 물에 담가둔다.
2 냄비에 물 3컵 정도를 끓여서 소금과 썰어 놓은 연근을 넣어 삶아 건진다.
3 밀가루에 간장과 참기름을 섞어 밀가루집을 만든다.
4 데쳐낸 연근에 밀가루를 고루 묻힌 후 3의 밀가루집에 담갔다가 뜨겁게 달군 번철에 식용유를 두르고 양면을 노릇하게 지진다.
5 양념 1을 합하여 초간장을 만들어 곁들여 낸다.

깻잎전

여름철에 흔한 깻잎에 고기와 채소를 소로 넣어 만든 전으로 비교적 새로운 음식이다.

| 재료 및 분량 (4인분) |

깻잎 12장(24g) / 쇠고기(우둔) 100g / 양파 100g /
밀가루 2큰술 / 달걀 2개 / 밀가루 · 식용유 각 적량

양념 1 간장 1큰술 / 파(다져서) 2작은술 / 마늘(다져서) 1작은술 / 설탕 $\frac{1}{2}$큰술 / 참기름 1작은술 / 깨소금 1작은술 / 후춧가루 약간
양념 2 간장 2큰술 / 식초 1큰술 / 물 1큰술 / 잣가루 $\frac{1}{2}$작은술

| 만드는 법 |

1 깻잎은 작은 것으로 골라 씻어 꼭지를 떼고 물기를 닦는다.
2 쇠고기는 살로 곱게 다지고 양파도 곱게 다져서 합하여 양념 1로 고루 양념을 한다.
3 번철에 양념한 고기와 양파를 볶아서 익어 물기가 생기면 밀가루를 2큰술 정도 고루 뿌려서 섞어 넓은 그릇에 펴 식힌다.
4 깻잎의 한 면에 밀가루를 고루 묻힌 다음에 소를 한 큰술씩 떠서 한쪽에 소를 놓고 남은 쪽은 접어서 반달 모양으로 접는다.
5 달걀을 깨뜨려 잘 푼다.
6 소를 채운 깻잎에 밀가루를 고루 묻히고, 풀어 놓은 달걀에 담갔다가 건져서 뜨겁게 달군 번철에 식용유를 두르고 노릇하게 지진다.
7 양념 2를 합하여 초간장을 만들어 곁들여 낸다.

녹두빈대떡

녹두를 불려서 갈아 부친 빈대떡으로 우리나라 사람 누구나가 즐겨하는 부침이다.

| 재료 및 분량 (4인분) |

녹두(타갠 것) 450g / 멥쌀 2큰술 / 돼지고기 150g / 배추김치 150g / 숙주 150g / 고사리 150g / 대파 ½뿌리 / 실고추 약간 / 소금 · 후춧가루 · 식용유 각 적량

양념 1 간장 1큰술 / 파(다져서) 1큰술 / 마늘(다져서) ½큰술 / 참기름 · 깨소금 각 ½큰술 / 후춧가루 약간

양념 2 간장 4큰술 / 고춧가루 1작은술 / 식초 2큰술 / 물 1큰술 / 참기름 1작은술 / 깨소금 1작은술

| 만드는 법 |

1 녹두 타갠 것을 물에 충분히 불려서 잘 비벼서 껍질을 깨끗하게 거피하여 건져놓고, 쌀은 씻어서 물에 불린다.

2 거피한 녹두와 쌀을 건져서 맷돌이나 블렌더에 물 2컵 정도를 두 번에 나누어 넣어 곱게 간다.

3 돼지고기는 작게 썰어 양념 1로 무치고, 배추김치는 잘게 썰어 물기를 짠다.

4 숙주는 끓는 물에 살짝 데치고, 삶은 고사리는 억센 줄기를 다듬어서 짧게 썬다. 대파는 어슷하게 채 썰고, 실고추는 짧게 끊어 놓는다.

5 녹두 간 것에 돼지고기, 배추김치, 숙주, 고사리 등을 넣어 고루 섞어서 소금, 후춧가루로 간을 맞춘다.

6 번철을 충분히 달구어서 식용유를 넉넉히 두르고 5를 한 국자씩 떠놓고 위에 파, 실고추를 얹어 양면을 노릇하게 지진다.

7 양념 2를 합하여 초간장을 만들어 따로 그릇에 담아 낸다.

파 전

실파와 해산물, 쇠고기 등의 재료를 밀가루집에 섞어서 푸짐하게 지진 일종의 밀적이다. 밀가루만 쓰기도 하나 쌀가루와 섞어 쓰면 더 부드럽다.

| 재료 및 분량 (4인분) |

실파 100g / 부추 50g / 다홍 고추 1개 / 쇠고기 100g / 조갯살 200g / 굴 200g / 식용유 적량

반 죽 밀가루 1컵 / 쌀가루 ½컵 / 물 2컵 / 달걀 1개 / 소금 1큰술

양념 1 간장 1큰술 / 파(다져서) 2작은술 / 마늘(다져서) 1작은술 / 설탕 ½큰술 / 참기름 1작은술 / 깨소금 1작은술 / 후춧가루 약간

양념 2 간장 4큰술 / 고춧가루 1작은술 / 식초 2큰술 / 물 1큰술 / 참기름 1작은술 / 깨소금 1작은술

| 만드는 법 |

1 달걀을 잘 풀어 물을 합하여, 밀가루와 쌀가루를 넣고 저어서 걸쭉한 분량의 재료로 반죽을 만든다.

2 실파와 부추는 다듬어 씻어 5cm 정도로 썰고, 다홍 고추는 갈라서 씨를 빼고 채 썬다. 쇠고기는 채 썰어 양념 1로 양념한다.

3 조갯살과 굴은 소금물에 흔들어 씻어 건져 물기를 뺀다.

4 고기와 채소, 조개, 굴, 다홍 고추를 웃기로 얹을 만큼씩만 남기고 1의 반죽에 전부 넣어서 가볍게 섞는다.

5 번철을 충분히 달구어 식용유를 두르고, 4를 한 국자씩 떠서 둥글게 펴놓고, 위에 남겨놓은 재료들을 고루 얹어 양면을 노릇하게 지진다.

6 양념 2를 합하여 초간장을 만들어 따로 그릇에 담아 낸다.

너비아니

쇠고기의 연하고 맛이 있는 부위인 등심 또는 안심을 얇게 저며서 간장으로 간을 하여 굽는 음식으로 요즈음은 불고기라 흔히 말한다. 숯불에 석쇠를 얹어서 직화로 굽는 방법이 번철에 굽는 것보다 훨씬 맛이 있다.

방자구이는 쇠고기를 미리 양념장에 재웠다가 굽는 것이 아니라 얇게 썰어 놓은 고기를 즉석에서 석쇠나 철판에다 구우면서 소금과 후춧가루를 뿌려서 간을 한다. 시중에서는 대개 등심구이 또는 소금구이라 하여 파와 상추생채를 곁들여서 싸서 먹는다.

| 만드는 법 |

1. 쇠고기는 등심이나 안심의 연한 부위를 0.5cm 정도의 두께로 썰어 잔 칼집을 넣어 연하게 한다.
2. 배는 갈아서 분량의 양념 1과 합하여 양념 간장을 만든다. 배가 없을 때에는 육수를 대신 넣어도 된다.
3. 고기를 굽기 30분 전쯤에 2의 양념 간장으로 고루 주물러 간이 고루 배게 하여 둔다.
4. 뜨겁게 달군 석쇠에 얹어서 양면을 고루 익혀 더울 때 바로 먹도록 한다.

| 재료 및 분량 (4인분) |

쇠고기(등심 · 안심) 500g

양념 1 간장 4큰술 / 배즙(육수) 4큰술 / 파(다져서) 3큰술 / 마늘(다져서) $1\frac{1}{2}$큰술 / 설탕 2큰술 / 참기름 $1\frac{1}{2}$큰술 / 깨소금 $1\frac{1}{2}$큰술 / 후춧가루 약간

쇠갈비구이

쇠갈비의 살을 얇게 떠서 양념 간장에 재웠다가 구운 음식으로 우리나라 사람들이 가장 좋아하는 고기음식이다. 숯불에 석쇠를 얹어서 직화로 굽는 편이 더 맛이 있다.

| 재료 및 분량 (4인분) |

쇠갈비 1,000g

양념 1 간장 5큰술 / 배즙(육수) 5큰술 / 파(다져서) 3큰술 / 마늘(다져서) $1\frac{1}{2}$큰술 / 설탕 2큰술 / 참기름 $1\frac{1}{2}$큰술 / 깨소금 $1\frac{1}{2}$큰술 / 후춧가루 약간

| 만드는 법 |

1 쇠갈비는 되도록 연한 암소 갈비로 6cm 길이로 토막을 내어 흰색의 기름 덩어리와 질긴 껍질을 떼어내고, 살을 0.5cm 정도의 두께로 얇게 저며서 잔 칼집을 고루 넣는다.

2 배는 갈아서 분량의 양념 1과 합하여 양념 간장을 만든다. 배가 없을 때에는 육수를 대신 넣어도 된다.

3 고기는 먹기 30분 전쯤에 2의 양념 간장으로 고루 주물러 간이 고루 배게 한다.

4 뜨겁게 달군 석쇠에 얹어서 양면을 고루 익혀 더울 때 바로 먹도록 한다.

제육구이

돼지고기를 얇게 저며서 고추장으로 양념하여 매운맛을 낸 구이다.

| 재료 및 분량 (4인분) |

돼지고기 400g / 양파 $\frac{1}{2}$개

양념 1 간장 2큰술 / 고추장 2큰술 / 파(다져서) 2큰술 / 마늘(다져서) $\frac{1}{2}$큰술 / 생강즙 $\frac{1}{2}$큰술 / 설탕 2큰술 / 술 1큰술 / 후춧가루 약간

| 만드는 법 |

1 돼지고기는 등심이나 삼겹살을 0.5cm 두께로 얇게 썰어서 잔 칼집을 넣어 연하게 한다.

2 양파는 길이대로 가늘게 채 썬다.

3 양념 1을 고루 합하여 양념 고추장을 만든다.

4 돼지고기를 한 장씩 펴서 분량의 양념 고추장에 재워서 주물러 간이 고루 배도록 한다.

5 뜨겁게 달군 석쇠나 번철에 고기 조각을 잘 펴 얹어서 양면을 고루 익힌 후 더울 때 대접한다.

고등어구이

흰살생선뿐만 아니라 등푸른생선은 기름기가 많아 직화에 구우면 더욱 맛이 좋다.

| 재료 및 분량 (4인분) |

고등어 1마리(400g) / 소금 1큰술

| 만드는 법 |

1 고등어는 싱싱한 것으로 골라 내장을 빼서 깨끗이 씻는다. 머리를 떼어내어 뼈를 중심으로 넓게 펴고 껍질 쪽에 칼집을 서너 번 넣고 소금을 뿌린다.

2 달라붙지 않게 석쇠에 기름을 바르고서 중불에서 서서히 굽는다.

3 더울 때 그릇에 담아낸다.

병어고추장구이

마름모꼴로 생긴 흰살생선인 병어를 고추장 양념을 발라서 구이를 한 찬이다.

| 재료 및 분량 (4인분) |

병어 2마리(600g)

양념 1 간장 1큰술 / 참기름 1큰술

양념 2 고추장 3큰술 / 파(다져서) 2큰술 / 마늘(다져서) 1큰술 / 생강(다져서) 1/2큰술 / 참기름 1큰술 / 깨소금 1큰술

| 만드는 법 |

1 병어는 비늘을 긁어 씻어서 머리가 왼편으로 가도록 도마에 얹어 배에 칼집을 넣어 내장을 뺀다. 통째로 구이를 하므로 지느러미와 머리는 그대로 두고, 양면에 1cm 간격으로 칼집을 넣어 양념 1의 기름장에 재운다.

2 양념 2를 고루 합하여 양념 고추장을 만든다.

3 양념한 병어를 접시에 담을 때 위로 오는 쪽을 먼저 달구어진 석쇠에 앉혀서 굽는다.

4 병어가 반쯤 익었으면 불을 줄여서 타지 않도록 조심하면서 2의 양념 고추장을 발라 속까지 잘 익도록 굽는다.

조기양념장구이

조기를 양념 간장에 재워서 구이를 한 찬으로 조기 이외에 도 싱싱한 생선이면 어느 것이나 좋다. 크기가 큰 생선은 토막을 내고 전어, 전갱이, 청어 등은 온마리째 굽도록 한다.

| 재료 및 분량 (4인분) |

조기(소) 4마리 / 소금 1큰술

양념 1 간장 4큰술 / 파(다져서) 1큰술 / 마늘(다져서) 1/2큰술 / 생강즙 1/2큰술 / 술 1큰술 / 참기름 1큰술 / 깨소금 1큰술 / 후춧가루 약간

| 만드는 법 |

1 조기는 싱싱한 것으로 골라서 비늘을 긁고 입을 열어서 내장을 빼낸 다음 깨끗이 씻어서 2cm 간격으로 칼집을 넣어 소금을 고루 뿌려서 절인다.

2 양념 1을 고루 합하여 양념장을 만든다.

3 절인 조기를 물기를 거두고 양념장을 고루 발라서 20분 정도 재워둔다.

4 석쇠를 잘 달구어 조기를 얹어서 남은 양념장을 가끔 바르면서 앞뒤를 고루 굽는다.

5 더울 때에 그릇에 담아낸다.

대합구이

조개 중에서도 맛과 모양이 훌륭한 대합을 살을 다져서 껍질에 채워서 구운 음식이다. 작은 대합인 경우는 같은 방법으로 하여 번철에 지져서 익혀도 된다.

| 재료 및 분량 (4인분) |

대합(중) 6개(300g) / 조갯살 100g / 쇠고기(우둔) 100g / 두부 50g / 밀가루 3큰술 / 달걀 2개

양념 1 소금 2작은술 / 파(다져서) 4작은술 / 마늘(다져서) 2작은술 / 설탕 1작은술 / 참기름 1작은술 / 깨소금 1작은술 / 후춧가루 약간

| 만드는 법 |

1 냄비에 물을 조금 담고 씻은 대합을 넣어서 불에 올려 입이 벌어지면 바로 불을 끄고 조갯살을 발라낸 다음 껍질은 깨끗이 씻어 놓는다.

2 따로 준비한 조갯살은 뜨겁게 덥힌 냄비에 넣어 잠깐 익혀서 물기를 뺀 다음 1의 대합 조갯살과 합하여 곱게 다진다.

3 쇠고기는 살코기로 곱게 다지고, 두부는 눌러서 물기를 빼 곱게 으깨어 2의 조갯살과 합하여 양념 1로 양념한다.

4 대합 껍질의 안쪽에 기름을 얇게 바른 후 밀가루를 살짝 입히고서 여분의 가루를 털어내고 3의 소를 채워서 윗면을 고르게 한다.

5 소 채운 면에만 밀가루를 얇게 묻힌 후 풀어놓은 달걀에 담갔다가 전유어처럼 번철에 지진 후 석쇠에 껍질 쪽을 얹어 놓고서 불기가 닿도록 굽는다.

6 속까지 익었으면 껍질을 깨끗이 하여 접시에 담고 채 썬 달걀황백지단을 올린다. 기호에 따라 초간장을 따로 곁들인다.

오징어구이

싱싱한 물오징어를 고추장 양념에 재워두었다가 굽는 찬이다. 마른 오징어를 흠씬 불려서 양념하여 살짝 구워도 맛이 별미이다.

| 만드는 법 |

1 오징어는 싱싱한 것으로 몸통을 가르지 말고 씻어 안쪽에 손을 넣어 내장이 몸통에 연결되어 있는 부분을 떼고 다리를 잡아당기면 붙어 있는 몸통도 한데 빠져 나온다. 다리에 달린 내장을 떼어내고 다리와 몸통을 껍질을 벗겨서 사선으로 칼집을 0.5cm 간격으로 넣어 한 마리를 두세 토막으로 나눈다.

2 양념 1을 고루 합하여 양념 고추장을 만든다.

3 손질한 오징어에 양념 고추장을 발라서 켜켜로 재워서 20분 정도 두어 간이 배도록 한다.

4 석쇠나 철판을 달구거나 양념한 오징어를 얹어서 앞뒤로 고루 굽는다. 더울 때 한입에 먹기에 알맞게 썰어 그릇에 담는다.

| 재료 및 분량 (4인분) |

오징어(중) 2마리(500g)

양념 1 간장 1큰술 / 고추장 3큰술 / 파(다져서) 3큰술 / 마늘(다져서) 1½큰술 / 생강(다져서) 2작은술 / 설탕 2큰술 / 참기름 1½큰술 / 깨소금 1½큰술 / 후춧가루 약간

북어구이

북어를 부드럽게 불려서 간장 양념장에 재워두었다가 굽는 찬이다. 양념장에 고춧가루를 약간 넣어 매운맛을 내는 편이 좋다. 다진 쇠고기를 양념하여 북어를 갈라서 안쪽에 얇게 붙여서 굽기도 한다. 북어포는 오래 불리면 풀어지므로 반 시간 정도 불리도록 한다.

| 재료 및 분량 (4인분) |

북어(중) 2마리(300g) / 실고추 약간

양념 1 간장 4큰술 / 고춧가루 1작은술 / 파(다져서) 2큰술 / 마늘(다져서) 1큰술 / 생강(다져서) $1/2$큰술 / 설탕 2큰술 / 물 2큰술 / 참기름 1큰술 / 깨소금 1큰술

| 만드는 법 |

1 북어는 황태로 골라서 살이 부서지지 않게 방망이로 자근자근 두들기고, 북어포이면 그대로 물에 담가 부드럽게 불린다. 북어가 부드러워지면 갈라서 뼈와 가시를 발라내고 지느러미를 떼어내어 물기를 꼭 눌러서 짜고 폭 5cm 정도로 토막을 낸다.

2 파, 마늘, 생강은 곱게 다져서 양념 1을 고루 합하여 양념 간장을 만든다.

3 손질한 북어 토막을 양념 간장으로 켜켜로 재워서 20분 정도 두어 간이 배도록 한다.

4 석쇠나 철판을 달구어서 양념한 북어를 얹어서 앞뒤로 고루 구워 더울 때 그릇에 담아 낸다.

뱅어포구이

마른 뱅어포를 고추장 양념을 발라서 굽는 찬이다. 뱅어포는 얇고 고추장 양념이어서 타기 쉬우니 구울 때 불의 세기를 줄여서 서서히 굽는다. 또는 고추장 양념을 발라서 채반에 널어 꾸덕꾸덕할 정도로 말리면 굽기에 쉽다. 다른 방법은 김을 굽듯이 기름을 넉넉히 발라서 소금만 뿌려서 굽기도 한다.

| 재료 및 분량 (4인분) |

뱅어포 6장(84g)

양념 1 간장 1큰술 / 고추장 3큰술 / 파(다져서) 1큰술 / 마늘(다져서) $1/2$큰술 / 설탕 2큰술 / 참기름 $1\frac{1}{2}$큰술 / 깨소금 $1\frac{1}{2}$큰술

| 만드는 법 |

1 뱅어포는 빛이 희고 잘 마른 것으로 골라 짚이나 티를 골라낸다.

2 파, 마늘은 곱게 다져서 분량의 양념 1을 고루 합하여 양념 고추장을 만든다.

3 뱅어포를 도마나 쟁반 위에 한 장씩 펴서 양념 고추장을 솔로 고루 발라 여러 장을 겹쳐서 잠시 둔다.

4 석쇠나 번철을 달구어서 양념한 뱅어포를 앞뒤로 고루 구워서 먹기에 알맞은 크기로 네모지게 썬다.

김구이

마른 김에 참기름을 발라 굽는데, 겨울철에 특히 빠지지 않는 찬으로 누구나가 좋아한다. 김구이는 재료와 만드는 법이 아주 간단하지만 맛있게 굽기는 그리 쉽지 않다. 좋은 김은 향기가 좋으며 구우면 파릇한 빛이 돈다. 참기름 대신에 들기름을 발라서 구워도 향이 매우 좋다.

| 재료 및 분량 (4인분) |

김 10장 / 참기름 또는 들기름 2큰술 / 소금 적량

| 만드는 법 |

1 김은 얇고 구멍이 뚫리지 않은 것으로 골라서 짚이나 티를 골라낸다.

2 김을 도마나 쟁반 위에 한 장씩 펴서 참기름을 솔로 고루 바르고 소금을 조금씩 뿌린다. 여러 장을 겹쳐서 꼭꼭 눌러 뒷면도 기름이 고루 묻도록 한다.

3 두 장으로 접을 수 있는 석쇠의 사이에 기름 바른 김을 펴 얹어 불 위에서 거리를 두고 전체가 파릇한 빛이 나게 굽는다.

4 구운 김을 겹쳐서 놓고 가위로 8절 정도 나누어 썰어 그릇에 담는다.

더덕구이

더덕을 가르고 얇게 두들겨 펴서 고추장 양념을 발라 구운 음식으로 향기가 아주 좋다.

| 재료 및 분량 (4인분) |

더덕 200g

양념 1 간장 1작은술 / 참기름 1큰술

양념 2 고추장 2큰술 / 파(다져서) 2작은술 / 마늘(다져서) 1작은술 / 설탕 1큰술 / 물 1/2큰술 / 깨소금 1작은술

| 만드는 법 |

1 더덕을 껍질을 벗겨서 길이로 반을 갈라 방망이로 자근자근 두드려서 넓게 핀다.

2 양념 1의 간장과 참기름을 합하여 유장을 만들어 얇게 편 더덕에 발라 석쇠에 앞뒤를 고루 굽는다.

3 양념 2를 고루 섞어 양념 고추장을 만든다. 일단 유장을 발라 구운 더덕에 2차로 양념 고추장을 발라서 약한 불에서 서서히 굽는다.

4 구운 더덕을 먹기 좋은 크기로 썰어 접시에 담는다.

파산적

실파와 쇠고기를 꼬치에 꿰어서 굽는 산적이다. 겨울철에는 노란색의 움파로 하면 맛이 더욱 좋다. 쇠고기를 많이 끼우면 쇠고기산적이라고 하고, 버섯을 많이 끼우면 버섯산적이라 한다.

| 만드는 법 |

1 실파 또는 움파를 다듬어 5cm 길이로 잘라 놓는다.
2 간장 등 양념 1 재료를 모두 합하여 양념장을 만든다.
3 쇠고기는 연한 부위로 0.7cm 두께로 적을 떠서 잔 칼집을 내고 6cm 길이의 막대 모양으로 썰어 양념장으로 고루 버무린다.
4 대꼬치의 양끝에 쇠고기가 가도록 실파와 번갈아 꿴다.
5 석쇠에 굽거나 번철을 달구어서 양면을 지져서 익힌다.
6 접시에 담고 잣가루를 뿌린다.

| 재료 및 분량 (4인분) |

실파 또는 움파 200g / 쇠고기(등심) 200g / 식용유 적량 / 잣가루 1작은술 / 대꼬치

양념 1 간장 2큰술 / 파(다져서) 4작은술 / 마늘(다져서) 2작은술 / 설탕 1큰술 / 참기름 2작은술 / 깨소금 2작은술 / 후춧가루 약간

송이산적

가을철의 별미인 송이버섯, 쇠고기를 번갈아 꼬치에 꿰서 만든 산적이다. 표고버섯, 느타리버섯 등도 같은 방법으로 만든다.

| 재료 및 분량 (4인분) |

송이버섯(중) 4장(240g) / 소금 1작은술 / 참기름 1큰술 / 쇠고기(등심) 200g / 식용유 적량 / 잣가루 1작은술 / 대꼬치

양념 1 간장 2큰술 / 파(다져서) 4작은술 / 마늘(다져서) 2작은술 / 설탕 1큰술 / 참기름 2작은술 / 깨소금 2작은술 / 후춧가루 약간

| 만드는 법 |

1. 송이버섯은 갓이 피지 않고 굵은 것으로 골라 뿌리 쪽의 흙은 깎아내고 머리 부분에 0.7cm 정도의 간격으로 칼집을 넣어 갈라 저며서 썰어 소금, 참기름으로 살짝 무친다.
2. 쇠고기는 연한 부위로 0.7cm 두께로 적을 떠서 잔칼질하여 6cm 길이의 막대 모양으로 썬 다음 양념 1로 고루 버무린다.
3. 대꼬치에 양념한 쇠고기와 송이를 번갈아 끼운다.
4. 석쇠에 굽거나 번철을 충분히 달구어서 식용유를 두르고 양면을 구워서 익힌다.
5. 접시에 담고 잣가루를 뿌린다.

떡산적

겨울철에 흰떡, 쇠고기, 실파 등을 꼬치에 꿰어서 굽는 산적이다.

| 재료 및 분량 (4인분) |

흰떡 300g / 실파 100g / 쇠고기(등심) 200g / 식용유 적량 / 대꼬치

양념 1 간장 · 참기름 각 1큰술

양념 2 간장 2큰술 / 파(다져서) 4작은술 / 마늘(다져서) 2작은술 / 설탕 1큰술 / 참기름 2작은술 / 깨소금 2작은술 / 후춧가루 약간

| 만드는 법 |

1. 굵은 흰 가래떡을 6cm로 토막을 내어 넷으로 갈라서 양념 1의 양념으로 고루 무친다. 떡이 굳어서 단단하면 끓는 물에 살짝 삶아서 쓴다.
2. 실파는 다듬어서 길이를 6cm로 썬다.
3. 쇠고기는 연한 부위로 0.7cm 두께로 적을 떠서 잔칼질하여 길이 7cm의 막대 모양으로 썰어 양념 2의 양념장으로 고루 버무린다.
4. 대꼬치에 떡, 쇠고기, 실파를 번갈아 꿰어 잠시 두어 간이 고루 배도록 한다.
5. 번철을 달구어서 식용유를 약간 두르고 양면을 지져서 익힌다.

두릅적

두릅은 봄철에 두릅나무에 돋는 연한 순으로 향기가 매우 좋다. 데친 두릅과 쇠고기를 번갈아 꼬치에 꿰어 밀가루와 달걀을 입혀서 만든 지짐 누름적이다.

| 재료 및 분량 (4인분) |

두릅 300g / 쇠고기 200g / 밀가루 적량 / 달걀 2개 / 식용유 적량 / 대꼬치

양념 1 소금 1작은술 / 참기름 ½큰술

양념 2 간장 2큰술 / 파(다져서) 4작은술 / 마늘(다져서) 2작은술 / 설탕 1큰술 / 참기름 2작은술 / 깨소금 2작은술

| 만드는 법 |

1 두릅은 길이가 짧고 통통한 것으로 골라 딱딱한 부분은 떼어내고 끓는 물에 소금을 약간 넣어 데쳐내어 바로 찬물에 식혀서 건진다.

2 데친 두릅 중 굵은 것은 길이로 반을 가르고 가는 것은 그대로 양념 1로 고루 무친다.

3 쇠고기는 살로 두께 0.7cm로 크게 적을 떠서 잔칼질하여 길이 6cm의 막대 모양으로 썰어 양념 2의 양념장으로 고루 무쳐서 대꼬치에 두릅과 번갈아 꿴다.

4 꼬치의 양면에 밀가루를 고루 묻히고 달걀 푼 것에 담갔다가 달군 번철에 식용유를 두르고 양면을 지진다.

5 또 한 가지 방법은 데친 두릅만을 꼬치에 꿰고 뒷면에 쇠고기를 다져서 양념하여 고른 두께로 붙여서 밀가루와 달걀을 씌워 지짐누름적으로 하기도 한다.

사슬적

흰살생선을 막대 모양으로 썰어 다진 고기를 붙여서 굽는 산적이다.

| 재료 및 분량 (4인분) |

생선흰살(민어 · 광어 · 대구 등) 200g / 쇠고기 100g / 두부 100g / 식용유 적량 / 잣가루 1큰술 / 대꼬치

양념 1 간장 1작은술 / 소금 1작은술 / 파(다져서) 2작은술 / 마늘(다져서) 1작은술 / 참기름 2작은술 / 후춧가루 약간

양념 2 간장 · 소금 각 1작은술 / 파(다져서) 2작은술 / 마늘(다져서) 1작은술 / 참기름 1작은술 / 깨소금 1작은술 / 후춧가루 약간

| 만드는 법 |

1 생선은 길이 6cm, 폭 1cm 정도의 막대 모양으로 썰어 양념 1을 넣어 고루 무친다.

2 쇠고기는 살로 곱게 다지고 두부를 물기 없이 꼭 짜서 한데 섞어 양념 2로 고루 양념한다.

3 생선을 대꼬치에 간격을 약간씩 두고 꿰고 2의 양념한 고기를 생선 사이사이에 채워서 고르게 눌러붙인다. 또는 생선 꼬치를 꿰고 뒷면에 양념한 고기를 반대기를 만들어 고르게 붙인다.

4 3의 꼬치를 밀가루에 고루 묻혀서 번철을 달구어서 식용유를 두르고 양면을 지져낸다.

5 더울 때 접시에 담고 잣가루를 뿌린다.

누름적

쇠고기와 여러 가지 채소를 양념하여 익혀서 꼬치에 꿴 누름적이다. 불린 해삼과 전복 등도 같이 꿰어도 좋다.

| 재료 및 분량 (4인분) |

쇠고기(우둔) 150g / 마른 표고버섯(대) 2장 / 박오가리 20g(불린 것 60g) / 말린 도라지 30g (불린 것 60g) / 느타리버섯 80g / 대파 2뿌리 / 당근 100g / 달걀 2개 / 밀가루 · 식용유 각 적량 / 대꼬치

양념 1 간장 2큰술 / 파(다져서) 4작은술 / 마늘(다져서) 2작은술 / 설탕 1큰술 / 참기름 2작은술 / 깨소금 2작은술 / 후춧가루 약간

양념 2 소금 2작은술 / 파(다져서) 2작은술 / 마늘(다져서) 1작은술 / 참기름 1작은술 / 깨소금 1작은술

| 만드는 법 |

1 쇠고기는 적감으로 떠서 잔칼질을 많이 하여 폭 1cm, 길이 7cm로 자른다. 마른 표고버섯은 불려서 1cm 굵기로 썬다.

2 양념 1을 합한 양념장으로 쇠고기를 표고버섯과 각각 양념한다.

3 박오가리는 소금으로 주물러 씻은 후 물에 하룻밤 정도 충분히 불린 다음 끓는 물에 데쳐내어 6cm 길이로 자른다.

4 말린 도라지는 불려서 물기를 꼭 짠 다음 굵은 것은 반으로 가르고, 가는 것은 그대로 하여 6cm 길이로 자른다.

5 느타리버섯은 갈라서 끓는 물에 데쳐 물기를 꼭 짠다.

6 대파는 너무 굵지 않고 푸른 부분으로 골라 6cm 길이로 자른다.

7 당근은 6cm로 토막 내어 1cm 굵기의 막대 모양으로 썰어 소금물에 살짝 데쳐 낸다.

8 양념 2로 박오가리, 도라지, 느타리버섯, 당근에 나누어 고루 무친다.

9 대꼬치에 준비한 재료들을 나란히 끼워 고르게 한 후 밀가루를 살짝 묻히고 달걀물에 담갔다가 달구어진 팬에 식용유를 두르고 앞뒤로 노릇노릇하게 지진다.

10 뜨거울 때 꼬치를 빼고 먹기 좋게 썰어서 그릇에 담는다.

화양적

쇠고기와 도라지, 표고버섯, 달걀 등을 익혀서 꼬치에 꿴 누름적이다.

| 만드는 법 |

1 쇠고기는 살로 두께 0.7cm로 크게 적을 떠서 잔 칼집을 많이 넣어 양념 1의 양념장을 반 분량으로 재웠다가 번철에 지져내어, 7cm 길이의 막대 모양으로 썬다.

2 마른 표고버섯은 되도록 큰 것으로 골라서 물에 담가 불려서 폭 0.8cm로 썰어 양념 1의 양념장 나머지 분량으로 고루 무쳐서 번철에 볶는다.

3 통도라지와 당근은 같은 크기로 썰어 소금물에 살짝 데쳐내고, 오이는 길이 6cm, 폭 0.8cm의 막대 모양으로 썰어 소금에 절였다가 물기를 짠다.

4 3의 채소를 양념 2를 조금씩 넣어 각각 무쳐서 번철에 볶아서 바로 넓은 그릇에 펴서 식힌다.

5 달걀은 황백으로 나누어 소금을 약간 넣어 0.7cm 두께로 두껍게 부쳐 다른 재료들과 같은 크기로 썬다.

6 대꼬치에 위에서 준비한 재료들을 색맞추어 꿰어서 접시에 돌려 담고 양념 3의 잣즙을 위에 바른다.

| 재료 및 분량 (4인분) |

쇠고기(우둔) 150g / 마른 표고버섯(대) 3장 / 통도라지 100g / 당근 6cm(100g) / 오이 1개(180g) / 식용유 적량 / 달걀 3개 / 소금 적량 / 대꼬치

양념 1 간장 2큰술 / 파(다져서) 4작은술 / 마늘(다져서) 2작은술 / 설탕 1큰술 / 참기름 2작은술 / 깨소금 2작은술 / 후춧가루 약간

양념 2 소금 2작은술 / 파(다져서) 1작은술 / 마늘(다져서) 1/2작은술 / 참기름 1작은술

양념 3 잣가루 2큰술 / 육수 3큰술 / 소금 1/2작은술 / 후춧가루 약간

김치적

겨울의 배추김치와 쇠고기, 표고버섯, 도라지 등을 대꼬치에 꿰어서 마치 전을 부치듯이 밀가루와 달걀을 입혀 지진 지짐 누름적이다.

| 재료 및 분량 (4인분) |

배추김치 200g / 쇠고기 100g / 마른 표고버섯(대) 3장 / 통도라지 100g / 밀가루 ⅓컵 / 달걀 2개 / 참기름 2큰술 / 소금 1작은술 / 식용유 적량 / 대꼬치

양념 1 간장 1½큰술 / 파(다져서) 1큰술 / 마늘(다져서) ½큰술 / 설탕 2작은술 / 참기름 2작은술 / 깨소금 2작은술 / 후춧가루 적량

양념 2 간장 2큰술 / 식초 1큰술 / 물 1큰술 / 잣가루 ½작은술

| 만드는 법 |

1 배추김치의 소를 털어내고 줄기만을 길이 6cm, 폭 1.5cm로 썰어 참기름으로 고루 무친다.

2 쇠고기는 0.7cm 두께의 적감으로 떠서 잔칼질하여 길이 7cm, 폭 1cm로 썰고, 마른 표고버섯은 불려서 1cm 폭으로 썰어, 양념 1의 양념장을 나누어 고기와 표고버섯을 고루 무친다.

3 통도라지는 삶아서 반으로 갈라 김치와 같은 길이로 썰어 참기름과 소금으로 무친다.

4 대꼬치에 준비한 김치와 그 밖의 재료들을 번갈아 끼워 밀가루를 묻힌 후 잘 풀어 놓은 달걀에 담갔다가 달군 번철에 식용유를 두르고 양면을 고루 지진다.

5 더울 때에 대꼬치를 빼고, 길이를 2, 3등분 하여 접시에 담고, 양념 2를 합하여 초간장을 만들어 곁들여 낸다.

섭산적

쇠고기를 곱게 다져서 양념하여 넙적하게 반대기를 만들어 구운 산적이다. 때로는 한입에 먹기에 알맞게 동그랗게 빚어서 굽기도 한다. 섭산적을 작게 썰어서 간장에 조린 음식을 장산적이라 한다.

| 재료 및 분량 (4인분) |

쇠고기 300g / 두부 ½모(150g) / 잣가루 2작은술

양념 1 간장 2큰술 / 소금 1작은술 / 파(다져서) 2큰술 / 마늘(다져서) 1큰술 / 설탕 1큰술 / 참기름 1큰술 / 깨소금 1큰술 / 후춧가루 적량

| 만드는 법 |

1 쇠고기는 연하고 기름기가 없는 부위로 곱게 다진다.

2 두부는 행주로 싸서 무거운 것으로 눌러 물기를 빼서 칼을 눕혀서 곱게 으깬다.

3 쇠고기와 두부를 합하여 양념 1을 한데 넣어서 고루 끈기가 날 때까지 으깬다.

4 양념한 고기를 둘로 나누어 은박지에 식용유를 바르고 두께 0.7cm 정도의 네모진 반대기를 만들어 윗면을 칼등으로 자근자근 두들겨 고르게 한다.

5 석쇠에 얹어서 고기가 고루 익도록 가끔 자리를 움직이면서 굽는다. 한 면이 익은 후에 뒤집어서 뒷면을 익힌다.

6 한김 식은 후에 가로 3cm, 세로 2cm 정도의 크기로 썰어 그릇에 담아 잣가루를 고루 뿌린다.

갑회

소의 신선한 간, 처녑, 양 등을 얇게 저며서 마련한 것이다. 참기름에 소금, 후춧가루를 합한 양념 기름이나 매운 맛을 낸 겨자에 찍어서 먹는다. 또 다른 방법은 횟감을 모두 가는 채로 썰어서 다진 파·마늘·생강 등을 넣은 양념장에 고루 무쳐서 담아내기도 한다.

재료 및 분량 (4인분)

소의 간 150g / 참기름·깨소금 각 적량 / 처녑 150g / 양 250g / 잣 2큰술

양념 1 소금 1큰술 / 참기름 4큰술 / 후춧가루 1작은술

만드는 법

1. 쇠간은 얇은 막을 벗겨 주름이나 힘줄을 말끔히 발라내고 얇게 떠서 폭 2cm, 길이 4cm 정도로 썰어 참기름과 깨소금으로 무친다.
2. 처녑은 얇은 막을 떼어서 소금을 뿌려서 주물러 씻어 물기를 거두고 간과 같은 크기로 썬 다음 잣을 가운데 놓고 말아서 그릇에 담는다.
3. 양은 되도록 두꺼운 부위로 골라서 소금을 뿌려 주물러 씻어서 안쪽 흰색의 기름을 떼어내고 끓는 물에 잠시 넣었다가 건져서 칼등으로 검은 막을 긁어서 깨끗이 손질하여 얇게 저며서 잣을 가운데 놓고 말아 담는다.
4. 양념 1을 합하여 고루 섞어 작은 그릇에 담아 따로 내어 회를 찍어 먹도록 한다.

육회

쇠고기의 연하고 기름기가 없는 부위인 우둔살이나 홍두깨살을 얇게 저며서 가늘게 채로 썰어 양념한다. 육회감은 반드시 신선한 고기여야 한다.

재료 및 분량 (4인분)

쇠고기(우둔) 400g / 배 ½개 / 마늘 2톨 / 잣가루 2큰술

양념 1 간장 4큰술 / 파(다져서) 1큰술 / 마늘(다져서) ½큰술 / 설탕 2큰술 / 참기름 1큰술 / 깨소금 1큰술 / 후춧가루 약간

만드는 법

1. 쇠고기는 우둔살이나 홍두깨살로 기름이나 힘줄을 말끔히 발라내어 얇게 떠서 가늘게 채 썬다.
2. 양념 1을 모두 합하여 양념 간장을 만든다.
3. 배는 껍질을 까서 가늘게 채 썰어 설탕물에 잠깐 담가두고 마늘은 얇게 저민다.
4. 채로 썬 쇠고기를 양념 간장으로 고루 주물러서 접시에 담고 잣가루를 고루 뿌린 다음 채 썬 배와 마늘을 옆에 곁들여서 담는다.

멍게회
해삼회
굴회
전복회

생선회

회에 적합한 흰살생선으로는 민어, 광어, 도미, 명어, 잉어 등이 있고, 붉은살생선으로는 방어, 참치, 향어 등이 알맞다.

| 재료 및 분량 (4인분) |

민어(흰살생선) 400g / 상추잎 · 깻잎 · 쑥갓 · 풋고추 · 다홍 고추 각 적량

양념 1 간장 ½큰술 / 고추장 4큰술 / 마늘즙 2작은술 / 생강즙 1작은술 / 설탕 2작은술 / 식초 2큰술 / 청주 ½큰술

| 만드는 법 |

1 민어는 물이 좋은 것으로 골라서 비늘을 긁고 내장을 뺀 다음 살만 두 장으로 넓게 떠서 젖은 행주로 덮어 냉장고에 차게 둔다.
2 양념 1을 모두 합하여 양념 초고추장을 만든다.
3 상추, 깻잎, 쑥갓은 씻어서 물기를 빼고 풋고추와 다홍 고추는 어슷하게 둥글게 썰어 물에 헹구어서 씨를 발라낸다.
4 상에 내기 바로 전에 생선살을 얇게 저며서 접시에 준비한 채소와 어울려 담고 초고추장은 따로 작은 그릇에 담아 낸다.

해삼 · 멍게 · 전복회

싱싱한 해삼, 멍게, 전복은 생선회와는 달리 독특한 향과 씹히는 맛이 유별하다.

| 재료 및 분량 (4인분) |

해삼 2개(200g) / 멍게 2개(500g) / 전복 2개(160g) / 상추 · 깻잎 · 쑥갓 · 풋고추 · 다홍 고추 각 적량

양념 1 간장 ½큰술 / 고추장 4큰술 / 마늘즙 2작은술 / 생강즙 1작은술 / 설탕 2작은술 / 식초 2큰술 / 청주 ½큰술

| 만드는 법 |

1 해삼은 단단한 것으로 골라서 배를 갈라 내장을 빼어 얇게 썬다.
2 멍게는 우둘투둘한 부분을 도려내어 살을 발라내고 갈라서 내장을 빼고 서너 조각을 낸다.
3 전복은 솔로 문질러 깨끗이 씻어 살을 떼어 내고 내장을 발라낸 후 얇게 썬다.
4 양념 1을 모두 합하여 초고추장을 만든다.
5 접시에 준비한 채소와 해삼, 멍게, 전복을 담고 초고추장은 따로 담아낸다.

굴 회

굴회는 초고추장보다는 초간장에 찍어 먹는 편이 맛이 있다. 여름철에는 굴이 산란기이므로 맛이 아리고 약간의 독성분이 있어 먹지 않는다.

| 재료 및 분량 (4인분) |

생굴 300g / 쑥갓 · 다홍 고추 적량

양념 1 간장 4큰술 / 고춧가루 1작은술 / 파(다져서) 2작은술 / 마늘즙 2작은술 / 생강즙 1작은술 / 설탕 1큰술 / 식초 2큰술

| 만드는 법 |

1 껍질 깐 굴은 알이 하나하나 또렷한 것으로 골라서 소금물에 넣어 살살 흔들어 씻고 깍지는 골라내고 소쿠리에 건져서 물을 뺀다.
2 양념 1을 모두 합하여 양념 초간장을 만든다.
3 상추와 쑥갓은 씻어서 물기를 빼고 풋고추와 다홍 고추는 어슷하게 둥글게 썰어 물에 헹구어서 씨를 빼낸다.
4 접시에 준비한 채소와 굴을 담고, 초간장은 따로 담아낸다.

두릅회

봄철에 나오는 향긋한 두릅순을 데쳐서 초고추장을 곁들이는 채소 숙회이다.

| 재료 및 분량 (4인분) |

두릅 300g

양념 1 소금 1작은술 / 참기름 1큰술 / 깨소금 ½큰술
양념 2 고추장 4큰술 / 설탕 1작은술 / 식초 2큰술 / 물 1큰술

| 만드는 법 |

1 두릅은 길이가 짧고 통통한 것으로 골라서 겉껍질을 벗기고 줄기의 딱딱한 부분은 떼고 밑둥에 열십자로 칼집을 넣어 끓는 물에 소금을 넣어서 파릇하게 데쳐 찬물에 헹구어 건진다.

2 데쳐낸 두릅에 크면 길이로 반을 가르고 양념 1의 양념으로 고루 무친다.

3 양념 2를 모두 합해 초고추장을 만든다.

4 두릅을 접시에 가지런히 담고 초고추장은 따로 작은 그릇에 담아낸다.

미나리강회

연한 미나리를 데쳐서 편육과 지단을 한데 묶어서 만든 채소 숙회로 초고추장을 곁들인다. 미나리가 연하지 않을 때는 가는 실파로 같은 방법으로 만든다.

| 재료 및 분량 (4인분) |

미나리 300g / 양지머리 편육 100g / 달걀 2개 / 다홍 고추 2개

양념 1 간장 ½큰술 / 고추장 4큰술 / 마늘즙 2작은술 / 생강즙 ½큰술 / 설탕 1큰술 / 식초 2큰술 / 청주 ½큰술

| 만드는 법 |

1 미나리는 뿌리와 잎을 떼고 깨끗이 씻어서 끓는 물에 소금을 약간 넣어 파릇하게 데쳐 찬물에 헹구어서 건진다.

2 양지머리는 덩어리째 삶아 건져서 길이 4cm, 폭 0.5cm의 막대 모양으로 썬다.

3 달걀은 황백으로 나누어 두껍게 지단을 부치고, 다홍 고추도 갈라서 씨를 빼고 편육과 같은 크기로 썬다.

4 양념 1을 합하여 초고추장을 만든다.

5 데친 미나리 한두 가닥을 편육, 지단, 고추를 함께 잡아 말아서 가운데를 한 번 묶는다.

6 접시에 미나리강회를 가지런히 돌려 담고 초고추장은 따로 작은 그릇에 담아낸다.

해물숙회

생선 중 새우류, 패류, 연체류 등을 끓는 물에 데쳐서 익힌 회로 초고추장을 곁들인다. 패류로는 대합, 홍합, 소라 등과 연체류로는 오징어, 문어, 낙지 등이 숙회에 적당하다.

| 재료 및 분량 (4인분) |

대하 4마리(260g) / 문어발 400g / 대합 4개(200g) / 홍합(대) 4개 / 상추 · 쑥갓 각 150g

양념 1 간장 ½큰술 / 고추장 4큰술 / 마늘즙 2작은술 / 생강즙 1작은술 / 설탕 2작은술 / 식초 2큰술 / 청주 ½큰술

| 만드는 법 |

1 대하는 껍질째 씻어서 등의 마디 사이에 대꼬치를 넣어 내장을 빼고 끓는 물에 소금을 넣어 데쳐내어 식으면 껍질을 벗긴다.

2 문어 또는 낙지를 소금으로 문질러 여러 번 씻어 끓는 물에 넣어 부드럽게 삶아서 둥근 모양으로 얇게 저민다.

3 대합의 해감 제거 후 끓는 물에 넣어 조개가 입을 벌리면 건져내어 한쪽 껍질은 떼어낸다.

4 홍합은 큰 것으로 수염과 얇은 막을 떼어서 손질하여 끓는 물에 소금을 넣어 데쳐내어 크면 길이로 반을 가른다.

5 양념 1을 모두 합해 초고추장을 만든다.

6 준비한 재료들을 모두 접시에 상추나 쑥갓을 깔고 색스럽게 어울려서 담는다. 초고추장은 따로 작은 그릇에 담아 낸다.

어 채

흰살생선인 민어, 광어, 도미 등의 횟감을 끓는 물에 살짝 익힌 숙회이다.

| 재료 및 분량 (4인분) |

민어(흰살생선) 400g / 오이 ½개 / 다홍 고추 2개 / 마른 표고버섯 · 석이버섯 각 3장 / 쑥갓 적량 / 달걀 2개 / 소금 · 식용유 각 약간 / 잣가루 1작은술

양념 1 간장 ½큰술 / 고추장 4큰술 / 마늘즙 2작은술 / 생강즙 1작은술 / 설탕 2작은술 / 식초 2큰술 / 청주 ½큰술

| 만드는 법 |

1 민어는 물이 좋은 것으로 골라서 비늘을 긁고 내장을 뺀다. 살만 두 장으로 넓게 떠서 껍질을 벗기고 납작납작하게 저민다.

2 양념 1을 모두 합하여 초고추장을 만든다.

3 오이와 다홍 고추는 폭 2cm, 길이 4cm로 썰고, 마른 표고버섯과 석이버섯은 불려서 손질하여 오이와 비슷한 크기로 썬다.

4 달걀은 황백으로 나누어 풀고 얇은 지단으로 부쳐서 폭 2cm, 길이 4cm로 썬다.

5 냄비에 물을 넉넉히 끓여서 소금을 약간 넣고 위에서 준비한 재료들에 녹말가루를 묻힌 후 넣어 바로바로 데쳐서 찬물에 헹구어 건져낸다.

6 접시에 채소와 생선살을 색스럽게 돌려 담고 초고추장은 따로 작은 그릇에 담아 낸다.

고등어시래기조림

생선조림은 조기, 민어, 도미 등 흰살생선도 조리고 고등어, 전갱이, 꽁치 등도 조리는 일상적인 찬물이다. 흰살생선은 대개 간장으로 간을 하고 붉은살생선은 고춧가루나 고추장을 섞어서 매운 맛으로 하는 것이 더욱 맛이 좋다.

| 재료 및 분량 (4인분) |

고등어 2마리(500g) / 시래기(불려서) 300g / 물 1컵 / 대파 1뿌리 / 다홍 고추 1개

양념 1 간장 5큰술 / 고추장 1큰술 / 고춧가루 2큰술 / 마늘(다져서) 1큰술 / 생강(다져서) 1작은술 / 설탕 2큰술 / 후춧가루 약간

| 만드는 법 |

1 고등어는 머리, 지느러미를 떼고 내장을 빼서 물에 깨끗이 씻어 어슷하게 세 토막 낸다.

2 양념 1을 섞어 양념장을 만든다. 대파와 다홍 고추를 어슷하게 썬다.

3 불린 시래기를 한입 크기로 썰어 양념장을 2큰술 정도 넣고 조물조물 주물러둔다.

4 냄비에 양념한 시래기를 깔고 고등어를 넣고서 나머지 양념장을 넣어 물을 자작하게 부어 끓인다. 국물을 떠서 위에 끼얹어 고루 간이 배도록 한다.

5 고등어가 충분히 간이 들고 익으면 어슷썬 대파와 다홍 고추를 얹어서 잠시 더 익힌다.

갈치무조림

갈치는 기름진 맛이 진한 생선이므로 고춧가루를 넣어 무와 함께 조리면 맛이 있다. 겨울에는 꾸덕꾸덕하게 마른 동태를 똑같은 방법으로 만들어도 맛이 있다.

| 재료 및 분량 (4인분) |

갈치(중) 1마리(400g) / 대파 1뿌리 / 마늘 2톨 / 생강 1톨 / 다홍 고추 1개 / 무(중) ½개(200g)

양념 1 간장 4큰술 / 고춧가루 ½큰술 / 설탕 1큰술 / 물 4큰술 / 통깨 ½큰술

| 만드는 법 |

1 갈치는 은빛의 비늘이 벗겨지지 않은 싱싱한 것으로 골라서 지느러미를 떼고 내장을 꺼낸 후 깨끗이 씻어 6cm로 토막을 낸다.
2 대파, 마늘, 생강은 씻어서 가늘게 채 썰고 양념 1과 함께 모두 합하여 양념장을 만든다. 다홍 고추는 어슷하게 썰어 씨를 뺀다.
3 무는 폭 3cm, 길이 4cm, 두께 1cm 정도로 네모지게 썰어 냄비 바닥에 고르게 펴서 담는다.
4 무 위에 일부 양념장을 끼얹고 위에 갈치를 가지런히 놓은 후 나머지 양념장을 고루 얹어 불에 올려서 조린다.
5 끓어오르면 불을 줄이고 가끔 장물을 떠서 위에 끼얹어 고루 간이 배도록 한다.
6 무가 충분히 익고 갈치도 고루 간이 들면 불에서 내려 부서지지 않게 숟가락으로 떠서 그릇에 담는다.

두부조림

두부를 얇게 떠서 전으로 지진 것을 간장에 조린 찬물이다.

| 재료 및 분량 (4인분) |

두부 1모(300g) / 소금 약간 / 마늘 2톨 / 대파 1뿌리 / 식용유 2큰술 / 실고추 약간

양념 1 간장 3큰술 / 설탕 1큰술 / 물 ½컵 / 통깨 ½큰술 / 후춧가루 약간

| 만드는 법 |

1 두부는 폭 3cm, 길이 4cm, 두께 0.5cm 정도 크기로 네모지게 썰어 소금을 약간 뿌려서 마른 행주로 물기를 거둔다.
2 번철을 달구어서 식용유를 두르고 두부의 양면을 노릇하게 지져낸다.
3 대파와 마늘은 채 썰고 양념 1과 모두 합하여 양념장을 만든다.
4 냄비에 두부를 한 켜 깔고 위에 양념장을 끼얹은 후 실고추를 얹는다. 다시 두부를 한 켜 놓고 남은 양념장을 끼얹어서 불에 올린다.
5 장물이 끓어오르면 불을 줄이고 국물이 거의 없어질 때까지 조린다. 가끔 장물을 떠서 위에까지 간이 고루 들도록 한다.

풋고추조림

여름철에 많이 나는 작은 풋고추인 꽈리고추는 조림에 적당하다. 쇠고기를 고추에 채워서 만들기도 하고 풋고추만을 조리거나 멸치를 넣어 함께 조리기도 한다.

| 재료 및 분량 (4인분) |

풋고추(소) 200g / 쇠고기(우둔) 150g

양념 1 간장 1½큰술 / 파(다져서) 1큰술 / 마늘(다져서) ½큰술 / 설탕 2작은술 / 참기름 · 깨소금 각 ½큰술 / 후춧가루 약간

양념 2 간장 2큰술 / 설탕 1큰술 / 물 2큰술 / 참기름 ½큰술

| 만드는 법 |

1. 풋고추는 씻어서 꼭지를 떼고 끓는 물에 살짝 데쳐내어 찬물에 헹군다.
2. 쇠고기는 납작납작 썰어 양념 1의 재료를 합한 양념장으로 고루 양념한다.
3. 냄비에 양념한 쇠고기를 먼저 볶다가 고추를 넣고 양념 2를 넣어 불에 올려서 국물이 자작할 정도까지 조린다.

감자조림

감자를 작게 썰어 풋고추와 멸치를 함께 넣어 만든 찬으로 밥 반찬에 적당하다. 크기가 작은 햇감자는 껍질을 비벼서 벗겨 기름에 튀겨내어 조리면 맛이 있다.

| 재료 및 분량 (4인분) |

감자 2개(300g) / 쇠고기(우둔) 100g

양념 1 간장 1큰술 / 파(다져서) 2작은술 / 마늘(다져서) 1작은술 / 설탕 ½큰술 / 참기름 · 깨소금 각 1작은술 / 후춧가루 약간

양념 2 간장 4큰술 / 설탕 2큰술 / 물 4큰술 / 참기름 1큰술 / 깨소금 1큰술 / 후춧가루 약간

| 만드는 법 |

1. 감자는 껍질을 벗겨서 사방 3cm 정도의 네모꼴로 썬다.
2. 쇠고기는 납작납작하게 썰어 양념 1로 고루 양념한다.
3. 냄비에 양념한 쇠고기를 볶다가 감자, 양념 2와 물을 부어 불에 올려 끓인다.
4. 중간중간 위아래를 고루 섞어서 감자가 약간 무를 때까지 조린다.

쇠고기장조림

장조림에 적합한 쇠고기의 부위는 홍두깨살, 우둔살, 사태 등 비교적 질긴 부위이다. 일단 고기를 덩어리째로 부드럽게 삶은 다음 간장을 넣어 조린다. 가정에서 비교적 오래 두고 먹을 수 있는 밑반찬이다.

| 재료 및 분량 (4인분) |

쇠고기(홍두깨 · 사태) 600g / 달걀 4개 / 마늘 2톨 /
생강 1톨 / 풋고추 2개 / 물 5컵

양념 1 간장 1컵 / 설탕 4큰술 / 후춧가루 적량

| 만드는 법 |

1 쇠고기는 덩어리째로 물에 담가 핏물을 빼고 사방 4cm 정도 크기로 토막을 낸다.

2 냄비에 물을 끓여서 고기 토막을 넣어 고기가 무르고 물이 반 정도 줄어들 때까지 삶는다.

3 달걀은 완숙하여 껍질을 벗기고 마늘, 생강은 얇게 썰고, 풋고추는 어슷하게 썬다.

4 쇠고기가 연해졌으면 양념 1의 간장, 설탕, 후춧가루와 얇게 썬 마늘 · 생강과 어슷썬 풋고추를 넣어 조린다.

5 고기에 간이 들어 거무스름하게 조려지면 삶은 달걀을 넣고 달걀 흰자에 간장 색이 들면 불에서 내려 병이나 보존 용기에 담고 조림 간장을 함께 부어 보관한다.

6 상에 낼 때는 결대로 가늘게 찢거나 얇게 저며서 그릇에 담고 간장을 조금 부어낸다.

홍합초

홍합은 껍질이 검고 살이 붉은 조개로 삶아서 술 안주로 많이 이용한다. 홍합초는 생홍합을 살만을 떼어내어 일단 데쳐서 조리며, 말린 홍합은 충분히 불려서 부드럽게 하여 조린다.

| 재료 및 분량 (4인분) |

홍합 300g / 쇠고기 50g / 대파 1뿌리 / 마늘 2톨 / 생강 1톨 / 잣가루 1작은술

양념 1 간장 3큰술 / 설탕 2큰술 / 물 1컵 / 후춧가루 약간

양념 2 녹말가루 1큰술 / 물 1큰술 / 참기름 1작은술

| 만드는 법 |

1. 생홍합은 큰 것으로 골라서 붙어 있는 털과 얇은 막을 떼어내고 다듬어서 끓는 물에 살짝 데쳐서 건진다.
2. 쇠고기는 납작납작하게 썬다. 대파는 3cm로 썰고, 마늘과 생강도 납작하게 저민다.
3. 냄비에 양념 1의 간장, 설탕, 물을 합하여 담고 마늘, 생강, 파와 쇠고기를 한데 넣고 불에 올려 끓인다.
4. 장물이 다시 끓어오르면 홍합을 넣어 약한 불에서 서서히 조린다. 조리는 도중에 장물을 끼얹어서 전체에 고루 간이 들도록 한다.
5. 국물이 3큰술 정도 남으면 양념 2의 물에 푼 녹말을 넣어 고루 뒤섞고, 참기름을 넣어 윤기를 낸다.
6. 그릇에 담고 잣가루를 고루 뿌린다.

전복초

날전복을 얇게 저며서 쇠고기와 합하여 간장에 달게 조린 찬으로 맛이 훌륭하다. 예전에는 말린 전복을 불려서 만들기도 했으나 요즈음은 매우 귀해졌다.

| 재료 및 분량 (4인분) |

전복(중) 2개(400g) / 쇠고기 50g / 마늘 2톨 / 잣가루 1작은술

양념 1 간장 3큰술 / 설탕 2큰술 / 전복 삶은 물 1컵 / 후춧가루 약간

양념 2 녹말가루 1큰술 / 물 1큰술 / 참기름 1작은술

| 만드는 법 |

1. 전복은 껍질째로 솔로 문질러 씻고 살 겉쪽의 검은색의 막은 소금으로 문질러 씻어낸다. 살짝 삶아서 얇게 저민다.
2. 쇠고기는 납작납작하게 썰고, 마늘은 얇게 저민다.
3. 냄비에 양념 1을 담아 끓어오르면 쇠고기를 넣는다.
4. 다시 장물이 끓어오르면 전복 썬 것과 마늘을 넣어 약한 불에서 서서히 조린다. 끓이는 도중에 장물을 가끔 위에도 끼얹어 전체에 고루 간이 들도록 한다.
5. 국물이 3큰술 정도 남으면 양념 2의 물에 푼 녹말을 넣어 고루 뒤섞고, 참기름을 넣어 윤기를 낸다.
6. 그릇에 담고 잣가루를 고루 뿌린다.

삼합장과

전복, 해삼, 홍합을 쇠고기와 함께 달게 조린 장과로 재료가 호화로운 만큼 맛도 훌륭하다. 옛날 조리서에는 전복과 홍합 말린 것을 불려서 썼으나 요즈음에는 구하기도 어렵고 날것도 맛이 훌륭하다. 해삼은 반드시 마른 것을 불려서 써야 하는데, 생해삼은 회로만 먹을 수 있지 가열할 경우 모양이 녹아버려 볼품도 없고 맛도 없다.

만드는 법

1. 홍합은 크고 신선한 것을 골라 털과 얇은 막을 없애고 끓는 물을 삶아내어 크면 2~3등분 한다.
2. 전복은 껍질째 솔로 깨끗이 씻고 살의 검은 막은 소금으로 문질러 씻어 찜통에 살짝 쪄서 내장을 떼어내고 얇게 저민다.
3. 불린 해삼은 내장을 빼고 씻어 어슷하게 저며서 썬다.
4. 쇠고기는 납작납작하게 썰어 양념 1로 양념한다.
5. 대파는 다듬어서 길이 3cm로 토막 내고 마늘과 생강은 얇게 저며서 썬다.
6. 냄비에 양념 2의 간장, 설탕, 물을 섞어서 불에 올려 끓어오르면 먼저 양념한 쇠고기를 넣어 조린다.
7. 쇠고기가 익으면 후춧가루를 뿌리고 준비한 해물을 넣어 고루 간이 배도록 가끔 뒤섞으면서 서서히 조린다.
8. 국물이 거의 졸아들면 참기름을 넣어 고루 섞어 그릇에 담고 잣가루를 뿌린다.

재료 및 분량 (4인분)

생홍합(대) 200g / 생전복 1개(200g) / 불린 해삼 2개(200g) / 쇠고기(우둔) 100g / 대파 1뿌리 / 마늘 2톨 / 생강 1톨 / 참기름 ½큰술 / 잣가루 ½큰술

양념 1 간장 1큰술 / 설탕 ½큰술 / 후춧가루 약간

양념 2 간장 4큰술 / 설탕 2큰술 / 물 4큰술 / 후춧가루 약간

양지머리편육

쇠고기의 양지머리 부위를 덩어리째 삶아 반듯하게 눌러서 얇게 저며 초간장에 찍어 먹는 음식으로 쇠고기의 부위 중 편육으로 가장 많이 쓰이고 국물은 아주 맛이 있다.

| 재료 및 분량 (4인분) |

양지머리 400g / 물 10컵 / 대파 1뿌리 / 마늘 3톨 / 통후추 6알 / 소금 1큰술 /

양념 1 간장 4큰술 / 설탕 1/2작은술 / 식초 2큰술 / 물 2큰술 / 잣가루 1/2작은술

| 만드는 법 |

1 양지머리는 되도록 두께가 두꺼운 부위로 한 덩어리로 구하여 찬물에 담가 핏물을 뺀다.

2 냄비의 물이 끓어오르면 양지머리를 넣어 삶는다. 대파는 4cm 길이로 토막 내고 마늘은 얇게 썬다.

3 국물이 다시 끓어오르면 파 토막과 마늘, 통후추를 넣고 한데 끓인다. 불을 줄이고 위에 떠오르는 거품을 가끔 걷어내면서 서서히 끓인다.

4 1시간 정도 삶아서 고기가 무르게 익으면 소금을 넣어 잠시 더 끓여서 젖은 행주에 평평하게 싸고 위에 판판한 것으로 눌러 모양을 반듯하게 한다.

5 눌러놓은 고기를 폭 5cm로 고깃결의 반대 방향으로 얇게 썰어서 그릇에 담는다.

6 양념 1의 재료로 초간장을 만들어 작은 그릇에 담고 잣가루를 뿌려 낸다.

제육편육

돼지고기의 삼겹살 부위를 삶아서 눌러 썬 편육으로 기름이 적당하여 맛이 아주 고소하다. 배추김치를 한데 싸서 새우젓국을 찍어 먹으면 맛이 잘 어울린다. 최근에는 보쌈집이라 하는 전문 음식점이 많은데, 거의가 삶은 돼지고기를 겉절이에 어울려서 파는 집들이다. 돼지고기는 삼겹살뿐만 아니라 목살, 어깨살이나 뒷다리살도 편육으로 적합하다.

| 재료 및 분량 (4인분) |

돼지 삼겹살 400g / 물 10컵 / 소금 1큰술 / 생강 1톨 / 마늘 2톨

양념 1 새우젓국 4큰술 / 고춧가루 1작은술 / 식초 1큰술 / 깨소금 1/2작은술

| 만드는 법 |

1 돼지 삼겹살은 기름이 적은 두꺼운 부분으로 골라서 덩어리째 찬물에 담가 핏물을 뺀다.

2 솥에 물을 넉넉히 끓여서 돼지 삼겹살을 넣고 다시 끓어오르면 소금과 생강, 마늘을 저며서 넣고 위에 떠오르는 거품을 가끔 걷어내면서 불을 줄여 서서히 끓인다.

3 한 시간 정도 끓여서 고기가 충분히 무르면 건져 행주에 싸서 도마로 눌러두어 모양을 반듯하게 굳힌다.

4 모양이 굳은 삼겹살을 4cm 폭으로 얇게 썰어 그릇에 가지런히 담는다.

5 양념 1을 섞어 초젓국을 만들어 작은 그릇에 담아 함께 낸다.

사태편육

쇠고기의 아롱사태를 덩어리채 삶아 둥글게 굳혀서 얇게 저며 썰어 초간장에 찍어 먹는 음식이다. 쇠고기의 편육 중 맛이 가장 담백하고 젤라틴 등이 많아 씹히는 감이 쫄깃쫄깃하다.

사태편육과 배, 대추 등을 채 썰어 새콤달콤하게 무쳐 같이 먹으면 잘 어울린다.

| 재료 및 분량 (4인분) |

사태 400g / 물 10컵 / 대파 1뿌리 / 마늘 3톨 / 소금 1큰술 / 통후추 6알 / 소금 1큰술

양념 1 간장 4큰술 / 설탕 ½작은술 / 식초 2큰술 / 물 2큰술 / 잣가루 ½작은술

| 만드는 법 |

1 사태는 아롱사태로 한 덩어리로 구하여 힘줄을 따라 길이로 반을 갈라서 찬물에 담가 핏물을 뺀다.

2 냄비의 물이 끓어오르면 양지머리를 넣어 삶는다.

3 국물이 다시 끓어오르면 대파를 크게 끊고, 마늘은 두세 조각으로 저며서 넣는다. 불을 줄이고 위에 떠오르는 거품을 가끔 걷어내면서 서서히 끓인다.

4 1시간 30분 정도 삶아서 고기가 무르게 익으면 소금을 넣어 잠시 더 끓여 건져서 김발 위에 젖은 행주를 놓고 건져낸다. 이것을 굵기가 고른 원통형으로 말아서 끈으로 묶어두어 모양을 굳힌다.

5 모양이 둥글게 굳으면 고깃결과 반대 방향으로 얇게 썰어서 그릇에 담는다.

6 양념 1을 섞어 초간장을 만들어 작은 그릇에 담아 곁들여 낸다.

우설편육

소의 혀인 우설을 삶아서 얇게 저민 편육으로 초간장에 찍어 먹는다. 우설은 특유의 냄새가 나므로 파, 마늘, 생강, 통후추 등을 넣고 삶아 냄새를 없앤다.

| 재료 및 분량 (4인분) |

우설 1개 / 물 20컵 / 대파 1뿌리 / 마늘 3톨 / 생강 1톨 / 통후추 6알 / 소금 1큰술 / 겨자장 3큰술

양념 1 간장 4큰술 / 설탕 ½작은술 / 식초 2큰술 / 물 2큰술 / 잣가루 ½작은술

| 만드는 법 |

1 우설은 두꺼운 쪽에 붙은 기름과 핏줄을 떼어내고 칼등으로 긁어서 씻어 찬물에 담가 핏물을 뺀다.

2 대파는 다듬어 크게 끊고 마늘, 생강은 납작하게 저민다.

3 냄비의 물이 끓으면 우설을 넣어 끓인다.

4 국물이 다시 끓어오르면 파와 저민 마늘 · 생강, 통후추를 넣고 위에 떠오르는 거품을 가끔 걷어내면서 불을 줄여서 서서히 끓인다.

5 1시간 정도 끓여서 대꼬치로 찔러보아 익었으면 소금을 넣어 잠시 더 끓여 건져서 더울 때 흰색의 두꺼운 막을 벗겨 보자기에 싸서 도마 등으로 눌러 모양을 반듯하게 한다.

6 우설이 잘 눌러졌으면 얇게 썰어 그릇에 담는다.

7 양념 1을 섞어 초간장을 만들어 작은 그릇에 담고 잣가루를 뿌려서 낸다. 매운맛을 낸 겨자장도 작은 그릇에 담아 낸다.

족편

쇠족을 무르게 고아서 젤라틴질의 근육을 녹인 후 다시 묵처럼 굳혀 썰어 놓은 음식으로 양념 간장을 찍어 먹는다. 쇠족을 골 때 사태를 함께 넣으면 맛이 더욱 좋다.

| 만드는 법 |

1 쇠족은 말끔히 털을 깎아내고 솔로 문질러서 깨끗이 씻어 토막을 내어 물에 담가 피를 뺀다.

2 냄비에 물을 넉넉히 끓여서 쇠족을 넣고 끓어오르면 건져내어 다시 깨끗이 씻는다.

3 한번 데쳐낸 쇠족을 냄비에 담고 충분히 잠기도록 물을 부어서 삶는다. 다시 끓어오르면 대파와 마늘, 생강을 저며서 넣고 위에 떠오르는 거품을 가끔 걷어내면서 불을 줄여서 서서히 끓인다.

4 사태는 쇠족이 반 정도 물렀을 때 넣어 함께 끓인다. 쇠족의 골수가 쉽게 빠질 정도까지 끓여서 뼈를 추려내고 체에 쏟아서 국물은 받고 고기 건지는 곱게 다진다.

5 다진 고기와 국물을 도로 냄비에 담고 양념 1의 재료를 넣어서 약한 불에서 서서히 끓인다.

6 달걀은 황백으로 나누어 얇게 지단을 부쳐서 채 썰고 마른 석이버섯은 더운물에 불려서 깨끗하게 손질하여 가늘게 채 썰고, 실고추는 길이를 3cm로 끊어놓는다.

7 네모진 쟁반에 물을 고루 묻히고 끓인 족의 국물을 쏟아 부어서 식힌다. 윗면이 식어서 약간 굳으면 달걀지단, 석이버섯채, 실고추를 고루 얹어서 랩으로 덮은 다음 냉장고에 넣어 굳힌다.

8 족편이 잘 굳으면 거꾸로 엎어서 폭 4cm, 두께 1cm로 납작하게 썰어 흐트러지지 않게 접시에 담는다.

9 양념 2의 재료를 합하여 초간장을 만들어 작은 그릇에 담고 잣가루를 뿌려서 낸다. 매운맛을 낸 겨자장도 작은 그릇에 담아 낸다.

| 재료 및 분량 (10인분) |

쇠족 1개(1kg) / 사태 500g / 대파 2뿌리 / 마늘 4톨 / 생강 50g / 달걀 1개 / 마른 석이버섯 5장 / 실고추 약간 / 겨자장 3큰술

양념 1 간장 1큰술 / 소금 1큰술 / 마늘(다져서) 1큰술 / 후춧가루 약간

양념 2 간장 4큰술 / 파(다져서) 1작은술 / 식초 2큰술 / 물 1큰술 / 잣가루 1작은술

전 약

전약(煎藥)은 쇠족이나 가죽을 푹 무르게 고아서 꿀과 대추, 계핏가루, 생강, 정향, 후춧가루 등의 한방에서 약재로 쓰이는 향신료를 함께 끓여 굳혀서 족편처럼 썰어서 만든 음식이다. 특히, 동짓날에 먹던 시식으로 겨울철에 보양식이었으나 현재는 거의 만들지 않는 음식이 되었다.

| 재료 및 분량 (10인분) |

우족 1개(1kg) / 물 6L / 대파 2뿌리 / 마늘 4톨 / 생강 50g / 물 5컵

양념 1 대추 3컵 / 생강가루 2작은술 / 정향가루 2작은술 / 계핏가루 2작은술 / 후춧가루 1/2작은술 / 꿀 1컵

| 만드는 법 |

1 족편 만드는 법 1~3의 과정과 같이 준비한다.

2 쇠족이 무르게 삶아지면 뼈는 추리고 고기는 건져서 곱게 다져 도로 냄비에 담는다.

3 대추는 물을 붓고 푹 고아서 어레미에 걸러 놓는다.

4 족 곤 것에 양념 1의 대추 곤 것, 생강가루, 정향가루, 계핏가루, 후춧가루와 꿀을 모두 한데 담아서 뭉근한 불에서 서서히 끓여서 걸쭉하게 될 때까지 곤다.

5 네모진 그릇에 쏟아서 단단하게 굳혀 1cm 두께로 썰어 그대로 들기도 하고 초간장을 찍어서 먹기도 한다.

6 굳힐 때 족편처럼 달걀지단, 석이채, 잣, 실고추 등을 위에 고루 얹어서 굳혀도 된다.

돼지순대

돼지의 소창에 숙주, 우거지, 찰밥 등과 선지를 섞어서 된장으로 간을 하여 채워서 삶은 음식으로 추운 평안도와 함경도에서 많이 해먹던 음식이다.

| 만드는 법 |

1 돼지의 소창은 끝 부분을 수도꼭지에 대고 물을 틀어 내용물을 흘려서 씻어내고 소금으로 주물러 씻은 다음 뒤집어서 하룻밤 물에 담가 놓는다.

2 찹쌀은 2시간 이상 충분히 불려서 건져 찜통에 젖은 행주를 깔고 찐다.

3 무청 말린 우거지를 충분히 불려서 삶고, 숙주와 배추는 끓는 물에 데쳐서 두 가지 모두 대강 다져서 물기를 꼭 짠다.

4 큰 그릇에 찹쌀밥을 쏟아 식혀서 먼저 선지를 넣어 섞은 후 나머지 재료도 모두 합하고 양념 1의 재료를 넣어 고루 섞는다.

5 돼지 소창은 건져서 물기를 닦아 한쪽 끝에 굵은 깔때기를 대고 준비한 소를 밀어넣어 채워서 끝을 실로 묶는다.

6 돼지고기 삶은 물에 양념 2의 된장을 약간 풀고 생강 저민 것을 넣어 순대를 넣고 끓인다. 30분 정도 지나면 대침으로 순대의 곳곳에 침을 주어서 삶는다. 불을 줄여서 1시간 정도 삶아서 먹기에 적당한 크기로 썰어 접시에 담는다.

7 양념 3의 재료를 합한 양념 소금을 만들어 작은 그릇에 따로 담아낸다.

| 재료 및 분량 (10인분) |

돼지 소창 200g / 찹쌀 2컵 / 우거지(삶아서) 200g / 숙주 300g / 배추 200g / 돼지피 2컵

양념 1 간장 1큰술 / 된장 2큰술 / 소금 ½큰술 / 파(다져서) 4큰술 / 마늘(다져서) 2큰술 / 생강(다져서) 2작은술 / 참기름 2큰술 / 후춧가루 ½작은술

양념 2 된장 1큰술 / 생강 1톨

양념 3 소금 2큰술 / 고춧가루 1작은술 / 후춧가루 ½작은술

상추쌈

연한 상추에 쑥갓, 실파를 곁들여서 밥을 싸서 쌈으로 먹는다. 고추장에 쇠고기와 참기름을 넣어 만든 약고추장과 된장에 쇠고기와 표고버섯을 넣어 쌈된장을 마련한다. 그리고 형편에 맞추어 육류와 어류의 찬을 보태면 더욱 좋다. 상추에는 리쿠루신이라는 성분이 있어 진통과 마취 작용을 한다. 상추쌈을 먹고 나서 흔히 졸음 온다고 하는 까닭은 여기에 있다.

조선조 말기의 상궁들이 전하는 궁중의 상추쌈 차림은 절미된장조치, 병어감정, 약고추장, 장똑똑이, 보리새우볶음 등의 다섯 가지 찬을 준비하고 참기름도 따로 종지에 마련한다. 그리고 상추쌈을 먹은 후에는 반드시 계지차를 마셨다고 한다.

상추쌈을 먹을 때는 상추를 손바닥에 뒤집어서 놓고 쑥갓과 가는 실파를 하나씩 얹어 밥과 준비한 찬을 고루 얹고 참기름도 한 방울 떨어뜨려 싸서 먹는다.

| 재료 및 분량 (4인분) |

상추 300g / 실파 50g / 쑥갓 50g / 약고추장 100g / 쌈된장 100g / 밥 4공기

| 만드는 법 |

1 상추는 흐르는 물에 여러 번 깨끗이 씻어서 소쿠리에 건져 물기를 뺀다.

2 실파는 가늘고 연한 것으로 골라서 씻고, 쑥갓은 씻어서 한 마디씩 손으로 끊어 놓는다.

3 소쿠리에 상추, 쑥갓, 실파를 함께 담고, 약고추장과 쌈된장을 따로 그릇에 담는다.

절미된장조치

된장 이외의 부재료를 많이 넣지 않고 된장을 주로 하여 되직하게 끓이는 진한 맛의 된장찌개로 이 조치에 쓰는 된장은 간이 너무 세지 않은 것이 알맞다. 재료를 작은 뚝배기에 담아서 밥솥에 찌거나 중탕을 하였다가 살짝 끓이거나, 약한 불에 올려서 서서히 끓여야 제맛이 난다.

| 재료 및 분량 (4인분) |

쇠고기 100g / 마른 표고버섯 2장 / 대파 1뿌리 / 풋고추(중) 3개 / 다홍 고추(중) 1개 / 쌀뜨물 2컵

양념 1 청장 2작은술 / 파(다져서) 4작은술 / 마늘(다져서) 2작은술 / 참기름 2작은술 / 후춧가루 약간

양념 2 된장 4큰술 / 고추장 2작은술 / 마늘(다져서) 1작은술 / 생강(다져서) 1작은술

| 만드는 법 |

1 쇠고기는 기름이 섞인 부위로 골라서 잘게 썰고, 마른 표고버섯은 불려서 기둥을 떼고 채 썰어 양념 1의 양념장으로 고루 무친다.

2 대파와 풋고추, 다홍 고추는 어슷한 모양으로 잘게 썬다.

3 물이나 쌀뜨물에 양념 2의 된장 등을 넣어 고루 섞은 다음 깨끗한 쌀뜨물을 조금씩 넣어 덩어리가 없도록 잘 푼다.

4 냄비에 참기름을 두르고 먼저 양념한 쇠고기와 표고버섯을 넣어 볶다가 3의 된장 푼 것을 넣어 불에 올린다.

5 한소끔 끓어오르면 불을 줄여서 국물이 되직하게 될 때까지 끓이다가 썰어 놓은 파와 고추 등을 넣어 맛이 충분히 어우러지게 끓인다.

병어감정

병어는 마름모꼴로 생긴 흰살생선으로 맛이 있다. 병어감정은 병어를 살만 떠서 파, 마늘, 생강 양념을 넣어 국물을 적게 하여 만든 고추장찌개이다. 국물을 적게 잡아 바득하게 끓여서 상추쌈의 찬으로 밥에 얹어 싸서 먹으면 맛이 있다.

| 재료 및 분량 (4인분) |

병어 1마리(300g) / 대파 ¼뿌리 / 마늘 2톨(10g) / 생강 ¼톨 / 참기름 ½큰술

양념 1 청장 1큰술 / 고추장 3큰술 / 물 ½컵

| 만드는 법 |

1 병어는 싱싱한 것으로 골라 비늘을 잘 긁어서 씻어 내장을 빼고 5장 뜨기를 하여 살만 떠서 2cm 폭으로 갸름하게 썬다.

2 대파, 마늘, 생강은 다듬어서 씻어 가늘게 채 썬다.

3 냄비에 양념 1의 재료를 고루 풀어서 끓인다.

4 고추장이 끓어오르면 병어살과 채 썬 대파, 마늘, 생강을 넣고 불을 줄여서 익힌다. 병어가 익으면 참기름을 고루 두르고 그릇에 담는다.

약고추장

고추장에 다진 쇠고기와 꿀을 넣어 조린 것으로 약고추장 또는 고추장볶음이라 한다.

| 재료 및 분량 (10인분) |

쇠고기(우둔) 100g / 고추장 500g / 참기름 3큰술 / 잣 1큰술

양념 1 간장 1큰술 / 참기름 ½큰술 / 후춧가루 약간

양념 2 꿀 2큰술 / 설탕 2큰술 / 물 3큰술

| 만드는 법 |

1 쇠고기는 연하고 기름기가 없는 살코기로 곱게 다져서 양념 1로 고루 무친 다음 번철에 볶아 익혀서 식으면 도마에 쏟아 곱게 다진다.

2 고추장은 양념 2를 합하여 고루 섞은 후 볶은 쇠고기를 넣어 약한 불에 올려서 나무주걱으로 가끔 저으면서 서서히 볶는다.

3 고추장이 약간 진한 색이 나게 익으면 참기름과 잣을 넣어 고루 섞으면서 더 조린다.

4 윤이 나고 거무스름하게 조려졌으면 보존 용기에 담아서 밑반찬으로 한다.

장똑똑이

고기를 가는 채로 썰어 간장으로 간을 하여 만든 자반으로 똑똑이자반이라고도 한다.

| 재료 및 분량 (4인분) |

쇠고기(우둔) 200g / 대파 ¼뿌리 / 마늘 2톨 / 생강 ¼톨

양념 1 간장 1큰술 / 참기름 1작은술 / 후춧가루 약간
양념 2 간장 1큰술 / 설탕 ½큰술 / 물 ½컵
양념 3 참기름 1큰술 / 깨소금 1큰술

| 만드는 법 |

1 쇠고기는 연하고 기름기가 없는 우둔살이나 홍두깨살을 골라서 얇게 저민 후 가늘게 채 썬다.
2 파는 3cm로 토막 내어 채 썰고 마늘과 생강도 곱게 채 썬다.
3 채 썬 쇠고기를 양념 1의 재료로 고루 무쳐서 작은 냄비를 뜨겁게 달구어 볶는다.
4 고기가 익으면 대파와 마늘, 생강, 양념 2를 넣어 서서히 조린다.
5 장물이 거의 졸아들면 양념 3을 넣어 고루 윤이 나게 뒤적인다.

마른새우볶음

말린 보리새우를 볶아서 만든 마른 찬으로 멸치와 더불어 칼슘의 좋은 급원이 된다.

| 재료 및 분량 (4인분) |

마른 새우 50g

양념 1 간장 1큰술 / 물엿 1큰술 / 설탕 1큰술 / 물 1큰술 / 참기름 2작은술 / 통깨 2작은술

| 만드는 법 |

1 볶음이나 조림용의 마른 새우는 분홍색이 나고 윤기가 나면서 살이 통통한 것으로 고른다.
2 번철에 기름을 두르지 말고 충분히 달구어서 마른 새우를 넣어 재빨리 볶아낸 다음 마른 행주로 비벼 굵은체에 쳐 수염이나 꼬리 등을 없앤다.
3 다시 번철에 양념 1의 간장, 물엿, 설탕, 물을 담아 불에 올려 끓어오르면 불을 끄고 볶은 새우를 넣어 골고루 섞은 후 마지막에 참기름과 통깨를 넣어 고루 섞는다.
4 식은 후에 뚜껑이 있는 용기에 담아 마른찬으로 두고 먹는다.

계지차

상추는 한방에서 몸을 차게 하는 식품이라 하여 상추쌈을 들고 난 다음에는 반드시 계지차를 들게 하였는데, 이는 한 끼의 식사에서도 찬 것과 더운 것의 조화를 고려한 것이다.

| 재료 및 분량 (4인분) |

계지 60g / 물 8컵

| 만드는 법 |

1 계지는 1cm 폭으로 썰어 찬물에 씻어 건진다.
2 냄비에 계지와 물을 한데 담아 30분 정도 끓인다.
3 맛이 든 계지차를 망에 걸러서 더울 때 마신다. 기호에 따라 설탕을 타서 마셔도 된다.

생미역쌈

잎이 넓은 생미역이나 또는 구멍이 뚫린 쇠미역을 데쳐서 초고추장을 마련하여 쌈을 싸서 먹으면 바다 냄새가 나서 한결 식욕이 난다.

| 재료 및 분량 (4인분) |

생미역 300g

양념 1 고추장 4큰술 / 파(다져서) 1큰술 / 마늘(다져서) 1/2큰술 / 설탕 2큰술 / 식초 2큰술 / 물 2큰술

| 만드는 법 |

1 생미역은 뿌리 부분을 떼어내고 물에 여러 번 헹구어 씻어 건져서 물기를 뺀다.
2 냄비에 넉넉히 물을 끓여 미역을 넣어서 새파랗게 살짝 데쳐낸 다음 바로 찬물에 헹구어 건진다.
3 쇠미역은 줄기도 부드러워 6cm 정도의 폭으로 썰어서 소쿠리나 접시에 담고, 센 줄거리는 갈라서 따로 모으고 연한 부분만을 같은 폭으로 썬다.
4 양념 1의 다진 파 · 마늘과 나머지 재료를 모두 섞어 초고추장을 만들어 따로 그릇에 담는다.

깻잎부각

들깻잎에 찹쌀풀을 발라서 말려두었다가 기름에 튀기는 부각으로 향이 좋다. 들깨의 꽃송이가 나올 무렵에는 피지 않은 꽃송이를 풀을 발라서 말리면 더욱 향이 진하고 고소하다.

| 재료 및 분량 (10인분) |

깻잎 40장 / 찹쌀가루 1컵 / 물 2컵 / 소금 2작은술 / 참깨 ¼컵 / 식용유 적량

| 만드는 법 |

1 깻잎은 작고 싱싱한 것으로 골라서 씻어 건져 물기를 없이 한다.
2 찹쌀가루를 물에 풀어서 소금으로 간을 맞춘 다음 불에 올려 나무주걱으로 저으면서 풀을 쑤어 말갛게 익으면 다른 그릇에 쏟아서 식힌 후 참깨를 넣고 잘 섞는다.
3 도마에 깻잎을 한 장씩 펴고 찹쌀풀을 솔로 고루 발라서 채반에 겹치지 않게 펴서 통풍이 잘 되는 햇빛에 널어 말린다.
4 말리는 도중에 채반에 늘어붙지 않도록 가끔 자리를 옮긴다. 바싹 말려서 밀폐 용기나 비닐 봉지에 담아서 보관한다.
5 먹을 때는 160℃ 정도의 식용유에 마른 부각을 넣어 재빨리 튀겨서 망에 건져 기름을 뺀다. 부각은 마른찬으로 쓰이지만 술안주나 간식에도 좋다.

다시마부각

두꺼운 다시마에 찹쌀밥을 붙여서 말린 부각으로 다시마튀각과는 또 다른 색다른 맛과 모양이다.

| 재료 및 분량 (10인분) |

다시마 2오리(약 80cm) / 찹쌀 ½컵 / 식용유 적량

| 만드는 법 |

1 다시마는 두꺼운 것으로 골라서 깨끗한 젖은 행주를 꼭 짜서 문질러 닦아 돌이나 티를 없애고 폭 6cm 정도 되게 가위로 자른다.
2 찹쌀은 충분히 불려서 찜통에 젖은 행주를 깔고 푹 무르게 쪄낸다.
3 다시마 조각에 찹쌀밥을 드문드문 펴서 발라 붙여서 채반에 널어 바싹 말린 후 밀폐 용기나 비닐 봉지에 담아서 보관한다.
4 먹을 때는 160℃ 정도의 식용유에 마른 부각을 넣어 고루 바삭하게 튀겨내어 망에 건져 기름을 뺀다.

김부각

김에 찹쌀풀을 발라서 말려두었다가 기름에 튀기는 마른찬이다.

| 재료 및 분량 (10인분) |

김 20장 / 찹쌀가루 1컵 / 물 2컵 / 소금 2작은술 / 통깨 1큰술 / 고춧가루 ½큰술 / 식용유 적량

| 만드는 법 |

1 김은 티와 돌을 골라놓는다.
2 찹쌀가루를 물에 풀어서 소금으로 간을 맞추어서 불에 올려 나무주걱으로 저으면서 풀을 쑤어 말갛게 익으면 다른 그릇에 쏟아서 식힌다.
3 도마 위에 김을 펴고 찹쌀풀을 솔로 고루 바른 후 위에 또 한 장을 덮어 다시 풀을 바르고 통깨와 고운 고춧가루를 군데군데 조금씩 뿌려서 채반에 널어 말린다.
4 대강 마르면 김을 손으로 잡아당겨서 판판하게 하여 가위로 3등분 한 후 다시 더 바싹 말려서 밀폐 용기나 비닐 봉지에 담아 보관한다.
5 먹을 때는 160℃ 정도의 식용유에 마른 부각을 넣어 재빨리 튀겨서 망에 건져 기름을 뺀다.

참죽부각

참죽의 연한 잎을 가지를 붙인 채로 데쳐서 고추장으로 간을 맞춘 찹쌀풀을 발라서 말린 부각으로 독특한 향기가 난다.

| 재료 및 분량 (10인분) |

참죽잎 1kg / 찹쌀가루 1컵 / 물 2컵 / 고추장 2큰술 / 통깨 1큰술 / 식용유 적량

| 만드는 법 |

1 연한 참죽잎을 끓는 물에 살짝 데쳐서 채반에 널어 꾸덕꾸덕하게 대강 말린다.
2 찹쌀가루를 물에 풀고 고추장을 넣어 고루 섞어서 풀을 쑤어 말갛게 익으면 다른 그릇에 쏟아서 식힌다.
3 식은 찹쌀풀에 통깨를 섞어서 참죽 세 잎 정도를 한데 모아 겉면에 고루 발라 채반에 펴 널어 통풍이 잘 되는 곳에서 말린다.
4 겉면이 대강 마르면 뒤집어서 찹쌀풀을 발라서 다시 말린다. 거의 말랐으면 가위로 폭 4cm 정도로 잘라서 밀폐 용기나 비닐 봉지에 담아서 보관한다.
5 먹을 때는 160℃ 정도의 식용유에 마른 부각을 넣어 바삭하게 튀겨내어 망에 건져 기름을 뺀다.

미역자반

줄기 없이 잎만을 말린 자반용 미역을 기름에 볶은 마른 찬이다.

| 재료 및 분량 (4인분) |

자반 미역 30g / 식용유 2큰술 / 통깨 1큰술

양념 1 물엿 1큰술 / 설탕 1큰술 / 물 2큰술

| 만드는 법 |

1 자반 미역은 깨끗하게 말린 연한 것으로 골라서 가위로 폭 1.2cm되게 짧게 끊는다.

2 번철에 식용유를 두르고 충분히 달군 다음 미역을 넣어 재빨리 저으면서 파릇한 색이 나게 볶아지면 불에서 내려 그릇에 쏟아 놓는다.

3 번철에 양념 1의 물엿, 설탕물을 한데 담아 끓이다가 큰 거품이 나면서 엿물이 진해지면 2의 볶은 미역을 넣고 재빨리 섞는다.

4 바로 넓은 그릇에 쏟아 식히고 통깨를 고루 뿌린다.

김자반

김에 양념장을 발라 말려서 구운 밑반찬으로 묵은 김이 많을 때 만들면 좋다.

| 재료 및 분량 (10인분) |

김 20장 / 통깨(잣가루) 1큰술

양념 1 간장 3큰술 / 고춧가루 1/2작은술 / 파(다져서) 2작은술 / 마늘(다져서) 1작은술 / 설탕 1큰술 / 참기름 1/2작은술

| 만드는 법 |

1 김은 티나 모래를 골라내고 넷으로 접는다.

2 양념 1의 재료를 모두 합하여 양념장을 만든다.

3 쟁반에 김을 한 장씩 놓고 양념장을 숟가락으로 떠서 구석구석 고루 바르고 다시 위에 김을 놓고 같은 요령으로 발라서 여러 장을 겹쳐서 꼭꼭 눌러 둔다.

4 김에 간이 배면 채반에 한 장씩 펴서 겹치지 않게 널고 위에 통깨나 잣가루를 고루 뿌린다. 말릴 때 가끔 자리를 옮겨야 채반에 늘어붙지 않는다.

5 김자반이 바싹 마르면 석쇠에 얹어 살짝 굽고 가장자리를 다듬어서 작게 썰어 뚜껑 있는 그릇에 담아두면 밑반찬으로 좋다.

매듭자반

다시마를 가늘게 끈처럼 썰어 매듭을 만들어 튀긴 튀각이다. 다시마와 잣과 통후추가 어울려 고소하고 매운맛이 아주 일품이다.

| 재료 및 분량 (4인분) |

다시마 1오리(약 40cm) / 잣 2작은술 / 통후추 1작은술 / 식용유 2컵 / 설탕 1큰술

| 만드는 법 |

1 다시마는 약간 두꺼운 것으로 골라서 젖은 행주의 물기를 꼭 짜서 깨끗이 닦아낸 다음 폭 1.2cm, 길이 12cm 정도의 긴 끈 모양으로 썬다.
2 썰어놓은 다시마를 한 가닥씩 들고 매듭을 맨 다음 삼각진 매듭에 잣과 통후추를 한 알씩 넣어 빠지지 않게 당긴다.
3 튀김 냄비에 식용유를 150℃ 정도로 덥혀서 매듭을 맨 다시마를 넣어 바삭하게 튀긴다.
4 고루 튀겨지면 망에 건져서 여분의 기름은 빼고 설탕을 고루 뿌려서 그릇에 담는다.

고추부각

연한 풋고추에 밀가루를 묻혀 쪄서 말려두었다가 필요할 때마다 튀겨 먹는 저장음식이다.

| 재료 및 분량 (4인분) |

풋고추 300g/밀가루 1컵/소금 · 식용유 각 적량

| 만드는 법 |

1 풋고추를 너무 크지 않은 것을 택하여 반을 가르고 씨를 뺀 후 물에 담가 매운맛을 뺀다.
2 고추를 건져 밀가루를 고루 뿌려 전체에 묻힌다.
3 가루가 엉겨 붙기 전에 김이 오른 찜통에 젖은 보를 펴서 놓고 안쳐 찐다.
4 밀가루가 익으면 꺼내어 채반에 널어 볕에 바짝 말린다. 도중에 서로 붙은 것은 떼면서 뒤집어 고루 마르도록 한다.
5 마른부각을 습기가 들지 않는 용기에 담아 두었다가 필요할 때 180° 의 기름에 바삭하게 튀겨 내어 소금이나 설탕을 살짝 뿌린다.

오징어채볶음

가는 오징어채나 쥐치포의 채를 고추장을 넣어 매운맛을 낸 마른 찬이다.

| 재료 및 분량 (4인분) |

오징어채 100g / 식용유 2큰술 / 참기름 1큰술 / 통깨 1큰술

양념 1 고추장 1큰술 / 설탕 1큰술 / 물 1큰술 / 청주 1/2큰술

| 만드는 법 |

1 가는 채로 썰어 말린 깨끗한 오징어채를 골라서 가위로 길이를 4cm되게 자른다.
2 번철에 식용유를 넉넉히 두르고 짧게 자른 오징어를 넣어 약한 불에서 서서히 저으면서 고루 볶아서 그릇에 꺼내 놓는다.
3 번철에 양념 1의 고추장, 설탕, 물, 청주를 한데 넣고 불에 올려 끓어오르면 볶아놓은 오징어채를 섞고 참기름과 통깨를 고루 섞는다.
4 식은 후 뚜껑 있는 용기에 담아서 마른찬으로 두고 먹는다.

잔멸치볶음

말린 잔멸치를 볶아서 엿장으로 조미한 찬으로 칼슘의 좋은 급원이 된다.

| 재료 및 분량 (4인분) |

잔멸치 100g / 식용유 2큰술 / 풋고추 1개 / 다홍 고추 1개 / 참기름 2작은술 / 통깨 2작은술

양념 1 간장 1큰술 / 물엿 1큰술 / 설탕 1큰술 / 물 1큰술

| 만드는 법 |

1 흰색의 잘 마른 멸치를 티나 먼지를 골라서 체에 담아 흔들어서 잔가루를 털어내고서 번철이 충분히 달구어지면 식용유를 두르지 말고 잔멸치를 볶은 다음 접시에 꺼내놓는다.
2 번철에 식용유를 두르고 1의 멸치를 넣고 약한 불에서 약간 노릇하면서 기름이 충분히 배도록 볶는다.
3 풋고추와 다홍 고추는 반을 갈라 물에 헹구어서 씨를 없애고 곱게 다진다.
4 번철에 양념 1을 한데 담아 불에 올려 끓어오르면 볶아놓은 멸치와 다진 고추를 넣어 고루 섞어서 볶고 참기름과 통깨를 고루 섞는다. 식은 후에 뚜껑 있는 용기에 담아 마른찬으로 두고 먹는다.

북어포무침

북어포를 가늘게 갈라서 고춧가루를 넣어 매운맛으로 무친 마른 찬이다.

| 재료 및 분량 (4인분) |

북어포(채) 50g

양념 1 간장 2작은술 / 고춧가루 1작은술 / 소금 1/2작은술 / 마늘(다져서) 1/2작은술 / 설탕 1/2큰술 / 참기름 1큰술 / 깨소금 1/2큰술

| 만드는 법 |

1 북어는 부드럽게 부푼 황태로 골라서 두들겨서 껍질을 벗기고 뼈와 가시를 발라낸 다음 살을 결대로 가늘게 길이 4cm로 준비한다. 또는 시중에서 포로 갈라서 파는 것은 가늘게 찢는다.

2 양념 1의 고운 고춧가루에 참기름을 넣어 고루 섞어서 충분히 기름이 스며들면 준비한 북어포를 넣어 고운 색이 날때까지 주물러서 무친다.

3 붉게 물이 든 북어포에 나머지 양념을 넣어 고루 무쳐서 뚜껑 있는 용기에 담아두고 마른찬으로 한다.

북어보푸라기

북어포를 솜처럼 부풀려서 셋으로 나누어 세 가지 양념으로 삼색으로 무친 마른 찬이다.

| 재료 및 분량 (4인분) |

북어포(대) 1마리 (90g, 북어 보푸림 60g)

양념 1 간장 1작은술 / 설탕 1작은술 / 참기름 1작은술 / 깨소금 1작은술 / 후춧가루 약간

양념 2 소금 1/2작은술 / 설탕 1작은술 / 참기름 1작은술 / 깨소금 1작은술 / 후춧가루 약간

양념 3 고춧가루 1작은술 / 소금 1/2작은술 / 설탕 1작은술 / 참기름 1작은술 / 깨소금 1작은술

| 만드는 법 |

1 북어는 부드럽게 부푼 황태로 골라서 숟가락을 살살 긁어서 결대로 부풀린다. 강판에 갈아도 쉽게 되지만 지나치게 마른 것은 가루가 되므로 약간 눅눅한 것이 솜처럼 잘 핀다.

2 곱게 부풀린 북어를 3등분 하여 양념 1 · 2 · 3으로 각각 고루 무친다. 간장으로 무치면 다른 것보다 부피가 줄어들므로 북어의 양을 조금 넉넉히 한다.

3 한 그릇에 세 가지 무침을 옆옆에 어울려서 담는다.

생률
잣솔
은행볶음
호두튀김

호두튀김

호두살을 껍질을 벗겨서 녹말을 묻혀 튀기면 아주 고소하며 술 안주로도 적합하다.

| 재료 및 분량 (4인분) |

호두살 100g / 녹말가루 1큰술 / 식용유 2컵 / 소금 약간

| 만드는 법 |

1 호두살은 되도록 크고 부서지지 않은 것으로 골라 반을 갈라서 가운데의 딱딱한 심을 발라낸다.
2 더운물에 호두살을 넣고 약 5분 정도 두어 불어나면 대꼬치로 껍질을 호두알이 부서지지 않게 살살 벗긴다.
3 껍질 벗긴 호두살에 녹말가루를 고루 묻혀서 망이나 고운 체에 담아 여분의 가루는 털어낸다.
4 식용유를 중온으로 덥혀서 녹말을 묻힌 호두를 넣어 노릇하게 튀겨내어 망에 건진다. 기름이 빠지면 소금을 고루 뿌린다.

은행볶음

은행의 딱딱한 껍질을 벗겨서 기름에 볶은 것으로 가을 제철에 났을 때 맛이 있고 색깔이 곱다.

| 재료 및 분량 (4인분) |

은행 24알 / 물 1컵 / 소금 1큰술 / 식용유 1큰술 / 잣 1작은술 / 가는 대꼬치 8개

| 만드는 법 |

1 겉껍질을 깐 은행을 물 1컵, 소금 2큰술에 타서 2시간 정도 담가둔다.
2 은행을 건져서 마른 행주로 물기를 닦는다.
3 번철을 충분히 달구어 식용유를 고루 두르고 은행을 넣어 굴리면서 볶아서 은행이 새파랗게 익으면 불에서 내린다.
4 바로 마른 행주나 종이에 쏟아 고루 비벼서 속껍질을 벗긴다. 가는 꼬치에 은행을 3알씩 꽂고 끝에 잣을 한 알씩 꽂는다.

잣 솔

잣나무는 오엽송이므로 잣알을 솔잎에 꿰어 다섯 잎씩 모아서 붉은 실로 묶는다. 마른 안주로 이용하고 폐백 대추에 장식하는 데 쓰인다.

| 재료 및 분량 (4인분) |

잣 2큰술 / 솔잎 한줌 / 붉은 실 약간

| 만드는 법 |

1 잣은 굵은 것으로 골라 마른 행주로 비벼서 닦아 고깔을 떼어놓는다.
2 솔잎은 색이 파랗고 싱싱하며 단단한 잎으로 골라서 젖은 행주로 비벼서 깨끗이 닦는다.
3 잣의 뾰족한 부분에 솔잎을 꿰어서, 다섯 잎씩 모아 끝에서 3cm 정도의 부분을 붉은 실로 묶은 다음 가위로 솔잎의 끝을 잘라내고 그릇에 담는다.

생 률

생밤의 껍질을 벗겨서 안주나 간식으로 많이 한다. 날밤은 세계적으로 우리나라 사람만이 즐겨서 먹는 관습이 있다. 생률은 아주 예전부터 제례나 혼례, 환갑 등의 잔치 때 고임음식으로 빠지지 않는다.

| 재료 및 분량 (4인분) |

밤 20개

| 만드는 법 |

1 밤은 중간 정도 크기의 싱싱한 것으로 골라서 겉껍질을 벗겨 바로 쌀뜨물에 담가서 한두 시간 둔다.
2 밤을 한 알씩 손에 쥐어 잘 드는 창칼로 쳐서 속껍질을 두껍게 벗겨내고 위아래를 반듯한 모양으로 다듬는다.
3 껍질 벗긴 밤은 물에 껍질과 함께 담갔다가 쓸 때 건져서 물기를 거둔다.

암치포무침

민어의 등 쪽을 갈라서 소금 간을 하여 말린 것을 암치라 한다. 암치를 가늘게 뜯어서 참기름으로 무치거나 솜처럼 곱게 부풀려서 무치기도 한다.

| 재료 및 분량 (4인분) |

암치포 반 마리(300g) / 참기름 1큰술

| 만드는 법 |

1. 암치는 색이 희고 너무 바싹 마르지 않은 것으로 골라서 소금기가 많은 부분은 솔로 털어내고 가시와 뼈를 발라낸 다음 젖은 행주로 싸서 잠시 둔다.
2. 암치가 부드러워지면 껍질을 벗기고 살을 가늘게 쪽쪽 가르거나 칼로 얇게 저며서 썰어 참기름을 넣어 무치거나, 참기름을 따로 담아내어 상에서 찍어서 들도록 한다.
3. 암치보푸라기는 암치포를 가늘게 뜯어서 마른 행주에 싸 골고루 비벼서 솜처럼 곱게 부풀려서 참기름을 넣어 무쳐서 뚜껑 있는 용기에 담아 마른찬으로 한다.

김무침

김을 구워서 볶은 쇠고기를 넣어 무친 찬으로 파래김으로 만들어도 된다. 바로 먹을 때는 데친 미나리나 실파를 한데 무치면 더욱 향기로와 좋다.

| 재료 및 분량 (4인분) |

김 10장 / 쇠고기(우둔) 50g

양념 1 간장 2작은술 / 파(다져서) 2작은술 / 마늘(다져서) 1작은술 / 설탕 1작은술 / 후춧가루 약간

양념 2 간장 1/2큰술 / 참기름 1큰술 / 깨소금 1/2큰술

| 만드는 법 |

1. 김은 석쇠에 타지 않게 바싹 구워서 잘게 부순다.
2. 쇠고기는 살코기로 곱게 다져서 양념 1의 재료로 무쳐서 번철에 볶아내어 곱게 다진다.
3. 부순 김을 그릇에 담고 양념 2의 참기름을 넣어 고루 무친 후 깨소금, 간장, 볶은 쇠고기를 넣어 고루 무친다.
4. 김무침을 뚜껑 있는 그릇에 담아두고 밑반찬으로 쓴다.
5. 바로 먹을 때는 미나리나 실파를 다듬어서 끓는 물에 소금을 약간 넣어 데쳐내어 4cm 길이로 썰어 식초와 설탕으로 무친 것을 김무침과 합하여 섞어서 무치면 더욱 향기롭고 맛이 좋다.

오이통장과

연한 오이를 토막 내어 오이소박이처럼 칼집을 넣어 절였다가 양념한 쇠고기를 소로 채워서 볶다가 조린 숙장과이다.

| 만드는 법 |

1 오이는 6cm로 토막을 내어 양끝을 조금씩 남기고 작은 칼로 소박이처럼 세 갈래의 칼집을 넣어 양념 1의 소금물에 담가 한 시간 정도 절인다.

2 쇠고기는 살코기로 곱게 다져서 양념 2의 재료를 합한 양념장으로 고루 무친다.

3 오이가 절여져서 숨이 죽으면 물에 헹구어 행주에 싸 꼭 눌러 짜서 물기를 뺀다.

4 오이의 칼집 사이에 2의 양념한 고기를 채워서 넣는다.

5 번철이나 냄비에 참기름을 두르고 소를 채운 오이를 넣어 볶아 겉이 익어서 색이 고와지면 양념 3을 섞어서 부어 센 불에서 조린다.

6 오이가 익으면 실고추, 통깨를 고루 섞어서 넓은 그릇에 펴서 식힌 후 그릇에 담는다. 달걀지단채와 잣을 얹으면 색이 더욱 곱다.

| 재료 및 분량 (4인분) |

오이(소) 2개(300g) / 쇠고기(우둔) 100g / 참기름 1큰술 / 실고추 약간 / 통깨 ½큰술 / 잣 1큰술

양념 1 소금 2큰술 / 물 1½컵

양념 2 간장 1큰술 / 파(다져서) 2작은술 / 마늘(다져서) 1작은술 / 설탕 ½큰술 / 후춧가루 약간

양념 3 간장 1½큰술 / 설탕 2작은술 / 물 1큰술

오이갑장과

오이를 씨를 빼고 막대 모양으로 썰어 소금에 절였다가 쇠고기, 표고버섯과 함께 볶은 갑장과로 오이숙장과라고도 한다. 특히, 오이의 색도 곱고 아작아작 씹히는 맛이 아주 좋다.

| 재료 및 분량 (4인분) |

오이(소) 2개(300g) / 쇠고기(우둔) 50g / 마른 표고버섯 2장 / 식용유 1큰술

양념 1 소금 2큰술 / 물 1½컵
양념 2 간장 2작은술 / 파(다져서) 2작은술 / 마늘(다져서) 1작은술 / 설탕 1작은술 / 후춧가루 약간
양념 3 참기름 1큰술 / 깨소금 ½큰술 / 실고추 약간

| 만드는 법 |

1. 오이는 4cm로 토막을 내어 길이대로 6~8등분 하여 씨부분을 도려내고 막대 모양으로 썰어서 양념 1의 소금물에 한 시간 정도 절인다.
2. 쇠고기는 살코기로 결대로 곱게 채 썰고, 마른 표고버섯은 불려서 꼭지를 떼고 가늘게 채 썬다. 양념 2를 합한 양념장으로 채 썬 쇠고기와 표고버섯을 고루 무친다.
3. 오이가 절여졌으면 물에 헹구어 건져낸 다음 행주에 싸서 꼭 짜 물기를 뺀다.
4. 번철이나 냄비에 식용유를 두르고 먼저 양념한 쇠고기와 표고버섯을 넣어 볶다가 익으면 한쪽으로 모아놓고 다시 식용유를 더 두르고 오이를 넣어 센 불에서 볶아서 섞는다.
5. 오이가 익으면 양념 3의 참기름, 깨소금, 실고추를 넣어 잠시 더 볶아서 넓은 그릇에 펴 식힌 후 그릇에 담는다.

무갑장과

무를 막대 모양으로 썰어 간장에 절여서 쇠고기와 함께 볶아 만든 갑장과로 무숙장과라고도 한다.

| 재료 및 분량 (4인분) |

무 300g / 간장 4큰술 / 쇠고기 50g / 마른 표고버섯 2장 / 식용유 1큰술

양념 1 간장 ½큰술 / 파(다져서) 1작은술 / 마늘(다져서) ½작은술 / 설탕 ½큰술 / 참기름 1작은술 / 깨소금 1작은술 / 후춧가루 약간
양념 2 참기름 1큰술 / 깨소금 ½큰술 / 실고추 약간

| 만드는 법 |

1. 무는 폭 4cm로 토막을 내어 0.7cm 굵기의 막대 모양으로 썰어서 간장을 부어 가끔 위아래를 뒤섞으면서 2시간 이상 절인다.
2. 쇠고기는 살코기로 결대로 곱게 채 썰고, 마른 표고버섯은 불려서 꼭지를 떼고 가늘게 채 썬다.
3. 양념 1의 파, 마늘을 곱게 다지고 나머지 재료를 합한 양념장으로 쇠고기와 표고버섯을 고루 무친다.
4. 무가 검게 절여졌으면 건져내어 행주에 싸서 꼭 짜 물기를 빼고 절였던 간장물은 남긴다.
5. 번철이나 냄비에 식용유를 두르고 먼저 양념한 쇠고기와 표고를 넣어 볶다가 무를 넣어 한데 볶아 전체에 기름이 고루 돌면 남겨 놓았던 간장물을 넣어 조린다.
6. 장물이 거의 없어지면 양념 2의 참기름, 깨소금과 실고추를 짧게 끊어 넣어 잠시 더 볶다가 내려서 식은 후에 그릇에 담는다.

미나리장과

미나리를 데쳐서 쇠고기와 함께 볶은 갑장과로 파릇하고 향기가 좋다. 열무로도 미나리와 같은 방법으로 갑장과를 만든다.

| 재료 및 분량 (4인분) |

미나리 300g / 물 4컵 / 소금 1큰술 / 쇠고기(우둔) 100g / 다홍 고추 1개 / 식용유 1큰술

양념 1 간장 1큰술 / 파(다져서) 2작은술 / 마늘(다져서) 1작은술 / 설탕 ½큰술 / 후춧가루 약간

양념 2 간장 1큰술 / 참기름 1큰술 / 깨소금 ½큰술

| 만드는 법 |

1 미나리는 뿌리와 잎을 떼고 다듬어서 길이 5cm로 썰어 끓는 물에 소금을 약간 넣어 데쳐내어 바로 찬물에 헹구어서 건져놓는다.

2 쇠고기는 연한 살코기로 결대로 곱게 채 썰고, 다홍 고추는 갈라서 씨를 빼고 가늘게 채 썬다.

3 양념 1의 재료를 합하여 양념장을 만들어 채 썬 쇠고기를 무친다.

4 번철이나 냄비에 식용유를 두르고 먼저 양념한 쇠고기를 넣어 볶는다. 다홍 고추를 넣어 볶아 넓은 그릇에 펼쳐 식힌다.

5 볶은 쇠고기와 데친 미나리를 합하고 양념 2를 넣어 고루 무친다.

배추속대장과

배추의 속대를 말려 무말랭이와 합하여 간장으로 조린 장과이다. 기름기 없는 쇠고기도 다져서 함께 넣어 졸이면 더욱 맛이 좋다.

| 재료 및 분량 (10인분) |

배추속대 500g / 소금 1큰술 / 무말랭이 50g / 간장 ½컵 / 쇠고기 50g / 미나리 50g

양념 1 간장 ½큰술 / 설탕 · 참기름 각 1작은술 / 후춧가루 약간

양념 2 마른 고추 2개 / 생강 5g / 설탕 1큰술 / 물 3큰술

양념 3 참기름 1큰술 / 깨소금 1큰술

| 만드는 법 |

1 배추속대는 김치를 담글 때 연한 속대만을 떼서 소금을 뿌려서 절였다가 채반에 널어 꾸덕꾸덕하게 말린다.

2 무말랭이는 물에 씻어 건진다.

3 말린 배추에 간장을 부어서 절인다. 배추가 절여지면 간장물을 따라서 그 물에 무말랭이를 절인다.

4 쇠고기는 살로 곱게 다져서 양념 1 재료로 양념하여 냄비에 볶다가 무 절인 간장을 쏟아서 붓고, 양념 2의 고추와 생강을 채 썰어 넣고 설탕, 물을 넣어 팔팔 끓인다.

5 끓는 장물에 간장에 절였던 배추속대와 무를 넣어서 위아래를 가끔 섞으면서 장물을 바싹 조린다.

6 미나리는 잎을 떼고 다듬어서 4cm 길이로 썬다.

7 장물이 거의 없어지면 양념 3으로 고루 버무리고 미나리를 넣어 섞고 불에서 내려 식힌다.

8 식힌 후 뚜껑 있는 보존 용기에 담아두어 밑반찬으로 쓴다.

통마늘장아찌

연한 통마늘을 소금물에 삭혔다가 식초물을 부어서 만든 흰색의 마늘장아찌이다.

| 만드는 법 |

1 연한 통마늘을 껍질을 한 켜 벗기고 마늘대가 조금 남게 잘라서 분량의 소금물에 넣어 일주일 정도 두어 삭힌다.
2 삭힌 마늘을 건져서 물기를 닦고 항아리나 병에 차곡차곡 담는다.
3 식초와 설탕, 물을 냄비에 담고 끓여 식혀서 마늘 담은 항아리에 붓고 떠오르지 않게 위를 돌이나 접시로 눌러 둔다.
4 열흘마다 국물을 따라낸 다음 끓여서 붓기를 반복한다. 두 달 정도 되면 먹기 시작하여 일 년 내 두고 먹을 수 있다. 상에 낼 때는 양끝을 잘라내고 둥근 단면이 나오게 한 개를 3등분 하여 그릇에 담는다.

| 재료 및 분량 (20인분) |

통마늘 50개

소금물 소금 1컵 / 물 10컵
식초물 식초 2컵 / 설탕 1컵 / 물 5컵

* 통마늘간장장아찌

- 마늘을 소금물에 삭히는 대신에 심심한 촛물에 나흘 정도 담가서 아린 맛을 빼 건져서 물기를 없이 한 다음 항아리나 병에 담는다.
- 간장 5컵에 식초 ½컵과 설탕 ½컵을 끓여 식혀서 항아리에 붓는다.
- 열흘에 한 번씩 간장물만 따라내고 다시 끓여서 식혀 붓는 것을 서너 번 반복한다.

무말랭이장아찌

무말랭이와 말린 고춧잎을 한데 하여 고춧가루를 넣은 찹쌀풀에 버무려서 담은 경상도식 장아찌로 골곰짠지라고도 한다. 장아찌로 한번에 김치처럼 많이 만들어서 항아리에 담아 오래 두고 먹는다. 멸치젓국 대신에 간장을 넣어 버무리기도 한다.

| 재료 및 분량 (20인분) |

무말랭이 1kg / 고춧잎 100g / 엿기름 1컵 / 물 4컵 / 찹쌀가루 1컵 / 조청 ½컵 / 소금 적량

양념 1 고춧가루 1컵 / 멸치젓국 ½컵

양념 2 마늘(다져서) 30g / 생강(다져서) 20g / 통깨 1큰술 /

| 만드는 법 |

1 무말랭이는 지레 감장할 무렵에 길이 4cm, 굵기 1cm 정도의 막대 모양으로 썰어서 채반에 널어 고루 바싹 말린다.

2 고춧잎은 연하고 부드러운 것으로 따서 끓는 물에 살짝 데쳐서 채반에 널어 바싹 말린다.

3 엿기름을 분량의 물을 넣어 비벼서 2시간 정도 그대로 두어 찌꺼기를 가라앉힌 후 고운체에 윗물만 가만히 따르면서 거른다.

4 엿기름 물에 찹쌀가루를 넣어 고루 푼 다음 불에 올려 저으면서 찹쌀풀을 쑤어서 말갛게 되면 조청을 넣어 고루 섞어 불에서 내려 식힌다.

5 무말랭이와 고춧잎은 물에 잠깐 불렸다가 물기를 꼭 짠다.

6 식은 찹쌀풀에 양념 1을 넣어 고루 섞은 후에 무말랭이와 고춧잎을 넣고 양념 2의 재료를 넣어 고루 버무려서 간을 보아 부족하면 소금으로 맞추고 항아리에 꼭꼭 눌러 담는다. 한 달 후쯤에 맛이 들면 먹을 때 조금씩 꺼내어 참기름, 설탕, 다진 파 · 마늘을 넣어 무쳐서 먹는다.

* 무말랭이간장장아찌

무말랭이와 말린 고춧잎을 합하여 간장을 끓여 식혀서 부은 다음 저민 마늘과 생강도 넣어 재료가 장에 담기도록 돌이나 작은 접시를 눌러 놓는다. 먹을 때 꺼내어 꼭 짜서 고춧가루, 다진 파 · 마늘, 참기름, 설탕, 깨소금 등을 넣어 고루 무친다.

오이간장장아찌

오이는 길이가 짧고 통통하면서 씨가 적은 재래종의 연한 오이를 통째로 절여서 만들거나 오이지를 건져서 물기를 닦아 고추장에 박아서 서너 달 후부터 꺼내어 잘게 썰어서 다진 파 · 마늘과 참기름, 설탕, 깨소금을 넣어 고루 무쳐서 찬으로 한다.

만드는 법

1 오이는 소금물로 문질러 씻어 물기를 없이 한 다음 항아리나 병에 차곡차곡 담는다.

2 마른 고추는 씨를 빼고 어슷하게 썰고, 생강은 씻어서 납작납작하게 저며 썰어 냄비에 양념 1의 재료를 합하여 불에 올려 끓여서 식힌다.

3 식힌 장물을 오이 담은 항아리에 붓고 위로 떠오르지 않게 돌이나 접시로 눌러 둔다. 3일쯤 있다가 간장 국물을 따라내어 끓여 식혀서 붓고, 다시 닷새쯤 후에 마찬가지로 끓여 붓는다. 졸아들어 짜면 물을 보태어서 끓인다.

4 상에 낼 때는 길이를 4등분 하여 막대 모양으로 썰어 그대로 찬으로 하거나 잘게 썰어서 다진 파 · 마늘, 참기름, 설탕, 깨소금 등을 넣어 고루 무쳐서 찬으로 한다.

재료 및 분량 (20인분)

오이(소) 20개(3kg) / 소금 3큰술 / 마른 고추 2개 / 생강 2톨

양념 1 간장 3컵 / 식초 1컵 / 설탕 1컵 / 물 2컵

풋고추장아찌

풋고추를 소금물에 삭혀서 간장을 붓거나 고추장에 박아 두어서 맛이 들면 잘게 썰어서 양념을 넣어 무쳐서 먹는다. 장에 박기 전의 삭힌 고추도 무쳐서 먹기도 한다.

| 재료 및 분량 (20인분) |

풋고추(소) 1kg / 소금 60g / 물 3컵 / 간장 2컵 / 고추장 2컵

| 만드는 법 |

1. 풋고추는 크고 상처가 없는 것으로 골라 씻어서 꼭지를 1cm 정도 남기고 끊는다.
2. 물에 소금을 잘 풀어서 고추를 넣어 떠오르지 못하게 대발이나 접시를 얹어서 2주일 정도 두어 노랗게 삭힌다.
3. 향이 좋게 삭은 고추는 건져서 물기를 거두어서 간장을 부은 다음 위를 돌이나 작은 접시 등으로 눌러두거나 고추장에 박아서 2주일 이상 둔다.
4. 먹을 때는 고추를 잘게 썰어서 참기름, 설탕, 다진 파 · 마늘 등을 넣어 무친다.

깻잎장아찌

들깻잎을 쪄서 6장 정도씩 실로 묶어 양념장을 끼얹으면서 켜켜로 재워 간이 들면 바로 먹는 장아찌이다.

| 재료 및 분량 (20인분) |

깻잎 200장 / 마늘 1통 / 생강 2톨

양념 1 간장 2컵 / 설탕 ½컵 / 통깨 2큰술 / 실고추 약간

| 만드는 법 |

1. 깻잎을 씻어 건져 물기를 닦아서 김이 많이 오르는 찜통에 넣어 잠깐 쪄내어 채반에 꺼낸다.
2. 마늘과 생강을 씻어서 가늘게 채 썰고 양념 1과 합하여 양념장을 만든다.
3. 찐 깻잎을 한 장씩 펴고 양념장을 발라서 여섯 장식 겹쳐 한 묶음으로 하여 저장용 용기에 켜켜로 담고 남은 간장을 부어 작은 접시 등으로 눌러 놓는다.
4. 하루쯤 두면 먹을 수 있다. 열흘 이상 둘 때는 3일에 한 번씩 간장을 따라서 끓여 식힌 후에 부어둔다.

*** 깻잎간장장아찌**

깨끗한 들깻잎을 물에 씻어서 물기를 거두어 6장 정도씩 실로 묶은 후 항아리에 담고 간장을 붓고 돌이나 접시로 눌러서 석 달 정도 둔다. 깻잎이 삭으면 살짝 쪄서 밥을 싸먹거나 잘게 썰어 참기름, 설탕, 깨소금을 넣어 고루 무쳐서 찬으로 한다.

*** 깻잎된장장아찌**

간장에 재웠던 깻잎장이나 소금물에 삭힌 깻잎을 거즈에 싸서 된장에 박아서 두 달 정도 둔다. 맛이들면 꺼내어 찜통이나 밥 위에 얹어 살짝 쪄내 밥에 싸서 먹는다.

무된장장아찌

무를 반 또는 넷으로 갈라서 소금물에 절였다가 꾸덕꾸덕하게 말리거나, 무짠지나 동치미의 남은 무를 된장에 박는다. 서너 달 후에 꺼내어 잘게 썰어서 다진 파 · 마늘과 참기름, 설탕, 깨소금을 넣어 고루 무쳐서 찬으로 한다.

콩잎장아찌

가을철에 누렇게 단풍이 든 콩잎을 따서 열 장 정도씩 실로 묶어서 된장에 박아두거나 간장을 부어서 돌로 눌러두었다가 밥을 싸서 먹거나 잘게 썰어서 참기름, 설탕, 깨소금을 넣어 고루 무친다.

또 다른 방법은 콩잎을 소금물에 담가서 열흘 정도 삭혀서 건져 멸치젓국에 고춧가루, 다진 마늘 · 생강을 섞은 것에 차곡차곡 재워서 항아리에 담은 것도 맛이 훌륭하다.

마늘종장아찌

연한 마늘종을 식초물을 부어 삭혀서 고추장에 박아두거나 약간 말려 짧게 끊어서 무쳐 찬으로 한다.

| 재료 및 분량 (20인분) |

마늘종 1,000g

소금물 소금 ½컵 / 물 4컵

식초물 소금 2큰술 / 설탕 ½컵 / 식초 1컵 / 물 3컵

| 만드는 법 |

1 연한 마늘종을 골라서 끝의 억센 부분은 잘라내고 열 가닥 정도를 한 묶음씩 묶어서 분량의 소금물을 부어 절인다.

2 절인 마늘종 한 묶음씩을 둥근 타래로 하여 항아리나 병에 담는다.

3 분량의 재료로 식초물을 만들어 냄비에 담고 끓여서 식혀 마늘종 담은 항아리에 붓고 떠오르지 않게 위를 돌이나 접시로 눌러 둔다.

4 보름쯤 두어 노랗게 삭으면 꺼내어 채반에 널어 꾸덕꾸덕하게 말려서 고추장에 다시 박거나 4cm 정도로 끊어서 고추장, 설탕, 참기름, 깨소금 등을 넣어 고루 무친다.

매실장아찌

| 재료 및 분량 (20인분) |

매실 2kg / 흰설탕 2kg

| 만드는 법 |

1 매실을 통째로 꼭지 달린 쪽을 중심으로 열십자(+)로 4군데 칼집을 넣는다.

2 칼집 넣은 매실을 통에 한 켜씩 담고 설탕을 중간중간 뿌려서 재워둔다.

3 15~20일 후 매실을 건져 살을 떼어 따로 모아서 매실액을 자작자작하게 부어 놓고 필요한 분량을 꺼내어 고추장을 넣어 고루 무친다.

3 살을 떼고 남은 매실씨는 다시 매실액에 넣어 100일 후에 건져낸다.

더덕장아찌

더덕은 껍질을 벗기고 방망이로 두들겨서 납작하게 만들어 햇볕에 꾸덕꾸덕하게 말린 다음 고추장에 박아둔다. 더덕에 간이 배면 먹을 때는 하나씩 꺼내어 길이대로 쭉쭉 갈라서 찢어 참기름, 깨소금, 설탕 등을 넣어 고루 무친다. 고추장에 넣기 전에 된장에 한 달 정도 박아두었다가 고추장에 옮겨 넣기도 한다.

감장아찌

감나무에서 덜 익은 푸른 감을 따서 고추장에 박아두면 두 달 정도 지나 간이 배서 쪼글쪼글하게 된다. 먹을 때 꺼내어 얇게 썰어서 참기름, 설탕, 깨소금을 넣어 고루 무친다.

칠보편포 · 대추편포

쇠고기의 우둔살을 곱게 다져서 간장으로 조미하여 크게 덩어리를 만들어 말린 것을 편포라 한다. 폐백에 쓸 때는 크게 말리는데, 말리는 동안에 상하기 쉬우므로 요즈음은 오븐이나 번철에 굽는 경우가 많다. 칠보편포는 다진 쇠고기를 간장으로 조미하여 동글납작하게 빚어 잣을 일곱 개 박아서 말리며, 대추편포는 양념한 쇠고기를 대추처럼 빚어서 말린 포이다. 염포는 포감 준비는 마찬가지이며 간장 대신에 소금으로 조미하여 말린다. 포쌈은 넓적한 육포감을 양념하여 도마에 놓고 한 끝에 잣을 다섯 알 정도 놓고 포감으로 덮어서 폭 4cm 반달 모양으로 가위로 도려내어서 채반에 널어서 말린다. 포다식은 육포를 잘게 썰어 팬에 물기 없이 바싹 볶아 절구에 찧거나 블렌더에 곱게 갈아 꿀, 참기름, 깨를 넣어 다식판에 찍어 낸다.

| 재료 및 분량 (10인분) |

쇠고기(우둔) 500g / 잣 3큰술

양념 1 간장 5큰술 / 꿀 1큰술 / 설탕 2큰술 / 후춧가루 약간

| 만드는 법 |

1 쇠고기는 기름기가 없는 우둔살 부위로 골라서 기름기를 떼고 곱게 다진다.
2 그릇에 양념 1을 한데 담아 고루 섞어서 다진 고기를 넣어 전체를 고루 주물러서 간이 충분히 배도록 한 다음 1시간 정도 둔다.
3 칠보편포는 양념한 고기를 반은 지름 4cm, 두께 1cm로 동글납작하게 빚어서 중심에 잣 한 알을 박고 가장자리에 여섯 알씩을 깊게 박아서 채반에 널어 말린다. 대추편포는 양념한 고기를 큰 대추알만큼 빚어서 끝에 잣 한 알을 깊게 박아서 통풍이 잘 되고 햇빛이 나는 곳에 이틀 정도 육포와 같은 요령으로 가끔 뒤집으면서 말린다.
4 바싹 마르기 전에 걷어서 비닐이나 랩지로 싸서 냉장고나 냉동실에 넣어 보관해 둔다.
5 먹을 때는 참기름을 고루 발라 석쇠에 살짝 구워서 술안주나 마른 찬으로 낸다.

육포

쇠고기의 우둔살을 포로 떠서 간장으로 조미하여 말린 포로 장포 또는 약포라고 한다. 조미장에는 참기름을 넣지 않아야 오래 두어도 맛이 변하지 않으며 먹을 때 참기름을 발라서 굽는다. 특히, 서울 지방의 혼례 때 폐백음식으로 대추와 육포를 마련하기도 한다. 이때는 많이 만들어 쟁반에 반듯하게 고이고 청홍띠를 두른다.

| 재료 및 분량 (10인분) |

쇠고기(우둔) 500g

양념 1 간장 5큰술 / 꿀 1큰술 / 설탕 2큰술 / 후춧가루 약간

| 만드는 법 |

1 쇠고기는 기름기가 없는 우둔살 부위로 골라 결의 방향대로 두께 0.4cm 정도로 얇고 넓게 포감으로 떠서 기름과 힘줄을 말끔히 발라낸다.

2 그릇에 양념 1을 한데 담아 고루 섞어 양념장을 만든다.

3 포감을 한 장씩 양념장에 담가서 앞뒤를 고루 적신 뒤 전체를 고루 주물러 간이 충분히 배도록 하여 1시간 정도 둔다.

4 육포감을 채반에 겹치지 않게 펴 널어서 통풍이 잘 되고 햇빛이 나는 곳에 이틀 정도 말린다. 널어서 반나절쯤 뒤에 겉면이 대강 말랐을 때 뒤집어서 뒷면도 고루 말린다.

5 바싹 마르기 전에 걷어서 평평한 곳에 한지를 깔고 말린 포를 끝을 잘 펴서 차곡차곡 싸서 도마나 판자를 놓고 무거운 것으로 눌러서 하루쯤 두어 판판하게 한다.

6 말린 포는 비닐이나 랩지로 싸서 냉장고나 냉동실에 넣어 보관해 둔다.

7 먹을 때는 육포의 양면에 참기름을 고루 발라서 석쇠에 얹어 앞뒤를 살짝 구워서 먹기에 적당한 갸름한 네모로 썰어 마른찬이나 술안주로 한다.

배추통김치

배추를 통째로 갈라서 절여 잎 사이에 무채 양념을 채운 포기김치로 우리나라 김치 중 가장 보편적이며 김장김치로도 많이 담는다. 지방에 따라서 소에 넣는 젓갈의 종류와 양념이 조금씩 다르다. 남쪽 지방은 멸치젓을 많이 쓰고 맵고 짜게 하는 편이고 추운 북쪽 지방은 젓갈과 고춧가루를 많이 쓰지 않아서 담백하고 매운맛이 덜하다. 소에 배, 밤 등의 과실을 넣기도 한다.

배추김치를 한켜 놓고 사이에 무를 큼직하게 썰어서 소금, 고춧가루로 버무려서 켜켜에 넣어 담으면 김치도 맛이 시원하고 무도 맛이 있다.

젓갈은 김장철이 되기 전에 멸치젓, 조기젓, 황석어젓, 갈치젓 등 각 가정의 기호에 맞는 것으로 준비하여 생젓국은 그대로 고운체에 밭치고 나머지는 물을 보태어 끓여 밭쳐서 맑은 젓국을 만들어 쓴다.

| 만드는 법 |

배추 절이기

1 배추는 겉잎을 떼어내고 다듬어서 뿌리 쪽에 칼집을 반쯤만 넣어 양쪽으로 갈라서 포기를 나누어 양념 1의 소금물에 담갔다가 건져서 뿌리 쪽의 두꺼운 부분에 양념 2의 소금을 뿌려서 큰 독이나 용기에 가른 단면이 위로 오게 차곡차곡 담아 절인다. 다섯 시간쯤 후에 위아래를 바꾸어 전체를 고루 절인다.

2 배추가 잘 절여졌으면 깨끗이 씻어서 큰 채반이나 소쿠리에 엎어서 건져놓아 물기가 빠지게 한다. 포기가 큰 것은 다시 반으로 가르고 뿌리 부분을 깨끗이 도려낸다.

소의 재료 준비

1 무는 씻어서 0.3cm 정도 굵기의 채로 썬다.

2 미나리, 갓, 실파는 다듬어서 씻어 4cm 길이로 썬다.

3 대파는 어슷하게 채 썰고, 마늘과 생강은 다듬어서 곱게 다진다.

4 생굴과 생새우는 소금물에 흔들어 씻어 건지고, 생동태는 살만 떠서 2cm 폭으로 썬다.

소 버무려 넣기

1 무채에 고춧가루를 넣어 고루 버무려서 빨갛게 색을 들인 후 미나리, 갓, 실파, 파를 넣어 섞는다. 이어서 다진 마늘 · 생강과 새우젓갈과 조기젓국을 넣어 섞고 간을 보아 부족하면 소금, 설탕으로 맞추고 생굴, 생새우, 동태살을 넣어 함께 버무려서 섞는다.

2 소를 넓은 그릇에 덜어서 절인 배추를 놓고 배춧잎의 사이사이에 고르게 채워서 바깥잎으로 전체를 싼 다음 항아리에 차곡차곡 담는다. 항아리의 제일 위는 배추 겉대 절인 것을 덮고 깨끗한 돌로 눌러놓는다. 국물이 적으면 물을 끓여서 소금이나 젓국으로 간을 맞추어 붓는다.

3 배추통김치는 김장철에 담으면 대개 약 3주일 정도 지나 맛있게 익는다. 김치는 필요한 만큼씩만 꺼내어 바로 썰어야 맛이 있다. 꺼내고 나서는 반드시 꼭꼭 눌러두어야 김치맛이 변하지 않는다.

| 재료 및 분량 (완성량 약25kg) |

배추 10개(20kg) / 무 5개(5kg) / 미나리 300g / 갓 300g / 실파 300g / 대파 300g / 마늘(다져서) 100g / 생강(다져서) 50g / 생굴 300g / 생새우 300g / 생동태 2마리 / 고춧가루 1컵 / 새우젓 1컵 / 조기젓국 2컵 / 소금 ½컵 / 설탕 ½컵

양념 1 소금 4컵 / 물 20컵(4L)

양념 2 소금 2컵

보김치

배추를 절여서 네모지게 썰고 무는 납작하게 썰어 절여서 배 · 밤 · 잣 등의 과실과 낙지 · 굴 등의 해산물, 석이버섯 · 표고버섯 등의 산해진미를 모두 합하여 버무려서 보시기에 배춧잎을 깔고 하나씩 보자기처럼 싸서 익힌 호화로운 김치이다. 흔히 보쌈김치라 하여 경기도 개성의 명물인 김치인데, 개성에서는 원래 쌈김치라 한다.

| 만드는 법 |

1 배추는 잎이 넓고 많은 것으로 골라서 반으로 갈라 배추통김치 담는 요령으로 양념 1의 소금물로 절인다.

2 무는 깨끗이 씻어 잔뿌리만 떼고 껍질을 살짝 벗긴 다음 폭 4cm로 토막을 낸 다음 1cm 두께로 납작하게 썰어 소금에 절인다.

3 배추가 충분히 절여지면 물에 씻어서 건져 물기를 빼고 커다란 잎을 떼어서 따로 두고 줄기는 4cm 폭으로 썬다.

4 실파, 갓, 미나리는 다듬어서 4cm 길이로 썬다.

5 생굴은 소금물에 흔들어 깨끗이 씻어 건지고, 낙지는 소금으로 주물러 씻어서 4cm 길이로 끊어놓는다.

6 배는 껍질을 벗겨서 무와 같은 크기로 썰고 밤은 껍질을 벗겨 납작납작하게 썰고 잣은 고깔을 따 놓는다.

7 대파는 어슷하게 채 썰고 마늘, 생강은 다듬어서 곱게 다지고, 새우젓은 건지를 대강 다진다.

8 마른 석이버섯은 불려서 손질하여 굵은 채로 썰고, 마른 표고버섯은 불려서 채 썰고, 실고추는 3cm로 끊어 놓는다.

9 큰 그릇에 절인 배추 · 무와 배를 담고 양념 2 중에 먼저 고춧가루를 넣어 고루 버무린 다음 이어서 준비한 양념과 젓갈을 섞고 설탕을 넣어 잘 섞은 후에 낙지, 생굴을 넣어 고루 살짝 버무린다.

10 보시기에 절인 배춧잎을 3장 정도 고르게 펴놓고 9의 버무린 김치를 안에 담고 위에 석이버섯, 표고버섯, 밤, 잣, 실고추 등의 고명을 얹어서 배춧잎을 한 장씩 차례로 덮어서 둥글게 만들어 항아리에 차곡차곡 담는다.

11 양념 3의 물을 끓여서 소금과 황석어젓국으로 간을 맞추어 김칫국물을 부어서 익힌다. 김장철에 담으면 일주일 정도면 적당하게 익는다.

| 재료 및 분량 (완성량 약 15kg) |

배추 5개(10kg) / 무 3개(3kg) / 소금 ½컵 / 실파 200g / 갓 200g / 미나리 200g / 생굴 500g / 낙지 2마리 / 배 1개 / 밤 5개 / 잣 2큰술 / 대파 100g / 마늘(다져서) 50g / 생강(다져서) 25g / 마른 석이버섯 5장 / 마른 표고버섯(중) 3장 / 실고추 3g

양념 1 물 10컵(2L) / 소금 2컵

양념 2 고춧가루 1½컵 / 새우젓 ½컵 / 황석어젓 ½컵 / 소금 4큰술 / 설탕 3큰술

양념 3 물 5컵 / 소금 1큰술 / 황석어젓국 2큰술

백김치

배추를 통째로 갈라서 절여서 잎 사이에 고춧가루를 넣지 않고 무채에 배, 밤, 대추, 석이버섯, 표고버섯 등을 섞은 흰색의 소를 배춧잎의 사이사이에 채워서 국물을 넉넉히 부어 익힌 김치로 원래는 추운 북쪽 지방의 김치인데, 요즈음은 배추동치미처럼 많이 담근다.

| 만드는 법 |

1 배추는 겉잎을 떼고 다듬어 반으로 갈라서 배추통김치 담는 요령으로 양념 1의 소금물로 절인다.
2 배추가 잘 절여졌으면 깨끗이 씻어서 큰 채반이나 소쿠리에 엎어서 건져놓아 물기가 빠지게 한다. 포기가 큰 것은 다시 반으로 가르고 뿌리 부분을 깨끗이 도려낸다.
3 무는 씻어서 0.3cm 정도 굵기의 채로 썬다.
4 미나리, 실파, 갓은 다듬어서 4cm 길이로 썰고, 대파는 어슷하게 채 썰며, 마늘과 생강도 곱게 채 썬다.
5 밤은 껍질을 벗겨서 채 썰고 대추는 씨를 발라내어 채 썬다. 배는 껍질을 벗겨서 채 썬다.
6 마른 석이버섯은 불려서 손질하여 채 썰고 마른 표고버섯도 불려서 채 썬다. 실고추는 3cm로 끊어 놓는다.
7 넓은 그릇에 채 썰어 놓은 무, 배, 밤, 대추를 담고 실고추를 넣어 버무려 붉은색이 약간 들게 한다. 이어서 미나리, 갓, 실파와 채 썬 파 · 마늘 · 생강 · 석이버섯 · 표고버섯 등 소의 재료를 모두 함께 넣어 살살 버무려서 소금으로 간을 맞춘다.
8 절인 배추에 준비한 소를 배춧잎의 사이사이에 채워서 겉의 큰 잎으로 소가 빠지지 않게 잘 오므려서 항아리에 차곡차곡 담는다.
9 김칫국물은 양념 2의 배를 강판에 갈아서 즙을 걸러 소금물과 합하여 항아리에 부어서 뚜껑을 잘 덮어 익힌다.
10 김장철에 담으면 대개 약 2주일 정도 지나면 맛있게 익는다.

| 재료 및 분량 (완성량 약15kg) |

배추 5개(10kg)
무 3개(3kg) / 미나리 200g / 실파 200g / 갓 200g / 대파 100g / 마늘 40g / 생강 20g / 밤 5개 / 대추 5개 / 배 1개 / 마른 석이버섯 5장 / 마른 표고버섯 3장 / 실고추 3g / 소금 3큰술

양념 1 물 10컵(2L) / 소금 2컵
양념 2 배 1개 / 소금 1/2컵 / 물 10컵

총각김치

무청이 달린 총각무를 절여서 멸치젓과 고춧가루를 많이 넣어 맵고 진한 맛이 나는 젓국김치이다. 김장 때에는 배추김치보다 미리 담가서 먼저 먹기 시작한다. 멸치젓 대신에 새우젓이나 조기젓을 쓰면 오래 두어도 색이 덜 변한다.

총각무는 일명 알타리무라고도 한다. 고를 때는 무청이 파랗고 싱싱하며 무가 단단하고 심이 없는 것을 택한다.

| 재료 및 분량 (완성량 약 2.5kg) |

총각무 2kg

실파 300g / 갓 300g / 대파 50g / 마늘(다져서) 4큰술 / 생강(다져서) 2큰술 / 멸치젓 ½컵 / 새우젓 ½컵 / 고춧가루 1컵 / 설탕 2큰술

양념 1 소금 ½컵

양념 2 찹쌀가루 3큰술 / 소금 2큰술 / 물 1컵

| 만드는 법 |

1 총각무는 잔털을 떼고 무청 달린 부분의 껍질을 도려내어 깨끗이 씻고 양념 1의 소금을 고루 뿌려서 절여 물에 살짝 헹구어서 소쿠리에 건져 물기를 뺀다.

2 실파, 갓은 다듬어서 무를 절이는 도중에 함께 넣고 절여서 살짝 씻어 건진다.

3 대파는 어슷하게 채 썰고, 마늘과 생강은 다듬어서 곱게 다진다.

4 냄비에 양념 2의 물을 담아 찹쌀가루를 잘 풀어서 풀을 쑤어 소금으로 간을 하여 식힌다.

5 큰 그릇에 멸치젓국을 담아 먼저 고춧가루를 섞고 이어서 식힌 찹쌀풀을 고루 섞은 후에 대파, 마늘, 생강, 새우젓, 설탕을 넣어 걸쭉한 양념을 만든다.

6 섞어놓은 양념에 절인 총각무, 실파, 갓을 넣어 고루 버무려서 총각무, 실파, 갓을 두 가닥 정도씩 한데 모아 말아 둥근 묶음으로 하여 항아리에 차곡차곡 담고 꼭꼭 눌러서 익힌다. 김장철에는 2주 정도면 먹기에 알맞게 익는다.

7 상에 낼 때는 묶음을 풀어서 무청, 실파는 길이 4cm로 썰고, 무도 작게 썰어 담는다.

깍두기

무를 네모나게 깍둑썰기 하여 양념을 많이 넣고 버무려서 만든 김치이다. 깍두기에 넣는 양념은 다져서 넣어야 무에 고루 묻는다. 무가 수분이 많아서 단단하지 않을 때는 소금을 뿌려서 절여 수분을 빼서 만들어야 무르지 않는다. 무에 실파, 갓, 미나리 또는 연한 무청이나 배추속대를 섞어서 담는다. 굴을 많이 넣으면 빨리 익으므로 오래 둘 것은 조금만 넣는다.

| 만드는 법 |

1. 무는 깨끗이 씻어서 잔뿌리만 떼고 껍질을 살짝 벗겨 폭 2cm로 둥글게 썬 후에 뉘어서 다시 2cm 정육각형의 깍둑썰기로 썬다.
2. 실파, 갓, 미나리는 다듬어서 3cm 길이로 썬다.
3. 생굴은 소금물에 흔들어 씻어 건진다.
4. 대파, 마늘, 생강은 다듬어서 곱게 다지고 새우젓도 건지를 대강 다진다.
5. 큰 그릇에 무 썬 것을 담고 먼저 고춧가루를 넣어 고루 버무려서 색을 곱게 들인다. 이어서 다진 파 · 마늘 · 생강, 새우젓, 멸치젓, 설탕을 넣어 잘 섞은 후에 실파, 갓, 미나리, 생굴을 넣어 고루 버무려서 소금, 설탕으로 간을 맞춘다.
6. 항아리에 버무린 깍두기를 꼭꼭 눌러서 담고 뚜껑을 잘 덮어 익힌다. 김장철에는 열흘 정도면 먹기에 알맞게 익는다.

| 재료 및 분량 (완성량 약 2.5kg) |

무 2개(2kg) / 실파 200g / 갓 200g / 미나리 200g / 생굴 300g /

양념 1 고춧가루 1컵 / 대파(다져서) 40g / 마늘(다져서) 40g / 생강(다져서) 20g / 새우젓 ½컵 / 멸치젓 ½컵 / 소금 4큰술 / 설탕 2큰술

섞박지

배추와 무를 절여서 4cm 정도 네모지게 썰어서 여러 가지 양념과 굴, 낙지, 조기젓국을 넣어 고루 버무려서 만드는 김치로 통김치가 익기 전에 먹는 지레김치로 많이 담는다. 김치는 한번에 먹을 분량만을 꺼내고 나서 반드시 꼭꼭 눌러 둔다.

| 재료 및 분량 (완성량 약 8kg) |

배추 2개(4kg) / 무 3개(3kg) / 실파 100g / 미나리 100g / 갓 100g / 생굴 300g / 낙지 2마리 /

양념 1 소금 1컵 / 물 5컵

양념 2 고춧가루 2컵 / 실고추 5g / 대파 60g / 마늘(다져서) 60g / 생강(다져서) 30g / 새우젓 1/2컵 / 조기젓 1컵 / 소금 2큰술 / 설탕 2큰술

| 만드는 법 |

1 배추는 겉잎을 떼고 다듬어서 반을 가르고, 무도 반씩 갈라서 양념 1의 소금물에 담가 절인다.

2 배추와 무가 잘 절여졌으면 배추는 4cm 폭으로 썰고, 무는 폭 4cm, 두께 1cm의 네모로 썬다.

3 실파, 미나리, 갓은 씻어 4cm 길이로 썬다.

4 굴은 소금물에서 흔들어 씻어서 건지고 낙지는 소금으로 문질러 씻어서 4cm 길이로 썬다.

5 대파는 어슷하게 채 썰고, 마늘과 생강은 곱게 다진다. 새우젓의 건지를 다지고 조기젓의 살은 떠서 잘게 썰고 머리와 뼈는 물을 보태어 끓여서 고운체에 밭쳐 맑은 젓국을 마련한다.

6 큰 그릇에 절인 무 · 배추를 담고 먼저 양념 2의 고춧가루를 넣어서 고루 붉은색을 들인 후 준비한 양념들을 모두 넣어서 섞고 조기젓, 새우젓, 소금, 설탕으로 간을 맞추어 항아리에 꼭꼭 눌러서 담아 익힌다.

7 김장철에 담으면 일주일 정도 지나 먹기에 알맞게 익는다.

비늘김치

무에 생선 비늘처럼 칼집을 넣어 그 속에 무채로 만든 소를 채워서 익힌 김치이다.

| 재료 및 분량 (완성량 약 6kg) |

동치미무 10개(5kg) / 배춧잎 20장 / 무 1개(1kg) / 실파 100g / 미나리 100g / 갓 100g

양념 1 소금 1컵 / 물 5컵

양념 2 고춧가루 1컵 / 소금 2큰술 / 마늘(다져서) 40g / 생강(다져서) 20g / 새우젓 4큰술 / 설탕 4큰술

| 만드는 법 |

1. 무는 단단하고 작은 동치미무를 골라서 씻어 반을 갈라 생선 비늘 모양으로 어슷어슷하게 3cm 간격으로 고르게 칼집을 넣는다.
2. 배춧잎은 큰 것으로 골라 씻어서 양념 1의 소금물에 무와 함께 넣어 절인다.
3. 무와 배춧잎이 잘 절여졌으면 깨끗이 씻어서 소쿠리에 건져 물기를 뺀다.
4. 따로 무 1개를 가늘게 채 썰고, 실파, 미나리, 갓은 씻어서 3cm 길이로 썬다.
5. 마늘과 생강은 곱게 다지고, 새우젓의 건지도 다진다.
6. 그릇에 무채를 담고 먼저 고춧가루를 넣어서 고루 붉은색을 들인 후 준비한 양념들을 모두 넣고 새우젓, 소금, 설탕으로 간을 맞추어 무채 소를 만든다.
7. 절인 무의 칼집 사이에 무채 소를 고루 채워 넣고 배춧잎으로 겉을 싸서 항아리에 꼭꼭 눌러서 담아 익힌다. 배추김치를 담을 때는 배추 사이사이에 한 켜씩 넣으면 된다. 상에 낼 때는 먹기 쉽게 토막을 내어서 그릇에 가지런히 담는다.

석류김치

무를 도톰하게 토막을 내어 바둑판처럼 칼집을 넣어 절여서 백김치처럼 고춧가루를 넣지 않은 무소를 채워서 만든 국물이 넉넉한 궁중식 김치이다. 모양이 마치 석류알이 익어서 벌어진 듯하여 붙여진 이름이다. 백김치와 더불어 맵지 않아서 환자, 어린이, 노인에게 적합하다.

| 재료 및 분량 (완성량 약 6kg) |

동치미무 10개(5kg) / 배춧잎 20장

무 1개(1kg) / 배 1개 / 실파 50g / 미나리 50g / 갓 50g / 밤 3개 / 대추 3개 / 마른 석이버섯 3장 / 마른 표고버섯 2장

양념 1 물 10컵 / 소금 2컵

양념 2 대파 30g / 마늘 20g / 생강 10g / 실고추 3g / 소금 2큰술 / 설탕 1큰술

양념 3 소금 2큰술 / 물 5컵

| 만드는 법 |

1 무는 지름이 작고 곧은 것으로 골라서 씻어 4cm 폭으로 토막을 내어 눕혀서 밑에서 1cm 정도 남기고 가로세로 1cm 간격으로 칼집을 넣는다.

2 배춧잎은 큰 것으로 골라서 씻어 양념 1의 소금물에 무와 함께 넣어 절인다.

3 무와 배춧잎이 잘 절여졌으면 씻어서 소쿠리에 건져 물기를 뺀다.

4 소에 넣을 무와 배는 길이 4cm의 가는 채로 썰고, 실파, 미나리, 갓은 씻어서 3cm 길이로 썬다.

5 마늘과 생강도 곱게 채 썰고, 밤은 껍질을 벗기고 대추는 씨를 발라내어 채 썰고 실고추는 3cm 길이로 자른다.

6 마른 표고버섯과 마른 석이버섯은 불려서 손질하여 가늘게 채 썬다.

7 그릇에 무채를 담고 먼저 실고추를 섞고 나서 준비한 양념들을 모두 넣어서 고루 섞어 소금·설탕으로 간을 맞춘 다음 무채 소를 만든다.

8 절인 무의 칼집 사이에 무소를 고루 채워 넣고 배춧잎으로 겉을 싸서 항아리에 꼭꼭 눌러서 담아 익힌다.

9 양념 3의 소금물을 만들어 김칫국물로 부어서 뚜껑을 잘 덮어서 익힌다.

* 상에 낼 때는 먹기 쉽게 칼집을 끝까지 넣어 그릇에 가지런히 담고 국물을 넉넉히 붓는다.

열무김치

여름철의 연한 열무로 국물을 넉넉히 하여 만든 시원한 김치이다. 김칫국에 밀가루나 찹쌀로 풀을 쑤어서 넣으면 국물이 더욱 맛이 있다. 오이를 길게 썰어서 함께 담기도 한다.

| 재료 및 분량 (완성량 약 2kg) |

열무 2kg

양념 1 소금 ½컵

양념 2 고춧가루 4큰술 / 대파 50g / 마늘(다져서) 30g / 생강(다져서) 15g / 풋고추 4개 / 다홍 고추 2개

양념 3 밀가루 2큰술 / 소금 2큰술 / 물 4컵

| 만드는 법 |

1. 열무는 다듬어 길이 5cm로 썰고 양념 1의 소금을 고루 뿌려 절인 다음 물에 살짝 헹구어 소쿠리에 건져서 물기를 뺀다.
2. 대파는 어슷하게 채 썰고, 마늘과 생강은 다듬어서 곱게 채 썬다.
3. 풋고추와 다홍 고추는 어슷하게 채 썰어 물에 헹구어서 씨를 없이 한다.
4. 냄비에 양념 3의 물을 담아 밀가루를 잘 풀어서 끓여 소금으로 간을 맞추어서 차게 식힌다.
5. 절인 열무에 고춧가루, 대파, 마늘, 생강, 풋고추, 다홍 고추를 넣어 살짝 버무려서 항아리나 용기에 담는다.
6. 항아리에 4의 식힌 풀국물을 김칫국물로 붓고 뚜껑을 잘 덮어 익힌다. 더운 여름철이면 하루만에 익으므로 바로 냉장고에 넣는다.

동치미

동치미는 겨울철에 많이 담는 물김치로 우리나라 사람들은 누구나가 즐겨한다. 동치미는 무를 넉넉히 넣고 배와 삭힌 고추, 청각 등을 넣으면 국물이 더욱 시원하다. 많이 담글 때는 함께 넣는 마늘, 생강을 헝겊주머니를 만들어 넣으면 국물이 맑다. 동치미에는 대파보다 실파를 절여서 묶음을 하여 넣는다. 동치미는 낮은 온도에서 서서히 익힌 것이 맑고 맛이 시원하다.

| 만드는 법 |

1 무는 작고 단단한 것으로 골라서 잔뿌리를 떼고 솔로 깨끗이 씻은 다음 건져 소금에 굴려서 항아리에 담고 남은 소금은 위에 뿌려서 하룻밤을 절인다.
2 실파와 갓은 깨끗이 씻어서 소금을 뿌려 살짝 절여서 두세 가닥씩 모아 말아서 묶는다.
3 청각은 깨끗이 씻어서 건지고 삭힌 고추와 다홍 고추는 씻어 건져서 물기를 뺀다.
4 배는 씻어서 반을 가른다. 마늘과 생강은 씻어서 얇게 저며 거즈 주머니에 넣는다.
5 양념 1의 소금물을 만들어 고운체에 밭친다.
6 항아리의 바닥에 양념 주머니를 놓고 위에 절인 무를 한 켜 놓은 후 준비한 부재료들을 얹고 다시 무 담기를 반복한다. 맨 위에 갓을 놓고 떠오르지 않도록 돌로 눌러 놓는다.
7 항아리에 양념 1의 소금물을 가만히 따라 부어서 뚜껑을 덮어서 익힌다.
8 상에 낼 때는 무를 건져서 반달 모양 또는 굵기 1cm, 길이 4cm 정도의 막대 모양으로 썰고 부재료도 색이 고운 것은 짧게 썰어서 담는다. 국물은 맛을 보아서 간이 세면 물을 섞고 설탕을 약간만 넣어 맛을 낸다.

| 재료 및 분량 (완성량 약 20kg) |

동치미무 20개(10kg) / 소금 2컵
실파 100g / 갓 100g / 청각 100g /
풋고추(삭힌 것) 100g / 다홍 고추 5개 /
배 2개 / 마늘 40g / 생강 20g
양념 1 소금 2컵 / 물 10L

나박김치

무를 네모지고 얄팍하게 나박나박 썰어서 만들므로 붙어진 이름이다. 무와 함께 배추속대도 작게 썰어 넣었다. 나박김치에 넣는 양념은 모두 채로 썰어서 넣는다. 하루만에 급히 익히려면 소금물을 끓여서 미지근하게 식혀서 붓는다.

만드는 법

1. 무는 깨끗이 씻어서 폭 3cm로 토막을 내어 넓이 2.5cm, 두께 0.4cm 정도의 납작한 모양으로 썬다.
2. 배추는 겉잎은 떼고 연한 흰 속대만을 모아서 잎을 길이로 2등분 하여 넓이 3cm로 썰어서 무 썬 것과 합하여 소금을 넣어 고루 버무려서 절인다.
3. 대파는 씻어서 3cm 길이로 썰어 가는 채로 썰고, 마늘과 생강도 가는 채로 썬다.
4. 다홍 고추는 갈라서 씨를 길이 3cm의 채로 썰고 또는 실고추를 대신 넣어도 좋다.
5. 무 · 배추가 절여졌으면 준비한 채 양념을 모두 넣어서 한데 버무려 항아리에 담는다.
6. 버무린 그릇에 양념 1의 소금물을 만들어 고춧가루를 거즈에 싸서 흔들어 붉은빛이 우러나게 하여 설탕을 타서 항아리에 부어서 익힌다.
7. 미나리는 3cm 길이로 썰어서 김치가 익으면 넣는다. 익으면 바로 냉장고에 차게 보관한다.

재료 및 분량 (완성량 약 4kg)

무 500g / 배추속대 300g / 소금 4큰술
대파 40g / 마늘 20g / 생강 10g /
다홍 고추 1개 / 미나리 50g

양념 1 고춧가루 2큰술 / 소금 4큰술 / 설탕 1큰술 / 물 15컵(3L)

장김치

무와 배추를 네모지고 도톰하게 썰어서 간장에 절여서 여러 가지 양념과 배, 밤, 잣, 석이버섯, 표고버섯 등을 함께 넣어 국물을 넉넉하게 부은 김치로 겨울철에 특히 맛이 있다.

김치 중에서 유별하게 간장으로 간을 하는 장김치는 조선조 궁중에서 전해진 김치법이다.

| 재료 및 분량 (완성량 약 3kg) |

배추속대 500g / 간장 1컵 / 무 500g / 배 1개 / 밤 5개 / 잣 1큰술 / 실고추 3g / 미나리 50g / 갓 50g / 마른 표고버섯 2장 / 마른 석이버섯 4장 / 대파 40g / 마늘 20g / 생강 10g

양념 1 설탕 2큰술 / 물 10컵(2L)

| 만드는 법 |

1 배추는 속이 찬 것으로 골라서 겉잎은 떼고 속대만 씻어서 3cm 폭으로 썰어 간장을 부어서 절인다.

2 무는 폭 3cm로 토막을 내어 길이 4cm, 두께 0.7cm 크기의 네모꼴로 썰어서 배추가 어느 정도 절여져 숨이 죽으면 배추에 합하여 절인다. 도중에 가끔 뒤섞으면서 고루 간이 들도록 2시간 정도 절인다.

3 배는 껍질을 벗겨서 무와 같은 크기로 썰고 밤은 껍질을 벗겨서 납작납작하게 저며서 썰며, 잣은 고깔을 떼고, 실고추는 길이 3cm로 끊는다.

4 미나리와 갓은 다듬어 씻어서 3cm 길이로 썬다.

5 마른 표고버섯은 불려 기둥을 떼고, 마른 석이버섯은 불려서 손질하여 가늘게 채 썬다.

6 대파는 3cm로 토막 내어 채 썰고, 마늘 · 생강도 가늘게 채 썬다.

7 무 · 배추가 절여졌으면 간장물은 따라내어 양념 1 물을 합하고 설탕으로 간을 맞추어 국물을 만든다.

8 절인 무 · 배추에 준비한 고명과 양념을 넣어 살살 버무려서 항아리에 담고 간을 맞춘 장국을 부어서 익힌다. 2~3일만에 익고 빨리 시어지므로 익으면 바로 냉장고에 넣어 차게 하여 열흘 이내에 먹도록 한다.

오이지

오이는 껍질이 연한 색의 재래종으로 통통한 것이 적합하다. 오이에 짠 소금물을 부어 삭혀서 간이 세다. 입맛이 없는 여름철의 좋은 찬이 되며, 남은 것은 꾸덕꾸덕하게 말려서 고추장에 박는 오이장아찌의 재료로 유용하게 쓰인다.

| 재료 및 분량 (완성량 약 6kg) |

오이(소) 50개(6kg) / 소금 1컵

양념 1 소금 4컵 / 물 15컵(3L)

| 만드는 법 |

1. 오이는 껍질을 소금으로 문질러 씻어서 항아리에 차곡차곡 담고 깨끗하게 씻은 짚을 덮고 돌로 눌러 놓는다.
2. 냄비에 양념 1의 소금과 물을 담아 끓어오르면 뜨거울 때 1의 항아리에 붓는다.
3. 이틀 후쯤에 소금물을 따라내어 다시 끓여서 식혀 붓는다. 담아서 일주일 정도 지나면 맛이 든다.
4. 먹을 때는 둥근 모양으로 얇게 썰거나 3cm 길이로 토막 내어 길이로 4등분 한 다음 냉수에 띄우고 잘게 썬 실파와 고춧가루를 약간 뿌려서 낸다.

오이소박이

연한 오이를 토막을 내어 칼집을 넣고 절여서 소를 채운 다음 익힌 여름철의 별미 김치이다. 오이의 상큼한 향기와 아작아작 씹히는 맛이 좋고 국물도 시원하다. 오이소박이는 소에 젓갈을 넣지 않고 고춧가루를 적게 넣어 국물을 많게 하는 것이 담백하다.

오이는 껍질이 연한 색의 재래종으로 단면이 삼각지고 가는 것이 적당하다.

| 재료 및 분량 (완성량 약 2kg) |

오이(소) 10개(1.5kg) / 부추 200g

양념 1 소금 5큰술 / 물 5컵

양념 2 대파(다져서) 80g / 마늘(다져서) 40g / 생강(다져서) 20g / 고춧가루 4큰술 / 소금 2큰술 / 설탕 1작은술

양념 3 소금 1큰술 / 물 2컵

| 만드는 법 |

1 오이는 껍질을 소금으로 문질러 씻어 길이 5cm로 토막을 내어 양 끝을 붙인 채로 한가운데에 칼집을 넣은 다음 양념 1의 소금물에 절인다.

2 부추는 다듬어서 1cm 폭으로 송송 썰고, 대파, 마늘, 생강은 곱게 다진다.

3 부추에 다진 양념 2의 재료와 고춧가루, 소금, 설탕 등의 재료를 한데 버무려 소를 만든다.

4 오이가 충분히 절여졌으면 씻어 건져 행주에 싸서 눌러 물기를 뺀다.

5 오이의 칼집 사이에 준비한 소를 채워 넣어서 항아리에 차곡차곡 담는다.

6 소를 버무린 그릇에 양념 3의 소금물을 만들어서 5의 항아리에 붓고, 위에 작은 접시로 눌러 국물에 잠기게 하여 익힌다. 여름철에는 하루만에 익으므로 바로 냉장고에 보관한다.

7 상에 낼 때는 길이를 반으로 썰어 가지런히 담고 국물을 넉넉히 넣는다.

호박지

늙은 호박을 얇게 저며서 배춧잎과 무청을 한데 합하여 담은 김치로 그대로도 먹지만 돼지고기나 멸치를 넣어 찌개처럼 지져서 먹으면 더욱 별미이다. 예전에는 황해도, 충청도 등에서 김장철에 남은 배추나 무청을 늙은 호박을 썰어 넣고 젓갈과 막고춧가루를 넣어 버무려서 담은 허드레김치로 겨울철의 좋은 찌갯거리가 되었다.

| 재료 및 분량 (완성량 약 4kg) |

늙은 호박 1개(2kg) / 배춧잎 1kg / 무청 1kg / 실파 300g

양념 1 소금 4큰술
양념 2 소금 1/2컵
양념 3 황석어젓 1/2컵 / 새우젓 1/2컵 / 고춧가루 1 1/2컵 / 마늘(다져서) 40g / 생강(다져서) 20g / 소금 3큰술

| 만드는 법 |

1 늙은 호박은 반으로 갈라서 씨를 빼고 다시 4등분씩 하여 껍질을 벗긴 후 두께 1cm로 도톰하게 썰어 양념 1의 소금을 뿌린 다음 절여 소쿠리에 쏟아서 물기를 뺀다.
2 배춧잎과 연한 무청을 골라서 깨끗이 씻어 양념 2의 소금을 고루 뿌린 다음 절여 물에 헹구어 건져서 물기를 빼고 4cm 폭으로 썬다.
3 황석어젓은 미리 동량의 물을 부어서 끓여 소쿠리에 한지를 깔고 걸러서 맑은 젓국을 만든다.
4 실파는 다듬어 4cm 길이로 썰고, 마늘과 생강은 다듬어서 곱게 다진다.
5 큰 그릇에 절인 늙은 호박과 배춧잎 · 무청을 한데 담아서 먼저 고춧가루를 넣어 버무린 후에 준비한 양념과 젓갈을 넣고 버무려서 항아리에 담아 꼭꼭 눌러서 익힌다. 한 달 이상 두어 잘 익으면 먹는다.

호박지 김치찌개

갓김치

갓에 실파를 섞어서 고춧가루와 멸치젓을 많이 넣은 전라도식 김치로 아주 별미이다. 갓은 푸른색과 보라색이 있는데, 보라색이 향이 더 진하고 맵다. 갓김치는 보랏빛의 붉은 갓으로 담는 것이 맛이 있고, 동치미에는 물이 우러나지 않는 푸른 것이 좋다.

| 재료 및 분량 (완성량 약 2kg) |

갓 1kg / 실파 500g / 굴 300g / 배 1개 / 밤 5개 / 잣 1큰술 / 실고추 3g

양념 1 소금 ½컵

양념 2 멸치젓 1컵(또는 멸치액젓) / 고춧가루 1½컵 / 마늘(다져서) 40g / 생강(다져서) 20g / 설탕 1큰술 / 통깨 1큰술 / 소금 적량

| 만드는 법 |

1 갓은 붉은 갓으로 줄기가 연하고 싱싱하면서 포기가 크지 않은 것으로 골라서 깨끗이 다듬고, 실파도 다듬어서 씻어 두 가지를 한데 가지런히 놓고 양념 1의 소금을 뿌려서 절인다. 도중에 위아래를 바꾸어 고루 절인다.

2 멸치젓은 미리 같은 양의 물을 부어 끓여서 소쿠리에 한지를 깔고 걸러서 맑은 젓국을 만든다. 멸치액젓은 그대로 쓴다.

3 생굴은 소금물에 흔들어 씻어서 건지고, 배와 밤은 껍질을 벗겨서 사방 1cm 정도의 네모로 납작하게 썰고 잣은 고깔을 떼어놓는다.

4 실고추는 3cm로 짧게 끊고, 마늘과 생강은 곱게 다진다.

5 큰 그릇에 멸치젓국을 담고 먼저 고춧가루를 섞어서 잠시 두어 불어나면 다진 마늘 · 생강, 설탕, 통깨를 섞어 걸쭉한 양념을 만들어서 굴, 배, 밤, 실고추를 넣어 고루 섞는다. 간이 부족한 듯하면 소금을 넣어 맞춘다.

6 절인 갓과 실파를 세 가닥씩 손에 들고 버무린 양념을 중간에 얹어 반으로 접어서 묶은 다음 항아리에 차곡차곡 담고 위에 배추 절인 우거지 등을 덮어서 익힌다.

7 한 달 이상 두어 잘 익으면 한 뭉치씩 끊어 짧게 썰어서 그릇에 담아낸다.

부추김치

부추를 멸치젓으로 절여서 고춧가루를 넉넉히 넣은 경상도식 김치로 부추를 정구지 또는 솔이라고도 한다. 멸치젓국을 조금 넣을 때는 간장을 섞으면 맛이 있다. 부추김치는 맵고 향이 독특하면서도 개운하여 여름철에 밥 반찬으로 적합하다.

| 재료 및 분량 (완성량 약 1kg) |

부추 1kg

양념 1 멸치젓(또는 멸치액젓) 1/2컵 / 고춧가루 1/2컵 / 물 3큰술 / 마늘(다져서) 40g / 생강(다져서) 20g / 설탕 1큰술 / 소금 적량

| 만드는 법 |

1 부추는 선명한 초록색으로 잎이 짧고 통통한 것으로 골라서 깨끗이 다듬어 씻어 건져서 물기를 뺀다.

2 멸치젓은 미리 동량의 물을 부어서 끓여 소쿠리에 한지를 깔고 걸러서 맑은 젓국을 만든다. 멸치액젓은 그대로 쓴다.

3 부추는 길이를 반으로 잘라서 그릇에 한 켜 고르게 펴고 멸치젓을 수저로 고루 뿌린 다음 다시 부추를 놓고 멸치젓을 끼얹어서 절인다. 도중에 위와 아래를 바꾸어 고루 절인다.

4 마늘과 생강은 다듬어서 곱게 다진다.

5 고춧가루와 물을 섞어서 잠시 두어 불어나면 다진 마늘·생강과 설탕을 넣어 섞고 절였던 멸치젓국도 따라 부어 한데 버무려서 걸쭉한 양념을 만든다.

6 절인 부추를 양념에 고루 버무려서 간을 보아 부족하면 소금을 넣어 맞추어서 항아리에 담아 꼭꼭 눌러서 익힌다. 여름철에는 하루만에 익어서 먹을 수 있으며 때로는 버무려서 바로 먹기도 한다.

파김치

실파를 멸치젓으로 절여서 고춧가루를 넉넉히 넣고 담은 맵고 진한 맛의 김치로 전라도 지방에서 많이 만든다. 실파는 재래종의 뿌리 쪽이 굵고 길이가 짧은 것으로 흰 부분이 많은 것이 단맛이 난다. 갓을 섞어서 담기도 한다.

| 재료 및 분량 (완성량 약 1kg) |

실파 1kg

양념 1 멸치젓 1/2컵 / 고춧가루 1컵 / 물 3큰술 / 마늘(다져서) 40g / 생강(다져서) 20g / 설탕 1큰술 / 통깨 1큰술 / 소금 적량

| 만드는 법 |

1 싱싱한 실파를 골라서 씻어 건져서 물기를 뺀다.

2 멸치젓은 미리 동량의 물을 부어서 끓여 소쿠리에 한지를 깔고 걸러서 맑은 젓국을 만든다.

3 그릇에 실파를 한 켜 고르게 펴고 멸치젓을 수저로 고루 뿌린 다음 다시 파를 놓고 멸치젓을 끼얹어서 절인다. 도중에 위와 아래를 바꾸어 고루 절인다.

4 마늘과 생강은 다듬어서 곱게 다진다.

5 고춧가루와 물을 섞어서 잠시 두어 불어나면 다진 마늘, 생강, 설탕, 통깨를 넣어 섞고 절였던 멸치젓국도 따라 붓는다. 간이 부족한 듯하면 소금을 넣어 걸쭉한 양념을 만든다.

6 절인 파를 양념에 가지런히 넣어서 고루 주물러 파를 4~5가닥 정도씩 잡고 한데 감아 묶어 항아리에 차곡차곡 담아 꼭꼭 눌러서 익힌다. 김장철에는 담가서 한 달 이상 두어 잘 익혀야 맛이 좋다.

고들빼기김치

고들빼기를 소금물에 삭혀서 멸치젓국과 고춧가루를 많이 넣은 맵고 진한 맛의 김치이다. 고들빼기의 쌉쌀한 맛과 향기가 독특한 전라도의 별미 김치이다. 예전에는 김장철에 담가서 음력설까지 먹던 김치인데, 요즈음은 많이 재배하여 사시 어느 때라도 담을 수 있다.

| 재료 및 분량 (완성량 약 2.5kg) |

고들빼기 2kg / 실파 200g / 밤 5개

양념 1 소금 ½컵 / 물 5컵

양념 2 멸치젓 1컵 / 고춧가루 1½컵 / 마늘(다져서) 40g / 생강(다져서) 20g / 설탕 1큰술 / 통깨 1큰술 / 소금 적량

| 만드는 법 |

1. 고들빼기는 뿌리가 굵고 잎이 연한 것으로 골라 시든 잎과 뿌리의 잔털은 떼고 다듬어 깨끗이 씻어 건져서 물기를 뺀다.
2. 고들빼기를 그릇에 담아 양념 1의 소금물을 부어서 떠오르지 않게 위에 접시를 얹어 일주일 간 삭힌다. 삭힌 고들빼기는 깨끗이 씻어서 소쿠리에 건져 물기를 뺀다.
3. 멸치젓은 미리 같은 양의 물을 부어서 끓여 소쿠리에 한지를 깔고 걸러서 맑은 젓국을 만든다.
4. 실파는 다듬어서 길이를 반으로 자르고 밤은 껍질을 까서 납작하게 저민다.
5. 마늘과 생강은 다듬어서 곱게 다진다.
6. 그릇에 멸치젓국을 담고 고춧가루를 넣어 섞어서 잠시 두어 고춧가루가 불어나면 다진 마늘 · 생강, 설탕, 통깨를 넣고 고루 섞어 걸쭉한 양념을 만든다. 간을 보아 부족한 듯하면 소금을 넣는다.
7. 섞어놓은 양념에 고들빼기와 실파 · 밤을 넣어 고루 버무려 항아리에 꼭꼭 눌러 담아서 익힌다.

가자미식해

참가자미를 절여서 조밥과 무를 합하여 고춧가루, 파, 마늘, 생강 등의 양념을 넉넉히 넣어 버무려서 삭힌다. 함경도 지방에서 잘 만들어 먹는 찬으로 일종의 젓갈이라 할 수 있다.

| 만드는 법 |

1 가자미는 손바닥만 한 노란색의 참가자미로 싱싱한 것을 골라서 내장을 빼고 비늘을 말끔히 긁어서 소금을 고루 뿌려 절여서 채반에 널어서 꾸덕꾸덕하게 말린다.

2 가자미의 머리와 꼬리를 폭 3cm 정도로 토막을 낸다.

3 메조는 일어서 씻어 밥을 되게 짓는다.

4 엿기름가루를 3배의 물을 부어 주물러 가라앉혀서 고운체에 엿기름 물을 거른 다음 냄비에 부어 끓여서 식힌다.

5 대파, 마늘, 생강은 곱게 다진다.

6 무는 길이 5cm의 굵은 채로 썰어서 소금을 뿌려 절여서 물기를 꼭 짠다.

7 큰 그릇에 조밥을 담아 고춧가루로 고루 버무리고 나서 가자미와 절인 무를 합하여 양념 1의 파, 마늘, 생강, 소금과 엿기름 물을 넣어 고루 버무려서 항아리에 꼭꼭 눌러 담아 돌이나 접시로 눌러서 익힌다.

8 덥지 않은 곳에 두면 일주일이면 물이 생기면서 익는다.

| 재료 및 분량 (완성량 약 3kg) |

가자미(소) 10마리(1.2kg) / 소금 ½컵 / 메조 1컵 / 엿기름 1컵 / 무 1개(1kg) / 소금 2큰술

양념 1 고춧가루 1컵 / 대파(다져서) 40g / 마늘(다져서) 20g / 생강(다져서) 10g / 소금 1큰술

조개젓

조개젓은 초여름에 담는 것이 맛이 있다. 조갯살은 바지락 · 소합 등 작은 조갯살로 신선한 것이 좋다. 조개젓은 소금만 뿌려 담가서 삭힌 후 먹을 때 양념을 넣고 무쳐서 밥 반찬으로 한다. 조갯살에는 글리코겐과 호박산이 많이 들어 있어 다른 젓갈보다 감칠맛이 더하다.

| 재료 및 분량 (완성량 약 1kg) |

조개젓 100g

양념 1 풋고추(다져서) 1개 / 파(다져서) 10g / 마늘(다져서) 5g / 고춧가루 ½작은술 / 식초 1작은술 / 깨소금 1작은술

| 만드는 법 |

1 조갯살은 작고 또렷또렷한 싱싱한 것으로 골라서 소금물에 살살 흔들어 씻어 소쿠리에 건져서 밑에 고이는 물을 받는다.

2 조개가 국물이 빠졌으면 국물을 냄비에 옮겨서 끓여 떠오르는 거품은 걷어내고 식힌다.

3 조갯살에 소금을 넣어 고루 버무려서 작은 항아리나 용기에 담고 식힌 조개국물을 부은 다음 뚜껑을 덮어 서늘한 곳에 두어 2주 정도 삭을 때까지 둔다.

4 먹을 때는 양념 1의 다진 풋고추 · 대파 · 마늘과 고춧가루, 식초, 깨소금 등을 넣고 무쳐서 반찬으로 한다.

새우젓

새우젓은 오뉴월에 새우가 살이 올랐을 때에 담은 것이 가장 맛이 있다. 젓갈 중 맛이 비교적 담백하고 비린내가 적어서 김치에 가장 널리 이용되는 젓갈이다. 김치에는 물론이고 맑은 젓국찌개의 간을 맞추거나 다른 음식들의 양념으로 많이 쓰인다. 그리고 돼지고기편육이나 족발을 찍어 먹는 젓국에도 널리 쓰인다. 잘 삭은 새우젓은 다진 파·마늘, 고춧가루, 식초, 깨소금 등을 넣고 무쳐서 밥 반찬으로 한다.

| 재료 및 분량 (완성량 약 5kg) |

생새우 5kg / 소금 750g

| 만드는 법 |

1 새우는 빛깔이 흰 싱싱한 것을 골라서 소금물에 살살 흔들어 씻어서 소쿠리에 건져서 물기를 뺀다.
2 작은 항아리나 용기에 소금을 한 켜 깔고 새우를 고루 펴서 담는다. 이어서 새우와 소금을 반복하여 켜켜로 담고 제일 위에 소금을 고루 뿌려서 뚜껑을 덮어 서늘한 곳에 보관하여 한 달 이상 두어 충분히 삭힌다.
3 잘 삭은 새우젓은 김치나 찬을 만들 때 조미료로 쓰고, 그대로 먹을 때는 다진 풋고추·다홍 고추·파·마늘, 고춧가루, 식초, 깨소금 등을 넣고 무친다.

조기젓

조기젓은 5~6월 중순경에 담가서 10월경에 먹기에 알맞다. 작은 조기젓을 황석어젓이라고 한다. 조기는 눈이 들어가지 않고 비늘이 벗겨지지 않으며 광택이 있고 아가미가 붉고 몸이 단단한 것으로 고른다. 젓갈이 충분히 삭으면 젓국은 달여서 김치에 많이 넣고, 살은 잘게 썰어 갖은 양념을 하여 밥 반찬으로 한다.

| 재료 및 분량 (완성량 5kg) |

조기(소) 20마리(5kg)

양념 1 호렴 500g
양념 2 호렴 ½컵 / 물 5컵(1L)

| 만드는 법 |

1 조기는 분량 외의 물에 소금을 타서 담갔다가 흔들어 씻어서 채반에 건져 물기를 뺀다.
2 조기의 아가미와 입을 벌려서 소금을 가득 채워 항아리에 양념 1의 굵은 호렴을 한 켜 깔고 조기가 겹치지 않게 한 켜를 깐 다음 위에 소금을 고루 뿌린다. 이어서 조기와 소금을 한 켜씩 마찬가지로 반복하여 차곡차곡 담는다. 항아리의 제일 위켜에 조기가 보이지 않을 정도로 소금을 넉넉히 뿌린다.
3 양념 2의 소금물을 끓여 식혀서 항아리에 붓고 무거운 돌로 조기를 눌러서 뚜껑을 잘 덮어 시원한 곳에 둔다.
4 석 달 이상 두어 충분히 삭으면 젓국은 그대로 쓰거나 또는 달여서 식혀 김치 양념에 넣는다. 또는 살만 발라서 갖은 양념으로 무쳐서 반찬으로 한다.

멸치젓

멸치젓은 새우젓과 더불어 김치나 찬의 조미료로 가장 많이 쓰인다. 오뉴월에 싱싱한 멸치로 젓을 담그면 김장 때에 쓰기에 알맞다. 멸치젓이 충분히 삭으면 살만 발라내어 잘게 썰어서 다진 파 · 마늘, 고춧가루, 식초를 넣어서 무치면 맛있는 밥 반찬이 된다. 오래 두면 맑은 젓국이 위에 고이므로 따로 떠서 모았다가 나물이나 찬의 조미료로 쓰고, 남은 젓국은 물을 보태어 달여서 고운체에 밭쳐 김치에 쓰도록 한다.

| 재료 및 분량 (완성량 약 20kg) |

멸치 1짝(15kg)

양념 1 호렴 1.5~2kg
양념 2 호렴 2컵 / 물 20컵(4L)

| 만드는 법 |

1 멸치는 비늘이 벗겨지지 않은 것으로 골라서 소금물에 담가 흔들어 씻어서 채반에 건져 물기를 뺀다.

2 항아리에 양념 1의 굵은 호렴을 한 켜 깔고 멸치를 한 켜 깔고 다시 위에 소금을 고루 뿌린 다음 멸치 한 켜, 소금 한 켜씩을 반복하여 놓는다.

3 항아리 제일 위켜에 멸치가 보이지 않을 정도로 소금을 넉넉히 뿌리고 비닐을 덮고 무거운 돌로 눌러 놓는다.

4 양념 2의 소금물을 끓여서 식혀 항아리에 붓고 뚜껑을 잘 덮어서 시원한 곳에 둔다.

5 석 달 이상 그대로 두어 충분히 삭으면 젓국은 그대로 쓰거나, 또는 달여서 식혀 김치 버무릴 때 넣는다. 잘게 썰어 양념하여 밥 반찬으로도 한다.

명란젓

명란젓은 추운 겨울에 싱싱한 동태의 알을 모아서 담는다. 시판되는 것은 짜거나 매워서 기호에 맞는 것을 고르기 어렵다. 가정에서 담그면 소금 · 고춧가루, 그 밖의 양념의 양을 조절할 수 있다. 명란젓은 그대로 찬으로 하거나 맑은 찌개를 끓인다.

| 재료 및 분량 (완성량 약 1kg) |

명란(명태알) 1kg

양념 1 마늘(다져서) 20g / 고운 고춧가루 50g / 소금 150g

| 만드는 법 |

1 명란은 터지지 않은 싱싱한 것으로 골라서 소금물에 살살 씻어서 채반에 건져 물기를 뺀다.

2 마늘은 곱게 다져서 고운 고춧가루, 소금과 합하여 고루 섞어서 명란에 고루 발라서 작은 항아리나 용기에 차곡차곡 담는다.

3 항아리의 제일 위켜에 명란이 보이지 않을 정도로 양념을 넉넉히 얹어 뚜껑을 덮어서 2주일쯤 두어 익힌다.

오징어젓

싱싱한 물오징어를 절였다가 채로 썰어서 무, 배 등의 부재료를 많이 넣어 고춧가루, 다진 파 · 마늘을 넉넉히 넣고 버무려서 담은 젓으로 오랫동안 두고 먹을 수는 없는 젓갈이다.

| 재료 및 분량 (완성량 약 1kg) |

물오징어 3마리(1kg) / 무 300g

양념 1 소금 60g

양념 2 소금 30g

양념 3 고운 고춧가루 60g / 대파 60g / 마늘 30g / 생강 15g / 소금 20g

| 만드는 법 |

1 오징어는 껍질이 검고 투명한 것으로 골라서 내장을 다리에 붙인 채로 몸통에서 빼내어 내장은 떼어내고 몸통과 다리를 갈라서 양념 1의 소금을 뿌려 한나절 둔다.

2 오징어의 몸통은 반을 갈라서 폭 0.7cm 정도의 채로 썰고 다리는 끝은 잘라내고 5cm 길이로 썬다.

3 무는 4cm 토막을 내어 굵은 채로 썰어 양념 2의 소금으로 절여서 숨이 죽으면 물기를 꼭 짠다.

4 양념 3의 대파, 마늘, 생강은 모두 곱게 채 썰어 오징어채와 절인 무를 합하여 남은 조미료를 모두 넣어서 고루 버무려 작은 항아리나 용기에 담고 서늘한 곳에 두어 일주일 후부터 먹기 시작한다.

어리굴젓

겨울철에 생굴에 무, 밤, 배 등의 부재료를 많이 넣어 고춧가루, 다진 파 · 마늘을 넉넉히 넣고 담은 것으로 오랫동안 두고 먹는 젓갈이 아니다. 충청남도 서산의 명물인 간월도 어리굴젓은 먼저 생굴을 소금 간만 하여 노랗게 삭힌 후에 고춧가루 등의 양념을 나중에 넣어서 담는다.

| 재료 및 분량 (완성량 약 500g) |

생굴 400g / 무 100g / 배 ½개 / 밤 2개 / 고운 고춧가루 4큰술

양념 1 소금 3큰술

양념 2 대파 30g / 마늘 20g / 생강 10g

| 만드는 법 |

1 굴은 알이 작고 또렷또렷한 싱싱한 것으로 골라서 소금물에 살살 흔들어 씻어서 채반에 건져 물기를 뺀다.

2 무와 배는 껍질을 벗겨서 사방 1.5cm의 네모로 납작하게 썬다. 밤은 껍질을 벗겨서 굵은 채로 썬다.

3 양념 2의 대파, 마늘, 생강은 곱게 채 썬다.

4 무, 배에 먼저 고춧가루를 넣어 고루 색이 들게 버무린 다음 굴과 나머지 양념을 모두 넣어 버무려서 작은 항아리나 용기에 담고 서늘한 곳에 두어 2~3일 후부터 먹기 시작하여 열흘을 넘기지 않도록 한다.

꼴뚜기젓

꼴뚜기젓은 3~4월에 알이 없는 자잘한 것으로 골라서 소금만을 뿌려서 절였다가 삭으면 채를 썰어서 파, 마늘, 고춧가루, 식초, 깨소금 등을 넣고 무쳐서 밥 반찬으로 한다. 무생채에 꼴뚜기젓을 썰어서 한데 무치면 맛이 아주 좋다. 오징어도 몸통을 갈라서 꼴뚜기와 마찬가지로 소금만을 뿌려서 절였다가 채 썰어 무쳐서 찬을 하기도 한다.

| 재료 및 분량 (완성량 약 1kg) |

꼴뚜기 1kg / 소금 150g

| 만드는 법 |

1 꼴뚜기는 빛깔이 검고 껍질이 투명하며 광택이 나는 신선한 것을 골라서 소금물에 살살 흔들어 씻어서 소쿠리에 건져 물기를 뺀다.

2 작은 항아리나 용기에 소금을 한 켜 깔고 꼴뚜기를 고루 펴서 한 켜 놓는다. 이어서 소금과 꼴뚜기를 반복하여 켜켜로 넣고 제일 위에 소금을 고루 뿌려서 서늘한 곳에 보관하여 한 달 이상 두어 충분히 삭힌다.

3 잘 삭은 꼴뚜기젓은 물에 헹구어 건져서 물기를 거두고 몸체의 뼈를 빼낸다. 먹통을 떼어내고 채 썰어서 다진 풋고추 · 다홍 고추 · 파 · 마늘, 식초, 깨소금 등을 넣고 무쳐서 밥 반찬으로 한다.

대구모젓

대구의 아가미와 알을 절여 익혀서 무 절인 것과 다진 파·마늘, 고춧가루, 식초, 깨소금 등을 넣고 무쳐서 밥 반찬으로 한다. 대구 아가미와 알을 생것으로 구하기가 어려우면 절여서 파는 것을 구하여 양념하여 쓰도록 한다. 대구모젓은 특히 10월경에 담는 것이 맛이 있다. 씹히는 감촉이 별스럽고, 담백하면서도 독특한 맛으로 식욕을 돋군다.

재료 및 분량 (완성량 약 600g)

대구아가미 400g / 대구알 200g / 소금 120g

만드는 법

1 대구아가미와 알은 신선한 것으로 골라서 깨끗이 씻어 건져서 소쿠리에 건져 물기를 뺀다.
2 물기가 빠진 아가미에 소금을 고루 뿌리고 대구알을 터뜨려서 함께 버무려 작은 항아리나 용기에 담는다.
3 항아리 제일 위는 아가미가 보이지 않을 정도로 소금을 넉넉히 뿌리고 뚜껑을 덮어 서늘한 곳에 두어 두 달 이상 익힌다.
4 잘 익은 대구모젓은 잘게 썰어서 무 절인 것과 합하여 파, 마늘, 고춧가루, 식초, 깨소금 등을 넣고 무쳐서 밥 반찬으로 한다.

꽃게장

신선한 게를 다듬어서 토막을 내어 매운 양념장에 재워서 바로 먹을 수 있는 게장이다. 예전에는 민물의 참게에 간장을 부어서 오래 두었다가 참게장을 만들었으나 간디스토마의 전염이 염려되어 지금은 거의 없어졌다. 바닷게는 간장만을 부어서 오래 담가두기보다 양념장에 재워서 바로바로 먹는 것이 맛이 있다.

재료 및 분량 (완성량 약 1kg)

꽃게 3마리(1kg) / 풋고추 2개 / 다홍 고추 1개 / 실파 30g

양념 1 간장 1/2컵
양념 2 고춧가루 4큰술 / 마늘(다져서) 10g / 생강(다져서) 5g / 설탕 1/2큰술 / 통깨 1/2큰술

만드는 법

1 꽃게는 산 것으로 들어보아 묵직하고 발이 모두 붙어 있는 것으로 솔로 문질러서 닦는다.
2 게딱지를 열고 딱지 안의 장은 그릇에 모으고 아가미와 모래 주머니는 떼어내고 다리의 끝 마디는 잘라낸다.
3 몸통을 반을 가르고 발은 붙인 채로 세 토막 정도로 나누어 양념 1의 간장을 부어 가끔 뒤적이면서 한 시간 정도 절인다.
4 고추는 갈라서 씨를 빼서 어슷하게 채 썰고 실파는 다듬어서 4cm 길이로 썬다.
5 꽃게에 간이 배면 간장을 그릇에 쏟고 양념 2의 고춧가루, 다진 마늘·생강 등의 재료를 모두 합하여 섞는다. 이어서 고추, 실파와 꽃게 토막을 넣어서 고루 무쳐서 바로 먹기도 하나 하루쯤 두는 편이 고루 간이 들어 맛이 있다.

셋,

병과류와 음료

우리의 조상들은 상고시대부터 떡을 만들어서 즐겨 왔으며 지금까지도 집안의 잔치나 큰일이 있을 때는 떡을 만들어 이웃과 나누어 먹는 풍습이 남아 있다. 떡의 재료는 멥쌀, 찹쌀 등이 주재료이고, 고물로는 콩, 팥, 녹두, 깨 등을 쓰며 고명으로 대추, 밤, 잣 등이 쓰인다. 떡을 만드는 방법에 따라 분류하면 가장 많은 떡은 시루에 떡가루를 안쳐서 찌는 떡인 증병(甑餠)으로 각색편, 팥시루떡, 백설기 등이 이에 속한다. 곡물을 쪄서 이를 다시 절구에 넣어 끈기나게 치는 떡은 도병(搗餠)이라 하며 절편, 인절미 등이 있다. 곡물가루를 물을 넣어 반죽하여 빚은 떡인 물편으로는 송편, 경단, 단자 등이 있다. 그 밖의 떡으로는 약식과 증편이 있다.

우리 고유의 음식인 한과의 종류도 다양하게 많이 있다. 유밀과는 밀가루나 곡물의 가루를 참기름과 꿀을 넣어 반죽하여 기름에 튀겨내는 과자이고, 유과는 찹쌀가루를 떡을 하여 말려서 기름에 튀겨내어 고물을 묻힌다. 정과는 과실이나 채소를 꿀에 조린 것이고, 다식은 곡물의 가루나 송홧가루 등을 꿀로 반죽하여 다식판에 박아낸 과자이다. 숙실과는 과실을 익혀서 만들어 붙여진 이름이고, 과편은 과육을 달게 조려서 묵처럼 굳혀서 만든 과자이다. 엿강정은 견과류나 콩, 깨 등을 볶아서 꿀로 버무려서 만든다.

우리의 고유한 음료로는 화채와 차를 들 수 있다. 차가운 음청류로는 식혜, 수정과, 배숙, 유자화채, 오미자화채, 원소병, 떡수단 등이 있다. 더운 차류로는 차잎을 우려내는 녹차가 있으며, 곡물이나 한약재를 오래 다려서 마시는 탕차류로 생강차, 인삼차, 계지차 등이 있다.

떡

찌는 떡	각색편 l 팥시루떡 l 녹두편 l 백설기 l 호박떡 l 상추시루떡 l 쑥설기 l 잡과병 l 두텁떡 l 색편 l 쇠머리떡
치는 떡	인절미 l 절편 l 개피떡
빚는 떡	찹쌀경단 l 수수경단 l 석이단자 l 대추단자 l 쑥구리단자 l 송편
지지는 떡	주악 l 화전 l 수수부꾸미 l 찹쌀부꾸미
기타	약밥 l 증편

한과

유밀과	약과 l 만두과 l 매작과
유과류	산자 l 강정 l 빙사과
정과	연근정과 l 도라지정과 l 유자정과 l 생강정과 l 인삼정과
다식	송화다식 l 녹말다식 l 진말다식 l 깨다식 l 콩다식
숙실과	밤초 l 대추초 l 율란 l 조란 l 생강란
과편	오미자편 l 앵두편 l 살구편
엿강정	백자편 l 깨엿강정 l 쌀강정

음료

식혜 l 수정과 l 배숙 l 유자화채 l 오미자화채 l 떡수단 l 원소병 l 제호탕
모과차 l 유자차 l 대추생강차

각색편

멥쌀가루를 셋으로 나누어 흰색의 백편, 꿀을 넣은 누런색의 꿀편, 승검초가루를 섞은 승검초편의 세 가지 편으로 각각 향과 맛이 다르다. 이 세 가지를 합하여 각색편 또는 갖은편이라 한다. 한 시루에 세 가지 떡을 켜켜로 안쳐서 쪄도 된다. 재래의 시루는 위와 아래의 지름이 달라서 같은 두께의 떡을 만들기가 어렵다. 요즈음은 만두 찌는 찜통을 이용하면 떡의 크기와 두께를 같이 만들 수 있다.

| 재료 및 분량 |

백편 멥쌀가루 4컵 / 물 4큰술 / 설탕 ½컵

승검초편 멥쌀가루 4컵 / 물 4큰술 / 설탕 ½컵 / 승검초가루 2큰술

꿀편 멥쌀가루 4컵 / 꿀 4큰술 / 캐러멜소스 1큰술 / 간장 1작은술 / 설탕 2큰술

고명 마른 석이버섯 5장 / 대추 5개 / 밤 5개 / 잣 1큰술

| 만드는 법 |

1 쌀은 불려서 소금을 넣고 가루로 빻아서 고운체에 내린다.

2 마른 석이버섯은 더운물에 불려서 깨끗이 손질한 후 가늘게 채 썬다.

3 대추는 씨를 발라내어 가늘게 채 썰고, 밤은 껍질을 벗겨서 얇게 저며 곱게 채 썬다.

4 잣은 고깔을 떼고 마른 행주로 비벼서 길이대로 반을 갈라서 비늘잣을 만든다.

5 시루나 찜통의 지름에 맞게 한지를 둥글게 오려서 칼집을 내고 솔로 식용유를 고루 발라서 기름종이를 만든다. 또는 유선지를 같은 크기로 자른다.

6 **백편** 체에 내린 쌀가루 4컵에 물 4큰술을 뿌려서 손으로 고루 비빈 다음 다시 체에 내리고 설탕 ½컵을 고루 섞는다.

7 **승검초편** 체에 내린 쌀가루 4컵에 물 4큰술을 뿌려서 손으로 고루 비벼 다시 체에 내린 다음 승검초가루와 설탕을 넣어 고루 섞는다.

8 **꿀편** 체에 내린 쌀가루 4컵에 꿀, 캐러멜소스, 간장을 넣고 손으로 고루 비벼서 다시 체에 내리고 설탕을 고루 섞는다.

9 시루나 찜통의 밑에 기름 종이를 깔고 떡가루를 고루 펴서 담고 위에 준비한 석이버섯, 대추, 밤의 채 고명과 비늘잣을 고루 뿌리고 위에도 기름종이를 덮어 살짝 눌러서 약 20분 정도 찐다.

10 잘 쪄지면 한김 식힌 후에 기름종이를 떼고 적당한 크기로 썰어 목기나 접시에 담는다.

팥시루떡

멥쌀을 가루로 하여 붉은팥을 고물로 켜켜로 안쳐서 찐 시루편이다. 시월 상달의 고사에도 쓰이고 이사 때나 함을 받을 때 등 여러 가지 생활 풍습에 관계가 깊은 떡이다. 이는 팥의 붉은 빛이 잡귀를 멀리한다는 주술적인 의미가 내포되어 있기 때문이다. 찹쌀팥시루떡을 할 때는 시루에 찹쌀가루의 켜를 아래에 안치면 김이 잘 오르지 않으니 멥쌀가루를 먼저 밑에 안치고 위켜에 찹쌀가루를 안쳐서 찐다. 그리고 찰시루떡은 찹쌀가루에 물을 내리지 않는다.

| 재료 및 분량 |

멥쌀 5컵 / 소금 1큰술 / 물 ½컵

고물 붉은팥 3컵 / 소금 1큰술

| 만드는 법 |

1 쌀을 씻어서 6시간 이상 불린 다음 소금을 넣어 가루로 빻아 고운체에 내린다.

2 팥은 씻어서 물을 넉넉히 붓고 끓어오르면 쏟아버리고 다시 팥의 3배 정도의 물을 부어 심까지 무르게 푹 삶는다. 더울 때에 절구에 쏟아서 소금을 넣고 대강 찧어서 어레미에 내려서 팥고물을 만든다.

3 쌀가루에 물 ½컵을 고루 뿌려서 손으로 고루 비벼 체에 내린다.

4 시루에 시루밑을 깔고 맨 밑에 팥고물을 고루 뿌린 다음 물 내린 떡가루를 4cm 정도의 두께로 안친 후 위에 팥고물을 고루 얹고 이어서 떡가루, 팥고물의 순으로 반복하여 맨 위에는 팥고물이 오도록 한다.

5 시루의 크기에 맞는 냄비나 솥에 물을 끓여서 시루를 바르게 안쳐서 시루번을 바르고 약 30분 정도 찐다.

6 대꼬치로 찔러서 흰가루가 묻어나지 않으면 익은 것이고 모판이나 도마에 쏟아서 한김 식힌 후에 적당한 크기로 썰어 목기나 그릇에 담는다.

*** 무시루떡**

같은 붉은팥 고물을 쓰는 무시루떡은 멥쌀을 가루로 하여 채 썬 무를 섞고 붉은팥으로 고물을 하여 켜켜로 안쳐서 찐 시루편이다. 농촌에서 시월부터 겨울에 많이 해먹는 서민적인 떡이다. 무가 매울 때는 설탕에 버무렸다가 쌀가루에 섞는다.

녹두편

찹쌀과 찐 녹두고물을 켜로 하여 찐 찰편이다. 녹두고물을 찌지 않고 거피한 녹두를 그대로 켜켜로 안쳐서 찌는 생녹두편도 있다.

| 재료 및 분량 |

찹쌀 5컵 / 소금 1큰술

고물 녹두(타갠 것) 3컵 / 소금 1큰술

| 만드는 법 |

1 찹쌀을 씻어 6시간 이상 불려서 소금을 넣어 가루로 빻아서 고운체에 내린다.

2 녹두는 물을 넉넉히 부어 하룻밤 정도 충분히 불려서 손으로 비벼 거피하여 찜통에 베보자기나 큰 행주를 깔고 푹 무르게 찐다. 더울 때 절구에 쏟아서 소금을 넣고 대강 찧어서 어레미에 내려서 녹두고물을 보슬보슬하게 한다.

3 시루에 시루밑을 깔고 맨밑에 녹두고물을 고루 뿌린 다음 찹쌀가루를 3cm 정도의 두께로 안치고 위에 녹두고물을 고루 얹고 이어서 떡가루, 녹두고물의 순으로 반복하여 맨 위에는 팥고물이 오게 안친다.

4 시루의 크기에 맞는 냄비나 솥에 물을 끓여서 시루를 바르게 놓고 시루번을 바르고 약 30분 정도 찐다.

5 대꼬치로 찔러서 흰가루가 묻어나지 않으면 익은 것이니 모판이나 도마에 쏟아서 한김 식힌 후에 적당한 크기로 썰어서 목기나 그릇에 담는다.

백설기

멥쌀가루에 설탕물을 내려서 켜가 없이 찐 무리떡으로 백설기 또는 흰무리라고 한다. 아기의 백일, 돌, 생일에는 순백색처럼 순수하고 무구하기를 기원하면서 반드시 만들어 주는 풍습이 지금까지도 남아 있다.

| 재료 및 분량 |

멥쌀 5컵 / 소금 1큰술 / 설탕 1컵 / 물 2/3컵(130cc)

| 만드는 법 |

1 쌀은 씻어서 6시간 이상 충분히 불려서 소금을 넣고 가루로 빻아서 고운체에 내린다.

2 설탕 1컵과 물 2/3컵을 섞어서 쌀가루에 고루 뿌린 다음 손으로 잘 비벼 고운체에 내린다.

3 시루나 찜통의 밑에 기름종이를 깔고 떡가루를 고루 펴서 담고 위를 편편하게 하여 베보자기를 덮은 후 불에 올려서 찐다. 시루 위에서 김이 오르면 뚜껑을 덮어 약 30분 정도 찐다.

4 대꼬치로 찔러보아 흰가루가 묻어나지 않으면 불을 끄고 모판이나 도마에 쏟아서 한김 식힌 후에 큼직하고 네모지게 썰어서 그릇에 담는다.

호박떡

늙은 호박을 얇게 저며서 쌀가루에 섞고 고물은 거피팥으로 하여 시루에 켜켜로 안쳐서 찐 소박한 맛의 시루편으로 추석 무렵부터 겨울철에 많이 만들어 먹는 떡이다. 호박을 끈처럼 썰어 말려서 만든 호박고지를 불려서 넣어도 맛이 있다.

| 만드는 법 |

1 쌀을 씻어 충분히 불려서 건져 소금을 넣고 가루로 빻아서 체에 친다.

2 거피팥은 하루 전에 물에 불려서 거피하여 찜통에 행주를 깔고 쪄서 더울 때 소금을 넣어 대강 찧어서 굵은체에 쳐서 팥고물을 만든다.

3 호박은 갈라서 속을 파내고 껍질을 벗겨서 길이 5cm, 두께 1cm 정도로 납작하게 썬다.

4 썰어 놓은 호박에 설탕 1컵을 뿌려서 고루 섞고, 쌀가루에도 설탕 1컵을 고루 섞어서 두 가지를 한데 합한다.

5 시루의 맨 밑에 팥고물을 한 켜 놓고 위에 쌀가루와 호박 섞은 것을 4cm 정도의 켜로 위를 편편하게 한다. 다시 그 위에 고물을 1cm 두께로 고루 얹고 그 위에 다시 떡가루를 놓는다. 이처럼 여러 켜를 반복하여 안쳐 제일 위에 고물을 고루 뿌린다.

6 끓는 물이 담긴 솥이나 냄비 위에 시루가 기울지 않게 바로 놓고 시루번을 발라서 위에 베보자기를 덮어서 찐다.

7 시루의 위에 김이 오르기 시작하면 뚜껑을 덮어서 약 30분 정도 찐다.

8 떡을 대꼬치로 찔러보아 흰가루가 묻어나지 않으면 익은 것이고 불을 끄고 시루를 떼어 큰 도마나 쟁반에 엎어서 한김 식은 후에 적당한 크기로 썰어서 그릇에 담는다.

| 재료 및 분량 |

멥쌀 5컵 / 소금 1큰술 / 설탕 1컵 / 물호박 ½개(약 1kg) / 설탕 1컵

고물 거피팥 3컵 / 소금 1큰술

상추시루떡

멥쌀을 가루로 하여 상추잎을 섞은 다음 거피팥으로 고물로 하여 켜켜로 안친 시루편으로 여름철의 시식이다. 예전에는 사월 초파일에는 연한 느티나무잎을 쌀가루에 섞어서 켜떡을 쪄서 절식으로 즐겨 먹었다.

| 만드는 법 |

1 쌀을 씻어서 6시간 이상 불린 다음 소금을 넣어 가루로 빻아 고운체에 내린다.
2 거피팥은 물을 넉넉히 부어 하룻밤 정도 충분히 불려서 손으로 비벼서 거피하여 찜통에 베보자기나 큰 행주를 깔고 푹 무르게 찐다. 더울 때 절구에 쏟아서 소금을 넣고 대강 찧어서 어레미에 내린 후 팥고물을 보슬보슬하게 한다.
3 상추는 깨끗이 씻어서 소쿠리에 건져서 물기를 거두어 상추잎을 손으로 두세 조각 나게 크게 뜯는다.
4 쌀가루에 상추를 넣어 고루 섞는다.
5 시루에 시루밑을 깔고 맨 밑에 거피고물을 고루 뿌린 다음 상추 섞은 떡가루를 4cm 정도의 두께로 안치고 위에 팥고물을 고루 얹은 후 이어서 떡가루, 팥고물의 순으로 반복하여 맨 위에는 팥고물이 오게 안친다.
6 시루의 크기에 맞는 냄비나 솥에 물을 끓여서 시루를 바르게 놓고 시루번을 바르고 약 30분 정도 찐다.
7 대꼬치로 찔러서 흰가루가 묻어나지 않으면 익은 것이고 모판이나 도마에 쏟아서 한김 식힌 후에 적당한 크기로 썰어서 목기나 그릇에 담는다.

| 재료 및 분량 |

멥쌀 5컵 / 소금 1큰술 / 상추 500g

고물 거피팥 3컵 / 소금 1큰술

쑥설기

멥쌀가루에 연한 쑥을 섞어서 켜가 없이 찐 무리떡으로 봄철에 햇쑥으로 만드는 향기가 좋은 서민적인 떡으로 쑥버무리라고도 한다. 쑥을 섞은 쌀가루와 거피팥고물을 켜켜로 하여 찐 떡은 쑥편이라 한다.

| 재료 및 분량 |

멥쌀 5컵 / 소금 1큰술 / 쑥 50g / 물 ½컵 / 설탕 1컵

| 만드는 법 |

1. 쌀은 씻어서 6시간 이상 충분히 불려서 소금을 넣고 가루로 빻아서 고운체에 내린다.
2. 쑥은 연한 것으로 골라서 다듬어 씻어 소쿠리에 건져서 물기를 거둔다.
3. 쌀가루에 물 ½컵을 내려서 다시 체에 내린 다음 설탕을 고루 섞고 쑥을 넣어 섞는다.
4. 시루나 찜통의 밑에 기름종이를 깔고 쑥을 섞은 떡가루를 고루 펴서 담은 후 위를 편편하게 하여 베보자기를 덮고 불에 올려서 찐다. 시루 윗부분에서 김이 오르면 뚜껑을 덮어 약 30분 정도 찐다.
5. 대꼬치로 찔러보아 흰가루가 묻어나지 않으면 불에서 내려서 목판이나 도마에 쏟아 한김 식은 후에 적당한 크기로 썬다.

잡과병

멥쌀가루에 밤, 대추, 감고지, 곶감 등의 과일을 섞어서 찐 무리떡으로 맛이 좋다.

| 재료 및 분량 |

멥쌀 5컵 / 소금 1큰술 / 밤 200g / 대추 50g / 곶감 2개 / 감고지 50g / 물 ½컵 / 설탕 1컵

| 만드는 법 |

1 쌀은 씻어서 6시간 이상 충분히 불려서 소금을 넣고 가루로 빻아서 고운체에 내린다.

2 밤은 껍질을 벗기고, 대추는 씨를 발라내어 6등분 한다. 곶감은 씨를 빼서 잘게 썰고, 감고지는 2cm 길이로 짧게 끊는다.

3 쌀가루에 물 ½컵을 섞어 다시 체에 내린 후 설탕을 고루 섞은 다음에 2의 준비한 고명을 모두 섞는다.

4 시루나 찜통의 밑에 기름종이를 깔고 고명 섞은 떡가루를 고루 펴서 담고 위를 고르게 하여 베보자기를 덮고 불에 올려서 찐다. 시루 윗부분에서 김이 오르면 뚜껑을 덮어 약 30분 정도 찐다.

5 대꼬치로 찔러보아 흰가루가 묻어나지 않으면 불에서 내려 목판이나 도마에 쏟아 한김 식힌 후에 적당한 크기로 썰어서 목기나 그릇에 담는다.

두텁떡

찹쌀가루를 간장, 설탕으로 간을 맞춘 떡가루를 볶은 팥고물 위에 한 순가락씩 떠서 놓고 소는 볶은 팥고물에 다진 유자, 밤, 대추 등을 넣어 빚은 다음 가운데에 놓고 다시 떡가루로 소를 덮은 후 고물을 고루 뿌려서 찐다. 만들기가 어렵고 손이 많이 가는 떡이지만 맛은 아주 훌륭하다. 조선시대의 궁중에서 잔치 때 마련하던 떡으로 합병(盒餠) 또는 봉우리떡이라고도 한다.

| 재료 및 분량 |

찹쌀 5컵 / 간장 2큰술 / 설탕 1컵

고물 거피팥 5컵 / 간장 ½컵 / 설탕 2컵 / 계핏가루 2작은술 / 후춧가루 약간
소 볶은 팥고물 2컵 / 꿀 2큰술 / 유자청 2큰술 / 계핏가루 ½작은술 / 밤 10개 / 대추 10개 / 잣 2큰술 / 유자 껍질(당절임) 1개분

| 만드는 법 |

1 찹쌀을 씻어 충분히 불린 다음 가루로 빻아 간장을 넣고 골고루 비벼 중간체에 내려서 설탕을 섞어 떡가루를 준비한다.

2 거피팥은 하룻밤 정도 충분히 불려서 말끔히 거피하여 찜통에 푹 무르게 찐다.

3 무르게 익은 팥은 큰 그릇에 쏟아서 방망이로 대강 찧어 으깬 후 간장, 설탕, 계핏가루, 후춧가루 등을 넣어 고루 섞는다. 양념한 팥을 두꺼운 번철에 넣고 두세 번에 나누어서 기름을 두르지 말고 나무주걱으로 뒤집으면서 보슬보슬하게 될 때까지 볶아 식혀 어레미에 쳐서 볶은 팥고물을 만든다.

4 밤은 껍질을 까서 여섯 조각 정도로 썰고, 대추도 씨를 발라내어 밤과 같이 썰고, 잣은 고깔을 떼어 놓는다. 설탕에 재웠던 유자를 건져서 곱게 다진다.

5 3의 볶은 팥고물 중 2컵을 덜어 꿀, 유자청, 다진 유자를 고루 섞은 후에 밤, 대추, 잣을 박아서 지름 2cm 정도의 동글납작한 모양의 소를 빚는다.

6 찜통이나 시루에 젖은 행주를 깔고 고물을 한 켜 넉넉히 고르게 깐 다음 1의 떡가루를 한 숟가락씩 드문드문 놓고 떡가루의 가운데에 5의 팥소를 하나씩 놓고 다시 그 위에 떡가루를 한 숟가락씩 얹고 3의 볶은 팥가루를 위에 살살 뿌린다. 다음 켜는 움푹움푹 패인 자리에 떡가루를 한 숟가락 놓고나서 소를 놓고 다시 떡가루로 덮고 팥고물을 뿌린다. 이 같은 요령으로 서너 켜를 안쳐서 불에 올려서 약 30분 정도 찐다.

7 대꼬치로 찔러서 흰가루가 묻어나지 않으면 불에서 내려 한김 식힌 후에 행주째 모판이나 쟁반에 들어내어 쪄진 떡을 하나씩 숟가락으로 그릇에 담는다.

색 편

멥쌀가루에 여러 색으로 물을 들여서 켜가 없이 색색을 겹쳐서 찐 무리떡으로 일명 무지개떡이라고 한다. 갈색은 코코아 가루를 섞어서 만들며 서양식 케이크처럼 둥글게 안치고 위에 대추, 잣으로 기념 문구를 글자로 새겨서 찌면 케이크 못지 않게 훌륭하다.

| 재료 및 분량 |

흰색 가루 불린 멥쌀 700g / 소금 9g / 물 90g / 설탕 70g
노란색 가루 불린 멥쌀 700g / 소금 9g / 치자물 40g / 물 50g / 설탕 70g
붉은색 가루 불린 멥쌀 700g / 소금 9g / 딸기시럽 60g / 물 80g / 설탕 50g
초록색 가루 불린 멥쌀 700g / 소금 9g / 승검초가루 7g / 물 130g / 설탕 70g
검은색 가루 불린 멥쌀 700g / 소금 9g / 석이버섯가루 10g / 따뜻한 물 15g / 물 90g / 설탕 70g

| 만드는 법 |

1 쌀은 씻어서 6시간 이상 충분히 불려서 소금을 넣고 가루로 빻아 5등분 한다.
2 치자는 물 ¼컵에 치자 1개를 쪼개어 우리고, 석이버섯가루는 동량의 물에 불려 쓴다.
3 각각의 쌀가루에 분량의 색을 내는 재료인 치자물, 딸기시럽, 승검초가루, 석이버섯가루와 물을 주어 골고루 섞어 곱게 빻아 중간체에 내려 설탕을 섞는다.
4 시루나 찜통의 밑에 기름종이를 깔고 다섯 가지 색의 쌀가루를 안친다. 시루 윗부분에서 김이 오르면 뚜껑을 덮어 약 30분 정도 찐다.
5 대꼬치로 찔러보아 마른 가루가 묻어나지 않으면 불에서 내려 목판이나 도마에 쏟아 한김 식힌 후에 색이 잘 나타나게 썰어 그릇에 담는다.

쇠머리떡

찹쌀가루에 대추, 곶감 등의 과일과 콩을 섞어서 켜를 얇게 하여 쪄내어 겹쳐서 굳혀 썰어 먹는 떡으로 마치 쇠머리편육처럼 생겼다 하여 붙여진 이름이다. 콩찰떡은 찹쌀가루에 검은콩과 호박오가리를 섞어서 찐 찰떡으로, 달고도 맛이 있는 소박한 떡이다.

| 재료 및 분량 |

찹쌀 5컵 / 소금 1큰술 / 밤 10개 / 곶감 2개 / 대추 10개 / 검은콩 ½컵 / 설탕 1컵 / 설탕 ½컵

| 만드는 법 |

1 찹쌀은 씻어서 6시간 이상 충분히 불려서 소금을 넣고 가루로 빻아서 고운체에 내린다.
2 밤은 껍질을 벗기고, 곶감과 대추는 씨를 발라내어 6등분 한다.
3 검은콩은 씻어 불려서 물을 넉넉히 넣고 삶아 건져서 물기를 뺀 후에 설탕 1컵을 넣고 고루 버무린다.
4 찹쌀가루에 설탕 ½컵을 고루 섞고 2의 준비한 과일과 3의 검은콩을 함께 섞는다.
5 시루에 시루밑을 깔거나 찜통에 젖은 행주를 깔고 4의 과일 섞은 떡가루를 3cm 두께로 고루 펴서 담은 후 위를 고르게 하여 베보자기를 덮고 불에 올려서 약 30분 정도 찐다.
6 대꼬치로 찔러보아 흰가루가 묻어나지 않고 떡이 차지게 익었으면 넓은 쟁반에 쏟고, 다시 떡가루를 안쳐서 익혀 먼저 쪄낸 떡에 겹쳐서 굳힌다. 떡이 완전히 식어서 굳으면 폭 5cm 정도로 토막을 내어 두께 1cm의 편육처럼 썰어 그릇에 담는다.

인절미

찹쌀을 푹 무르게 쪄서 절구나 안반에 끈기가 나게 쳐서 끊어 고물을 묻힌다. 떡을 칠 때 삶은 쑥, 수리취, 다진 대추 등을 넣어 찌면 쑥인절미, 수리취인절미, 대추인절미가 된다.

겉에 묻히는 고물은 노란 콩고물, 파란 콩고물이 흔하지만 여름철에는 깨고물도 하며 가을, 겨울에는 거피팥고물이 맛이 있다.

| 만드는 법 |

1 찹쌀을 깨끗이 씻어서 6시간 이상 불려서 소쿠리에 건져 물기를 뺀다.

2 시루나 찜통에 베보자기나 행주를 깔고 1시간 정도 심까지 무르게 찐다. 도중에 소금물 1 분량의 소금물을 고루 뿌려 위아래를 섞어서 고루 찐다.

3 고물로 쓸 콩가루는 미리 콩을 씻어서 볶아 맷돌에 반으로 타개서 껍질을 없이 하여 절구에 소금을 넣고 곱게 빻아서 고운체에 내린다. 콩가루에 설탕을 섞는다. 거피팥고물을 준비해도 좋다.

4 잘 쪄진 찹쌀을 절구나 안반에 쏟아서 공이나 떡메에 소금물 2를 적시면서 쌀알이 없어질 때까지 찧는다.

5 도마나 넓은 쟁반에 콩가루를 고루 뿌려놓고 친 떡을 길게 막대 모양으로 하여 얹고, 위에도 콩가루를 고루 뿌려서 손으로 알맞은 두께로 펴서 칼로 적당한 크기로 썰어서 다시 고루 콩가루를 묻힌 후 그릇에 옆옆이 붙여 담아 놓는다. 또는 친 떡을 손으로 둥글게 빚어서 콩고물을 묻히기도 한다.

| 재료 및 분량 |

찹쌀 10컵

소금물 1 소금 1큰술 / 물 ½컵

소금물 2 소금 3큰술 / 물 1 ½컵

고물 콩가루 2컵 또는 거피팥가루 2컵 / 소금 1작은술 / 설탕 2큰술

절 편

쌀을 가루로 하여 물을 주어 찐 다음 절구나 안반에 쳐서 끈기가 나게 하여 만든 떡을 길게 늘인 후 떡살로 문양을 박아 썬 떡이다. 정월에 먹는 가래떡도 이처럼 만든다.

송기를 잿물에 삶아서 찧어 섞어 붉은색의 절편을 만들기도 한다.

| 재료 및 분량 |

멥쌀 10컵 / 소금 2큰술 / 쑥(데쳐서) 20g / 참기름 · 꿀 각 적량

| 만드는 법 |

1 쌀은 깨끗이 씻어 6시간 정도 충분히 불려서 건져 소금을 넣고 가루로 빻아서 고운체로 친다.

2 떡가루에 물을 훌훌 뿌려 버물버물하여 찜통이나 시루에 충분히 찐다.

3 쪄낸 떡을 둘로 나누어 반은 그대로 절구나 안반에서 차지게 될 때까지 치고, 나머지는 데친 쑥을 섞어서 쑥색이 고루 들 때까지 찧는다.

4 차진 떡을 큰 도마에 놓고 참기름을 발라가며 양손으로 길게 막대 모양으로 밀어 떡살로 눌러서 문양을 내어 적당한 크기로 썬다. 또는 손을 펴고 세워서 밀어 꼬리가 달리게 끊어 골무 모양을 만든 다음 둥근 문양의 떡살로 찍어서 참기름을 바른다.

5 꽃절편은 흰떡을 조금씩 떼어서 황색과 붉은색의 식용색소를 조금만 넣어 색떡을 만들어서 콩알만큼씩 떼어 떡의 가운데에 놓고 떡살로 누르면 예쁜 문양이 된다.

6 절편을 그릇에 담고 꿀을 작은 그릇에 따로 담아낸다.

개피떡

떡은 절편과 마찬가지로 만들어 흰팥소를 넣은 반달 모양의 떡으로 바람이 들어가 불룩하므로 바람떡이라고도 한다. 팥소를 조금 넣어 가는 개피떡을 만들어 둘 또는 셋씩을 붙인 것을 둘붙이 또는 셋붙이라고 부른다.

| 재료 및 분량 |

멥쌀 10컵 / 소금 2큰술 / 쑥(데쳐서) 20g / 참기름 · 꿀 각 적량

소 거피팥 2컵 / 소금 1작은술 / 설탕 ½컵 / 꿀 2큰술 / 계핏가루 ½작은술

| 만드는 법 |

1 쌀을 깨끗이 씻어 6시간 정도 충분히 불려서 건져 소금을 넣고 가루로 빻아서 고운체로 친다.

2 떡가루를 물을 훌훌 뿌려 버물버물하여 찜통이나 시루에 충분히 찐다.

3 쪄낸 떡을 둘로 나누어서 반을 절구나 안반에서 차지게 될 때까지 치고, 나머지는 쑥 데친 것을 섞어 쳐서 쑥색이 고루 들도록 찧는다.

4 거피팥을 물에 불려서 거피하여 쪄서 소금을 넣고 방망이로 으깨어 어레미에 내려 고물을 만든다. 여기에 설탕, 꿀과 계핏가루를 넣고 버무려서 밤톨만하게 소를 빚는다.

5 잘 친 떡을 도마 위에 놓고 밀방망이로 얇게 밀어 한쪽에 소를 놓고 떡자락으로 덮은 후 작은 보시기로 반달 모양이 되도록 눌러서 끊는다.

6 만든 떡에 참기름을 고루 바르고 목기 등의 그릇에 담은 후 꿀을 작은 그릇에 따로 담아낸다.

찹쌀경단

찹쌀가루를 익반죽하여 둥글게 빚어서 끓는 물에 삶아내어 콩고물, 깨고물 등을 묻힌 떡으로 쉽게 만들 수 있는 물편으로 부드럽다. 경단을 빚을 때 팥소를 안에 넣어 빚기도 한다.

| 재료 및 분량 |

찹쌀가루 3컵 / 더운물 약 ½컵 / 소금 ½작은술

고물 노란 콩가루 ½컵 / 소금 약간 / 파란 콩가루 ½컵 / 소금 약간 / 흑임자 ½컵 / 소금 약간 / 붉은팥고물 ½컵 / 소금 ½작은술 / 녹두고물 ½컵 / 소금 ½작은술

| 만드는 법 |

1 찹쌀을 물에 충분히 담가 불려서 가루로 빻아 고운체에 내린다.

2 찹쌀가루에 더운물, 소금을 타서 넣어 고루 치대어서 반죽을 하여 지름 2cm 정도의 경단을 동그랗게 빚는다.

3 고물에 쓸 콩가루 두 가지는 콩을 씻어서 볶아 맷돌에 갈아서 껍질은 없이 하고 소금을 약간 넣어서 고운 가루로 빻는다.

4 흑임자는 씻어서 볶아 가루로 곱게 빻아 소금을 넣고 섞어 접시에 담는다.

5 붉은팥에 물을 넉넉히 붓고 푹 무르게 삶아서 소금 1작은술을 넣고 찧어서 어레미에 쳐서 고물을 만든다.

6 녹두는 물을 넉넉히 부어 하룻밤 정도 충분히 불려서 손으로 비벼 거피하여 찜통에 베보자기나 큰 행주를 깔고 푹 무르게 찐다. 더울 때 절구에 쏟아서 소금을 넣고 대강 찧어서 어레미에 내려서 녹두고물을 보슬보슬하게 한다.

7 냄비에 물을 넉넉히 담아서 끓어오르면 빚은 경단을 넣어서 휘휘 저어서 삶는다.

8 경단이 말갛게 익어서 떠오르면 건져서 찬물에 헹구어 재빨리 건져 물기를 뺀다.

9 접시나 쟁반에 미리 준비한 고물을 담고 익은 경단을 넣어서 접시채 흔들어 고물을 고루 묻힌 후 다섯 가지를 한 그릇에 어울려서 담는다.

수수경단

수숫가루를 익반죽하여 둥글게 빚어서 끓는 물에 삶아내어 붉은팥고물을 묻힌 떡이다. 어린아이의 백일, 돌, 생일에는 액운을 면하게 해준다 하여 반드시 차려 주는 풍습이 아직까지도 남아 있다.

| 재료 및 분량 |

차수수 2컵 / 소금 1작은술 / 더운물 약 ½컵

고물 붉은팥 1컵 / 소금 1작은술

| 만드는 법 |

1 수수를 세 시간 이상 불려서 여러 번 물을 갈아 씻어 건져 가루로 빻는다.
2 붉은팥에 물을 넉넉히 붓고 푹 무르게 삶아서 소금 1작은술을 넣고 찧어서 어레미에 쳐서 고물을 만든다.
3 더운물에 소금을 타서 수숫가루에 넣어 익반죽을 한 후 고루 치대어서 지름 2cm 정도의 경단을 빚는다.
4 냄비에 물을 넉넉히 담아 펄펄 끓여서 빚은 수수경단을 넣어 전체를 저으면서 삶는다.
5 경단이 익어서 위로 떠오르면 바로 건져 찬물에 헹구어서 물기를 빼고 팥고물을 고루 묻혀 그릇에 담는다.

356

석이단자

찹쌀가루에 곱게 다진 석이버섯을 섞어 쪄서 다진 잣가루를 고물로 묻힌 단자로 향기와 맛이 매우 뛰어난 떡이다. 단자는 대개 석이단자, 대추단자, 쑥구리단자를 삼색으로 한데 어울려 담는다.

| 재료 및 분량 |

찹쌀가루 4컵 / 마른 석이버섯 5장(10g) / 물 4큰술 / 꿀 3큰술

고물 잣가루 1컵

| 만드는 법 |

1 찹쌀을 불려서 가루로 하여 체에 내린다.

2 마른 석이버섯은 뜨거운 물에 불려서 안쪽의 이끼를 손으로 비벼 깨끗이 하고 물기를 없이 하여 꼭지를 떼어낸 다음 곱게 다진다. 석이버섯은 미리 손질하여 말렸다가 절구에 빻아서 가루를 준비해 두었다가 쓰면 편리하다. 쓸 때는 동량의 더운물에 불려서 쓰도록 한다.

3 찹쌀가루에 다진 석이버섯을 넣어 고루 비비고 나서 물 4큰술을 고루 뿌려서 찜통에 젖은 행주를 깔고 충분히 익도록 찐다.

4 잣은 고깔을 따서 도마에 종이를 깔고 곱게 다져서 고명을 준비한다.

5 쪄진 떡을 절구에 치거나 분마기에 담아 방망이로 꽈리가 일도록 치대어 도마에 꿀을 바르고 떡을 쏟아서 두께 1cm로 편 다음 길이 3cm, 폭 2.5cm 정도의 크기로 썰어서 잣가루를 고루 묻힌 후 그릇에 담는다.

대추단자

찹쌀가루에 곱게 다진 대추를 섞어 쪄서 밤과 대추채를 섞은 고물을 묻힌 단자로 대추의 향이 좋고, 고물이 유별하다.

| 재료 및 분량 |

찹쌀가루 4컵 / 대추 5개 / 물 3큰술 / 꿀 3큰술

고물 대추 5개 / 밤 10개

| 만드는 법 |

1 찹쌀을 불려서 가루로 하여 체에 내린다.

2 대추는 씨를 발라내고 곱게 다져서 찹쌀가루에 섞어 고루 비비고서 물을 뿌린 다음 또 고루 비벼서 찜통에 젖은 행주를 깔고 찐다.

3 고물로 쓸 대추는 씨를 발라내고 밤은 속껍질을 벗겨서 각각 곱게 채 썰어서 합하여 채고명을 만든다.

4 쪄진 떡을 절구에 치거나 분마기에 담아 방망이로 꽈리가 일도록 치대어 도마에 꿀을 바르고 떡을 쏟아서 두께 1cm로 펴서 길이 3cm, 폭 2.5cm 정도의 크기로 썰거나 또는 손에 꿀을 묻혀서 대추알 정도의 크기로 떼어서 채고명을 고루 묻힌다.

쑥구리단자

찹쌀가루에 데친 쑥을 섞어서 거피팥 고물을 소로 넣고 겉에도 팥고물을 묻힌 단자로 쑥의 향이 좋고 맛이 매우 좋다.

| 재료 및 분량 |

찹쌀가루 4컵 / 쑥(데쳐서) 40g / 소금 약간 / 물 1 ½큰술 / 꿀 1 ½큰술

고물 거피팥 1컵 / 소금 1작은술

소 거피팥고물 1컵 / 꿀 2큰술 / 계핏가루 ½작은술 / 꿀 ½큰술

| 만드는 법 |

1 찹쌀을 불려서 가루로 하여 체에 내린다.

2 쑥은 연한 잎을 뜯어서 소금물에 데쳐서 절구에 곱게 치대어 둔다. 한번에 많이 만들어 한번에 쓸 분량씩 냉동하여 두고 쓰면 편리하다.

3 거피팥은 충분히 불려서 껍질을 깨끗이 없이 하여 찜통에 푹 무르게 쪄서 체에 걸러 고물을 만들어 소금을 넣고 고루 섞는다.

4 3의 거피팥 고물 중 1컵을 따로 꿀과 계핏가루를 넣어 섞어서 뭉쳐 지름 2cm의 막대 모양으로 길게 빚는다.

5 찹쌀가루에 데친 쑥을 넣어 고루 비빈 후 물을 주어서 찜통에 젖은 행주를 깔고 찐다.

6 쪄진 떡을 절구에 치거나 분마기에 담아 방망이로 꽈리가 일 때까지 치대어, 도마에 꿀을 바르고 떡을 쏟아서 두께 1cm, 폭 6cm로 갸름하게 펴놓는다. 펴놓은 떡의 가운데에 준비한 막대 모양의 소를 심처럼 하여 떡을 오므려서 막대 모양으로 만들어 끝에서부터 3cm 정도의 새알 모양으로 손으로 끊어서 꿀을 발라 거피팥고물을 고루 묻힌다.

송 편

멥쌀가루를 익반죽하여 여러 가지 소를 채워 빚어서 시루에 솔잎을 깔고 쪄내어 만든 송편이다. 팔월 추석인 중추절에 많이 만드는 떡으로 떡가루에 쑥을 넣어서 빻거나 익반죽할 때 넣어 쑥송편을 만들기도 하고, 송기를 삶아서 넣어 붉은색을 내기도 한다.

| 만드는 법 |

1 쌀을 씻어 불린 다음 소금을 넣어 가루로 빻아 체에 쳐서 3등분 한다.

2 쑥은 연한 잎으로 골라 끓는 물에 소금을 약간 넣고 데쳐내어 절구에 곱게 찧는다.

3 치자를 쪼개어 물에 담가 노란색을 우려 낸다.

4 떡가루에 하나는 끓는 물을 그대로 넣어 흰색으로, 또 하나는 치자물 2큰술을 넣어 손으로 비벼 쌀가루에 색을 들인 후 끓는 물로, 나머지는 데친 쑥과 끓는 물을 넣어 쑥색으로, 세 가지의 떡반죽을 만들어 오래 치대어 젖은 행주를 덮어 놓는다.

5 거피팥을 불려 쪄서 어레미에 내려서 소금, 꿀, 계핏가루를 넣어 지름 2cm 정도로 둥글게 팥소를 빚는다.

6 밤은 껍질을 벗겨서 서너 조각으로 썬다. 풋콩은 삶아서 깨끗이 씻어 소금을 뿌려 놓는다.

7 깨는 볶아서 빻아 꿀로 버무린다.

8 떡반죽을 밤알만 한 크기로 떼어 둥글게 빚은 다음 가운데 우물을 파서 그 속에 준비한 여러 가지 소를 넣고 오므려 조개처럼 예쁘게 빚는다.

9 시루나 찜통에 솔잎을 깔고 빚은 송편이 서로 닿지 않게 한 켜 놓고 위에 솔잎을 한 켜 놓는다. 그 위에 송편, 솔잎, 송편의 순으로 여러 켜를 반복하여 담고 불에 올려서 약 30분 정도 찐다.

10 다 익게 쪄지면 냉수에 얼른 씻어서 솔잎을 떼고 소쿠리에 건져서 물기를 뺀 다음 참기름을 발라서 목기나 그릇에 담는다.

| 재료 및 분량 |

멥쌀 10컵 / 소금 2큰술 / 쑥(데쳐서) 20g / 치자 1개 / 물 ½컵 / 끓는 물 약 1컵 / 참기름 2큰술

소 거피팥 1컵 / 소금 1작은술 / 꿀 1작은술 / 계핏가루 ½작은술 / 밤 5개 / 풋콩 1컵 / 소금 1작은술 / 깨 ½컵 / 꿀 2큰술

주 악

찹쌀가루를 익반죽하여 다진 대추를 소로 넣고 송편처럼 빚어서 기름에 튀겨 낸 후 꿀에 집청한 전병으로 웃기떡으로 쓰인다. 찹쌀가루에 석이가루, 승검초가루, 다진 대추, 은행가루를 섞어서 반죽을 하기도 한다. 소로는 대추 대신 볶은 깨를 꿀로 버무려서 넣기도 한다.

| 만드는 법 |

1 찹쌀을 씻어 일어 5시간 이상 불려 건져 소금을 넣어 가루로 빻는다.

2 찹쌀가루에 밀가루를 섞어 체에 내려 각각의 색을 내는 재료인 다진 대추, 파래가루, 치자물을 섞는다.

3 각각을 익반죽하여 고루 치대어 매끄러운 반죽을 만든다(치자물은 물 $\frac{1}{4}$컵에 치자 1개를 넣어 우린 물이다).

4 소는 대추를 씨를 빼고 발라내어 곱게 다져서 꿀과 계핏가루를 넣어 섞어서 콩알만큼씩 빚는다.

5 찹쌀 반죽을 새알만큼씩 떼어 둥글둥글하게 만들어 송편 빚듯이 우물을 파서 소를 넣고 꼭꼭 잘 오므려 빚는다.

6 식용유를 140℃로 덥혀서 빚은 떡을 하나씩 넣어서 고루 튀겨 기름망에 건져 낸다.

7 뜨거울 때 바로 꿀에 담가서 집청하여 그릇에 담아 내거나 편을 고일 때 웃기떡으로 얹는다.

| 재료 및 분량 |

대추주악 찹쌀가루 1컵 / 밀가루 2큰술 / 대추 (다져서) 1큰술 / 끓는 물 2 $\frac{1}{2}$큰술

감태주악 찹쌀가루 1컵 / 밀가루 2큰술 / 파래가루 1큰술 / 끓는 물 2 $\frac{1}{2}$큰술

황주악 찹쌀가루 1컵 / 밀가루 2큰술 / 치자물 $\frac{1}{2}$큰술 / 끓는 물 2큰술

식용유 · 꿀 각 적량

소 대추 15개 / 계핏가루 $\frac{1}{2}$작은술 / 꿀 2작은술

화 전

찹쌀가루를 익반죽하여 둥글게 빚어 기름에 지져서 진달래 꽃이나 대추, 쑥갓, 국화잎으로 문양을 만든 전병이다. 우리 조상들은 삼월 삼짇날은 꽃이 많은 산이나 들에 나가 진달래 화전을 부쳐 먹는 화전놀이를 즐겼다.

| 재료 및 분량 |

찹쌀가루 4컵 / 더운물 약 ½컵 / 소금 1작은술 /
진달래꽃 30장 / 대추 4개 / 쑥갓 20g / 식용유 적량 / 꿀 ½컵

| 만드는 법 |

1 찹쌀을 물에 충분히 담가 불려서 가루로 빻은 다음 고운 체에 내린다.
2 더운물에 소금을 타서 찹쌀가루에 넣어 익반죽하여 고루 치대어 지름 6cm 정도로 둥글고 납작하게 빚는다.
3 고명으로 쓸 진달래는 꽃술을 떼고 물에 씻어 물기를 닦고, 대추는 씨를 뺀 다음 가늘게 썰고, 쑥갓은 잎을 작게 뜯어 놓는다.
4 번철을 달구어 식용유를 두르고 찹쌀 빚은 것을 서로 붙지않게 떼어놓고 숟가락으로 누르면서 지진다.
5 익어서 맑은 색이 나면 뒤집어서 위에 진달래나 대추와 쑥갓 또는 감국잎으로 문양을 만들고 잘 익혀서 꺼내어 꿀을 고루 묻혀서 그릇에 담아낸다.

수수부꾸미

수숫가루를 익반죽하여 둥글게 빚어 기름에 지져서 가운데에 팥소를 넣고 반을 접어서 반달 모양으로 만든 전병이다. 찹쌀부꾸미는 찹쌀가루를 익반죽하여 화전처럼 빚어서 지지다가 소를 놓고 반을 접고 겉에 대추와 쑥갓으로 문양을 만들어서 지진다.

| 재료 및 분량 |

수수 2컵 / 소금 1작은술 / 더운물 약 ½컵 / 식용유 적량 /
설탕 1큰술

소 붉은팥 1컵 / 설탕 ½컵 / 소금 ½작은술

| 만드는 법 |

1 수수를 세 시간 이상 불려서 여러 번 물을 갈아서 씻어 건져 가루로 빻는다.
2 붉은팥에 물을 넉넉히 붓고 푹 무르게 삶아서 식힌 후 으깨어 체에 밭치고 남은 것은 다시 물을 붓고 으깨서 밭친다. 이처럼 세 번 정도 하여 맑은 물이 나오면 껍질은 버리고 팥물을 모아서 베나 무명 주머니에 넣어 물을 짜고 안에 남은 앙금을 냄비에 담고 설탕, 소금을 넣어 섞어 불에 올려서 걸쭉하게 될 때까지 조려서 식혀 팥소를 만든다.
3 수숫가루를 더운물에 소금을 넣고 익반죽하여 오래 치대어 동글납작하게 빚는다. 번철에 식용유를 두르고 숟가락으로 누르면서 갸름한 타원형으로 지진다. 뒤집어서 가운데 밤톨만하게 빚은 팥소를 놓고 반으로 접어 반달 모양으로 하여 가장자리를 꼭꼭 눌러서 부친다.
4 지져낸 부꾸미에 바로 설탕을 조금씩 뿌려서 그릇에 담는다.

찹쌀부꾸미

찹쌀가루를 익반죽하여 둥글게 빚어서 기름에 지져 가운데에 밤소를 놓고 반으로 접어 만든 전병이다. 큼직한 모양으로 소담하게도 부치지만 작게 빚어서 위에 대추와 쑥갓으로 문양을 새기면 더욱 예쁘고 앙증맞다. 안에 넣는 소를 수수부꾸미처럼 팥소를 넣어도 된다.

| 재료 및 분량 |

찹쌀가루 4컵 / 더운물 약 ½컵 / 소금 1작은술 / 식용유 적량 / 대추 3개 / 쑥갓 20g / 설탕 약간

소 밤 10개 / 꿀 ½컵 / 계핏가루 ½작은술

| 만드는 법 |

1 찹쌀을 불려서 가루로 빻아서 고운체에 내린다.

2 찹쌀가루에 더운물을 넣고 소금을 타서 넣어 고루 치대어서 지름 6cm의 원형으로 납작하게 빚는다.

3 밤은 푹 무르게 삶아서 껍질을 벗기고 체에 걸러 꿀과 계핏가루를 넣고 버무려서 소를 빚는다.

4 고명에 쓸 대추는 씨를 발라서 사방 0.5cm로 썰고, 쑥갓잎은 작게 떼어 놓는다.

5 번철을 달구어서 식용유를 두르고 찹쌀반대기를 놓고 숟가락으로 누르면서 지져서 한 면이 익으면 뒤집어서 뒷면도 익힌다.

6 찹쌀이 익어서 말갛게 되면 가운데에 밤소를 놓고 반을 접어 가장자리를 눌러서 붙여 반달 모양으로 오므린다.

7 뒤집어서 대추와 쑥갓을 놓고 숟가락으로 눌러서 붙여 접시에 꺼내어 더울 때 설탕을 조금 뿌리거나 꿀을 바른다.

약 밥

찹쌀밥에 꿀, 참기름, 간장으로 간을 하여 밤, 대추, 잣 등을 섞어서 버무려 찐 단맛이 나는 밥이지만 떡류에 들어간다. 약밥의 유래는 신라 소지왕 때 까마귀에게 제사를 드린 데서 시작되었다고 하며, 약밥 또는 약식이라고도 한다. 미리 설탕으로 캐러멜소스를 만들어서 하면 색이 곱고 맛도 좋다.

| 재료 및 분량 |

찹쌀 5컵 / 밤 10개 / 대추 5개 / 잣 2큰술 / 설탕 1컵 / 참기름 6큰술 / 간장 4큰술 / 계핏가루 ½작은술

캐러멜소스 설탕 6큰술 / 물 3큰술 / 더운물 3큰술

| 만드는 법 |

1 찹쌀은 씻어서 물에 6시간 이상 충분히 불려서 건져 물기를 빼서 찜통에 행주를 깔고 40분 정도 찌는데, 도중에 나무주걱으로 위아래를 두세 번 고루 섞어 준다.

2 **캐러멜소스 만들기** 설탕과 물을 냄비에 담아 불에 올려 그대로 둔다. 끓어올라서 큰 거품이 나고 가장자리부터 타기 시작하면 불을 약하게 하고 나무주걱으로 고루 저어 전체가 진한 갈색이 되면 바로 더운물을 넣어 섞어서 굳지 않도록 묽게 한다.

3 밤은 속껍질까지 깨끗이 벗기고, 대추는 씨를 발라내어 각각 두세 조각으로 나누고, 잣은 고깔을 발라놓는다.

4 1의 찐 찹쌀을 뜨거울 때 큰 그릇에 쏟아 먼저 설탕을 넣어 고루 섞은 다음에 참기름, 간장, 캐러멜소스를 차례로 넣어 고루 섞고 나서 밤, 대추를 섞고 계핏가루를 고루 뿌려 2시간 정도 행주를 덮어둔다.

5 찹쌀에 간이 충분히 스며들면 찜통에 베보자기나 행주를 깔고 약 1시간 정도 쪄서 잣을 섞어 그릇에 담는다.

증편

멥쌀가루를 막걸리로 반죽하여 부풀려서 찜통에 베보자기를 깔고 찐 떡이다. 증편(蒸片)은 기증병, 기주떡, 기지떡, 술떡, 벙거지떡 등 여러 가지로 불린다. 술맛이 나면서 달콤한 맛이 별스럽다. 술을 넣고 만들어 다른 떡에 비해 쉽게 쉬지 않기 때문에 여름철에 많이 만드는 떡이다.

| 재료 및 분량 |

멥쌀 5컵 / 소금 2작은술 / 막걸리 2컵 / 설탕 ½컵 / 더운물 3컵 / 대추 5개 / 마른 석이버섯 5장

| 만드는 법 |

1 쌀은 씻어서 6시간 이상 충분히 불려서 소금을 넣고 가루로 빻아 고운체에 내린다.
2 냄비에 물을 덥히고 냄비 안에 들어가는 크기의 그릇에 막걸리를 설탕에 타서 중탕을 하여 60℃ 정도로 덥힌 후 더운물을 섞는다.
3 체에 친 쌀가루에 더운물을 탄 막걸리를 부어서 고루 저어 묽게 반죽한다. 반죽을 오지그릇에 담아 뚜껑을 덮어 따뜻한 곳에 담요를 덮어서 5시간 정도 둔다. 원래의 3배 정도 부풀어오르면 발효가 충분히 된 것이다.
4 고명에 쓸 대추는 씨를 뺀 다음 가늘게 채 썰고 마른 석이버섯은 더운물에 불려서 깨끗이 손질하여 채 썬다.
5 잘 부푼 반죽을 증편 틀이나 찜통에 깨끗한 베보자기를 깔고 2~3cm 두께로 붓고 위에 대추와 석이버섯채 고명을 고루 뿌린다.
6 더운 김이 날 때 올려 20분 이상 쪄서 익힌다. 한김 식힌 후에 귀가 나게 마름모꼴 또는 네모로 썬다.

富貴

약과

밀가루에 참기름을 넣어 고루 비빈 후 생강즙, 술, 꿀을 넣어 반죽하여 다식판에 눌러서 튀겨내어 집청에 담갔다가 건진 과자이다. 개성약과는 반죽하여 약과 틀에 찍지 않고 2~3번 겹쳐 밀대로 판판하게 밀어 썰어 튀기면 약과가 켜켜로 일어나 파이 같은 질감을 갖게 된다.

| 재료 및 분량 |

밀가루 200g / 소금 ½작은술 / 후춧가루 약간 / 참기름 3큰술 / 식용유 적량 / 잣가루 2큰술

반죽시럽 생강즙 2큰술 / 꿀 2큰술 / 청주 3큰술

집청 설탕 1컵 / 물 1컵 / 꿀 2큰술 / 계핏가루 ½작은술 / 생강즙 1작은술

| 만드는 법 |

1. 밀가루에 소금과 후춧가루를 넣고 체에 내려서 참기름을 넣어 고루 비벼서 섞는다.
2. 작은 그릇에 생강즙, 꿀, 청주를 고루 섞어서 기름을 먹인 밀가루에 고루 끼얹어서 반죽을 한데 뭉치면서 덩어리가 되도록 눌러서 반죽을 한다.
3. 약과판에 기름을 바르거나 얇은 랩지를 깔고 반죽을 떼어 얹어 꼭꼭 눌러서 박아내어 뒷면을 대꼬치로 구멍을 몇 개씩 낸다.
4. 집청할 꿀은 먼저 설탕, 물을 각 1컵씩 냄비에 담아 중간 불에 올려서 젓지 말고 끓여서 설탕 시럽이 1컵 정도가 되면 농도가 적당하다. 설탕 시럽을 식힌 후에 꿀을 섞고 계핏가루, 생강즙을 넣어 고루 섞는다.
5. 약과판에서 눌러낸 반죽을 140℃ 정도의 낮은 온도의 식용유에 넣어 서서히 옅은 갈색이 날 때까지 튀겨낸다.
6. 튀겨낸 약과는 더울 때 바로 4의 집청에 담가서 꿀이 배어들면 그릇에 담고 잣가루를 고루 뿌린다.

만두과

만두과는 약과 반죽과 거의 같으나 약간 부드러워야 소를 넣고 빚기 쉽다. 대추를 다져서 꿀로 버무린 소를 넣어 만두처럼 빚어서 튀겨내어 집청한 과자이다.

| 재료 및 분량 |

밀가루 200g / 소금 ½작은술 / 후춧가루 약간 / 참기름 3큰술 / 식용유 적량 / 잣가루 2큰술

반죽시럽 생강즙 2큰술 / 꿀 2큰술 / 청주 4큰술
소 대추 100g / 꿀 2큰술 / 계핏가루 ½작은술
집청 설탕 1컵 / 물 1컵 / 꿀 2큰술 / 계핏가루 ½작은술 / 생강즙 1작은술

| 만드는 법 |

1 밀가루에 소금과 후춧가루를 넣고 체에 내려서 참기름을 넣고 고루 비벼서 섞는다.
2 작은 그릇에 생강즙, 꿀, 청주를 고루 섞어서 기름을 먹인 밀가루에 고루 끼얹어 반죽을 한데 뭉치면서 덩어리가 되도록 눌러서 반죽을 한다.
3 대추는 씨를 발라내고 곱게 다져서 꿀, 계핏가루를 넣어 반죽하여 소를 조그맣게 떼어놓는다.
4 약과 반죽을 밤톨만큼씩 떼어 송편을 빚듯이 가운데 구멍을 내어서 소를 넣어 오므려서 가장자리를 새끼처럼 꼬아서 빚는다.
5 집청할 꿀은 먼저 설탕, 물을 각 1컵씩 냄비에 담아 중간 불에 올려서 젓지 말고 끓여서 설탕 시럽이 1컵 정도가 되면 농도가 적당하다. 설탕 시럽을 식힌 후에 꿀을 섞고 계핏가루, 생강즙을 넣어 고루 섞는다.
6 빚은 만두과 반죽을 140℃ 정도의 낮은 온도에 넣어 서서히 옅은 갈색이 날 때까지 튀겨낸다. 튀긴 만두과를 5의 집청에 담갔다 건져서 잣가루를 고루 뿌려서 그릇에 담는다.

매작과

매엽과라고도 하는데, 밀가루에 생강을 갈아 넣어 반죽한 다음 얇게 밀어서 네모나게 썰어 칼집을 넣은 뒤 뒤집어 꼬인 모양으로 만든 다음 기름에 튀겨 꿀에 집청한 과자로 재료가 간단하여 만들기가 쉽다. 밀가루 반죽을 할 때 승검초, 치자 등으로 물을 들이면 여러 가지 색의 매작과를 만들 수 있다.

| 재료 및 분량 |

밀가루 110g(1컵) / 소금 ½작은술 / 생강 20g / 물 3큰술 / 식용유 적량 / 잣가루 2큰술

집청 설탕 1컵 / 물 1컵 / 꿀 2큰술 / 계핏가루 ½작은술

| 만드는 법 |

1 밀가루에 소금을 넣어 체에 밭친다.
2 생강을 껍질을 벗겨서 곱게 갈아 물과 함께 밀가루와 고루 섞어서 잘 치대어 젖은 행주를 덮어서 30분 정도 둔다.
3 집청할 꿀은 먼저 설탕, 물을 각 1컵씩 냄비에 담아 중간 불에 올려서 젓지 말고 끓인다. 설탕 시럽이 1컵 정도가 되면 농도가 적당하다. 설탕 시럽을 식힌 후에 꿀을 섞고 계핏가루를 넣어 고루 섞는다.
4 반죽한 밀가루를 0.3cm 두께로 얇게 밀어서 길이 5cm, 폭 2cm의 갸름한 네모로 썰어 한문의 내 천(川)자처럼 길이로 칼집을 세 번 넣어 제일 가운데로 한 끝을 넣은 후 뒤집어서 마치 리본처럼 모양을 만든다.
5 식용유를 150℃로 덥혀서 재료를 넣은 후 옅은 갈색이 나도록 튀겨서 건져 기름이 빠지면 3의 집청에 담갔다가 망에 건진다.
6 집청한 매작과를 그릇에 담고 잣가루를 고루 뿌린다.

산 자

산자는 바탕과 만드는 법이 강정과 같으나 모양은 네모지고 크게 만든다.
지방에 따라서는 아주 크게 만들고 집청도 조청으로 하고 밥풀을 통째로 붙여서 소담하게 만들기도 한다.

| 만드는 법 |

바탕 만들기

1. 찹쌀과 흰콩을 각각 하루 정도 물에 불린다. 찹쌀은 깨끗이 씻어 건져서, 껍질을 벗긴 콩과 합하여 곱게 빻는다.
2. 빻은 가루에 소주와 물을 넣어 고루 치대어 반죽한다. 바탕에 색을 넣으려면 반죽하는 물에 식용 색소를 약간씩 풀어서 반죽한다.
3. 찜통에 젖은 행주를 깔고 반죽을 밤톨만 한 크기로 떼어서 서로 붙지 않게 찐다. 찌는 도중에 숟가락으로 위아래를 섞는다.
4. 떡이 말갛게 익으면 볼이나 큰 그릇에 쏟아서 방망이로 꽈리가 일어날 때까지 치댄다.
5. 도마에 밀가루를 번가루로 뿌리고 친 떡을 쏟아서 위에 밀가루를 고루 뿌리고 밀대로 0.4cm 두께로 얇게 민다. 밀어 놓은 반죽을 가로세로 3cm 크기로 썰어서, 채반에 한지를 깔고 서루 붙지 않게 고루 펴서 따뜻한 실내에서 하루 정도 말린다.
6. 바탕이 약간 덜 말랐을 때 한지로 싼 다음 비닐이나 랩지로 싸서 냉장고에 보관한다.

튀기기

1. 말린 산자 바탕을 낮은 온도의 식용유에 넣어 서서히 온도를 높여가며 튀긴다.
2. 바탕이 부풀기 시작하면 숟가락으로 네 귀를 눌러서 모양을 반듯하게 해주고 흰색으로 튀겨내어 기름망에 종이를 깔고 건져내어 기름을 완전히 뺀다.

고물 만들기

1. 세반은 튀긴 밥풀을 대강 부수어 어레미에 내린다.
2. 잣가루는 잣을 도마에 종이를 깔고 잘 드는 칼로 곱게 다진다.
3. 깨고물은 흰깨와 흑임자를 각각 일어 씻어서 볶는다.

고물 묻히기

1. 집청은 냄비에 물엿과 설탕을 함께 담아 중불에서 5분 정도 끓인 후에 꿀을 넣어 고루 섞는다.
2. 튀겨낸 산자를 집청에 담가 망에 건져서 여분의 꿀을 떨어뜨린 다음에 여러 가지 고물을 각각 묻힌다. 산자에 장식을 하려면 반으로 가른 비늘잣과 대추채에 꿀을 대꼬치로 바르면서 산자에 붙여서 모양을 낸다.

| 재료 및 분량 |

찹쌀 800g / 흰콩 1큰술 / 소주 ½컵 / 물 1컵 / 식용유 적량

고물 세반 1컵 / 잣가루 ⅓컵 / 흑임자 ⅓컵 / 흰깨 ⅓컵 / 잣 1큰술 / 대추 3개

집청 물엿 1컵 / 설탕 3큰술 / 꿀 3큰술

강 정

예전에는 찹쌀을 삭혀서 콩물로 반죽하였으나(반죽 만들기 1) 요즈음은 쌀을 삭히기가 어렵고 삭히지 않아도 치대기를 잘 하면 잘 부푼다. 강정은 모양에 따라서 산자, 손가락강정, 매화강정 등으로 불린다.

빙사과는 산자나 강정 바탕을 썰고 남은 가장자리가 약간 굳은 후에 잘게 썰어서 말린 것을 튀겨 꿀로 버무려서 굳은 후에 네모지게 썬 것이다.

| 재료 및 분량 |

바탕 1 찹쌀 4컵 / 번가루(녹말 또는 쌀가루) 약 1컵 / 흰콩 1큰술 / 물 1컵 / 소주 2큰술 / 설탕 1큰술
바탕 2 찹쌀 800g / 흰콩 1큰술 / 소주 1/3컵 / 물 약 1컵 / 식용색소 약간 / 식용유 적량
고물 세반 1컵 / 잣가루 1/3컵 / 흑임자 1/3컵 / 흰깨 1/3컵 / 잣 1큰술 / 대추 3개
집청 꿀 3큰술 / 물엿 1컵 / 설탕 3큰술

| 만드는 법 |

바탕 만들기 1

1 찹쌀은 씻어서 항아리에 물을 부어서 여름철에는 일주일, 겨울철에는 이주일 정도 담가 두어 골마지가 피도록 삭힌다.
2 삭은 찹쌀을 건져서 여러 번 헹구어 씻어 건져서 소금을 넣어 가루로 빻아서 고운체에 친다.
3 흰콩은 충분히 불려서 블렌더에 분량의 물을 넣고 갈아서 체에 밭친다.
4 찹쌀가루에 소주와 설탕을 고루 뿌리고 콩물을 조금씩 넣으면서 나무주걱으로 섞어서 덩어리지게 한다.
5 찜통에 젖은 행주를 깔고 반죽을 큼직하게 떼어 안쳐서 찐다. 찌는 도중에 위아래를 뒤집어 고루 익힌다.
6 쪄낸 떡을 큰 그릇이나 분마기에 쏟아서 방망이로 꽈리가 일도록 힘껏 치댄다.
7 넓은 밀판에 번가루를 뿌리고 떡을 쏟아서 위에도 번가루를 뿌리고 방망이로 0.5cm 두께로 얇게 밀어 적당한 크기로 썬다. 손가락 강정은 길이 4cm, 폭 1cm로 썰고 네모난 산자는 사방 4cm로 썬다. 빙사과용은 잘게 썬다.
8 썰어 놓은 반죽을 더운 방바닥에 한지를 깔고 서로 붙지 않게 늘어놓고 2~3일간 가끔 뒤집으면서 고루 말린다.

바탕 만들기 2

1 찹쌀과 흰콩을 각각 하루 정도 물에 불린다. 찹쌀은 깨끗이 씻어 건져서, 껍질을 벗긴 콩과 합하여 곱게 빻는다.

2 빻은 가루에 소주와 물을 넣어 고루 치대어 반죽한다. 바탕에 색을 넣으려면 반죽하는 물에 식용색소를 약간씩 풀어서 반죽한다.

3 찜통에 젖은 행주를 깔고 반죽을 밤톨만 한 크기로 떼어서 서로 붙지 않게 떼어서 찐다. 찌는 도중에 숟가락으로 위아래를 섞는다.

4 떡이 말갛게 익으면 볼이나 큰 그릇에 쏟아서 방망이로 꽈리가 일어날 때까지 치댄다.

5 도마에 밀가루를 번가루로 뿌리고 친 떡을 쏟아서 위에 밀가루를 고루 뿌린 후 밀대로 0.6cm 두께로 얇게 민다.

6 밀은 반죽을 길이 4cm, 폭 1cm의 크기로 썰어서, 채반에 한지를 깔고 서로 붙지 않게 고루 펴서 따뜻한 실내에서 하루 정도 말린다.

7 바탕이 약간 더 말랐을 때 한지로 싼 다음 랩으로 싸서 냉장고에 보관한다.

튀기기

1 말린 반죽을 110℃ 낮은 온도의 기름에 넣어 서서히 튀겨서 부풀린다. 이때는 모양이 똑바로 되도록 숟가락으로 양 끝을 누르면서 튀긴다.

2 찹쌀과자가 부풀어 오르면 150~160℃의 식용유에 잠깐 넣어 약간 노릇하게 튀겨서 건져 기름을 뺀다.

고물 만들기

1 세반은 튀긴 밥풀을 대강 부수어 어레미에 내린다.

2 잣가루는 잣을 도마에 종이를 깔고 잘 드는 칼로 곱게 다진다.

3 깨고물은 흰깨와 흑임자를 각각 일어 씻어서 볶는다.

고물 묻히기

1 집청은 냄비에 물엿과 설탕을 함께 담아 중불에서 5분 정도 끓인 후에 꿀을 넣어 고루 섞는다.

2 튀겨낸 강정은 집청에 담갔다 망에 건져서 여분의 꿀을 떨어뜨린 다음에 여러 가지 고물을 각각 묻힌다.

3 강정에 장식을 하려면 대꼬치로 집청을 바르고 반으로 가른 바늘잣과 대추채를 붙여서 문양을 낸다.

빙사과

빙사과는 바탕은 산자나 강정과 같다. 바탕을 잘게 썰어서 말린 것을 튀겨내어 집청으로 버무려 굳혀서 네모나게 썬 것이다.

| 재료 및 분량 |

찹쌀 800g / 흰콩 1큰술 / 소주 ⅓컵 / 물 약 1컵 / 식용색소 약간 / 식용유 3컵

집청 꿀 3큰술 / 물엿 1컵 / 설탕 3큰술

| 만드는 법 |

바탕 만들기

1 바탕은 산자나 강정의 바탕 만들기와 동일하다. 색을 들이고 싶다면 반죽에 치자 등과 같은 천연색소나 식용색소를 넣어 반죽한다.

2 얇게 민 반죽을 산자나 강정용으로 네모나게 잘라내고 남은 부분을 말린다.

3 약간 굳으면 팥알보다 작은 크기로 잘게 썰어서 냉동하여 보관한다.

튀기기

1 빙사과 바탕을 망에 담은 채로 낮은 온도의 식용유에 넣고 휘저으면서 색이 거의 들지 않게 튀긴다.

2 튀긴 것을 건져서 종이를 여러 번 바꾸면서 기름을 완전히 뺀다.

모양 만들기

1 집청은 냄비에 물엿과 설탕을 함께 담아 중불에서 5분 정도 끓인 후에 꿀을 넣어 고루 섞는다.

2 튀겨낸 것과 집청의 비율을 3 : 1 정도로 하여 고루 버무린 다음 네모진 틀에 식용유를 약간씩 바르거나 랩지를 깔고 윗면을 편편하게 하여 굳힌다.

3 단단하게 굳으면 길이 3cm, 폭과 높이는 2.5cm 정도의 네모로 썬다.

연근정과

연근 껍질을 벗기고 얇게 썰어 설탕물에 서서히 조리면 맑고 붉은색으로 쫄깃쫄깃해진다.

| 재료 및 분량 |

연근 200g / 물 2컵 / 식초 1큰술 / 설탕 100g / 소금 ½작은술 / 물 3컵 / 꿀 2큰술

| 만드는 법 |

1 연근은 지름 4cm 정도의 가는 것으로 골라서 껍질을 벗기고 0.7cm로 얇게 저며서 끓는 물에 식초를 넣어 살짝 데쳐서 찬물에 헹구어 건진다.
2 데친 연근을 냄비에 담고 설탕, 소금, 물을 한데 넣어 처음에는 센 불에 올린다. 끓기 시작하면 불을 약하게 하여 서서히 뚜껑을 열어놓은 채 조리며 끓이는 도중에 위에 떠오르는 거품을 말끔히 걷어낸다.
3 설탕물이 거의 졸아들면 꿀을 넣어 위아래를 섞으면서 잠시 더 윤기가 나도록 조린다.
4 충분히 조려지면 굵은 체나 망에 하나씩 건져서 떼어놓아 식혀서 그릇에 담는다.

도라지정과

통도라지를 다듬어서 길이 4cm 정도로 토막을 내어 설탕물에 서서히 조리면 맑은 노란색으로 투명하게 되어 쫄깃쫄깃해진다.

| 재료 및 분량 |

통도라지(다듬어서) 200g / 물 2컵 / 소금 ½작은술 / 설탕 100g / 소금 ½작은술 / 물 3컵 / 꿀 2큰술

| 만드는 법 |

1 통도라지는 가는 뿌리는 떼고 4cm 길이로 토막을 내어 굵은 것은 반으로 갈라서 끓는 물에 소금을 약간 넣어 살짝 데쳐서 찬물에 헹구어 건진다.
2 데친 도라지를 냄비에 담고 설탕, 소금, 물을 한데 넣어 처음에는 센 불에 올린다. 끓기 시작하면 불을 약하게 하고 서서히 뚜껑을 열어놓은 채 조리며 끓이는 도중에 위에 떠오른 거품은 말끔히 걷어낸다.
3 설탕물이 거의 졸아들면 꿀을 넣어 위아래를 잘 섞고 잠시 더 윤기가 나도록 조린다.
4 충분히 조려지면 굵은 체나 망에 하나씩 건져서 떼어놓아 식혀서 그릇에 담는다.

유자정과

설탕에 재워두었던 유자를 납작납작하게 저며서 꿀에 조린 정과로, 특히 향기롭고 빛도 곱다. 유자정과는 한번 입에 넣어 씹고 나면 향기가 입에 오래 남아서 상쾌하다.

| 재료 및 분량 |

유자(설탕에 재운 것) 100g / 설탕 2큰술 / 물 2큰술 / 꿀 3큰술

| 만드는 법 |

1. 유자는 많이 나는 철에 껍질만을 설탕에 차곡차곡 재워 두었다가 쓴다.
2. 설탕에 절였던 유자를 건져서 1cm 폭으로 저며 썬다.
3. 썰어 놓은 유자를 냄비에 담고 설탕, 물을 한데 넣어 센 불에 올려서 잠시 끓이다가 불을 약하게 하여 꿀을 넣어 위아래를 섞으면서 잠시 더 윤기가 나도록 조린다.
4. 충분히 조려지면 굵은 체나 망에 하나씩 건져서 떼어놓아 식혀서 그릇에 담는다.

생강정과

생강을 껍질을 벗겨 얇게 썰어 설탕물에 서서히 조리면 엷은 붉은색으로 투명하게 되며, 향이 매우 좋다.

| 재료 및 분량 |

생강(껍질 벗긴 것) 100g / 물 1 ½컵 / 소금 ½작은술 / 설탕 40g / 물 1컵 / 꿀 2큰술

| 만드는 법 |

1. 생강은 되도록 큰 것으로 골라서 껍질을 벗겨 납작납작하게 얇게 저며서 끓는 물에 소금을 넣어 살짝 데쳐서 찬물에 헹구어 건진다.
2. 데친 생강을 냄비에 담고 설탕, 물을 한데 넣어 처음에는 센 불에 올린다. 끓기 시작하면 불을 약하게 하여 서서히 뚜껑을 열어놓은 채 조리며, 끓이는 도중에 위에 떠오르는 거품을 말끔히 걷어낸다.
3. 설탕물이 거의 졸아들면 꿀을 넣어 위아래를 잘 섞어 잠시 더 윤기가 나도록 조린다.
4. 충분히 조려지면 굵은 체나 망에 하나씩 건져서 떼어놓아 식혀서 그릇에 담는다.

인삼정과

인삼을 다듬어 작은 것은 그대로 하고 굵은 것은 갈라서 설탕물에 서서히 조려서 만든 정과로 몸에 이로운 보양이 되는 정과이다.

| 재료 및 분량 |

인삼(다듬어서) 100g / 물 1 ½컵 / 소금 약간 / 설탕 40g / 물 1컵 / 꿀 2큰술

| 만드는 법 |

1 인삼은 되도록 큰 것으로 골라 가는 뿌리는 떼어내고 4cm 정도로 토막을 낸다. 굵은 것은 저며서 끓는 물에 소금을 넣어 살짝 데쳐서 찬물에 헹구어 건진다.

2 데친 인삼을 냄비에 담고 설탕, 물을 한데 넣어 처음에는 센 불에 올린다. 끓기 시작하면 불을 약하게 하여 서서히 뚜껑을 열어놓은 채 조리며 끓이는 도중에 위에 떠오르는 거품을 말끔히 걷어낸다.

3 설탕물이 거의 졸아들면 꿀을 넣어 위아래를 잘 섞고 잠시 더 윤기가 나도록 조린다.

4 충분히 조려지면 굵은체나 망에 하나씩 건져서 떼어놓아 식혀서 그릇에 담거나, 설탕을 입혀 말리기를 여러 번 하여 보관하기도 한다.

송화다식

송홧가루는 봄철에 소나무의 꽃가루로 빛이 노랗고 달착지근한 향내가 난다. 꿀로 반죽하여 다식판에 박아낸다.

| 재료 및 분량 |

송홧가루 1컵 / 꿀 3큰술 / 참기름 적량

| 만드는 법 |

1. 송홧가루에 꿀을 넣어 고루 섞어서 한 덩어리가 되도록 반죽을 한다.
2. 다식판에 참기름을 엷게 바르고 송화 반죽을 밤톨만큼씩 떼어 꼭꼭 눌러서 박아낸다.

녹말다식

녹두녹말을 꿀만으로 반죽한 흰색 다식과 오미자국과 꿀을 한데 넣어 반죽하여 분홍색 다식을 만든다. 오미자국을 넣은 것은 분홍색이 아주 곱고 맛도 새큼하다.

| 재료 및 분량 |

녹두녹말 2컵 / 꿀 4큰술 / 오미자국 2큰술 / 참기름 적량

| 만드는 법 |

1. 오미자를 씻어 하루쯤 찬물에 담가 우려서 고운체에 밭쳐서 진한 분홍빛의 오미자국을 만든다.
2. 녹두녹말을 반씩 나누어서 한쪽에는 꿀만 3큰술을 넣고 나머지에는 꿀과 오미자국을 넣어 고루 반죽하여 한 덩어리가 되도록 한다.
3. 다식판에 참기름을 엷게 바른 후 녹두녹말 반죽을 밤톨만큼씩 떼어내어 꼭꼭 눌러 박아낸다.

진말다식

밀가루를 볶아서 꿀로 반죽하여 만든 다식이다.

| 재료 및 분량 |

밀가루 1컵 / 꿀 3큰술 / 참기름 적량

| 만드는 법 |

1 밀가루를 번철에 담아서 중간 불에서 서서히 나무주걱으로 저으면서 누런 색이 날 때까지 볶는다.

2 볶은 밀가루에 꿀을 섞어서 반죽을 하여 한 덩어리가 되도록 한다.

3 다식판에 참기름을 엷게 바른 후 진말 반죽을 밤톨만큼씩 떼어내어 꼭꼭 눌러 박아낸다.

깨다식

볶은 깨를 빻아서 꿀에 버무려 다식판에 박아서 만든다. 흰깨 다식과 검은깨로도 흑임자다식을 만든다.

| 재료 및 분량 |

흰깨 1컵 / 흑임자 1컵 / 물엿 3큰술 / 설탕 2작은술 / 물 1큰술 / 꿀 3큰술

| 만드는 법 |

1 흰깨를 물에 불려 거피하여 볶아서 절구에 곱게 빻고, 흑임자도 씻어 건져 볶아서 절구에 곱게 빻는다.

2 작은 냄비에 물엿, 설탕, 물을 한데 담아 끓으면 꿀을 섞는다.

3 빻은 흰깨와 흑임자에 물엿과 꿀 끓인 것을 나누어 넣고 고루 섞은 후 사기그릇에 담아서 찜통에 넣어 쪄낸 다음 절구에 쏟아서 기름이 나와 반질반질하게 윤이 날 때까지 쳐서 한 덩어리가 되도록 한다.

4 깨반죽을 밤톨만큼씩 떼어서 다식판에 박아낸다.

콩다식

볶은 콩가루를 꿀로 반죽하여 다식판에 박아낸 것으로 색깔이 곱다. 다식을 어울려 담을 때 빠지지 않는다. 파란 콩을 청태라 하니 파란 콩으로 만든 것을 청태다식이라고 한다.

| 재료 및 분량 |

노란 콩가루 1컵 / 파란 콩가루 1컵 / 물엿 3큰술 / 설탕 2작은술 / 물 1큰술 / 꿀 3큰술

| 만드는 법 |

1 노란 콩과 파란 콩을 각각 씻어 볶아 절구에 넣고 살짝 찧어서 키에 까불러서 콩 껍질을 버린다.

2 껍질 없이 볶은 콩을 다시 절구에 넣어 곱게 찧어서 고운 체에 쳐서 콩가루를 만든다.

3 작은 냄비에 물엿, 설탕, 물을 한데 담아 끓으면 꿀을 섞는다.

4 두 가지 콩가루에 각각 꿀을 넣어 되직하게 반죽하여 밤톨만큼씩 떼어서 다식판에 박아낸다.

밤초

밤을 껍질을 벗겨 설탕물과 꿀에 조린 숙실과이다. 묵은 밤으로 하면 밤이 잘 부서지므로 미리 명반을 탄 물에 담갔다가 조리면 덜 부서진다.

| 재료 및 분량 |

밤(껍질 까서) 20개 / 물 1 ½컵 / 설탕 60g / 소금 약간 / 꿀 3큰술 / 계핏가루 · 잣가루약간

| 만드는 법 |

1. 밤은 겉껍질과 속껍질을 깨끗이 벗겨 물에 담근다.
2. 물을 끓여서 날밤을 넣어 살짝 데쳐내어 다시 냄비에 담아 밤이 잠길 정도의 물 1½컵을 붓고 설탕, 소금을 넣어 센 불에 올려 끓인다.
3. 끓어오르면 불을 약하게 줄이고 위에 있는 거품은 걷어내고 한지를 냄비의 둘레에 맞게 오려서 위에 얹어 덮고 끓이면 위아래가 맛이 고르게 조려진다.
4. 설탕물이 2큰술 정도 남으면 꿀을 넣어 잠시 더 조리다가 계핏가루를 넣어 고루 섞어 그릇에 담아 잣가루를 뿌린다. 대개 대추초와 함께 어울려서 그릇에 담는다.

대추초

대추의 씨를 빼고 잣을 채워서 꿀에 볶은 숙실과로 잣과 대추와 꿀이 어울려서 맛이 매우 훌륭하다. 먼저 대추만 꿀에 조리고 잣을 나중에 채워서 만들기도 한다.

| 재료 및 분량 |

대추 20개 / 잣 2큰술 / 꿀 3큰술 / 계핏가루 약간

| 만드는 법 |

1. 대추는 젖은 행주로 닦아서 먼지를 없애고 작은 칼로 씨를 발라낸다. 너무 마른 대추는 씻어서 청주를 고루 뿌려서 뚜껑을 덮어 3시간 정도 두면 부풀어서 주름이 펴지고 만지기 쉽다.
2. 잣은 뾰족한 쪽에 붙은 고깔을 따고 대추의 씨 뺀 자리에 서너 개씩 채워서 꿀을 조금씩 발라낸 다음 원래의 대추 모양으로 오므린다. 꼭지 부분에 잣이 반쯤 나오게 박는다.
3. 냄비에 잣을 채운 대추와 꿀을 함께 담아 약한 불에 올려서 나무주걱으로 저으면서 서서히 볶아서 꿀이 거의 졸아들면 계핏가루를 뿌려서 살짝 섞는다.
4. 대추초를 하나씩 떼어서 잣을 박은 쪽이 위로 가도록 그릇에 담는다. 대개 밤초와 어울려 함께 담는다.

율란

삶은 밤의 껍질을 벗겨서 체에 내려서 꿀로 버무려 밤톨처럼 빚은 과자이다. 예전에는 황률을 가루로 하여 꿀을 섞어 빚기도 하였으나 생밤으로 만들면 쉽다.

| 재료 및 분량 |

밤 20개 / 물 약 1 ½컵 / 꿀 3큰술 / 계핏가루 또는 잣가루 약간

| 만드는 법 |

1 밤은 씻어서 물을 부어 삶는다.

2 밤이 충분히 무르게 익으면 껍질을 까서 더울 때에 체에 밭쳐서 보슬보슬한 고물로 한다.

3 밤고물에 꿀과 계핏가루를 넣어 고루 섞어서 한데 뭉쳐지게 반죽을 한 덩어리로 뭉친다.

4 밤반죽을 마치 밤톨처럼 빚어서 한쪽 끝에 계핏가루를 묻히거나 잣가루를 고루 묻혀서 그릇에 담는다. 대개는 조란과 함께 어울려서 담는다.

조란

대추를 쪄서 살만 발라 곱게 다져서 꿀로 버무려 다시 대추 모양으로 빚은 숙실과이다.

| 재료 및 분량 |

대추 20개 / 꿀 2큰술 / 계핏가루 약간 / 잣 1작은술

| 만드는 법 |

1 대추는 젖은 행주로 닦아서 먼지를 없애고 찜통에 행주를 깔고 찐다.

2 쪄낸 대추를 작은 칼로 씨를 바르고 살만 곱게 다진다.

3 다진 대추를 작은 냄비에 담고 꿀과 계핏가루를 넣어 약한 불에 올려 나무주걱으로 저으면서 잠시 조려서 식힌다.

4 조린 대추를 원래의 대추 모양으로 빚어서 꼭지 부분에 통잣을 반쯤 나오게 하여 그릇에 잣을 박은 쪽이 위로 가도록 그릇에 담는다. 대개는 율란과 함께 어울려서 담는다.

생강란

생강을 곱게 다져서 설탕과 꿀로 조려서 다시 생강 모양으로 빚어 잣가루를 고루 묻힌 숙실과로 생강의 매운맛이 단맛과 잣의 고소한 맛과 잘 어울려서 맛이 매우 훌륭하다.

| 재료 및 분량 |

생강(껍질 까서) 200g / 물 3컵 / 설탕 80g / 물 2 ½컵 / 꿀 2큰술 / 잣가루 ½컵

| 만드는 법 |

1. 생강은 되도록 큰 것으로 골라 껍질을 벗겨서 얇게 저며서 블렌더에 물을 한데 넣고 곱게 간다.
2. 갈아 놓은 생강을 체에 쏟아서 건지는 냄비에 담고, 생강물은 그대로 두어서 녹말 앙금을 가라앉힌다.
3. 냄비에 담은 생강 건지에 물과 설탕을 넣어 불에 올려서 끓어오르면 약한 불로 하여 서서히 조린다. 끓이는 도중에 위에 떠오르는 거품과 껍질은 말끔히 걷어낸다.
4. 생강이 거의 졸아서 물기가 적어지면 꿀을 넣어 잠시 더 조리다가 생강물에 가라앉은 녹말을 넣어 골고루 섞어 엉기게 하여 차게 식힌다.
5. 잣은 도마에 종이를 깔고 곱게 다져서 가루를 만든다.
6. 조린 생강을 손에 물을 묻혀서 삼각뿔이 난 생강 모양으로 빚어서 잣가루를 고루 묻혀 그릇에 담는다.

오미자편

오미자를 우린 오미자국에 설탕을 넣고 끓이다가 녹말을 물에 풀어 넣어 걸쭉하게 익혀서 굳힌 과편으로 색이 곱고 새큼하다. 예전에는 삼월 삼짇날에 해먹는 절식이었다.

| 재료 및 분량 |

오미자 ½컵 / 물 4컵 / 녹두녹말 6큰술 / 설탕 150g / 꿀 2큰술

| 만드는 법 |

1. 오미자는 붉은 것으로 골라서 물에 헹구어 체에 건져서 분량의 물을 부어 하룻밤을 우린다.
2. 오미자에서 붉은색이 충분히 우러났으면 겹체에 밭쳐서 맑은 오미자국을 모은다.
3. 녹두녹말에 오미자국 3컵을 조금씩 부어 고루 풀어서 냄비에 쏟아 설탕을 넣고 저어서 불에 올려서 끓인다.
4. 나무주걱으로 저으면서 끓여 말갛게 익으면서 농도가 되직하게 되면 꿀을 넣어서 잠시 더 끓인다. 네모진 그릇에 쏟아부어 식혀서 굳힌다.
5. 오미자편이 굳으면 1cm 두께로 네모지게 썰어서 접시에 생실과나 정과와 함께 어울려서 담는다.

앵두편

앵두의 과육에 설탕과 녹말을 넣어 끓여 걸쭉하게 익혀서 굳힌 과편이다.

| 재료 및 분량 |

앵두 600g / 물 3컵 / 소금 약간 / 설탕 150g / 꿀 2큰술 / 녹두녹말 5큰술 / 물 5큰술

| 만드는 법 |

1 앵두는 깨끗이 씻어서 건져 냄비에 물을 붓고 소금을 약간 넣어서 끓인다.
2 과육이 무르면 체에 걸러서 두꺼운 냄비에 담고 분량의 설탕을 넣고 약한 불에 올려서 서서히 조린다.
3 농도가 어느 정도 되직해지면 꿀을 넣어 조리다가 녹두녹말을 물에 풀어 넣고 다시 더 끓인다. 끓이는 동안 위에 떠오르는 거품은 숟가락으로 말끔히 걷어낸다. 앵두즙이 주걱으로 뚝뚝 떨어지는 농도로 되직해지면 네모진 그릇에 쏟아부어 식혀서 굳힌다.
4 앵두편이 굳으면 1cm 두께로 네모지게 썰어서 접시에 생실과나 정과와 어울려 담는다.

살구편

살구를 껍질과 씨를 없애고 물을 넣고 삶아서 걸러 설탕을 넣고 끓여서 굳힌 과편이다.

| 재료 및 분량 |

살구 600g / 물 3컵 / 소금 약간 / 설탕 150g / 꿀 2큰술 / 녹두녹말 5큰술 / 물 5큰술

| 만드는 법 |

1 살구는 씻어서 껍질을 벗기고 갈라서 씨를 뺀 다음 물과 소금을 약간 넣어 삶는다.
2 과육이 무르면 체에 걸러서 두꺼운 냄비에 담고 분량의 설탕을 넣고 약한 불에 올려서 서서히 조린다.
3 조리는 동안 농도가 되직해지면 꿀을 넣고 잠시 더 조리다가 녹두녹말을 물에 풀어 넣고 더 끓여서 네모진 그릇에 쏟아부어서 식혀 굳힌다.
4 살구편이 굳으면 두께 1cm 정도로 네모지게 썰어서 접시에 생실과나 정과와 어울려 담는다.

깨엿강정

볶은 깨를 엿으로 버무려서 굳혀 네모지게 또는 둥글게 썰어 만든 것이다. 굳힐 때 위에 채 썬 대추를 고루 얹어서 밀어 썰면 더욱 색이 곱다. 들깨도 볶아서 엿강정을 만들면 고소하다. 엿강정이 굳을 때 물엿을 바르고 잣이나 호두를 붙여서 모양과 맛을 더해주기도 한다.

| 재료 및 분량 |

흰깨 1컵 / 흑임자 1컵 / 들깨 1컵 / 물엿 ½컵 / 설탕 ½컵 / 물 4큰술 / 식용유 적량 / 대추 · 호박씨 약간

| 만드는 법 |

1 흰깨, 흑임자, 들깨를 씻어서 볶는다.
2 냄비에 물엿, 설탕, 물을 한데 담아서 약한 불에 올려서 젓지 말고 끓인다. 도중에 숟가락으로 떠서 찬물에 떨어뜨려 보아 흩어지지 않고 엉겨질 정도까지 끓인다.
3 흰깨, 흑임자, 들깨에 더운 설탕물을 넣어 재빨리 버무려서 도마에 식용유를 넉넉히 두르고 놓는다.
4 밀대에도 식용유를 발라서 깨 반죽이 식기 전에 0.7cm 정도의 두께로 민다. 대추채, 호박씨 등을 고명으로 올려도 좋다.
5 딱딱하게 굳기 전에 칼로 가로 2cm, 세로 3cm의 네모꼴로 썬다.

백자편

잣을 물엿과 꿀로 버무려서 굳힌 잣엿강정으로 잣박산이라고도 한다. 예전에는 조청도 썼으나 향이 강하여 잣의 향기를 약하게 하므로 향이 없는 물엿을 쓰는 것이 좋다.

| 재료 및 분량 |

잣 1컵 / 설탕 ½컵 / 물 4큰술 / 물엿 ½컵 / 꿀 1큰술 / 식용유 적량

| 만드는 법 |

1 잣은 마른 행주로 비벼서 씻고 고깔을 뗀다.
2 냄비에 설탕과 물을 넣어 끓이다가 물엿을 넣어 젓지 말고 서서히 조린다. 조금 덜어서 찬물에 흘려보아 흩어지지 않고 엉길 정도까지 조린다. 농도가 적당해지면 꿀을 넣어 섞고 불에서 내린다.
3 그릇에 잣을 담고 더운 엿물을 부어 재빨리 섞어서 식용유를 바른 도마에 쏟는다. 밀대에도 식용유를 발라서 1cm 두께로 편편하게 밀어서 굳힌다.
4 엿이 거의 굳어지면 가로 2cm, 세로 3cm 정도의 네모로 썰어 시원한 곳에 보관하였다가 먹는다.

쌀강정

| 재료 및 분량 |

튀긴 쌀 15컵(말린 쌀 3컵)

초록색 튀긴 쌀 5컵 / 호박씨 ½컵 / 시럽 ½컵

붉은색 튀긴 쌀 5컵 / 대추 5개 / 시럽 ½컵

노란색 튀긴 쌀 5컵 / 땅콩 ⅓컵 / 시럽 ½컵 / 설탕에 절인 유자 ¼개 / 치자물 1작은술

홍유 식용유 5컵 / 지초 40g

시럽 물엿 1컵(280g) / 설탕 1컵(170g) / 물 3큰술

| 만드는 법 |

1 **말린 밥알 튀기기** 바싹 말린 밥알을 망에 넣어 200℃ 고열의 기름에 튀겨 내어 기름기를 없앤다.

2 **붉은색 기름 만들기** 식용유 온도가 120℃ 정도 되었을 때 지초를 넣어 붉은 기름이 되면 지초를 건져내고 온도를 높여 튀긴다.

3 **시럽 만들기** 물엿, 설탕과 물을 분량대로 합하여 중간 불에서 설탕이 녹을 정도로 끓인다.

4 **부재료 준비** 호박씨는 굵게 다져 체에 내려 쓰고 대추, 땅콩은 튀긴 쌀알 크기로 다진다. 유자는 잘게 다지고 치자물은 물 1/4컵에 치자 1개를 쪼개어 우린다.

5 **버무리기** 시럽 1/2컵을 팬에 넣고 끓여 튀긴 쌀 5컵과 부재료를 넣어 버무린다. 시럽을 만들어 끓는 물에 시럽 냄비를 중탕하여 굳지 않게 하여 사용한다. 노란색은 시럽에 치자물과 유자를 넣고 끓여 튀긴 쌀과 부재료를 넣어 버무린다. 약한 불에서 실이 나고 한 덩어리가 되도록 버무린다.

6 **썰기** 식용유 바른 비닐에 쏟아 부어 밀대로 납작하게 밀어 편다. 어느 정도 식으면 썰어 접시에 담는다.

식 혜

쌀밥을 엿기름물로 삭혀서 만드는 화채로 우리나라 사람들이면 거의가 좋아하는 음료이다. 식혜를 그릇에 떠서 유자청을 약간 넣으면 향이 좋으므로 석류철에는 석류알을 몇 알씩 띄우면 색이 아주 곱다.

| 재료 및 분량 |

멥쌀 2컵 / 엿기름가루 2컵 / 물 15컵 / 설탕 2컵 / 생강 20g / 잣 1큰술

| 만드는 법 |

1 엿기름가루를 물을 미지근하게 덥혀서 고루 풀어 윗물이 맑아질 때까지 3시간 정도 그대로 둔다.
2 쌀은 깨끗이 씻어서 3시간 이상 충분히 불려서 찜통에 젖은 행주를 깔고 찐다. 찌는 도중에 물을 뿌려 위아래를 섞어서 고루 찜이 들도록 한다.
3 물에 푼 엿기름의 윗물을 가만히 따르고 남은 찌꺼기는 버린다.
4 뜨거운 쌀밥에 엿기름물을 섞어 고루 저어서 보온밥통에 담아서 50~60℃의 따뜻한 온도에서 5~6시간 정도 둔다.
5 밥알이 삭아서 위에 떠오르면 밥알을 망으로 건져서 냉수에 말끔히 헹구어 둔다.
6 남은 물은 냄비에 옮기고 설탕과 생강 조각을 넣어 끓여서 식힌다. 윗물을 따로 받아 차게 둔다.
7 먹을 때에는 차게 한 식혜 국물에 따로 건져 놓은 밥알을 물기를 짜서 띄우고 잣을 서너 알씩 얹는다.

수정과

배숙

수정과

수정과는 생강과 계피를 다린 물을 달게 하여 곶감을 담가 부드러워지면 먹는다. 계피와 생강의 맛이 독특하여 우리 나라 사람들이 식혜와 더불어 가장 즐겨 마시는 음료이다.

| 재료 및 분량 |

생강 50g / 물 6컵 / 통계피 30g / 물 6컵 / 설탕 1 ½컵 / 곶감 소 20개 / 잣 1큰술

| 만드는 법 |

1 생강의 껍질을 벗겨서 얇게 저민다. 물을 부어 은근한 불에서 30분 정도 서서히 끓인 후 고운체에 거른다.

2 통계피도 물에 넣어 40분 정도 끓여서 고운체에 걸러서 생강물과 합하여 설탕을 넣어 끓여서 식힌다.

3 곶감은 작고 씨가 없는 주머니 모양으로 생긴 것으로 골라서 꼭지를 떼고 모양을 둥글게 만져 놓는다.

4 수정과를 들기 3시간 정도 전에 다려놓은 국물에 곶감을 담가 불어서 부드러워지면 화채그릇에 담고 잣을 서너 알씩 띄워서 대접한다.

배 숙

배에 통후추를 박아서 생강물에서 끓인 음료로 배수정과라고도 한다. 향설고라고 하여 작은 배에 통째로 후추를 박아서 끓이는 것도 있다.

| 재료 및 분량 |

생강 50g / 물 10컵 / 배(문배) 1개 / 통후추 2작은술 / 설탕 1 ½컵 / 잣 1큰술

| 만드는 법 |

1 생강의 껍질을 벗겨서 얇게 저민다. 물을 부어 은근한 불에서 서서히 끓여서 고운체에 거른다.

2 작은 배는 길이로 6등분 또는 8등분 하여 껍질을 벗기고 큰 것은 삼각지게 썰어서 각을 조금씩 다듬고 등 쪽에 통후추를 세 개씩 박는다.

3 다린 생강물에 설탕과 후추를 박은 배를 한데 넣어 불에 올려서 끓인다.

4 배가 충분히 무르게 익으면 그대로 식혀서 차게 하여 화채 그릇에 담고 잣을 서너 알씩 띄워서 대접한다.

유자화채

늦은 가을에 나는 유자와 배를 채 썰어 석류를 띄워서 만든 화채로 유자향이 더없이 좋아 화채 중에서도 으뜸으로 꼽히는 맛이다.

| 재료 및 분량 |

유자 1개 / 배 1개 / 물 5컵 / 설탕 1 ½컵 / 석류알 2큰술 / 잣 1큰술

| 만드는 법 |

1 유자는 껍질을 4등분 하여 속을 다치지 않게 껍질을 벗기고, 속은 알맹이를 한 조각씩 떼어 흰 줄기는 떼어내고 씨를 빼서 그릇에 한데 모은다.

2 유자 껍질을 한 조각씩 도마에 놓고 안쪽의 흰 부분을 얇게 저며낸 다음 노란 부분을 가늘게 채 썬다.

3 배는 껍질을 벗겨서 채 썬다.

4 물에 설탕을 넣어 잘 녹인 후 차게 식힌다.

5 유자의 속은 깨끗한 행주에 싸서 즙을 짜서 설탕물에 섞는다.

6 큰 화채 그릇에 채 썬 유자와 배를 세 군데로 나누어 담고, 설탕물을 가만히 부어서 30분 정도 두어 유자향이 설탕물에 우러나도록 한다.

7 설탕물에 유자향이 들면 석류 알과 잣을 띄워서 상에 내어 국자로 잘 저어 작은 화채그릇에 나누어 담는다.

오미자화채

말린 오미자를 물에 우려내어 설탕으로 맛을 내고 건지로는 배를 꽃 모양으로 떠서 띄웠다. 봄철에는 진달래꽃을 꽃술을 빼서 녹말을 묻혀 끓는 물에 살짝 데쳐서 띄운 것을 진달래화채라 한다. 오미자의 양은 품질에 따라 다소 가감하여야 한다.

| 재료 및 분량 |

오미자 ½컵(45g) / 물 2컵 / 설탕 1컵 / 물 4컵 / 배 ½개 / 잣 1작은술

| 만드는 법 |

1. 오미자는 물에 씻어서 찬물 2컵을 부어서 하룻밤을 우려내어 겹체에 걸러낸다. 오미자는 더운물에 끓이면 한약 냄새가 많이 나고 신맛이 강해지므로 찬물에 우려내도록 한다.
2. 오미자를 우려낸 물에 설탕과 물 4컵을 넣고 잘 섞는다.
3. 화채에 띄울 건지는 배의 껍질을 벗기고 얇게 저며 꽃 모양으로 찍어서 설탕물에 담가 놓는다.
4. 화채를 내기 직전에 오미자국에 배와 잣의 고깔을 따서 띄운다.

떡수단

흰떡을 작게 빚어서 꿀물에 띄운 음료로 겨울철에 먹기에 알맞다.

| 재료 및 분량 |

흰떡 200g / 물 4컵 / 설탕 ½컵 / 꿀 ½컵 / 잣 1작은술

| 만드는 법 |

1. 흰떡이 굳기 전에 가늘게 밀어서 칼로 1cm 폭으로 작게 썬다. 굳었을 때는 끓는 물에 데쳐낸다.
2. 물에 설탕과 꿀을 넣어 고루 섞어서 차게 둔다.
3. 떡수단을 대접할 때 화채그릇에 흰떡을 담고 차게 식힌 꿀물을 부어서 잣을 서너 알씩 띄워서 낸다.

원소병

찹쌀가루를 반죽하여 경단을 만들어서 꿀물에 띄운 음료이다. 원소병(元宵餠) 또는 원소(元宵)라고 쓴다. 원소는 정월 보름날 저녁이라는 뜻이므로 이날 저녁에 먹는다고 해석된다. 원소병은 원래는 떡이었으리라 보는데, 조선조 말기 창덕궁에 알려진 원소병은 떡수단과 마찬가지인 음료이다.

| 재료 및 분량 |

찹쌀가루 1 ½컵 / 식용색소(홍 · 청 · 황) 약간씩 / 더운물 6큰술 / 녹말가루 2큰술 / 물 4컵 / 설탕 1컵 / 잣 1작은술

소 대추 3개 / 유자 다진 것 2큰술 / 꿀 2큰술 / 계핏가루 약간

| 만드는 법 |

1 찹쌀은 충분히 불려서 소금을 넣어 가루로 빻아서 체에 쳐서 셋으로 나누어 각각 그릇에 담는다.
2 더운물 2큰술에 식용색소를 조금씩 타서 각각의 찹쌀가루에 넣고 치대어 말랑하게 반죽한다.
3 대추는 씨를 빼고 곱게 다져서 계핏가루와 꿀을 넣어 고루 버무리고, 설탕에 재워두었던 유자는 곱게 다져서 소를 만든다.
4 찹쌀 반죽을 대추알만큼씩 떼어서 지름 2cm로 둥글게 빚은 후 가운데에 소를 넣어 경단을 빚는다.
5 찹쌀 경단을 녹말가루를 고루 묻혀서 끓는 물에 넣어 익어서 떠오르면 찬물에 헹구어 건진다.
6 물에 설탕을 넣어 잘 섞어 차게 식혀두었다가 상에 낼 때 화채그릇에 삼색경단을 고루 담고 잣을 서너 알씩 띄운다.

제호탕

조선시대 궁중에서는 단오날 내의원에서 제호탕을 임금님께 올리면 임금은 이를 기로소의 신하들에게 하사하셨다 한다. 한방음료로 이를 마시면 여름철에 더위를 타지 않고, 향이 입 안에서 오래 간다.

| 재료 및 분량 |

오매 1근(375g) / 초과 1량(37.5g) / 축사 5전(18.8g) / 백단향 5전(18.8g) / 꿀 5근(1,875g)

| 만드는 법 |

1 오매육을 따로 가루로 빻는다.
2 초과, 축사, 백단향은 함께 고운 가루로 빻는다.
3 꿀을 불에 올릴 수 있는 도자기에 담고 한약재 간 것을 모두 넣고 저으면서 되직하게 끓인다.
4 3을 식혀서 사기 항아리에 담아 보관하고 마실 때 찬물에 타서 마신다.

* 또 다른 만드는 법은 오매를 대강 두들겨 물에 끓인 후 다른 약재를 가루로 하고 꿀을 넣어 한데 끓이기도 한다.

모과차

모과는 껍질을 벗기고 씨를 발라낸 다음 얇게 저며서 설탕이나 꿀에 재운 후 모과청을 만들어서 쓰면 된다. 또는 얇게 저며서 말려두었다가 차로 달인다. 모과가 한방에서는 기침, 해소, 소화 촉진, 감기 등에 효과가 있다고 한다.

| 만드는 법 |

1 말린 모과를 씻어서 주전자에 물과 함께 담아서 서서히 달인다.

2 모과차가 맛이 우러나면 찻잔에 담고 잣을 서너 알씩 띄운다. 꿀이나 설탕은 따로 작은 그릇에 담아 기호에 따라 넣도록 한다.

| 재료 및 분량 |

모과(말려서) 30g / 물 6컵 / 잣 1작은술 / 꿀 또는 설탕 적량

모과차

대추생강차

유자차

유자차

늦가을에 유자를 설탕이나 꿀에 재워서 유자청을 만들어 둔다. 겨울철에는 더운물에 타서 차로 마시고, 여름철에는 냉수에 타서 상큼한 향을 즐긴다.

유자청은 유자를 4등분 하여 껍질과 소를 나눈다. 껍질은 병에 동량의 설탕과 껍질을 번갈아 켜켜로 재운다. 소는 흰색의 줄기는 떼고 씨를 발라낸 다음 동량의 설탕에 버무려서 유리병이나 보존 용기에 담아둔다. 일주일이면 맑은 유자청이 고이므로 위로 떠오르지 않게 돌로 눌러서 시원한 곳에 보관한다. 이렇게 재워둔 유자를 차, 화채, 정과로 쓰고 유자청은 식혜에 타서 향을 내고 껍질은 다져서 두텁떡의 소에 넣는 등 널리 유용하게 쓰인다.

| 재료 및 분량 |

유자 껍질 ½개분 / 물 4컵 / 유자청 2큰술 / 잣 1작은술 / 꿀 또는 설탕 적량

| 만드는 법 |

1 주전자에 물을 충분히 오래 끓인다.
2 유자 껍질을 가는 채로 썰어 찻잔에 나누어 담고, 유자청도 나누어 담는다.
3 찻잔에 끓인 물을 붓고 잣을 서너 알씩 띄운다. 꿀이나 설탕은 따로 작은 그릇에 담아 기호에 따라 넣도록 한다.

대추생강차

대추는 성질이 따뜻하고 달며, 생강은 향신료로 음식에도 많이 쓰이지만 한방의 약재로 건위, 강장, 거담 등에 효험이 있다고 한다.

| 재료 및 분량 |

대추 200g / 생강 100g / 물 10컵 / 대추 2개 / 잣 1작은술 / 꿀 또는 설탕 적량

| 만드는 법 |

1 대추는 깨끗이 씻어 저며 넣고, 생강의 껍질을 벗겨서 얇게 저민 후 썰어 주전자에 물과 함께 담아서 서서히 달인다.
2 대추는 씨를 발라내고 가늘게 채 썬다.
3 대추살이 녹아나오고 생강차가 맛이 우러나면 체에 걸러 다시 한번 뜨겁게 끓여 찻잔에 담고 대추채와 잣을 서너 알씩 띄운다. 꿀이나 설탕은 따로 작은 그릇에 담아 기호에 따라 넣도록 한다.

참고문헌

강인희(1988). **한국식생활변천사.** 식생활개선범국민운동본부.

강인희(1978). **한국식생활사.** 삼영사.

강인희(1984). **한국식생활풍속.** 삼영사.

강인희(1992). **한국의 보양식.** 대한교과서주식회사.

강인희(1987). **한국의 맛.** 대한교과서주식회사.

강인희(1997). **한국의 떡과 과즐.** 대한교과서주식회사.

국사편찬위원회(2006). **자연과 정성의 산물, 우리음식.** 두산동아.

김상보(2002). **생활문화 속의 향토음식문화.** 신광출판사.

김상보(1997). **한국음식생활문화사.** 광문각.

김상보(2005). **조선시대의 음식문화.** 가람기획.

안명수(2000). **한국음식의 조리과학성.** 신광출판사.

윤서석(2009). **한국식생활 문화.** 신광출판사.

이성우(1978). **고려이전 한국식생활사 연구.** 향문사.

이성우(1992). **동아시아 속의 고대 한국식생활사 연구.** 향문사.

이성우(1992). **한국 식생활의 역사.** 수학사.

이성우(1985). **한국식품문화사.** 교문사.

이성우(1985). **한국식품사회사.** 교문사.

이성우(1985). **한국요리문화사.** 교문사.

이효지(2000). **한국의 음식문화.** 신광출판사.

이효지(2005). **한국음식의 맛과 멋.** 신광출판사.

손경희(2001). **한국음식의 조리과학.** 교문사.

정낙원 · 차경희(2009). **향토음식**(개정판). 교문사.

정혜경(2007). **한국음식 오디세이.** 생각의 나무.

정혜경(2009). **천년 한식 견문록.** 생각의 나무.

조후종(2004). **우리음식 이야기.** 한림출판사.

조후종(2004). **세시풍속과 우리음식.** 한림출판사.

조후종(2004). **통과의례와 우리음식.** 한림출판사.

주영하(2005). **그림 속의 음식. 음식 속의 역사.** 사계절.

한복려 외(2003). **조선왕조 궁중음식.** 궁중음식연구원.

한복진(2001). **우리생활 100년-음식.** 현암사.

한복진(2003). **우리가 정말 알아야 할 우리음식 백 가지** (1), (2). 현암사.

한복진 외(2009). **한국음식문화와 콘텐츠.** 글누림.

한복진(2009). **우리음식의 맛을 보다.** 서울대학교 출판문화원.

한복진(2003). **조선왕조 궁중음식.** 화산문화.

한희순 · 황혜성(1957). **이조궁정요리통고.** 학총사.

황혜성(1976). **한국요리백과사전.** 삼중당.

황혜성 외(1997). **궁중의 식생활 · 사찰의 식생활.** 한국문화재보호재단.

황혜성 외(1990). **한국의 전통음식.** 교문사.

찾아보기

저자 소개

황혜성(黃慧性)

1920년 천안에서 출생하여 2006년 12월 서울에서 돌아가셨다. 일본 교토 여자대학 가사과를 졸업하고 귀국하여 1944년부터 숙명여전 교수를 시작으로 명지대 · 한양대 가정과 교수를 역임하였고 1986년 성균관대 가정과 교수로 정년 퇴임하였다.

1944년부터 조선조 마지막 왕후인 윤비를 모시던 한희순 상궁으로부터 궁중음식을 전수받아 궁중음식을 계량화하고 실제 조리법을 보급 및 현대화시켰다. 1973년부터 중요무형문화재 제38호 '조선왕조궁중음식' 제2대 기능보유자로 지정받아 (사)궁중음식연구원에서 전수교육에 힘을 썼고, 대학교육과 더불어 방송과 출판활동을 통하여 국민에게 전통한국음식에 대한 긍지와 문화적 위상을 높이는 데 공을 세웠으며, 대한민국 교육훈장, 목련장(1985), 문화훈장 보관상(1990)을 수상하였다.

저서는 《이조궁정요리통고》(학총사, 1957), 《한국의 미각》(궁중음식연구원, 1971), 《한국요리백과사전》(삼중당, 1976), 《한국음식》(민서출판사, 1980), 《전통의 맛》(주부생활사, 1985), 《韓國의 食》(일본 平凡社, 1987), 《한국의 전통음식》(교문사, 1991), 《조선왕조궁중음식》(궁중음식연구원, 1994) 등 다수가 있다.

한복려(韓福麗, 황혜성의 장녀)

1947년 서울에서 태어나서 서울에서 살았고, 서울시립대학교 원예학과 졸업 후 고려대학교 대학원 식품공학과 석사학위, 명지대학교 대학원 식품영양학과 박사학위를 받았다.

일본 츠지(Tsuji)학원 조리기술전문학교 조리사과를 졸업하였고, 미국 CIA 단기과정과 연세대학교 외식경영자과정을 수료하였다.

1971년부터 (사)궁중음식연구원에서 모친(황혜성교수)으로부터 중요무형문화재 제38호 '조선왕조궁중음식'을 전수받고 이수하였으며 전수조교를 거쳐서, 2007년 9월 제3대 기능보유자로 지정되었다. 현재는 사단법인 궁중음식연구원 이사장이며, (주)지화자 이사, '한식세계화' 추진단 위원으로 활동하고 있고, 방송 및 출판활동을 통하여 한국음식문화를 알리는 역할을 하고 있다.

2000년 남북정상회담 때 평양에서 김대중 대통령 주최 만찬 및 중요 국가행사 만찬을 지도하였고, 드라마 〈대장금〉을 자문하여 세계적으로 궁중음식의 위상을 높였다.

저서는 《떡과 과자》(대원사, 1989), 《한복려의 밥》(뿌리깊은나무, 1991), 《한국의 전통음식》(교문사, 1991), 《궁중음식과 서울음식》(대원사, 1995), 《장 담그는 법》(둥지, 1995), 《요리의 명인 한복려의 우리음식 287가지》(중앙 M & B , 2000), 《우리가 정말 알아야 할 김치 백 가지》(현암사, 1999), 《쉽게 맛있게 아름답게 만드는 떡》(궁중음식연구원, 1999), 《쉽게 맛있게 아름답게 만드는 과자》(궁중음식연구원, 2000), 《조선왕조 궁중음식》(궁중음식연구원, 2002), 《산가요록》(궁중음식연구원, 2007) 등 40여 권과 전통음식 관련 연구논문이 10여 편 있다.

한복진(韓福眞, 황혜성의 3녀)

1952년 서울에서 태어나서 서울에서 살았고, 이화여대 가정대학을 졸업하고, 고려대학교 대학원에서 식품공학 석사학위, 한양대학교에서 식품영양학 박사학위를 받았다. 어릴 때부터 어머니인 황혜성으로부터 전통음식을 전수받아서 중요무형문화재 제38호 '조선왕조궁중음식' 국가장학생으로 이수하였고, 국가기술자격 조리기능장이다.

1983년부터 일본 츠지(Tsuji)학원 조리기술전문학교 교수를 역임하였고, 1988년부터 춘천 한림대학 전통조리과 교수를 역임하였으며, 현재 전주대학교 문화관광대학 한식조리학과 교수로 재직 중이다. 전주대 문화관광대학장과 박물관장을 역임하였고, 2007년 1년간 일본 국립민족학 박물관 초빙교수로 재직하였다.

저서로 《전통음식》(1989), 《팔도음식》(1989), 《한국의 전통음식》(1991), 《우리가 정말 알아야 할 우리음식 백 가지 Ⅰ, Ⅱ》(1998), 《우리생활 100년-음식》(2001), 《조선왕조 궁중음식》(2002), 《조선시대 궁중의 식생활문화》(2005), 《우리음식 맛을 만나다》(2009) 등 20여 권과 전통음식 관련 연구논문 40여 편이 있다.

정라나(丁라나, 황혜성의 손녀)

1974년 미국 시카고에서 태어나서 유년기는 서울에서 보내고 고등학교부터 미국에서 수학하여 University of Illinois at Urbana-Champaign 식품영양학과를 졸업하였다. 대학 졸업 후 일본 츠지(Tsuji)학원 조리기술전문학교 조리사과를 졸업하고 연세대학교 대학원 식품영양학과에서 석사 · 박사학위를 받았다. 그 후 (주)CJ 식품연구소에서 선임연구원으로 재직하였다. 1999년부터 (사)궁중음식연구원에서 조모(황혜성 교수)와 모친(한복선 원장), 이모(한복려 원장, 한복진 교수)로부터 궁중음식과 전통음식을 전수받았고, 현재 중요무형문화재 제38호 '조선왕조궁중음식' 국가전수생으로 궁중음식을 3대째 이어가고 있다.

현재 경희대학교 호텔관광대학 조리과학과 교수로 재직 중이며 연구논문 20여 편이 있다.

연구 관심 분야는 한국음식과 궁중음식의 고문헌 연구와 비교문화(cross-culture) 속의 한국음식에 대한 연구 부분이다.

3대가 쓴 한국의 전통음식

2010년 8월 25일 초판 발행
2024년 3월 25일 9쇄 발행

지은이 황혜성 / 한복려·한복진 / 정라나
펴낸이 류원식
펴낸곳 **교문사**

편집팀장 성혜진
디자인 우은영·반미현·황옥성

주소 (10881)경기도 파주시 문발로 116
전화 031) 955-6111(代)
팩스 031) 955-0955
등록 1968. 10. 28. 제406-2006-000035호

홈페이지 www.gyomoon.com
E-mail genie@gyomoon.com
ISBN 978-89-363-1063-9 (93590)

값 30,000원
*잘못된 책은 바꿔 드립니다.